法兰西经典 01

Du texte à l'action:
Essais d'herméneutique II

从文本到行动

[法] 保罗·利科（Paul Ricœur） 著
夏小燕 译

 华东师范大学出版社 · 上海

华东师范大学出版社六点分社 策划

出版弁言

1

法国——一个盛产葡萄酒和思想家的地方。

英国人曾写了一本名叫 *Fifty Key Contemporary Thinkers* 的书,遴选了 50 位 20 世纪最重要的思想家,其中居然有一半人的血统是法兰西的。

其实,自 18 世纪以来,法国就成为制造"思想"的工厂,欧洲三大启蒙思想家孟德斯鸠、伏尔泰、卢梭让法国人骄傲了几百年。如果说欧洲是整个现代文明的发源地,法国就是孕育之床——启蒙运动的主战场。自那时起,法国知识界就从不缺席思想史上历次重大的思想争论,且在这些争论中总是扮演着重要的角色,给后人留下精彩的文字和思考的线索。毫不夸张地说,当今世界面临的诸多争论与分歧、问题与困惑,从根子上说,源于启蒙运动的兴起。

法国人身上具有拉丁文化传统的先天基因,这种优越感使他们从不满足于坐在历史车厢里观望这个世界,而是始终渴望占据历史火车头的位置。他们从自己的对手——英德两翼那里汲取养料,在知识的大洋里,法国人近似于优雅的"海盗",从早年"以英为师",到现代法德史上嫁接思想典范的 3M 和 3H 事件,①可以说,自 18 世纪以来,启蒙运动的硝烟在法国始终没有散去——法国总是有足够多的思想"演员"轮番上场——当今世界左右之争的桥头堡和对峙重镇,无疑是法国。

保罗·利科(P. Ricœur)曾这样形容法兰西近代以来的"学统"特质:从文本到行动。法国人制造思想就是为了行动。巴黎就是一座承载法兰西学统的城市,如果把巴黎林林总总的博物馆、图书馆隐喻为"文本",那巴黎大大小小的广场则可启示为"行动"聚所。

2

当今英美思想界移译最多者当属法国人的作品。法国知识人对经典的吐故纳新能力常常令英美德知识界另眼相看,以至于法国许多学者的功成是因为得到英美思想界首肯而名就。法国知识界戏称"墙内开花墙外香",福柯(M. Foucault)如此,德里达(J. Derrida)如此,当下新锐托马斯·皮凯蒂(T. Piketty)也是如此。

移译"法兰西经典"的文本,我们的旨趣和考量有四:一是脱胎于"革命"、"改革"潮流的今日中国人,在精气、历史变迁和社会心理上,与法国人颇有一些相似之处。此可谓亲也。二是法国知

---

① 法国知识界有这样的共识:马克思、弗洛伊德和尼采被誉为三位"怀疑大师"(trois Maîtres de soupçon),法称 3M;黑格尔、胡塞尔和海德格尔这三位名字首字母为 H 的德国思想家,法称 3H;这六位德国思想大家一直是当代法国知识谱系上的"主食"。可以说,3M 和 3H 是法国知识界制造"思想"工厂的"引擎"力量。

识人历来重思想的创造,轻体系的建构。面对欧洲强大的德、英学统,法国人拒绝与其"接轨",咀嚼、甄别、消化、筛选、创新、行动是法国人的逻辑。此可谓学也。三是与英美德相比较,法国知识人对这个世界的"追问"和"应答",总是带有启示的力量和世俗的雅致,他们总会把人类面临的问题和思考的结果赤裸裸地摆上桌面,语惊四座。此可谓奇也。四是法国人创造的文本形态,丰富多样,语言精细,文气沁人。既有狄德罗"百科全书式"的书写传统,又有承袭自蒙田那般精巧、灵性的 Essai(随笔)文风,更有不乏卢梭那样,假托小说体、自传体、言表隐匿的思想,其文本丰富性在当今世界独树一帜,此可谓读也。

3

伏尔泰说过这样的话:思想像胡须一样,不成熟就不可能长出来。法兰西民族是一个早熟的民族——法国思想家留给这个世界的文字,总会令人想象天才的模样和疯子的影子,总会自觉或不自觉地让人联想到中国人的那些事儿,那些史记。

从某种意义上说,法国人一直在骄傲地告诉世人应当如何生活,而我们译丛的旨趣则关注他们是如何思考未来的。也许法兰西民族嫁接思想、吐故纳新、创造历史的本领可以使我们一代人领悟:恢复一个民族的元气和自信要经历分娩的阵痛,且难免腥风血雨。

是所望焉。谨序。

倪为国
2015 年 3 月

目　录

诠释现象学

从文本诠释学到行动诠释学

意识形态、乌托邦与政治

从自己到自己的距离有多远?[①]
——试论利科思想中的一个合页:理解自己

夏小燕

    按:《从文本到行动》,正如利科所说,是他于上个世纪70年代到80年代中期发表的论文集,而且利科自己在前言中也对这些文章做了分类和简要介绍。因此,笔者撰写本文作为译序,并不是要全面介绍此书,而是希望可以找到一个视角来理解本书以及利科的思想历程,从而也可以在某个角度上展现此书在利科思想发展中的位置。正是抱着这样的信念,本文试图从三个阶段来探讨理解自己(compréhension de soi)这个问题在利科思想中的发展,其中第二阶段侧重讨论在《从文本到行动》中利科对这个问题的阐述。选择"理解自己"作为中心问题,除了文中提到的原因,还有一个经验性的原因,即笔者在翻译过程中甚至翻译完之后这个问题不断浮现、萦绕于脑海中,所以在某种程度上处理这个问题也算是对这次翻译经验的偿还吧。

[①] 本文的部分内容曾发表于台湾东吴大学2014年5月29—31日举办的国际研讨会"Paul Ricoeur, Hermeneutics and Asia"。

　　"认识你自己",早在古希腊就作为箴言镌刻在德尔斐神庙上。几千年来,它不仅是无数人的人生信条,也是西方哲学里的根本问题,它不仅关涉到人自己的问题,也与认识范式有关。可是,反过来,认识何尝又不是人的问题呢。如果把这句箴言以完整的方式说出来,就是"你认识你自己"。这句话可以重复地使用在各种人称上,比如"我认识我自己","他认识他自己"。但是无论使用第几人称,在这句话里不变的是认识活动和自反方向。换句话说,这句箴言表达的是我对我自己,你对你自己,他对他自己,总之就是,自己对自己的认识。这句箴言在句法上来看似乎有两个不同的自己:一个自己是主语也是认识主体,另一个自己是宾语也是认识客体。如果说只有一个我,一个你,一个他,也就只有一个自己,那么这句话就范了重言错误,而且这句话本身也是无意义的和荒谬的。所以,为了让这句古老的箴言具有意义,必须承认至少有两个自己,只有这样认识活动才是有可能的。可是,这两个自己之间有什么关系呢? 什么样的认识活动以及怎样把他们联系在一起的呢? 因为这些问题,我们的题目才是有意义的和有可能的。关于题目,可能还有一个问题,那就是:为什么题目不是"从我到我自己的距离有多远?"或者"从他到他自己的距离有多远?",而是"从自己到自己的距离有多远?"呢? 这里,"自己"是一个自反中间项,利科在《自己本身作为一个他者》(*Soi-même comme un autre*)的一开头就提出:自反中间项优先于"以单数第一人称表达自己的主体的直接地位"①,这反映在日常用语中就是,在自身性问题上,法语里的"soi"要优于"je"或者"moi"。"soi"作为自反代词,必须与动词一起使用,而动词因为自反代词

----

① 保罗·利科,《自己本身作为一个他者》,巴黎,瑟伊(Seuil)出版社,1990年,第11页。

又指向代词所指的人——这里自反代词有时是直接宾语有时是间接宾语。这种语法结构本身就具有哲学意味。主体在运作中呈现和实现，而运作又指向运作的人①。我们也许在现代汉语里可以找到一个相应的说法，那就是"自己"或者"自身"。因为"自己"或者"自身"，就像法语里的"soi"可以适用于所有人称，同时它们也带有一种自反指向的特征——虽然它们没有"soi"与动词之间的那种结构性关系。所以我们大胆将"自己"和"自身"这两个似乎不那么哲学的词汇引入本文中。既然需要认识，那么就存在着距离；反过来，距离也意味着认识的过程。所以，我们就有了这个读起来有些拗口、有些令人匪夷所思的标题。其实，简而言之，我们就是要在利科的思想里追问认识自己或者理解自己的问题。

　　我们可以从两条线索来展开问题。第一条从笛卡尔的"我思"说起：利科，犹如许多当代哲学家，笛卡尔一直都是遥远的对话者。也许有人会问：为什么要从笛卡尔说起，而不从苏格拉底说起呢？利科曾在《主体问题：符号学的挑战》里解释了这个问题，他把"我思"比喻为一条构建反思传统的山脉，群峰高耸。从苏格拉底的"我思"，到奥古斯丁的"我思"，当然还有笛卡尔的"我思"，再到康德的"我思"，再到费希特的"我思"，再到纳博尔（Jean Nabert）的"我思"，其中费希特的"我思"是"现代反思哲学中最有意义的"，纳博尔的"我思"属于富有新意的当代反思哲学，而笛卡尔的"我思"则是这些崇山峻岭中最高的一座山峰②。但是这种对话是双重的：既有激发也有批判。一方面，正如格雷斯（Jean Greisch）在《保罗·利科：意义的历程》里所说："在利科的

① 参见《自己本身作为一个他者》，第30页。
② 保罗·利科，《诠释的冲突》（*Le conflit des interprétations*），巴黎，瑟伊出版社，1969年，第233页。

哲学历程中,在起点正如在终点,重点都在于'理解自己的可能性'。"①而后半句话"理解自己的可能性"②是利科在《从文本到行动》里对从笛卡尔"我思"哲学发起的反思哲学的纲领性概括。而这一支反思哲学正是影响利科思想发展的三大哲学传统之一。但是,另一方面,笛卡尔的"我思"具有自行存在、自行奠基、直观明见性三大特点,利科虽然不像尼采那样彻底反对"我思",但是如何打破单一封闭的"我思"也是其哲学思考的主要内容之一,在《意愿与非意愿》的前言里他就坦言:"我思在内部是破碎的。"③第二条线索,也是笛卡尔在《形而上学沉思录》里反复追问的问题,即我是谁?"我知道什么?"(Que sait-je?)丛书之《利科》的作者格戎丹(Jean Grondin)也说:"对于利科,整个哲学都诞生于这个追问,即'人是什么?'或者简单来说,'我是谁?'"④只是笛卡尔把这个问题与"我思"对等起来,陷入了死循环,所以他最后给出的答案是:我是一个思想的事物。利科所做的正是化解这个死循环,建立打破自己、诠释自己和证明自己的开放循环。第二条线索与第一条紧密相连,追问"我是谁?"的过程可以说也是反省和清理笛卡尔"我思"哲学的过程。由此,我们也清楚看到,为什么自身理解的问题在利科的思想中具有合页的作用。

为了进一步澄清这两条线索,我们试着在利科思想里挑出三个阶段性的理解自己的形态作进一步说明。但是,这里需要指出

_____

① 让·格雷斯,《保罗·利科:意义的历程》(*Paul Ricoeur: L'itinérance du sens*),格勒诺布尔(Grenoble),米隆(Jérôme Millon)出版社,2001年。

② 保罗·利科,《从文本到行动》(*Du texte à l'action: Essais d'herméneutique II*),巴黎,瑟伊出版社,1986年,第29页。

③ 保罗·利科,《意愿与非意愿》(*Le volontaire et l'involontaire*),巴黎,奥比耶(Aubier)出版社,1950年,第17页。

④ 让·格戎丹,《保罗·利科》(*Paul Ricoeur*),巴黎,法国大学出版社(PUF),2013年,第7页。

的是,这三个阶段不是绝对的或者固有的,而是三个我们认为具有代表性的片断,是事实性的,也就是我们可以从利科的作品里读到的。在《批判与信念》里,记者问他:"当事后您回头看您走过的历程,从《意愿与非意愿》到《自己本身作为一个他者》,经历了弗洛伊德理论、语言学、结构主义等等的大迂回,您感觉的是断裂的线索还是您可以从中抽出线的轨迹呢？"利科的回答带着几分狡黠:"您这是把我放在自我诠释的立场上了呀,而我的诠释并不如读者的那么有价值。"在记者的追问下,利科对自己的思想风格坦诚地作了以下说明:"我不会进入连续与非连续二选一的抉择里。关于我自己,我所想的是,无论如何我所能讲述的是,每一本书都是由一个零碎的问题决定的。另外,我非常坚持这样一个观点,即哲学面对的是确定的问题,得到极好勾勒的思想难题。因此,隐喻,首先是一种文体格;叙事,首先是一种文学类型。我的书总是带着被限定了的特征;我从来不追问一些诸如'什么是哲学?'这样广泛的问题。我研究一些特殊的问题:隐喻的问题不是叙事的问题,尽管我发现从一方对另一方存在着语义革新的连续性。"①在这段访谈里,关于思想发展过程,我们至少可以看到利科的三个态度:一是,他不愿对自己的整个研究工作进行统一的自我诠释,这并不是说利科不愿对自己的研究进行反思,相反在其著作中我们常常读到他的阶段性反思,直到在《已完成的反思》里对其学术思想发展的详细回顾。二是,他对于其研究的态度,正如他对文本的立场,当研究以文本的形式呈现出来后,它也就脱离了作者,成为一种相对独立的东西,就像他在《从文本到行动》

① 保罗·利科,《批判与信念》(*La critique et la conviction: entretien avec François Azouvi et Marc de Launay*),巴黎,卡尔曼·莱维(Calmann-Lévy)出版社,1995年,第125页。

里说的:"写出来的语词变成了为自己而存在的文字。"①而"对文本的诠释是在阅读中完成的,即在阅读中才能与文本指涉的世界相遇"②。也许正是在这个意义上,利科不仅不反对读者对他的研究进行诠释,甚至他觉得他自己的自我诠释并不比读者的诠释更有价值。三是,虽然他避开了对整体做出诠释,但是他——不仅在这里而且也在别处——解释从一个研究转向下一个研究的线索,也就是说至少在阶段研究之间存在着严格意义上的关联性。比如《论诠释:关于弗洛伊德》的灵感是来自于《意志哲学》第二卷的第二部书,即《恶的象征》③;从《活的隐喻》转向《时间与叙事》三部曲的连接点(当然这里的连接点既是关联也是转折)是语义革新;而从《时间与叙事》到《自己本身作为一个他者》的连接点则是叙述身份认同的问题④。

所以,如果我们可以在每一个特殊的问题里发现对理解自己问题的思考,那么展现这个问题在不同时期不同领域里的阐述就会是一件有趣的事情,甚至也许可以隐约看到一条弯弯曲曲的"轨迹"。

这三个片断便是:1)打破自己,主要讨论意愿(le volontaire)与非意愿(l'involontaire)的辩证关系。2)诠释自己,主要讨论在文本诠释中自身与意义的辩证关系。3)证明自己(attestation de soi),自身性的三重展开。

1)打破自己:意愿与非意愿的辩证关系

在探讨意愿与非意愿的关系之前,我们可以先谈谈笛卡尔,

---

① 《从文本到行动》,第158页。
② 同上。
③ 参见《批判与信念》,第119页。
④ 同上,第135页。

因为利科对意愿与非意愿关系的论述可以说是起源于对笛卡尔"我思"问题的发展和解决。我们都知道，笛卡尔在《形而上学沉思录》里通过夸张的怀疑确立了"我思"的本体地位，但是也陷入了一个死结：身体是感性的，可以感受到外界事物，但是这种认识是不可靠的；而"我思"是理性的，可靠的，但是它无法感知外界事物，于是如何获得关于外界事物的可靠知识变成了一个难题。笛卡尔提出的解决办法在身体与意识之外，即上帝。这个问题困扰着后来的许多哲学家，利科也不例外。他特别在胡塞尔的意向性概念里看到了解决这个问题的曙光。意向性概念的核心内容是，意识就是意识到什么。在这里，意识不是封闭的，不是实体的，而是意向性活动，总是指向某个相关项。胡塞尔的意向性概念对利科论述意愿与非意愿的辩证关系产生了巨大影响。

　　在利科看来，意愿与非意愿的关系首先是相互性关系，而不是一种类似造房屋的建层关系。这个相互性关系表现在：一方面，非意愿会激发和影响意愿，而反过来，是意愿"通过选择来决定，通过努力来推动，通过同意采用"非意愿。所以，理解一个人，首先是理解他的"我要"，而非意愿是作为"我要"这个意愿的动机、能力、基础甚至界限①。由此，对于利科来说，意愿与非意愿的关系，不是简单与复杂的关系，而是一与多的关系，是意愿调配着非意愿的多。利科将"我要"这个意愿行为分成三层意义来讲：1)我决定，它不仅包含着意愿的筹划，也包含着非意愿的动机。2)我活动我的身体，它不仅包含着意愿的动议，而且也包含着组织器官的各种能力。3)我同意，它是向必然和绝对非意愿(如个性、无意识和生命)说是的方式。

　　在意愿行为的这三层意义里，我们可以看到意愿与非意愿之

①　参见《意愿与非意愿》，第8—9页。

间的辩证关系,这种辩证关系最后以"我要"的行为表现出来。而"我要"在某种程度上说就是在意向性意义上来理解的"我思",正如利科所说:"描述意愿与非意愿的任务实际上就是要通达'我思'的完整经验。"那么,什么是"我思"的完整经验呢? 笛卡尔在《形而上学沉思录》里虽然提到了心灵与身体在日常生活中的结合,但是他更强调心灵与身体的二元论,所以对于他而言,"我思"是纯粹属于心灵的。关于这个问题,利科在《意愿与非意愿》里的阐述仍然可以看到他对胡塞尔身体现象学的理解和运用。他要把身体和非意愿纳入"我思",并且认为是身体与非意愿为"我思"提供了养分。这样身体不再是客体化的身体,而是"我思"中的身体;"我思"也不是单一封闭的"我思",而是存在于身体中的"我思"。而且因为身体的介入,"我思"得以敞开,不仅与身体结合在一起,而且可以与我之外的人和事物发生关系。所以,他说:"我思的直观就是与意愿相联结的身体直观本身,意愿忍受身体而且也支配着身体;我思的直观就是身体的意义,作为动机的源泉、能力的组合以及甚至必然的属性:确实,我们的任务将是发现在第一人称上的必然性,我所是的属性。"①

当"我思"与身体结合在一起时,发生变化的不仅是"我思"概念,还有身体概念。在这里,我们同样看到了利科对胡塞尔身体概念的继承。胡塞尔区分了身体本身(corps propre, Leib) 与躯体(corps, Körper),身体本身是在生活经验上讲的,是主体性的;而躯体是在生理学上讲的,是客体性的。这两个身体概念反过来也影响着意愿与非意愿的关系。利科说:"身体-客体有助于使对非意愿的认识偏离'我思'的中心,而且逐渐地从自然科学的角度

---

① 《意愿与非意愿》,第 13 页。

改变心理学的方向。正是这样关于心理事实的经验科学得以构建。"①因为身体－客体牵引着非意愿，而非意愿又牵引着意愿，所以，"非意愿下降为心理事实，而意愿则只是简单消散了"②。在这个过程里，"我思"从主体行为变成经验事实，这就使得本来只属于我的意识活动可以像事实一样被通达。这对利科理解和发展胡塞尔的同情和主体间性概念具有重大意义。我有我的身体，你有你的身体。我可以从你的身体上读到你的意识活动，你像我一样也可以从我的身体上读到我的意识活动。我的身体对于我来说是身体本身，是身体－主体，而你的身体对于我来说是躯体，是身体－客体。你像我看待我的身体那样看待你的身体，你像我看待你的身体那样看待我的身体。身体本身与身体－客体从来就不会同时出现在一个人身上，它们其实是一个身体的两个概念，它们之间的相关性"不是重合而是诊断（diagnostic），也就是说，我思在任何时候都可以成为身体－客体某个时候的迹象（indication）：运动、分泌等等，而且在任何时候身体－客体都可以成为属于主体的身体的某个时候的迹象：总体情绪或者特殊功能"③。

在《意愿与非意愿》里胡塞尔现象学对利科的影响不仅体现在意向性和身体的概念上，而且也体现在方法论上。首先，利科采用还原法把激情与过错、自由与超验——这四个领域是利科本来打算要在《意志哲学》（Philosophie de la volonté）接下来的两卷中处理的问题——搁置起来，而单独研究意愿与非意愿的关系。其次，利科以纯粹描述的方式来阐述意愿与非意愿的辩证关系，让我们看到了意愿与非意愿之间存在一种客观的本质性结构关

———————————

① 《意愿与非意愿》，第 12 页。
② 同上，第 12 页。
③ 同上，第 16 页。

系。但是这样一种研究方法也不是没有其限度。利科对这种纯粹描述法做出了如下反思："在意愿与身体之间发现的共同主体尺度不仅远没有克服理性的二元论，而且这个二元论似乎在某种程度上在我思的整体中被描述方法激发起来了。描述在区分意义上取得的胜利要大于在并跨（enjambement）意义上的。甚至在第一人称上欲望不同于决定，运动不同于观念，必然性不同于同意它的意愿。"①所以，为了补充和平衡胡塞尔的现象学，利科还吸收了马塞尔（Marcel）的存在主义，将意愿与非意愿的关系结构从客观描述的层次降到存在的层次。他说："真正连接意愿与其身体的关联要求对这些结构保有一种不同于理性关注的关注。它需要我积极地参与到我神秘般的具身化（incarnation）中。我必须从客体性过渡到存在。"②利科希望可以在分析意愿与非意愿的关系结构中让这两种方法互相影响。他认为："意愿与非意愿的理论就在于理解一种关于意愿与非意愿的主体结构的清晰理解与一种关于具身化秘密的整体意义是如何互相限定和互相补充的。"③一方面，胡塞尔的现象学因其纯粹客观的描述可以为存在秘密稍纵即逝的直觉带来某种清晰，另一方面，马塞尔的存在具身化概念也让胡塞尔的先验现象学获得了一种身体存在的在场。当然，存在主义方法论的介入，也意味着我们必须接受具身化存在中隐含的矛盾，这是一个生活经验内的存在矛盾，也就是意识与本能存在的矛盾。意识想要身体本身归从自己，而身体本身的冲动并不会考虑意识的要求。在具身化存在中，意愿与非意愿的关系会慢慢地呈现为一种冲突。这尤其表现在同意与必然的关

---

① 《意愿与非意愿》，第 17 页。
② 同上，第 18 页。
③ 同上。

系上，"既定的性格"、"不定的无意识"以及"充满偶然的生活"对于意识或者意愿来说都是"充满敌意的力量"①。所以，存在的秘密也在于调合，调合意识与身体、与世界的关系。由此，利科这样总结意愿与非意愿的理论："不仅仅在描述、理解，而且也在修复。"②

在探讨意愿与非意愿的辩证关系时，利科提到在这种关系里的"我思"既是"完整的"也是"破碎"的。"完整"是指"我思"因为非意愿和身体的融入而变得丰富和完整。在某种程度上，这为笛卡尔心灵与身体互相分离的二元疑难提供了一条解决思路。"破碎"是指由于意愿与非意愿之间固有的异质性，它们的结合注定是充满矛盾和冲突的。在这里，"打破自己"具有双重意思：一是打破了笛卡尔"我思"的单一封闭；二是，从意愿与非意愿的关系来看，对于人的存在来说，破碎是内在的和必然的。

2）诠释自己：自身与意义的关系

利科于 1960 年——也就是 10 年之后——出版了《意志哲学》第二卷《有限与罪》，共两册：《会犯错的人》与《恶的象征》。在《会犯错的人》的前言，利科提到与《意志哲学》第一卷《意愿与非意愿》相比较，研究方法上有两个转折。第一个转折是从本质描述向经验描述的转折，这已经在第一卷的前言里预告过了，因为激情与过错都不是意志的本质现象，而是意志的具体经验。因而，研究激情和过错的方法不应该是现象描述法，而是经验描述法。第二个转折是诠释学在分析恶之象征上的应用。因为"从无辜到过错的过程无法通过任何经验描述而通达，而是要通过一种

---

① 《意愿与非意愿》，第21页。
② 同上。

具体的神话"①。神话世界有其自己的语言系统,利科将这种语言
称为供认语言(langue d'aveu)。"正是这种供认语言向哲学家谈
论错和恶;然而这种供认语言具有一个明显的特征,即它彻头彻
尾都是象征的;它并不以直截了当的方式谈论耻辱、罪恶和罪过,
而是通过间接的和形象的方式,理解这种供认语言,就是运用一
种需要解码规则的象征注释,也就是说诠释学。"②对象征的诠释,
这便是利科迈入诠释学的那扇小门。利科的诠释学走向不是偶
然的,他在研究中逐渐发现:"供认语言的特性逐渐显现为自身意
识的最引人注目的谜之一;仿佛人只能通过类比之道才能通达其
本身的深邃,而且仿佛自身意识只能以谜的形式才能得到表达,
从而在本质上而非偶然地要求一种诠释学。"③如果说是通过对象
征的诠释,神话才能进入哲学话语,恶才能在哲学话语中被理解,
那么也是通过对象征的诠释,哲学话语获得了一种丰富:"在第一
部分结束之际,这种哲学话语被导向恶的可能性或者脆弱性,它
从恶之象征中接收到一种新的冲动以及一种极大的丰富,但是这
是以求助于以诠释学(也就是求助于应用于象征世界的解码规
则)为代表的方法论革命为代价的。"④

　　利科转向诠释学具有决定性意义。一方面由于他遭遇了来
自其他人文学科——尤其是精神分析学和符号学——的挑战,而
且与它们展开激烈论争,希望为自己实践的诠释学解释和辩护,
这种状态我们可以从《诠释的冲突》一书看出;另一方面,在挑战
与论争中,他试图调合矛盾,融合不同的视角,用以丰富诠释学,

① 保罗·利科,《有限与罪:会犯错的人》(*Finitude et culpabilité I: L'homme faillible*),
　　巴黎,奥比耶出版社,1960年,第10页。
② 《有限与罪:会犯错的人》,第10页。
③ 同上,第11页。
④ 同上,第12页。

正如他在《主体问题:符号学的挑战》里所说:"通过这种挑战,反思哲学需要做的,不是坚持自己的身份认同的同时排斥对手的攻击,而是以此为依托,与最反对它的对手结合在一起。"①这种论争和融合也为利科重新思考理解自己提供了新方向。在这篇文章里,利科利用弗洛伊德的精神分析学里的意识地形学结构批判笛卡尔的单一"我思"自主地位,采用语言结构主义反省胡塞尔的赋予意义(signification)概念以及梅洛-庞蒂的说话主体(sujet parlant),从而走向一种所谓的"我是"诠释学。利科认为这种"我是"诠释学应该有两个标志:一个是"具体反思,也就是说被整个符号世界间接化的我思"②,进一步来说,对自身的反思与诠释中意义的涌现是互相作用和融合在一起的,他在《从文本到行动》里说道:"在诠释的反思中——或者在反思诠释中——,自身的构建和意义的构建是同步的。"③另一个标志是诠释应该与我们存在于世界中这件事情是紧密相连的,因为"首先有我们存在于世界中这件事情,然后理解这件事情,然后诠释它,之后再言说它"④。因而诠释学不应囿于符号与意义以及象征与双重意义的效果中,而是要勇敢地成为一种"我是"的诠释学。

这种"我是"诠释学在70年代发展成为文本诠释学,这是我们可以在《从文本到行动》中看到的。接着在文本诠释学的基础上,利科以文本为模式,把文本诠释学的元素应用于行动领域;而通过探讨诠释学与意识形态批判的关系又提出了批判诠释学。尽管如此,这些后续发展出来的诠释学仍然保留了"我是"诠释学的两个标志,只是更加彻底和丰富。

---

① 《诠释的冲突》,第234页。
② 同上,第260页。
③ 《从文本到行动》,第171页。
④ 《诠释的冲突》,第261页。

首先,就第一点来说,在媒介上,利科逐渐由符号、象征的诠释转向文本诠释。什么是文本呢? 对于利科来说,文本主要有四大特征:1) 文本的固定性:文本是通过文字被固定下来的话语;2) 文本与其作者的主体性分离;3) 文本所展开的世界是非直接指涉的;4) 文本潜在地向所有读者敞开。① 因为文本的上述特征,利科借用伽达默尔的术语,将之称为"文本之物"以表达文本的独立性。相较于符号与象征,文本不具备前二者的广度,但是因为文本的上述特征,使得诠释学在深度上获得了极大发展,尤其是"它最终终结了笛卡尔的、费希特的,而且从某个方面来说也是胡塞尔的,关于主体对其自身透明的理想。通过符号和通过象征进行的迂回被文本媒介放大和篡改,文本摆脱了对话的主体间条件"②。是的,如果说符号和象征仍然适用于对话,那么文本的优势正是在于它不适用于对话。得益于文字,文本独立于对话者以及对话的语境③。甚至,在文本诠释中,主体性问题都退居二线。确实,一方面,阅读面对的是"文本之物",进而摆脱了文本作者,这样作者的主体性在阅读中就被消除了。另一方面,面对文本的读者,他的主体性也不是既定的个人自我意识,读者的主体性是与阅读紧密相连的,"它既是期望的承载者,又是阅读的成果和文本的赠与"④。可是在这种情况下,自身理解的问题是不是因为文本之物而被消解了呢? 没有,只是从此理解自己就必须经过文本诠释的大迂回了。

文本诠释不仅化解了自狄尔泰以来说明(expliquer)与理解(comprendre)的二元对立关系,而且让这两种方法之间互相调和

① 参见《从文本到行动》,第 222 页。
② 《从文本到行动》,第 35 页。
③ 参见《从文本到行动》,第 35 页。
④ 《从文本到行动》,第 36 页。

影响。说明，是指说明文本的结构，"也就是说指出构建文本的静止形态的各种内在依赖关系"①。在说明中，文本是一个"文本之物"，它悬置了对任何既定世界的指涉，正是这种悬置同时开启了文本指向另一个世界的可能性。这另一个世界的开启是意义的涌现，它需要读者的参与，它呼唤理解。而理解不是针对文本背后的作者意图，理解是在对文本进行结构性说明基础之上的理解。理解就是此时此地读者遭遇文本，在文本的结构上重新构建文本的含义。构建是说明、理解和想象的结合，它既是对文本意义的构建也是对读者本身的构建。构建不是要读者投入到文本里，隐匿于其中；而是让读者在文本面前展开："理解并不是自身投射到文本里，而是暴露在文本前。"②这个文本诠释的过程就是一个读者理解自己的过程，但是这里理解自己不是我对自身的一种内在直接的观照，而是通过说明在文本面前从我走向另一个自己的旅程。所以利科说："理解自己，就是面向文本的自身理解，并且从它（文本）接受了一个与走向阅读的我（moi）不同的自己（soi）的条件。"③在媒介前不仅主体要隐退，而且甚至要去主体化，为了迎接一个新的敞开："作为读者的我，只有当我迷失时我才又找回自己。阅读把我引入了自我（ego）的想象性变异中。根据游戏，世界的变形也是自我的游戏变形。"④在文本阅读中，理解文本和理解自己是同步的，与此同时读者进行化为己有和去己化，这个过程里也伴随着想象性变异。

首先，想象性变异（variation imaginative 或者 variation imaginaire）是利科借用胡塞尔的表达法，它不仅可以指世界的变形，比

① 《从文本到行动》，第 175 页。
② 同上，第 408 页。
③ 同上，第 36 页。
④ 同上，第 131 页。

如在虚构文学里,文本呈现的世界就是对现实的想象性变异;也可以指文本诠释中主体因参与到文本世界的呈现中而引起的自身的想象性变异。引起想象性变异的是想象:"它是与各种可能性的自由游戏,从知觉世界或者行动世界来看,它处于一种非介入的状态中。"①这种非介入(non-engagement)的状态是指"非现实的"、"中立化"而且"虚构的"空间维度,它是文本第二等级指涉得以发生的地方,也是想象性变异的地方。利科借用海德格尔的术语,将之称为"林中空地"(la clairière lumineuse)②。

然后,在文本世界的展开中进行化为己有(appropriation)和去己化(désappropriation)的自己不是一个与自己等同的自己,而是一个"更加宽广的自己"③。化为己有,并不是指完全按照自己的方式理解和消化文本,而是"回应文本之物","回应由文本展开的各种意义命题"④。去己化是化为己有的另一个侧面,因为"只有我为了让文本之物存在而放弃自我本身时,文本之物才成为我自己的。那么我以我、我自己的主人交换他、文本的信徒"⑤。所以,诠释文本就是"行走在文本打开的思想之路上,沿着文本所指的方向(orient)上路"⑥。因此,在想象性变异里在我的身上首先得以形成的新的存在并不是任意的,它是在文本面前打开的,而且顺着文本所指出的方向:"在文本里要诠释的东西,就是一个世界命题,关于一个我可以居住的世界,以便把我诸多最本己的可能

---

① 《从文本到行动》,第 245 页。
② 同上,第 249 页。
③ 同上,第 408 页。
④ 同上,第 60 页。
⑤ 同上。
⑥ 同上,第 175 页。

性中的一个投射在那里。"①

　　如果我的存在可能性归属于文本世界，那么文本世界都归属于哪里呢？文本世界在消除了日常用语引起的世界，即第一等级指涉世界的同时，解放了第二等级指涉的可能性。"第二等级指涉触及的世界不仅仅是在可操作的客体层次上说的，而且也是在胡塞尔通过生活世界（Lebenswelt）这个表达法和海德格尔通过在世（être-au-monde）这个表达法所指的层次上说的。"②虽然文本世界是虚构的、非现实的，但它正是通过虚构和变形以一种更加本质的方式指向本体论意义上的生活世界和在世。这样我在文本面前开启的存在可能性也必须是指向最根本的生活世界和在世，关于这一点，利科这样追问道："关于爱和恨、伦理感受以及——一般来说——关于所有被我们称为自己的东西，如果它们没有在语言中得到承载，也没有通过文学得到表达，那么我们又能知道多少呢？"③因此，文本在承载和表达中归属于生活世界和在世，而我们自身则是在于文本面前敞开自己的过程中归属于生活世界和在世。正是在这里，我们不知不觉就来到了前面提到的"我是"诠释学的第二个标志，即我们总是处于世界之中。

　　在《主体问题：符号学的挑战》里，利科深受海德格尔的存在论影响，即语言归属于存在，语言是存在之家，所以在某种程度上讲，"我是"要比"我说"更加根本，"我是"也比"我思"更加根本。在《存在与时间》里"我是"其实就是此在（Dasein），也就是于世界中存在。在《从文本到行动》时期，这种向世界的归属（appartenance）因为对间隔（distanciation）的强调而获得某种平衡。

---

① 《从文本到行动》，第 128 页。
② 同上，第 127 页。
③ 同上，第 130 页。

当然我们不能这样就认为利科在《诠释的冲突》里不讲间隔，在此文集的开篇——《存在与诠释学》里，利科说过一段话很精确地阐述了诠释中的间隔问题："所有的诠释都打算征服一种文本所属的已逝的文化时期与诠释者本身之间的一种疏远（un éloignement）、一种距离（une distance）。在跨越这种距离的同时，在让文本具有当代性时，诠释者可以将意义化为己有：他想清洗那个陌生的他者，也就是说要把他变成他的；所以，透过对他者的理解，他追求的是扩大其本身的自身理解。这样，一切诠释学都是——明确地或者暗含地——通过理解他者的迂回来理解自己本身。"①在这里，"间隔"这个词始终没有说出来，但是我们可以通过"距离"来理解间隔的意义。但是不可否认的是，在《从文本到行动》里利科更加强调诠释中归属与间隔之间的辩证关系。因为间隔对于诠释学从来就不是派生的或者另外添加的，按照利科的话来说，间隔是"诠释的条件"②。诠释的间隔条件以及它与归属的关系在文本理论里变得尤为重要和突显。

对于利科来说，关于间隔与归属的关系，给他带来最大启发的哲学家应该是伽达默尔。他认为伽达默尔全部研究的"动力"就在于"异化间隔与归属之间的对立"③。这种对立就体现在，一方面，我们向来就归属于一个先于我们的世界，因此伽达默尔极力为前判断、权威和传统平反；另一方面，所有的——如果在狄尔泰的意义上来说——精神科学，也包括诠释学，保证其科学性的条件就是从这个我们所属的、先于我们的世界抽离出来，将之视为客观研究对象，这种抽离产生的便是异化间隔，它反过来又对

---

① 《诠释的冲突》，第20页。
② 《从文本到行动》，第125页。
③ 同上，第113页。

我们向世界的归属会产生某种解构作用。这种对立在伽达默尔的思想里"引起了一种无法承受的抉择"①,这也可以从其代表作的题目看到:《真理与方法》。面对这种情况,利科给自己提出的问题就是怎样避免在间隔与归属之间做抉择。在利科看来,为这个问题提供有效解决思路的就是文本概念。在文本的身上,他看到了间隔"积极而又富有生产性的功能"②。在上文中,我们已经讲到文本作为诠释对象的独立性和客观性,而这种独立性和客观性就是因为间隔而产生的。首先,文本得以存在就归功于一种双层间隔。第一层间隔是说出来的东西(le dit)与言说(dire)的间隔。而言语通过文字被固定成为文本,这便是第二层间隔。除此之外,诠释文本的过程中,为了让文本自身的世界得以展开,必须把文本第一等级的指涉悬置起来。这种悬置就是间隔。正是文本世界以一种更加有效的方式呈现我们向在世和生活世界的归属——这是我们前面已经解释过的。正是在这里,间隔与归属辩证地结合在文本诠释中。

把批判引入诠释学,不仅是利科对伽达默尔诠释学与哈贝马斯社会批判学之间论争的反思,也是对间隔与归属之间辩证关系的深入认识和发展。一方面批判是对归属关系进行反思的一种态度,另一方面间隔为批判提供了必要条件。如果说我们总是已经处于世界之中,也就是说我们已经归属于一段历史、一些文化传统,这种归属不是完全无条件的,我们需要对自己归属的历史文化传统所代表的意识形态保持一种批判态度;但是这种批判态度只有在与所属历史文化传统拉开距离的基础上才是可能的;然而,这种批判将不会是全面的,而是局部的和零碎的,因为它"从

---

① 《从文本到行动》,第 113 页。
② 同上,第 114 页。

来都不会切断与支撑着它的归属根基的联系"①;最后,因为,这种批判"需要不断开始,但是原则上我们又无法完成它②",所以不要幻想将它变成知识,也就是对批判进行"去本体化"③。由此,批判与诠释学的关系并不像表面看起来那么水火不相容,相反,它们互相补充互相牵制。而文本诠释就是让批判与诠释学互相融合的一块基地。文本因其独立性为批判提供了最根本的条件④,另外,文本诠释消解了结构性说明和理解之间的二元对立,通过说明进行理解,使得理解不是产生于一种自身与自身的透明,而是间接的。在这种间接性的理解里就包含着批判的精神。这可以体现在两个方面。一方面,在文本诠释中,面对的是文本之物,现实世界被悬置,悬置本身就蕴含着批判的可能性,而文本打开的世界对于被悬置的现实世界则构成了一种真正的批判;另一方面,在文本阅读中,自身理解是通过想象性变异而实现,从阅读的我走向一个新的自己,这个"新的自己"也是对"阅读的我"的批判。

　　另外值得指出的是,利科在诠释中谈论说明与理解以及归属与间隔之间的辩证关系并不是要取消它们之间的区别、将它们混淆在一起,而是要让它们在区别中互相作用和影响,这就是他提出"诠释学之虹"(arc herméneutique)的意义。" arc"其实就是拱或者拱形物,我们将之翻译为"虹",因为虹除了是拱形的,还有动态的意味,这个字里包含了我们对诠释循环的理解。最初谈论诠释循环的是海德格尔,他发现在人文科学中主体总是已经蕴含在对客体的认识之中,这就是我们一直在谈的归属关系,所以我们

---

① 《从文本到行动》,第 366 页。
② 同上。
③ 同上。
④ 同上,第 405 页。

总是已经处于某种前理解中了，因而主体在不知不觉中已经被客体界定了，那么如何保证认识的客观性呢？如何让这个诠释循环不要像在浪漫主义诠释学中那样陷入主观的恶性循环呢？这个问题也同样困扰着伽达默尔——这是我们前面已经说过的。利科所做的就是把间隔和批判引入归属中，把结构性说明引入理解中，把去己化引入化为己有中，把想象引入建构中，这样在间隔和批判中的归属不是简单重复的回到原点，经过结构性说明后的理解也不是一种透明的理解，有去己化伴随着的化为己有也不是一种纯粹的占有，而建构也不是单纯的材料堆积。所谓的批判诠释学，就是要让这些诠释元素各司其职发挥作用，利科把诠释学之虹比作一座桥①，理解和归属都是"这座桥的最后一个桥墩"，当然这座桥还需要其他墩，而且不断的桥墩承受不同的结构力量，桥才能真正搭建完成。这样才能形成良性的诠释循环。只有在这个循环中，意义才能不断从诠释中涌现，而对自己的理解才能走向一个更加广阔的天空。

　　在这里，我们看到利科在《诠释的冲突》里提出的"我是"诠释学中的两个标志在《从文本到行动》里发展成了一个丰富的诠释学之虹，对诠释学的认识也因引入间隔、说明和批判而逐渐变得更加深入和全面。当意义在诠释过程中涌现时，我们也看到了自身理解在经历间隔、说明、想象、批判和归属这一系列运作之后得以实现，这就是自己走向一个新自己的过程。在《意愿与非意愿》里，利科试图撕裂笛卡尔的那个自足的理性"我思"，将身体和非意愿因素纳入"我思"，从而构建一个充满着冲突但仍然实践不息的主体存在。在《从文本到行动》中利科则利用文本的独立性带来的间隔以及诠释中的批判和想象来解构笛卡尔单一封闭、内在

---

① 参见《从文本到行动》，第 178 页。

直观的"我思",自身理解只能在经历过文本诠释的大迂回之后才能实现。理解里包含了批判,批判中有想象,想象中又有归属,这样在自身得到理解时,当自己认可自己对所属世界的归属时,自己已经不是原来的自己,那么如何看待不断蜕变中的自己呢? 是否还有可能在蜕变中看到一个自己呢? 这里已经显露利科在《时间与叙事》第三卷结束之时发现的问题,即自身性问题。

3) 证明自己: 自身性的三重展开

人的身份认同(identité personnelle)问题虽然已经暗藏在文本诠释过程中,但在《时间与叙事》里直接导致这个问题的还是叙述时间(temps raconté),或者说后者为解决这个问题提供了一条解决思路,又或者说,正是在这个问题上叙述时间得到了最好展示。叙述时间是在叙事的模仿中通过塑形(configuration)和重新塑形(refiguration)把任意瞬间(instant quelconque)与鲜活当下(présent vivant)结合在一起的时间。利科把这种叙述时间称为第三时间,它不是一种纯粹外在的宇宙时间,也不是一种纯粹内在的经验时间,相反"它把经验时间宇宙化了,它也把宇宙时间人性化了"[1]。叙述身份认同正是与这种时间性联系在一起,因为这种"身份认同建立在一个时间结构上,而这个时间结构对应的是从一个叙述文本的诗意编排而来的充满活力的认同样式"[2]。在这种身份认同过程中,自身"通过对叙述塑形进行反思而得到重新塑造"[3]。这是一个包含变化和可变性的构建过程,在这个过程中

---

[1] 《从文本到行动》,第 297 页。

[2] 保罗·利科,《时间与叙事》(Temps et Récit),第三卷,巴黎,瑟伊出版社,1985年,第 355 页。

[3] 《时间与叙事》,第 355 页。

形成的是一种——利科借用狄尔泰的说法——"生命的统一性"（la cohésion d'une vie）①。这种身份认同消解建立在实体同一性上的二律背反："要么我们提出一个主体在其各种不同状态中与他自己是同一的；要么呢，就像休谟和尼采，坚持认为，这个同一的主体只是实体论上的幻觉，而幻觉破灭之后只有各种认识、情感和意志。"②在这个二律背反里，身份认同强调的是一种物体的同一性，比如上午我坐过的那张椅子就是我现在坐的这张。可是人不是物，人的身份认同更多强调的是一种自身性（ipséité），也就是——如果我们可以沿着上面的例子继续说——上午坐在这张椅子上的我与下午坐在这张椅子上的我既是相同的我又是不同的我，相同是因为我站在一整天这样的时间结构上来看，不同是因为我无时无刻不在变动中。

　　叙述身份认同的问题就是利科从《时间与叙事》转到《自己本身作为一个他者》的联结点。在叙述身份认同里提出的自身性在《自己本身作为一个他者》里则成了思考研究的核心。自身性的问题归根结底就是面向"谁？"的问题证明自己——正如利科在这部作品里所追问的：谁说话？谁行动？谁叙述？谁承担责任？要回答这些问题就必须厘清与自身性问题有关的三种辩证关系：反思与分析的辩证关系；作为同一性的身份认同（identité-idem）与作为自身性的身份认同（identité-ipse）之间的辩证关系；自身性与异己性的辩证关系。通过阐明这三种关系，利科希望可以走向一种诠释自身的本体论，呈现自身存在的本真样貌。下面我们就概括性地梳理一下这三种关系。

　　1）反思与分析的辩证关系 。面对"谁？"的问题，最容易的

---

① 《时间与叙事》，第 355 页。
② 同上。

答案就是"我",可是这并不是一个完整的答案,因为除了"我"还有其他人,"我"并不能替代其他人来说话、行动、叙述和承担责任,这些活动都必须亲身实践。正是这样——正如我们在一开头就讲过——利科用自反中间项替代第一人称单数以对抗主体的直接性。把 moi 变成 soi 的过程是一个分析的过程,希望通过一种更加中立的态度来看待可以自行界定的自己。对"谁说话?"的问题,需要把分析哲学上"谈论谁?"的问题与反思哲学上"谁说话"的问题结合起来,这种结合可以具体体现在称呼(appellation)上。称呼在此时此地把被指涉的人与说话的人联系在一起,比如——利科借用维特根斯坦的例子——"我,LW"这样的表述就是在语言上对自己的证明。对于利科来说,通过称呼界定自己回应着一个更加根本的事情,即身体本身(corps propre)"既是世界的事实又是主体——他并不归属于他所谈论的客体——的器官"①。同样地,回答"谁行动"的问题则需要把"什么-为什么?"的问题与"谁行动"的问题结合在一起。前者通过语义分析学分析行动和动机之后把行动看成是无人称或者匿名的,后者则是从实践的角度寻找行动的施动者。这两个问题的辩证结合发生的地方是主动性(initiative),它是"行动施动者在世界进展中的一种干预,这种干预确实造成了世界的变化"②。主动性带来的干预力量得以实现的条件就是通过行动(什么)把动机(为什么)与施动者(谁)联系在一起,只有在这里,"施动者是行动的施动者"才有意义,由此施动者才能得到界定。在主动性里蕴含着更加根本的身体本身之"我能"。通过简单地在语言领域和行动领域呈现"谁?"的问题,我们就可以看到证明自己是如何在分析和反思的

① 《自己本身作为一个他者》,第72页。
② 同上,第133页。

辩证结合里实现的。这种通过分析进行的反思就是具体反思。我们前面已经提到，早在《诠释的冲突》中利科就提出了具体反思的概念，即反思不是直接的，而是迂回间接的，在《自己本身作为一个他者》里，这个概念得到了进一步强调，他说："求助于在分析哲学意义上讲的分析，这是一种以自身处于间接位置为特点的诠释学必须要付出的代价。"①这里我们也看到了在《从文本到行动》里强调的说明与理解辩证关系的影子。

　　2）作为同一性的身份认同与作为自身性的身份认同之间的辩证关系。在《时间与叙事》的卷三总结里利科侧重通过叙述时间展示叙述身份认同问题，而在叙述身份认同里蕴含着人的身份认同问题；而在《自己本身作为一个他者》里他直面人的身份认同问题，这个问题的核心就是互相区别的同一性和自身性之间的辩证关系，而叙述身份认同是通达问题的重要切入点，因为除了叙述领域，还有语言领域里说话人的身份认同，行动领域里施动者的身份认同，责任归咎的领域里责任承担者的身份认同。

　　诚然，人的身份认同总是关系到时间上的持久，也就是说在时间变化中总是辨认出是一个自己。认同的方式可分为同一性的与自身性的，二者在时间持久上的表现又各不相同。同一性表现为事物因具有一个恒定不变的基质而被识别为同一的，它指向人也可以指向物。这种同一性在人的身份认同上可以称为特征的身份认同（identité du caractère），也就是说可以通过特殊的标记辨认出是相同的个体，这些标记在时间上持久不变而成为标志个体身份的特征，比如基因、习性或者与某种价值、规范联系在一起的标识。在这里，特征的身份认同通过回答"我是什么？"来回答"我是谁？"的问题。与同一性不同，自身性是人独有的，它并没有

―――――――――
① 《自己本身作为一个他者》，第28页。

预设恒定的特征,相反它是指在变动中对自身的坚持(maintien de soi),即不管沧田桑海都忠诚于自己。所以,身份认同中的自身性其实是对时间和变动的挑战,换句话来说,忠诚于自身需要跨越时间和变动,因此这是另一种意义上的持久不变。它最具体的表现就是对诺言的持守。

身份认同中同一性与自身性的辩证关系表现为它们不同程度的结合:从互相覆盖重合直到完全分开对抗。利科承认叙事领域是最适合展示这些关系的地方。不仅因为在叙事里同时可以体会话语及其言说者、行动及其施动者,而且由于叙事的虚构性和内省性使得叙事成了体验同一性和自身性之间辩证关系的实验基地;再说,叙事领域与语言领域、行动领域具有相似的结构:在叙事中故事人物的身份认同体现在情节的机动统一编排中,言说者的身份认同就体现在表述的连续中,施动者的身份认同就体现在行动的多元性中。在叙事中,情节以机动的方式——或者说诗意的方式——被编排成一个统一体,也就是把多样性、不稳定性以及非连续性加入了与以同一性为特征的时间持久中,这个统一体既是任意瞬间与鲜活当下的结合也是协调与非协调的结合,这为所讲述的故事提供了行动可以实现的纯粹叙述的身份认同;而因为故事人物同时参与了情节和故事,叙述身份认同又可以从讲述的故事传递到故事人物身上。正是在这里,出现了同一性与自身性的辩证关系。在日常生活里有点像在童话或者民间传奇里,对某人的坚持同时就是相信其个性的稳定性、相信他会遵守承诺,这里自身性与同一性是互相覆盖重合的。而在古典小说里——利科特别提到从《克莱芙王妃》(*La princesse de Clève*)到 18 世纪的英国小说以及陀思妥耶夫斯基和托尔斯泰的小说——,透过故事人物的转变,作为同一性的身份认同慢慢减少但是没有完

全消失。而在体验式小说或者意识流小说里——利科特别提到
《没有个性的人》(*L'homme sans qualité*) 和《终结的意义》(*The Sense of an Ending*)——，故事人物完整不受情节安排的控制，也不具备任何稳定的特征，这里自身性由于失去特征支持而被剥光。这样的自身性就是存在意义上的身体本身(le corps propre)，而这身体本身就是唯一与世界相连的锚。这种以自身性为基础的身份认同彰显了身份认同与伦理的关系。这对于遵守诺言来说尤其如此，"自己是可靠的"与"别人可以依靠于其上"之间的连接是一种责任。对自身的坚持就是对责任的承担。

3) 自身性与异己性的辩证关系。利科认为，异己性并不是外在地添加给自身性的，它归属于自身性的内在构建和意义内容①。在这一点上，异己性与同一性不同，在自身性与同一性的辩证关系里是以断裂和对立为主。而异己性内在于自身性，这表示自己在其内部就具有爆炸的因素和力量。这让我们想起前面讲过的意愿与非意愿的辩证关系。确实，利科自一开始就认为自身在本体论上是不稳定的，所以对这种自身的证明本身也会是破裂的。正是这样，"与自身性相关的异己性只呈现在不协调的经验里"②(SA,368)。异己性就像身份认同一样也是多义的，异己性并不全都来自外在他者，自己本身也具有异己性。根据外在性和被动性，利科分析了异己性的三个主要形态：

第一形态是身体本身或者肉身(le corps propre ou la chair)，它作为自己与世界的媒介。人兼有主动性和被动性：一方面人是积极的，可以施加影响的，他言说、行动、叙述和承担道德责任；另一方面，人也是被动的，他不仅要忍受身体本身的抵制力和任意

---

① 参见《自己本身作为一个他者》，第367页。
② 同上，第368页。

性,还要接受来自世界的影响——对世界的接受是根据其可实施性,也就是陌生性的变化程度①。而这种被动性主要就被概括在身体本身的经验中,因为除了我们上述所说的身体本身就是一种陌生之外,由于身体本身也是自己与世界交往的桥梁,因此在某种程度上,世界的陌生性也是通过身体本身的陌生性才能得以实现。第二个形态是陌生人,他既是我的相似者又外在于我。在利科看来,陌生人又分两种形式:人际关系中的你以及生活在体制里的每一个人。根据与我相似又外在于我的陌生人,利科提出了他自己的小伦理学:"希望在公正的制度里与他人也为他人好好地生活。"②第三个形态是内在良心(for intérieur)构建的异己性,它是"从我自身深处升起的面向我的心声"③。这种心声可以在特殊情况里分辨好坏,它是刚刚可识别的信念,它是实践智慧的最后一关。当自己自行界定为某个谁时,比如言语的说话者、行动的施动者等等,证明构建了抵制怀疑的判断,在这个意义上说,"内在良心就是可以让自己自行规定的证明"④。

　　以上三种辩证关系也是表现自身性的三个特点吧。这三种关系并不是互不相干,而是互相包含。同一性和自身性的关系以分析与反思的关系为基础,而自身性与异己性的关系又包含了前两种关系。正是透过这三种关系以及它们之间的关系,我们看到了证明自己是一个多么错综复杂、辩证撕扯的过程。这样证明的自身是在破裂和向外游离中不断反思和构建的自身。这种对自身的证明正是利科对笛卡尔哲学的两个基本特点所做出的回应,

---

① 参见《自己本身作为一个他者》,第369页。
② 保罗·利科,《已完成的反思》(*Réflexion faite: autobiographie intellectuelle*),巴黎,精神(Esprit)出版社,1995年,第80页。
③ 《已完成的反思》,第105页。
④ 同上,第107页。

即"我思"的直接性以及"我思"作为最后的基底。利科批判笛卡尔在《形而上学沉思录》里所说的主体身份认同不是具体人的身份认同，而是一种可以说是点状的非历史性的身份认同，这种身份认同要的是一种实体物的同一性，它并不涉及持久性与在时间里改变之间的交替，因为"我思"也是瞬间的①。所以利科把笛卡尔的"我思"比喻为西西弗。利科认为，笛卡尔的"我思"不是那种后面跟着第二、第三等真理的第一真理，而是先验意义上的真理。"我思"的"我"是剥离的、过度兴奋的，不是具体的、鲜活的你我。与笛卡尔的"我思"不同，利科提出的证明自身所描述的是真理样式的特征，这种特征属于分析与反思、自身性与同一性以及自身与他者的辩证关系。在这里，"证明首先是一种信仰"②。但它不是一种教条的信仰。教条的信仰说"je crois que"，也就是说因为评估判断某事物是真的之后而信仰它，这是一种根据判断而来的信仰；证明则说"je crois en"，它无法通过推理论证真假，它是在生命经验里的体验。证明不是保证（garantir），保证是"我思"在通过论证上帝的存在而追求的；对于"我思"，保证意味着自行奠基的理论知识。而证明不同，由关于谁的问题带出的破碎，以及这个问题本身在哲学史上、在自然语言的语法上以及在日常话语的使用上的偶然性，赋予了证明一种特别的脆弱性。在现代汉语中，也有"证明自己"的说法，因为被误解，故需要一个过程来呈现自己。"证明"一词在构词法上看属于复合式里面的补充式，即构成它的两个字都是动词，而且后一个动词对前一个动词进行补充。"明"是对"证"的补充，"证"可以带来"明"，"明"因"证"而起，没有"证"就不能"明"，就只能在晦暗中。所以，证明的脆弱性就表

---

① 参见《自己本身作为一个他者》，第 18 页。
② 《自己本身作为一个他者》，第 33 页。

现为不断受到猜疑的威胁,正是在挣脱猜疑之晦暗时才能证明自己,才能让自己呈现出来。这个过程也是利科后来所说的"认可的历程"(parcours de la reconnaissance):从辨认到认可再到被认可的历程。"正是在'某物'与'某人'之间的转变——这种转变被难以辨认之经验夸大了——基础上,'某人'向'自己本身'的转变得以建立,与此同时他在他的能力中得到认可。"①从某物到某人、从某人到自己本身、从自己再到他者的过程,是从获得自身的身份认同再到获得他者认可的过程,正是在这个过程中通过和解将轻视——认可的对立面——转化为一种感恩,实现人与人的和平。所以,"证明自己"与"自明"是相反的,证明自己需要证据、证人或者事情来进行证明,所以证明自己总是有个指向,向他人证明自己则指向他人,或者向自己证明自己,则指向自己——可是自己又何尝不是一个他者呢。根据《认可的历程》里的说法,认可自己(reconnaître soi-même)总是与要求被认可(la demande d'être reconnu)是联系在一起的。在证明中也隐含着这样的倒置:证明自己就是要让人看见自己。简而言之,他者就是——用利科的话来说——"从自己到自己的捷径"。

结语

从打破自己到诠释自己到证明自己,从意愿与非意愿的关系到自己与意义的关系,再到自身性的三重展开,在这里,我们所做的不过是以粗放的形式截住了利科思想发展中的三个小片段。因为探讨意愿与非意愿的关系——在严格意义上讲——也不算利科思想的开端:在开始意志哲学的研究之前,利科在其研究生

---

① 保罗·利科,《认可的历程》(*Parcours de la reconnaissance*),巴黎,伽利玛(Gallimard)出版社,2004年,第382—383页。

阶段曾对上帝的问题很有兴趣①；而对自身性问题的研究也不是
利科思想生涯的尾声，在《自己本身作为一个他者》出版后，利科
仍然出版了许多部作品，如《意识形态与乌托邦》、《记忆、历史与
遗忘》等等，直至今天他的遗世之作还在陆续出版。显然，这三个
片断并不能详尽地呈现利科对自身理解问题的全部思想，但是它
们还是颇具代表性的，它们以承起或者开启的方式展现了他思考
这个问题的大致思路和整体走向。下面我们就所截取到的东西
来看他阐述这个问题的一些共同特点和不同发展。

　　一方面，虽然在这三个片断中每一次进入自身理解的方式或
者理论——从意志哲学到文本理论再到自身性——都有所不同，
而且时间点——从 50 年代到七八十年代再到 90 年代——也不
同，可是我们还是可以看到它们之间并不是完全断裂的：在诠释
自己和证明自己的过程中包含着打破自己，同样地，在证明自己
的过程中也包含着诠释自己。这时我们可以回头去看看我们在
文章开始不远处提到的关于笛卡尔的两条线索。第一条线索是
坚持反思哲学却反对"我思"的单一封闭自主性。确实，利科自始
至终都坚持一种自反哲学，无论打破自己、诠释自己还是证明自
己都是在认识自己和理解自己；但是这种反思却不是一种向心运
动，打破自己是要让自己向非意愿和身体敞开，诠释自己是让自
己向世界敞开，证明自己是让自己向他者敞开。第二条线索是关
于"我是谁？"这个问题。的确，利科对这个问题的追问是持之以
恒的，虽然在每一个阶段根据具体研究的问题不同对这个问题的
回答可能也会有所差异，但是这个问题从来没有像在笛卡尔那样
给出"我是我思"这样确定的答案。"我是谁？"，与其说是一个问

---

① 参见《已完成的反思》，第 15 页。

题,不如说是一个开放的场域。这种开放性就表现在《意愿与非意愿》里胡塞尔的现象学与马塞尔的存在主义的辩证结合,在《诠释的冲突》里符号学、精神分析学与诠释学的辩证结合,在《从文本到行动》里说明与理解、间隔与归属的辩证结合,在《自己本身作为一个他者》里分析与反思、同一性与自身性以及自身性与异己性的辩证结合。

　　可是,另一方面,我们又不得不说这三个阶段在演变。如果说通过意愿与非意愿的辩证关系来打破自己,这是在自身内部引发的一场爆炸;那么在文本诠释中谈论理解自己,那就是在自己与世界之间引发的一场革命;而在自身性的三重展开中我们不仅看到了自身内部的破裂、自己与世界的关系,而且看到了如何在破裂的自己以及与世界发生关系的自己里构建自身,这是对前面两次爆破性理解的深入、丰富和突破。这里,突破也体现在术语用词上,从"我思"的第一人称"我"走到自反中间项的"自己",这个过程确实有一个内在的走向,即不断进行敞开性运动。如果我们可以从一个更高更远的角度来看这三个阶段,也许我们会发现它们都属于一个过程,即利科探讨认识自己的过程。如果可以换个角度来看,也许这个过程本身就是一个认识自己的大迁回。

　　回首我们在文章伊始提出的问题:如何认识自己？它既不是指这里有一个实体的自己要去认识那里另一个实体的自己,也不是指此时的自己要去认识一个更加本源的自己;认识就是打破、诠释和证明的过程,而自己就存在于这个指向他者和世界的同时不断反思自己的过程中。如果说可以从这个过程看到一种"生命的统一性",那么这个统一性并不是先行和既定的,它是由每一次爆破自己的碎片在经验中组合而成的。到这里,我们大概可以理解为什么利科不愿意对自己的研究进行一种统一性的诠释,因为这种统一性并不是先天存在的，它是由每一个向外迈出的步伐串联生成的过程。追问从自己到自己的距离有多远，要看对自己与他者及世界的关系的理解有多深远，每个人都以不同的方式在经历和丈量，而利科的方式就是其思想和写作的生命历程，正如他在《记忆、历史与遗忘》的最后一页所写："书写生命却是另外一种历史。没有终结。"

前　言

　　读者在这里看到的是,我最近 15 年间[1]在法国或者国外发表的主要文章的汇集。因此,本文集继于《诠释的冲突》(*Conflit des interprétations*)之后,后者覆盖了整个 60 年代。没有为这一系列的文章保留相同的题目主要是因为,我在这些文章里不再为捍卫诠释哲学在诸如符号学或精神分析——这些(在《诠释的冲突》中)都曾被我视为对诠释哲学构成了挑战——面前的合法性而表现得那么忧虑。当感觉无需再为自己从事的学科的存在正当性而辩护时,我也就全心投入其中,既无迟疑亦无辩解之忧。

　　头三篇论文,确实还带有合法化要求的迹象;但这更多是就我自己的思想传统而言,无关乎那些我找来给自己定位的假设竞争者。我首先谈的是,诠释学(herméneutique)——或者诠释(interprétation)的普通理论——从未停止在胡塞尔现象学面前进行"自我辩解"。它是从胡塞尔现象学走出去的,"走出去"具有双重意义:这是它产生的地方;也是它已经离开的地方(大家从维翰

---

[1]　15 年间指的是整个 70 年代直到 80 年代中期,此文集出版于 1986 年。——译者注

[Vrin]出版社出版的另一本文集里可以读到我更加专门的研究：
《论现象学派》[A l'école de la phénoménologie]）。接着我重新构建
了这样一个谱系：当代诠释学——也就是海德格尔之后的诠释
学——将之与胡塞尔哲学的嫡系结合在一起的谱系；这样施莱尔
马赫(Schleiermacher)的名字就与胡塞尔的并列在一起，然而又没
有取代它。间隔(distanciation)这个主题让我有机会标明我对现
象学-诠释学派的个人贡献；对于存在于诠释的所有思想活动中
的批判因素(l'instance critique)，我认为它的作用是，相当准确地
描述了现象学-诠释学派的特征。【8】曾经也是由于这个因素，使
我发生转变，与我的论敌们联合起来。

　　第二系列的文章更好地表现了我在本书中的和解之意。在这里
我做的是诠释学。刚刚我说到我从哪里来。现在我谈谈我到哪里去。
一种主导特征慢慢在这种积极的诠释学实践中显露，也就是逐渐把文
本理论融入行动理论。事实上，在文本的符号学分析或者语义学分析
中，让我一直最感兴趣的是，在实践领域——在那里人表现为施动者
和受动者——的构造(structuration)方面，这些文本的塑形(configura-
tion)①范式特征。自然，文本——尤其是文学的——是符号的整体，
而符号或多或少已经和它们被看作要指定的事物脱离关系。但是在
这些被说出来的事物之中，就有施动和被动的人；而且，话语(dis-
cours)本身就是行动；这就是为什么言说(dire)（和阅读）行为与实际
行动(agir effectif)之间的比拟联系——在这个词最积极的意义
上——从来没完全断裂。通过符号(signum)和物(res)之间的裂
缝，这种联系只是变得更加复杂，更加迂回。组成第二部分的这些文
章逐渐颠覆了(语言和文本的)优先性，实践问题重新获得了优势，而
局限于文本性(textualité)的概念则开始失去优势。开头和结尾的文

───────────────

①　此处参照了王文融先生在《虚构——叙事中时间的塑形》的译法。——译者注

章就这样标志着这种重点转移的起点和终点;在起点,是关于文本及其内在构造,可是暗地里还有重新塑形的能力;在终点,是对实践理性概念的概述以及行动以主动性(l'initiative)的形态涌入当下。未曾以法语发表的那篇论文曾相当有幸地以英语发表了,题为"文本的模式:被视为文本的合理行动"(Le modèle du texte: l'action sensée considérée comme un texte),它标志着从一个问题到另一个问题的转折,【9】当然文本概念并没有丧失我前面所称的范式特征:但是,根据人类学家克利福德·格尔茨①独到的表达方式,"……的模式"在这里变成了"为……的模式"。那么,说明(expliquer)和理解(comprendre)之间的古老论争可以以全新方式重新提出:在一种更少二元对立而更多辩证关系的意义上,而且在一个更加宽广的应用领域里。这个论争不仅仅关系到文本,而且还有历史文献和实践。至于在文本之塑形(configuration)和行动之重新塑形(refiguration)中想象力被赋予的角色,则开启了第三部分的主题。

在最后一部分我们汇集几篇意识形态论题占主导地位的论文。它们(第三部分的论文)通过在社会实践层面上赋予创造性想象力和模式论的角色而与前一系列文章关联在一起。另外,想象力的特殊功能接近我在《活的隐喻》(La Métaphore vive)和《时间与叙事》(Temps et Récit)中赋予它的角色。而且,在卡尔·奥托·阿佩尔②和尤尔根·哈贝马斯(Jürgen Habermas)的意义上来

---

① 克利福德·格尔茨(Clifford Geertz, 1926–2006),美国人类学家,其主要著作有《仪式与社会变迁:爪哇案例》(Ritual and Social Change: A Javanese Example)、《旧社会与新国家》(Old Societies and New States)、《文化的诠释》(The Interpretation of Cultures: Selected Essays)等等。——译者注

② 卡尔·奥托·阿佩尔(K.O.Apel, 1922–),德国哲学家,研究领域为伦理学、语言哲学和人文科学。其主要著作有《论在从但丁到维科的人文主义传统中的语言》(Die Idee der Sprache in der Tradition des Humanismus von Dante bis Vico)(1963)、《哲学转变》(Transformation der Philosophie)(1973)、《查尔斯·　(转下页)

说,对意识形态现象的考察与意识形态批判紧密相连。此外,根据前面表达过的愿望,它也提供了批判因素之并入诠释过程的具体例证。整本书结束于对伦理和政治之间关系的一般思考;这种概述开启了一项有待去做的更加系统化的研究,这项研究针对的是行动理论、叙事理论和伦理政治理论之间的紧密关联。

把最初针对英语读者的文章放在本论文集的开头,我们认为是适当的,它的目的本来是:在把我与其他十几个法国哲学家一起介绍时,提供一个我个人哲学研究的概观。这篇文章被收入本集有两个原因:首先,它对我关于隐喻功能和叙述功能的最新研究作了一个简要介绍,而且这样也对有意被排除在外的文章起到了补充作用——这些文章也是我在这两个领域的系统研究的组成部分;而且,此文还有一个特色,就是从相反的方向经历了【10】从我最初研究胡塞尔到写作《活的隐喻》和《时间与叙事》的所有阶段。在这个反向旅程中,读者被引向了汇集在这里的第一系列文章的开始。

保罗·利科

编者和保罗·利科谨向卡特兰·麦克劳夫林(Kathleen McLaughlin)深表谢意,感谢她在本文集的筹备过程中带来的友好帮助。

（上接注③）桑德斯·皮尔士的思想之路——美国实用主义的开始》(*Der Denkweg von Charles Sanders Peirce — Eine Einführung in den amerikanischen Pragmatismus*) (1975)、《说明与理解:在先验实用主义里的论战》(*Die Erklären/Verstehen — Kontroverse in transzendentalpragmatischer Sicht*) (1979)、《话语与责任》(*Diskurs und Verantwortung. Das Problem des Übergangs zur postkonventionellen Moral*) (1988),等等。——译者注

纪念奥利维埃(Olivier)

论诠释①

为了简要地介绍三十几年来一直困扰着我的问题,以及与我对这些问题的研究紧密相关的传统,对我来说,最合适的办法就是从我目前关于叙述功能(fonction narrative)的研究工作谈起,然后阐明这项工作与以前关于隐喻、心理分析、象征以及其他相关联问题研究的亲缘关系,最后再回到对我的全部研究得以建立的理论上和方法论上的先决条件的局部研究。这种在我自己的研究里的逆向行进,让我在报告结束之时可以重新回到与我紧密相关的现象学和诠释学传统的先决条件,并将展示我的分析是如何同时延续、修正甚至有时置疑这个传统的。

---

① 这些文章的原始出处被标明在本书的最后,第 451–452 页。关于保罗·利科的完整书目,参照:D. F. Vansina,"保罗·利科的书目摘要"(Bibliographie de Paul Ricoeur),见《鲁汶哲学杂志》(*Revue philosophique de Louvainn*),1984(编者注)。(关于这一点译者写信向《鲁汶哲学杂志》社求证,事实上是,1984 年出版的鲁汶哲学丛书系列里面包含了《保罗·利科的书目摘要》这本书,但是本书是由比德[Peeters]出版社出版的。——译者注)

I

首先，我来说说我正在进行的关于叙述功能的研究工作。

这项研究展示了三个主要关注点。首先，对叙述行为（l'acte de raconter）的研究回应了一个很普遍的问题，这个问题我不久以前在拙作《论诠释：关于弗洛伊德》（*De l'interprétation. Essai sur Freud*）的第一章中已阐述过，它与【14】保留语言运用的广泛性、多样性和不可还原性有关。所以从一开始，大家就可以看到，在分析哲学家当中，我属于那些抵制还原论的。根据还原论，那些"完善的人工语言"（langues bien faites）①理应要降低对语言所有非"逻辑"应用之意义和真理的要求。

第二个问题补充并且在某种程度上缓和了第一个问题：汇集叙述游戏（le jeu de raconter）各种分散的形式和模态。的确，随着我们所继承的文化的发展，叙述行为在越来越细化的文学类型中不断地产生分支。这种分裂由于重要的二元对立而给哲学家们提出了一个重要的问题。这种二元对立分割了叙述场域（le champ narratif），将两种东西对立起来：一方面是这样一些叙事，它们对真理的期望类似于在科学中进行的描述性话语（discours descriptifs）——所谓的历史以及与传记或者自传相关的种种文学类型；另一方面是那些虚构叙事，诸如史诗、戏剧、中短篇小说、长篇小说，这里不涉及那些运用语言以外的其他媒介的叙述样式，譬如电影，也许还包括绘画和其他造型艺术。与这种无止境的分裂相反，我假设在叙述的各种样式和类型之间存在一种功能性的统一。就这方面而言，我的基础性假设如下：人类经验的共同

---

① 关于"完善的人工语言"，详见原文第 52 页。——译者注

性——它通过叙述行为以各种形式得到标记、阐述和表明——就
是它的时间性。凡是我们叙述的都要进入时间，占有时间，时间
性地展开；而且凡是在时间里发生的都是可以叙述的。也许所有
时间性进程也只有在它是可以通过某种方式叙述的情况下才能
在本质上被承认。这种在叙述性和时间性之间被假设的相互性
正是《时间与叙事》的主题。虽然与语言真实、潜在的用途的广大
范围相比较，问题是有限的，事实上它却是广袤的。它在唯一的
名目下汇集了平常会在不同名目里被处理的问题：历史认知的认
识论，【15】应用于虚构作品的文学批评，各种时间理论（它们自己
又被分散在宇宙论、物理学、生物学、心理学和社会学之间）。当
把经验的时间特性看作历史和虚构的共同所指对象时，我把虚
构、历史和时间糅合在唯一的问题里。

　　这里就出现了第三个问题，它为时间性和叙述性的问题变得
不那么难解决提供了可能性：如何验证语言本身的筛选和组织能
力，当语言在比句子更长的话语单位——人们称之为文本——中
进行编排时。如果叙述性确实必须标记、阐述和表明时间经
验——为了重复这三个上文使用过的词——，那么应该在语言应
用中寻找一个衡量标准，这个标准可以满足界定、组织和解释的
需要。文本就是那个我们寻找的语言单位，而且它可以在时间经
验和叙述行为之间建立一个恰当的中介，这就是我们可以通过以
下方式简单勾画出来的东西。文本作为语言单位，一方面是作为
现时含义的首要单位——句子，或者是本维尼斯特（Benveniste）
意义上的话语现时发生（instance de discours）①——的扩张；另一

① 在《普通语言学问题》（Problèmes de linguistique générale）第一卷，本维尼斯特写
道："各种代词在一起并没有构建成一个统一的类别，而是构成根据语言模式
（而代词就是语言模式的符号）而区分的不同种类。一些属于语言系统的句法结
构，另一些则具有我们所谓的'话语现时发生'特性，也就是指那些不　（转下页）

方面,它产生了一个跨句组织(transphrastique)原理,这个原理通过叙述行为被应用在各种形式中。

追随亚里士多德,我们可以将这样一个学科称之为诗学:它探讨的是为了构成一个相当于叙事或者诗歌或者散文的文本而对话语现时发生添加的组合法则。

当要识别制造-叙事(faire-récit)的行为的主要特性时,问题就出现了。我还是参照亚里士多德来界定构成叙事文本的那种谓语组合。亚里士多德用术语 muthos 来界定这种谓语组合,这个术语人们译为"故事"或者"情节":"这里我把这种对已完成的行动的聚合[sunthèsis,或者在其他的语境里为 sustasis]称为情节(1450 a 5 和 15)。"由此,亚里士多德【16】在这里指的不只是这个词静态意义上的结构,更是运作(正如 poièsis, sunthèsis, sustusis 的后缀-sis 所示的),也就是构造,它要求我们谈论情节发生(mise-en-intrigue)而不是"情节"(intrigue)。情节发生主要在筛选和安排所叙述的事件和行动的过程中形成,是这些被叙述的事件和行动把神话变成一个"完整划一的"(1450,b,25)故事,因为它包含了开始、中段和结尾。由此,我们明白:每一个行动只有在它开启的故事里才是开始;同样,每一个行动成为中段的条件是,在所叙述的故事里这个行动引起了命运的改变、有待解开的"节"、出人意料的"转折"、"令人怜悯的"和"令人恐惧的"事件后续;最后,每一个行动,就其本身来说,

---

(上接注①)太引人注意且每一次都是唯一性的行为,通过这些行为,语言系统在话语间由一个言说者更新了(les pronoms ne constituent pas une classe unitaire, mais des espèces différentes selon le mode de langage dont ils sont les signes. Les uns appartiennent à la syntaxe de la langue, les autres sont caractéristiques de ce que nous appellerons les "instances de discours", c'est-à-dire les actes discrets et chaque fois uniques par lesquels la langue est actualisée en parole par un locuteur)。"(伽利玛出版社,1966版,第251页)——译者注

也不是结尾,而是由于在所叙述的故事里它结束了一个行动过程,它解开了一个节,它在确认中弥补了突变,它在最后的事件中对英雄的命运下了定论,这个最后的事件会使整个行动拨云见日,并且在听众的心中产生怜悯或者恐惧的净化(*katharsis*)。

正是这个概念,不仅在历史学家的历史(或者历史编纂学)秩序中,而且也在虚构秩序中(从史诗和民间故事到现代小说),我将之视为研究的思路。在这里我只着重探讨在我看来把这样的一种丰富性赋予情节这个概念的特征,也就是可理解性(*intelligibilité*)。我们可以通过以下方式说明情节的可理解性特征:情节是各种组合合并在一起的整体,通过这些组合,事件被转化为历史或者——相应地——历史是从事件中提取出来的。情节是事件和历史之间的中介。这就意味着没有事件不协助历史进展。事件并不只是情况、发生的某某事情,而是一个叙述的组成部分。随着情节领域的继续扩大,我将会谈到情节是由环境、目标、手段、起始和出人意料的结局构成的可理解的统一体。根据我借用路易·明克①的一个表达法,【17】就是"聚合"——组构——这些人类行动的组成部分的行为。在一般的经验中,这些人类行动的组成部分是异质的和不协调的。由这种情节的可理解性可以看出,领会历史的能力构建了一种精心设计的理解形式。

现在我简单说说亚里士多德情节概念的延伸给历史编纂学提出的一系列的难题。我将提及其中的三个。第一个是关于学术性的历史和叙事之间的关系。确实,好像没有什么道理断言现代历史保留了叙述特征。但是这个叙述特征可以在古代编年史上找到,而

---

① 路易·明克(Louis Mink, 1921–1983),美国历史学家和哲学家,主要代表作有《历史理解》(*Historical Understanding*)、《心灵、历史和辩证法:柯林伍德的哲学》(*Mind, History, Dialectic: The philosophy of R.G.Collingwood*)等。——译者注

且它在政治史、外交史或者教会史里持续至今，它讲述战役、条约、瓜分，以及一般来说，通过一些具有决定意义的个体影响权力运作的命运变迁。

我的论题就是历史和叙事的联系是不可能断开的，除非历史丧失了它在人文科学中的特性。这里，我首先要谈的是，那些把历史与叙事对立起来的人所犯的基本错误起因于对情节赋予叙事的可理解性认识不清。亚里士多德是第一个强调了这种可理解性的人。在批判历史叙述性的背景里，总有一种关于叙事的天真观念，即把叙事当作缺乏条理的事件连续。他们只能看到历史的插曲性（le caractère épisodique），而忘记了历史塑形性（le caractère configuré），而它正是历史可理解性的基础。同时，他们看不到叙事在它自身与鲜活的经验之间建立的距离。在生活和叙述之间，有一道裂痕，尽管它是如此的微小，但是它会自行增大加深。生活是被亲身体验的，而历史是被讲述的。

第二，由于忽视作为叙事基础的可理解性，他们也就无法理解历史说明是如何可能嫁接在叙述理解上的，因此人们说明越多也就讲述得越好。那些支持自然法则学模式的人所犯的错误并不在于他们误解了历史学家从其他更先进的社会科学——人口统计学、经济学、语言学、社会学等等——借用的法则的性质，【18】而是误解了这些法则的运行。他们没有看到，这些法则由于嫁接在一种先行的叙述机制上而具有历史含义，而这种先决的叙述机制已经将所有事件视为情节发生过程中的组成部分了。

第三，在远离事件性历史——主要是政治史——的同时，与历史学家所要求的相比较，历史编纂学要更接近叙述历史。在成为社会史、经济史和文化史的同时，历史也成了长时段的历史，所以它一直与时间联系在一起，并且阐明把最后情况和开头情况连接在一起的各种变化。变化的速度无关紧要。由于与时间和变化一直密不可分，历史也就一直与人的行动密不可分。人，根据马克思的说法，在不是他们制造的背景里创造历史。历史直接地或者间接地就是人的历史，人是他们自己也深陷其中的权力、制度、职能和结构的承载者、实施者和牺牲者。最终，历史不能与叙事完全断裂关系，因为历史不能与行动断裂关系，而行动意味着动因、目标、境况、相互作用以及想要和不想要的结果。而情节就是基础的叙述单位，它把这些异质成分组合在可理解的整体里。

　　第二个问题是关于情节概念在分析虚构叙事作品——从民间故事和史诗到现代小说——中的有效性。这种有效性受制于两种方向相反而又互补的抨击。

　　我把反对叙事诠释的结构主义者的抨击放在一边。在结构主义者的眼里，叙事诠释不合理地抬高了叙事表面上的编年学特征的价值。在别处①，我已经讨论过了这样一种企图：用一种对叙述文本的深层语法有效的"无时性"（achronique）②逻辑来替代情节所依附的表层动力。我更愿意集中精力去分析一种与之方向相反又互补的抨击。

　　【19】结构主义的分析在民间故事和传统叙事领域取得了胜利。与结构主义相反，许多文学批评以当代小说的演化为论据，为的是证明在写作中有一种实验让所有来自传统的原则和范式都失效。而在这些传统的原则和范式中，就有继承自 19 世纪的小说的情节类型。由写作引起的争议甚至达到这样的程度：整个的情节概念似乎都消失了，而且它在叙述性事实的描述上也失去了相应的价值。

　　针对这个异议，我要回应的是，他们误解了范式——无论是怎

_____

① 《时间与叙事》的第二卷。——译者注
② 参照王文融先生在《虚构叙事中的时间塑形》中的译法。——译者注

样的范式——与个别作品之间的关系。我们所说的范式是情节发
生的类型,它们来自叙述实践本身的积淀。在这里我们涉及的是一
种基本现象,在更新和积淀之间互相交替的现象;这种现象对我们
所说的传统是构成性的,它直接与叙述模式的历史性特征有关。正
是这种更新和积淀的互相交替使得由这个异议提出的偏离现象成
为可能。但是应该要明白:偏离本身只有在传统文化的基础上才是
可能的,传统文化在读者的心里创造了艺术家乐于激起或者辜负的
期待。而这种反讽的关系并不能建立在绝对的范式真空里。我承
认,让我自在地延伸到更深远处的那些先决条件并不会让我想到一
种极端的混乱,而只会让我想到一个有规则的游戏。只有规范了的
想象是值得思考的。

　　我要提及的第三个问题关涉到历史和虚构对人类经验的时间
基础的共同指涉。

　　这个问题是相当困难的。一方面,确实,似乎只有历史指涉真
实,即使这个真实只是一个过去的真实。似乎只有历史企图谈论那
些真正发生过的事件。小说家则忽略与资料和档案的限制联系在
一起的具体举证的任务。不可化约的不对称看起来让历史的真实
与虚构的非真实针锋相对。

　　【20】问题不在于要否认这种不对称。相反地,要依靠这种不对
称去发现在历史与虚构的这两种指涉模式之间的交叉和交错。一
方面,不要认为虚构是没有指涉的。另一方面,也不要认为历史指
涉历史过去的方式等同于经验描述指涉当前真实的方式。

　　认为虚构不是没有指涉的,就是摆脱了一种狭隘的指涉观念,
这种观念把虚构扔进一个纯粹情感的角色里。无论怎样,所有象征
系统都有助于使现实塑形(*configurer*)。尤其是,我们创造的情节会
帮助我们让我们时间性的、混乱的、不定形的以及最终不予表达的

经验塑形。"什么是时间?"奥古斯丁(Augustin)问道,"无人问我这个问题时,我知道什么是时间;有人问我这个问题时,我就不再知道了。"情节的指涉功能正是寓于这种使几乎缄默的时间性经验塑形的虚构能力之中。这里我们再次看到在亚里士多德的《诗学》里故事(muthos)和模仿(mimèsis)之间的联系:"故事,"他说,"是对行动的模仿。"(《诗学》,1450 a 2)

故事模仿行动,因为故事利用虚构仅有的资源建立行动的各种可理解性模式。虚构的世界是一个形式的实验室,在里面我们尝试行动的种种可能的塑形以便证明它的可靠性和合理性。具有各种范式的这种实验隶属于前面我们所说的生产性想象力。在这个阶段,指涉似乎是悬而未决的:被模仿的行动是仅仅被模仿的行动,也就是说是虚假的、伪造的。虚构(fiction),就是捏造(fingere),而捏造就是制造(faire)。虚构的世界,在这个悬而未决的阶段,只是文本世界,一种文本作为世界之投射。

但是指涉的悬而未决只能是处于对行动世界的前理解和通过虚构本身对日常现实进行的改头换面之间的中间阶段。文本世界,因为它是世界,必然与真实世界相撞,以便"重新制造"世界,它要么肯定真实世界,要么否定真实世界。【21】但是,如果艺术不倒-置(dé-rangeait)或者重-置(ré-arrangeeait)我们与真实的关系,艺术相对于现实的最具有反讽意味的关系也会是不可理解的。如果文本世界与真实世界并不处于可确定的关系,那么语言也不会是"危险的"。关于这一点,荷尔德林(Hölderlin)先于尼采(Nietzsche)和瓦尔特·本雅明(Walter Benjamin)即说到了。

在历史这边,出现了一种类似的情况。叙述虚构不是没有指涉,同样地,历史本身的指涉是与虚构叙事的"生产性"指涉同源的。过去并非是不真实的:但过去之真实——在这个词的自身意义上说——是不可证实的。由于它(过去之真实)已不再,便只能通过历史话语间接地被提及。就在这里历史与虚构的同源出现了。重建过去——正如柯林伍德①已经强调的——是想象力的工作。历史学家也是根据前面提到的叙事与历史之间的联系构造情节,而这些情节是档案授权或者禁止,却从未包含的。历史,在这个意义上,把叙述的协调性与档案的一致性结合在一起。这种复杂的关系表现了历史作为诠释的身份特征。这样就开启了对虚构和历史的不对称的、但也是间接的或者中间的指涉模式之间的所有交错关系进行积极研究之路。正是借助于对过去的间接指涉和虚构的生产性指涉之间的复杂游戏,人类的经验,在它深层的时间维度里,不停地被重塑。

II

现在,在阐明那些随着时间不断显露和明确的——理论上和认识论上的——先决条件之前,我打算重新把关于叙述功能的研究放进我早先的研究工作的更广泛的框架里。

由叙述功能提出的问题【22】和我在《活的隐喻》里讨论的问题之间的联系初看起来并非一目了然:

1. 叙事似乎应该被归入在文学"体裁"中,而隐喻看起来则首先属于"比喻"的类别,也就是话语的修辞格。

2. 叙事在它的各种形式中包括了像历史学这样重要的亚属。历史学可以声称是一种科学,或者——如果这不可能——至少可以

---

① 柯林伍德(Robin George Collingwood, 1889–1943),英国哲学家和历史学家,主要著作有《宗教与哲学》(*Religion and Philosophy*)、《论哲学方法》(*An Essay on Philosophic Method*)、《论形而上学》(*An Essay on Metaphysics*)、《历史的观念》(*The Idea of History*)等等。——译者注

描述过去的真实事件。而隐喻似乎只是抒情诗的特征,抒情诗的描述性要求看起来就很微弱,甚至根本就没有。

虽然它们之间的区别显而易见,但正是对这两个领域共同问题的研究和发现将把我们引向本文最后阶段更加宽广的哲学视域上。

根据我刚刚概述的两个反对意见,我把我的观点分成两组。第一组与结构有关,或者更好地说是与内在于表述本身的"意义"有关,无论这些表述是叙述的还是隐喻的。第二组与表述在语言之外(extra-linguistique)的"指涉"有关,由此也就是,与叙述性表述和隐喻性表述的真理要求有关。

1. 首先我们停留在"意义"的层面。

a) 在意义层面,叙述"体裁"和隐喻"比喻"之间最基本的关联是由它们向话语的共同所属构成的,也就是说它们共同属于相当于或者高于句子的维度的语言应用。

在我看来,关于隐喻的当代研究所达到的首要成果之一就是,确实已经把分析领域从词语转移到了句子。根据来自亚里士多德的《诗学》的古典修辞学定义,隐喻就是,根据相似性,一种事物的常用名称转借于另一事物。为了理解这种延伸的生成性运作,应该要走出词语的框架,【23】而上升到句子的层面,而且应该谈论隐喻表述(énoncé métaphorique)而不是隐喻-词语(métaphore-mot)。那么看起来,隐喻是一件关于语言的事情,这件事情在于赋予逻辑主语与其不相容的谓语。由此我们也就明白了,在成为异常命名之前,隐喻是一种怪异的述谓结构,一个破坏句子的语义稳定或者——就像我们已经说过的——语义恰当的搭配,虽然它是由当前词语的日常含义——也就是作为单词使用的含义——构成的。因此如果我们假设,隐喻首先和主要是一种不恰当的搭配,我们也就明白了为何词语在隐喻表述里遭受扭曲。这扭曲是为了挽救句子的语义恰当而要求的"意义效果"（effet de sens）。那么，隐喻之所以存在是因为透过新的语义恰当，可以说在其背后，我们发现词语在其日常使用中的抵抗以及因此它们在句子的字面诠释上的不兼容性。正是通过隐喻建立的新语义恰当和字面的语义不恰当之间的碰撞描述了在所有语言使用中隐喻表述在句子层次的特征。

　　b）这种对隐喻的分析是通过句子而不是词语，或者更准确地说，是通过怪异的述谓结构而不是异常命名，这种分析为叙事理论和隐喻理论之间的比较作了铺垫。确实两者都分别与语义革新（innovation sémantique）的现象有关。的确，叙事一下子就建立在被视为一系列句子的话语层次上，而隐喻运作——严格来说——只需要句子的基本运行，也就是述谓结构。但是在使用的真实情况中，隐喻句子需要整个诗歌语境在它们之间编织隐喻。在这个意义上，就文学批评来看，我们可以说每一个隐喻就是一首微型诗歌。这样，叙事和隐喻之间的类似【24】不仅仅建立在话语–句子的层次，而且也建立在话语–系列的层次。

　　正是在这种类似的框架内，语义革新现象可以一览无余。这个现象构成了隐喻和叙事在意义层次上共同具有的最根本的问题。在这两种情况中，新的东西——还没有被说出的东西，未曾听过的东西——在语言里涌现出来：这便是活的隐喻，也就是说在述谓结构里的新恰当，那便是虚构的情节，也就是说在情节发生中的新的一致性。但是，无论从哪一方面讲，人类的创造力都可以在能被分析的范围内获得觉察以及描述。活的隐喻和情节发生就像开向创造力之谜的两个窗口。

　　c）如果现在追问隐喻和情节发生共有的这种优先性的各种原因，那么我们应该转向生产性想象力和模式论的运行，这才是它们的可理解模型。在这两种情况里，的确，革新产生于语言中，而且揭示了某种可以是想象力——它根据规则而进行创造——的东西。这种受到规范的创造——在情节的构成中——在特殊情节的创造和以沉淀的方式进行的叙述类型构建之间连绵不断的过渡中得以表现。在新的特殊情节的创造中，有一种辩证关系运行在与叙述类型各种内在规范相关的一致和偏离之间。

然而，这种辩证关系在新隐喻的新语义恰当生成中有其对应物。亚里士多德说过："好的隐喻，就是察觉到相似之处。"(《诗学》，1459 a 4—8)可是，什么是察觉到相似之处呢？如果建立新的语义恰当就是由此表述作为整体"制造意义"，相似性就在那些最初"远离"突然似乎又"切近"的词项间被创造的接合(rapprochement)中。所以，相似就包含在逻辑空间的距离变化中。【25】它只是在相异的观点之间出现的一种新型的亲缘关系。

正是在这里生产性想象力加入了游戏，犹如对这种接合的综合运作进行的模式化。想象就是这种能力，通过述谓同化(assimilation prédicative)来制造新的逻辑种类的能力，而不顾——也得益于——抗拒同化的词项间最初的区别。

但是，情节也向我们揭示了某种与述谓同化类似的东西。在我们看来，情节呈现为一种"聚合"(prendre ensemble)，也就是把一些事件组合到一个故事里，而且它把异质的因素组编在一起，诸如环境、与其筹划和动机有关的特征，包含着合作或者敌对、帮助或者阻拦的互相作用，最后还有巧合。每一个情节都是这样的异质综合。

d) 如果现在我们着重强调与语义革新相连的可理解性特征，那么一种新的类似出现在叙事领域和隐喻领域之间。前面我们已经强调了由领会故事的活动而引起的非常特殊的理解方式，而且借此我们谈论了对叙述的领会。我们坚持这样一个论点，就是通过法则、有规律的因果关系、功能、结构进行的历史说明穿插在这种叙述理解中。这样我们就可以说，说明越清楚，就是理解得越好。关于虚构叙事的结构性说明，我们强调过同样的论点：呈现隐藏在比如民间传说中的叙述编码，在我们看来，就像被应用于初级理解的第二级理性化（rationalisation）工作，初级理解是我们从叙事的表面语法获得的。

理解和说明之间的这种关系在诗歌领域同样可以看到。理解行为在这个领域对应于领会故事的能力，【26】这种行为在于重新抓住语义能动性（dynamisme sémantique）。由于这种语义能动性，在隐喻表述中，一种新的语义恰当从语义不恰当的废墟中涌现出来，而原本的语义不恰当是在对句子的字面阅读中显示的。理解，所以就是进行或者重复进行包含着语义革新的话语活动。通过这种理解，作者或者读者"制造"隐喻，但是与这种理解叠合在一起的是学术性的说明，它采取一种不同于句子能动性（dynamisme de la phrase）的出发点并且摒弃了话语单位——与属于语言系统的符号相比较——所具有的不可还原性。由于把从语音到文本各个语言层次的结构性同质看作是一个原则，那么对隐喻的说明就包含在把符号视为计算单位的普通符号学中。在这里，我的论点是——就像在叙述功能的情况里——说明相对于理解而言不是首要的，而是次要的。说明被视为符号的组合，因而也被视为符号学，建立在初级理解基础之上，初级的理解针对话语，而话语是作为不可分离和有能力革新的行为。由说明提出的那些叙述结构预设了对产生情节的结构化行为的理解，同样，由结构符号学提出的那些结构则建立在话语的结构化基础上，而隐喻显示的就是话语的能动性和革新力量。

在本篇论文的第三个部分，我们将谈到通过怎样的方式对说明和理解之间关系的这种双重概述会有助于诠释学的当代发展。

在此之前,我们要谈谈在厘清指涉问题过程中隐喻理论是怎样与叙事理论结合在一起的。

2. 在前面的讨论中,我们有意隔离了隐喻表述的"意义"(sens)——也就是说内在的谓语结构——和它的"指涉",也就是要达到一种语言之外的真实的意图,亦即讲真事儿的意图。

不过,通过亚里士多德的《诗学》中情节发生和模仿之间的关系,叙述功能的研究第一次让我们面对诗歌的指涉问题。【27】我们已经说过,叙述虚构"模仿"人的行为,因为它按照情节的想象性塑形协助重塑它的结构和规模。虚构拥有这种"再造"现实的能力,而且准确来说,是在叙述虚构的框架里"再造"实践性现实(réalité praxique),因为文本有意识地针对一个我们可以称之为世界的新的现实视域。正是这个文本世界干预行动世界(monde de l'action)以便使之重新塑形或者——如果我们敢这么说的话——转变其形态。

隐喻的研究让我们更加深入地洞悉这种转变运作的机制,以及将之延伸至我们以虚构这个一般术语界定的想象性生产之整体。唯有通过隐喻才能发觉的东西,就是诗歌指涉的两种构成性元素之间的结合。

第一种元素是最容易辨认的。只要语言把注意力从指涉转移到信息(le message)本身上,它就具有诗歌功能。用罗曼·雅各布森①的术语来说,诗歌功能为了信息本身的缘故(for its own

---

① 罗曼·雅各布森(Roman Jakobson, 1896–1982),俄罗斯语言学家和文学理论家,对语言、诗歌和艺术进行结构分析的先锋之一。他认为语言有六种功能:表达功能(言说者感情的表达)、意动功能(相对于接收者)、应酬功能(对交流的安排和保持)、指涉功能(信息指向外在世界)、元语言功能(编码本身成为信息的对象)和诗歌功能(文本的形式成为信息的根本)。其主要作品有六卷本《作品选集》(包括《语音研究》[*Phonological Studies*]、《词语与语言》[*Word and Lan-* (转下页)

sake)强调信息而牺牲了指涉功能,相反地,指涉功能在描述语言中则是占优势的。我们可以认为,语言朝向它自己的向心运动替代了指涉功能的离心运动。语言自身诞生于声音和意义之间的游戏中。所以,诗歌指涉的第一种构成性元素就是中止从话语到真实的直接关系,这种关系已经通过日常语言或者科学语言的资源得以建立和描述。

中止指涉功能——它蕴含在因其自身缘故而对信息进行的强调中——只是话语隐藏得更深的指涉功能的反面或者消极条件,它可以说是由中止表述的描述价值而引起的。正是如此,诗歌话语把现实的方面、特征和价值都带到了语言层次,而现实的这些东西并不能进入直接的描述性语言,而且【28】它们只能利用隐喻表述和有规律地违反词语的日常含义之间的复杂游戏才得以言说。

这种通过隐喻重新描述现实的能力正好与我们在前面赋予叙述虚构的模仿功能是相似的。叙述虚构优先地被运用于行动和它的时间性价值领域,而通过隐喻的重新描述则统治着感觉的、体验的、审美的和道德的价值领域,这些价值使得世界成了一个可居住的世界。

这种间接指涉理论的哲学蕴含与说明和理解之间的辩证关系的哲学蕴含一样重要。下面我们会把它们放入哲学诠释学的范围里。暂时看来,我们可以说,我们在诗歌虚构上认识到的转变真实之形态的功能(fonction de transfiguration du réel)意味着我

(上接注①)guage]、《语法的诗与诗的语法》[*The Poetry of Grammar and the Grammar of Poetry*]、《斯拉夫史诗研究》[*Slavic Epic Studies*]、《诗体以及它的研究和发展》[*On Verse, Its Masters and Explores*]、《早期的斯拉夫之路和转折》[*Early Slavic Paths and Crossroads*])、《翻译的语言学问题》(*On Linguistic Aspects of Translation*)、《关于语音与意义的六讲》(*Six Lectures of Sound and Meaning*)。——译者注

们不再把现实(réalité)和经历的现实(réalité empirique)等同起来或者——这也是一回事——我们不再把经验(expérience)和经历的经验(expérience empirique)等同起来。诗歌语言是从把胡塞尔所称的生活世界(*Lebenswelt*)和海德格尔所称的在世存在(*In-der-Welt-Sein*)的各个方面提升至语言的能力中获得它的魅力。由此就要求我们也要重新考察我们惯常的真理概念,也就是说,我们不再将之局限于逻辑上的一致和经验上的证实,以便思考与虚构的转变行为密不可分的真理意图。如果没有事先试着解释(expliciter)整个事情的哲学前提,也就不可能就真实和真理——而且无疑也就是就存在——说出更多的东西。

III

我现在要试着回答两个问题,这两个问题是先前的分析必然要向那些在一种不同于我的哲学传统里接受教育的读者提出的。我自认为所属的那个哲学传统的特有先决条件是哪些呢?【29】先前的那些分析是如何嵌入在这一传统中的?

1. 关于第一个问题,我想用三个特征来描述我所依赖的这种哲学传统:它走在某条反思哲学(philosophie *réflexive*)的路线上;它属于胡塞尔现象学;它想要成为这种现象学的诠释学变体。

关于反思哲学,大体上我指的是这样一种思想方式:它发端于笛卡尔的我思,经历了康德和在国外不怎么为人所知的法国后康德哲学,对我来说,让·纳博尔①就曾是这一哲学最引人注目的

① 让·纳博尔(Jean Nabert, 1881–1960),法国反思哲学的代表,主要著作有《自由的内在经验》(*L'expérience intérieure de la liberté*)、《伦理学的要素》(*Éléments pour une éthique*)、《论恶》(*Essai sur le mal*)。——译者注

思想家。反思哲学所认为的最根本的哲学问题都关系到自身理解作为认知、意愿、评估等等活动的主体的可能性。反思就是这种回到自己的行为。通过这个行为，主体在理智之明晰和道德之责任中重新体会到各种活动的一致原则，而他作为主体自行消散和遗忘于这些活动之中。"我思，"康德说，"必须能够伴随着所有我进行的表象。"所有的反思哲学都在这句话中找到根据。但是"我思"怎样认识或者认可其自身呢？正是在这里，现象学——更其是诠释学——同时代表反思哲学纲要本身的根本实现和变形。确实，想要让自己与自己本身达到绝对透明和完全一致的愿望是与反思概念息息相关的，这个愿望使得自身意识成了一种不可置疑的知识，而且因此，这种知识比我们所有的实证知识更加根本。正是这种根本诉求，首先是现象学，接着是诠释学——随着哲学给出能够满足它（这种诉求）的思想工具——将之不断地推延到一种总是更远的视域里。

这样，胡塞尔在他最带有唯心主义（这让人想起费希特的唯心主义）痕迹的理论文本里，【30】不仅仅把现象学视为对经验（知觉的、想象的、智性的、意愿的、价值的，等等）进行基本表达的主要描述方式，而且也将之看作在最完整的理智之明晰里进行的彻底的自行奠基（autofondation）①。那么他在应用于自然态度的还原——或者悬置（épochè）——里看到了意义帝国的胜利，由此所有与自在之物相关的问题就通过置入括号而被排除了。正是这个意义帝国——这样从整个事实问题里释放出来的——构成了现象学经验的优先研究范围，特别是直觉性的领域。胡塞尔回到笛卡尔，超越康德，他坚持认为：对超越性（transcendance）的所有

---

① 这里关于胡塞尔现象学概念的翻译多数参照过倪梁康先生的《胡塞尔现象学概念通释》。——译者注

体悟都是令人质疑的,但是自身的内在性(immanence)是毋庸置疑的。正是由于这一论点,现象学始终是一种反思哲学。

　　然而现象学——在它的现实运作中而不再是在它运用于其自身和最终目的的理论化中——已经标明的不是对在主体对其自身的透明里进行彻底奠基这一梦想的实现,而是远离。现象学的伟大发现——在现象学还原的条件下——就在于意向性,也就是说,在其最一般的意义上,对某事物的意识要优先于对自己的意识。但是这种对意向性的定义仍是无关紧要的。在其严格意义上来说,意向性意味着:针对某种事物的行为只能透过被针对的意义(sens)的可视为相同而且可重新视为相同的统一体而得到完成——这就是胡塞尔所称的"意向相关项"(noème)或者"意向活动的"(noétique)针对性的意向性关联物。另外在这种意向相关项之上以累叠层状的方式堆积着各种综合活动的结果,胡塞尔将之命名为"构建"(constitution)(事物的构建,空间的构建,时间的构建,等等)。然而,现象学的具体工作——尤其在致力于"事物"的构建的研究中——以逆退的方式呈现了总是更加根本的那些层次,在这些层次中主动的综合总是指向更加根本的被动综合。【31】于是,在"反向问题"的无限运动中就出现了现象学。在这个运动中,它的彻底自行奠基筹划逐渐淡出。的确,致力于生活世界(monde-de-la-vie)的最后研究通过这个术语(生活世界)指称了一个永远也不能达到的直接性视域。生活世界(*Lebenswelt*)从来不是被给定的而是被预设的。这是现象学的失乐园。正是在这个意义上,现象学在尝试去实现其自身的指导性观念的同时颠覆这一观念。这就是让胡塞尔的工作成为悲剧性的伟大的地方。

　　正是通过这个存在于精神上的矛盾结果,我们可以理解诠释学如何可以嫁接到现象学上并且保持一种双重关系,这种关系等同于现象学与它的笛卡尔式和费希特式理想保持的那种双重关系。诠释学的过去似乎首先使它不同于反思哲学的传统和现象学的设想。确实诠释学诞生——或者复苏——于施莱尔马赫时期圣经注释学、古典语文学和司法裁决之间的融合。多个学科之间的这种融合能够实现得益于一个哥白尼式的颠覆,这个颠覆就是先于某种文本或者某种类别的文本(神圣的或者世俗的,诗歌的或者司法的)的意义问题而提出了"什么是理解?"的问题。正是这种对理解(Verstehen)的研究在一个世纪后必然遇到特别是现象学的问题,也就是对意向活动的意向性意义(sens intentionnel)的研究。确实,诠释学继续承载着不同于具体现象学的关注。后者在认识和知觉的范围里提出优先意义的问题(la question du sens de préférence),而诠释学自狄尔泰(Dilthey)以来是在历史和人文科学的范围里提出这个问题。但是无论从哪方面来说,这都是关于意义和自己之间、意义的可理解性和自己的自反性之间的关系的根本问题。

那么,在文本的"客观"意义和通过个别读者对它的前理解之间的著名诠释学循环【32】看起来就像连接——胡塞尔从另一角度将之称为意向活动-意向相关项的关联性——的一个特殊情况。

诠释学的现象学根源并不局限于文本理解与从意识到与之面对面的意义的意向性联系之间的这种非常普遍的亲缘关系。生活世界这个论题——可以说是反其意愿而与现象学相遇——是由后海德格尔诠释学承担的,它不再作为一种残留物而是作为一种先行。正是因为我们首先身处于世界中而且通过一种毋庸置疑的可参与归属关系归属于这个世界,所以我们可以在第二运动里让我们与我们试图在理智上构建和掌握的客体对立起来。

对于海德格尔,理解(Verstehen)具有本体论的含义。它就是被抛于世界的存在者之回应,而这个存在者在筹划他最切身的可能的同时也面向这个世界。在文本诠释的专门意义上来说,诠释只是发展,而从这种本体论理解的专门意义上来说,说明(explication)总是与那个先行的被抛存在者紧密相连。这样,胡塞尔仍然依赖的主体–客体关系隶属于对一种本体关系的证明,这种本体关系比所有的认识关系更加原始。

这种通过诠释学进行的现象学颠覆呼吁另一种颠覆:著名的"还原"——胡塞尔是通过还原从存在基础(fond d'existence)中分出了"意义",而自然意识首先浸透在这种存在基础里——不再能成为第一哲学姿态。至此它接受了一种派生的认识论含义:这是作为第二姿态的拉开距离(mise à distance)——而且在这个意义上说就是对作为第一根源的理解的忘却——,普通的知识与科学知识一样,其特有的所有客观化活动需要的正是这种拉开距离的行为。但是间隔(distanciation)预设了参与的归属关系,通过这种参与的归属关系我们在成为主体——主体们为了判断客体而且使之服从于他们在理智上和技术上的掌控而与客体本身对立——之前就已经在世界之中了。这样,海德格尔以及后海德格尔的诠释学——如果它确实是胡塞尔现象学的继承者【33】——就它是现象学的实现而言,最后就是现象学的颠覆。

这种颠覆带来的种种哲学后果是重要的。我们并不能发觉这些后果,如果我们仅限于强调那种使主体对其自身透明的理想不可通达的有限性(finitude)。有限性这一概念就其自身来说一直是平庸的,甚至无关重要的。它最多只是通过否定方式使人宣布放弃整个过度反思(hubris),放弃主体想要在自身之上奠基的整个企图。对在世(l'être-au-monde)之优先性——较之整个奠基筹划和最终辩护的整个意图的优先性——的发现,当人们从中得出了对理解的新本体论的认识论来说积极的结论时,便获得其力量。正是在得出这些认识论结论的同时,我将把我在本文第三个部分开头处提出的问题中的第一个答案引向第二个问题。我把这种认识论结论概括如下:并不是理解自己被符号、象征和文本间接化了;理解自己最终与运用于这些媒介词项的诠释相一致。在由一方过渡到另一方时,诠释学逐渐超越了唯心主义,而胡塞尔曾经尝试通过唯心主义鉴定现象学。所以我们接下来要谈谈这种解放的各个阶段。

符号媒介:整个人类经验最初的语言条件由此得到确认。知觉被说出来,欲望被说出来。黑格尔已经在《精神现象学》里展示过这一点了。弗洛伊德从中得出了另一个结论,即并不存在这样的情感经验:它被如此深藏、掩盖或者扭曲,以至于它不能被带向语言的澄明,而且不能借助从欲望到语言范围的通达而在其自身意义上得到揭示。心理分析——作为谈话治疗——并不建立在一个与欲望和言语(parole)之间的这种原始切近不同的假设基础上。而且,由于言语在被说出之前就被领会(être entendue)①了,从自己到自己最便捷的路就是他者的言语,它使我经历了符号的敞开空间。

【34】象征媒介:通过这个术语我指的是那些具有双重意义的表达法,传统文化把这些表达法移植到对宇宙的“元素”(火、水、风、土,等等)、“维度”(高和深,等等)、“外观”(亮和暗,等等)的命名上。这些具有双重意义的表达法被叠放于那些最普遍的象征之间,这些象征是某种文化所特有的,最后它们是一个特殊思想家,甚至一部特殊作品的创造。在后一种情况里,象征与活的

---

① entendre 的原意是“听见”,可引申为“理解”、“领会”。——译者注

隐喻是互相混淆的。但是，反过来，可能所有的象征性创造最终都扎根于人性的共同象征性根基里。我自己曾经就概述过一种恶的象征，这种象征整个都建立在某些具有双重意义的表达法的媒介功能上，正如在反思不良意志中运用的词汇：污点，堕落，偏离正道。在这个时期我甚至把诠释学归结为对象征的诠释，也就是说，对这些具有双重意义的表达法的第二层——而且通常隐藏的——意义的说明。

通过象征诠释界定诠释学，今天在我看来太狭隘了。有两个原因将把我们从象征媒介引向文本媒介。首先，在我看来，传统或者私人的象征系统只把它的多义性资源展开在适当的语境里，因此是在整个文本的层次上，比如一首诗。接着，由于诠释力求把象征系统归结为它的字面基础、它的无意识源泉或者社会性动机，或者力求按照它多元意义的强大力量来放大它（象征系统），相同的象征系统可以引起竞争性的甚至极为对立的诠释。在一种情况里，诠释学力求给象征系统去神秘化，由于它揭示被掩盖于其中的隐藏力量；在另一种情况里，诠释学力求重新收集最丰富、最高级、最精神性的意义。然而诠释之间的这种冲突同样也展现在文本层次上。

由此得出，诠释学不能再仅仅通过对象征的诠释来定义。【35】虽然如此，这个定义必须作为在对经验的语言特征非常广泛的认可和通过文本诠释对诠释学更加专门的定义之间的阶段而得到保存。另外，由于它给自身理解强加了通过由文化传承的象征财富进行的大迂回（在这些文化中我们已经同时走向存在和言语），有助于驱散来自自身直觉认识的幻觉。

最后，文本媒介。初看起来，这种媒介似乎比符号媒介和象征媒介更加狭隘，后两者可以仅仅是口头的甚至是非词语的。文本媒介似乎把诠释范围限制在文字和文学而不利于口头文化。的确如此。但是,这个定义在广度上失去的,它在强度上获得了。文字实际上向话语打开了原始的资源,正如我们在本文的开始已经定义的,首先将之等同于句子(某人向某人就某事说了某些话),然后将之描述为句子连贯的组合,形如叙事、诗歌或者随笔。得益于文字,话语获得了三重语义独立:独立于言说者的意图,独立于初始听众的接收,独立于产生它的经济、社会和文化的环境。正是在这个意义上,写作摆脱了面对面对话的限制而成为话语生成-文本的条件 。为了诠释工作而研究生成-文本的各种蕴含,这就又回到了诠释学。

最重要的结论是:它最终终结了笛卡尔的、费希特的,而且从某个方面来说也是胡塞尔的,关于主体对其自身透明的理想。通过符号和通过象征进行的迂回被文本媒介放大和篡改,文本摆脱了对话的主体间条件。作者的意图不再是被直接给出,就像在真挚而又直接的言语里言说者的意图想要成为的那样。【36】它必须和文本本身的含义(signification)一起同时被重建,就像为作品的独特风格给出专名。所以,再也不可能通过读者的天资和作者的天资之间的一致来界定诠释学。作者——在文本里是缺席的——的意图,自身已经成为一个诠释学的问题。至于另一个主体性,读者的主体性,它既是期望的承载者(正是通过这些期望这个读者走进和接受文本),又是阅读的成果和文本的赠与。所以也不再可能通过阅读主体性相对于文本的优先——因此通过一种接受美学——来界定诠释学。用情感谬误(*affective fallacy*)来替代意向性谬误(*intentional fallacy*)是于事无补的。理解自己,就是面向文本的自身理解,并且从它(文本)接受了一个与走向阅读的我(moi)不同的自己(soi)的条件。因此,在自己向自己本身的原初在场意义上,两种主体性中没有任何一方是首要的,不管是作者的主体性,还是读者的主体性。

一旦逾越了主体性的优先,什么可以成为诠释学的首要任务呢？在我看来,它就是在文本本身当中一方面寻找主导作品构造的内在动力,另一方面寻找作品投射于自身之外而且生成一个世界的力量。这个世界就是真正的文本之"物"。内在动力和外在投射构成了我称之为文本工作的东西。重建双重文本工作,这就是诠释学的任务。

我们看到了这一路经历了从第一个先决条件:哲学作为反思,穿过第二个先决条件:哲学作为现象学,直到第三个先决条件:关于符号媒介,然后象征媒介,最后文本媒介的先决条件。

诠释哲学就是这样一种哲学:它承担了这种漫长迂回的所有要求,而且它放弃了完全媒介的梦想。若是通过完全媒介,反思会重新等同于存在于绝对主体向其自身的透明中的理智直觉。【37】

2. 现在我可以尝试回答前面提出的第二个问题了。如果这些是我的研究工作依附的那个传统所特有的先决条件,那么,在我看来它们在这个传统发展中的地位又是怎样的呢？

为了回答这个问题,我只需要重新把我刚刚就诠释学的任务得出的最后定义和在第二部分的末尾获得的结论连接在一起。

诠释学的任务——我们刚刚说过——是双重的:重建文本的内在动力;在对我可以居住的世界的表象中,恢复作品向外投射的能力。

在我看来,在被我称为作品"意义"的层次上来说,我所有力求把理解和说明互相联系起来的分析都与第一个任务密切相关。在我关于叙事的分析里,同样也在关于隐喻的分析里,我两面作战。一方面,我拒绝接受直接理解的非理性主义(irrationalisme),这种直接理解被视为同理心(intropathie)在文本领域的扩展。在亲密的面对面的情况里,通过这种同理心,主体想象自己置身于一个陌生意识里。这种不合常理的扩展维持了包含在作品里的两种主体性——作者的和读者的——之间与生俱来的直接关联的浪漫幻想。但是我也同样极力否定说明的理性主义(rationalisme),它把语言(langue)而不是话语(discours)特有的符号系统的结构分析延伸到了文本。这种同样不合理的扩展产生了对文本客观性的实证主义幻想,这种文本客观性被局限于文本自身而独立于整个作者和读者的主体性。我已经把理解和说明之间的辩证关系与这两种片面的态度对立起来了。关于理解,我指的是在自身重新进行文本构建的能力,而关于说明,我指的是第二级操作,它被嫁接在这种理解上,并且它包含在对隐藏于这种构建——读者与之伴随——里的编码之呈现中。这种两面作战——反对把理解归结为同理心和把说明归结为抽象的组合——【38】促使我把诠释界定为理解和说明在文本的内在"意义"层次上的辩证关系。在我看来,这种专门用来回应诠释学的第一个任务的方法对保留哲学与人文科学之间的对话具有极大的优势,而我否认的那两种对理解和说明的扭曲都以它们各自的方式破坏了这种对话。这就是我给我从事的诠释哲学带来的第一个贡献。

在前文中,我尽力回到狄尔泰和马克斯·韦伯(Max Weber)传统的理解(*Verstehen*)理论——局限于它在认识论上的运用——的背景里来安置我关于隐喻表述"意义"和叙述情节"意义"的分析。"意义"和"指涉"(référence)之间的区别——被运用于表述和情节——让我正当地暂时局限于诠释哲学取得的这种既有成果里。在我看来,在认识论理论是从属于理解的本体论理论的意义上,这个成果根本没有被这门哲学在海德格尔和伽达默尔那里的后期发展所磨灭。我既不想忘记认识论的阶段,它的关键在于哲学与人文科学的对话,我也不想忽略诠释学问题的这种转移,至此以后诠释学问题着重于在世和参与性的归属关系,这种参与性的归属关系先于主体和与之面对面的客体之间的全部关系。

正是在新的诠释学本体论的背景里,我想要分析隐喻表述的和叙述情节的"指涉"。我非常乐意承认,这些分析不断在预设一个信念:即话语从来不是因其自身缘故(*for its own sake*),为了它自己的光辉而存在,而是要——在它的所有使用中——把一种先于它而要求被说出来的居住和在世的经验和方式带向语言。正是某种要言说的存在对我们的言说具有优先性的信念说明了为何我要执着地【39】在语言的诗歌使用中发觉这些用法所特有的指涉模式,透过这种模式话语继续言说存在,尽管它好像为了自我颂扬而隐退到自身中去了。这种粉碎语言在其自身上的封闭的激进态度,正是我从海德格尔的《存在与时间》和伽达默尔的《真理与方法》里继承的。但是,反过来,我也敢于相信,我对隐喻表述和叙事表述的指涉的描述为这种本体论的激进态度增添了一种它所缺乏的分析之精确。

一方面,确实,正是在我刚刚称之为语言理论里的本体论激进态度的影响下,我尽力为隐喻表述的指涉要求提供一种本体论意义:这样,我大胆地说:把某事物看作,就是使这一事物的作为……存在(*l'être-comme*)变得清楚明显。我把"作为"(comme)放在展示动词存在的位置,而且我让作为……存在成为隐喻表述的最后所指对象。这个论点无疑带有后海德格尔的本体论痕迹。但是,另一方面,在我看来,在从罗曼·雅各布森那里接收的破裂指涉(*split reference*)的概念基础之上,对作为……存在的证实与对话语的指涉模式的细致研究密不可分,而且要求一种关于间接指涉的纯粹分析的处理方法。我关于叙述作品的模仿的论点和我对模仿的三个阶段的区分——通过诗歌对行动世界进行预示、塑造和转变形态(préfiguration, configuration, transfiguration)——表达了我要把分析之精确和本体论之证明联合在一起的同样关切。

　　我刚刚表达的这个关切又与我前面提出的另一个关切——不要在诗歌表述的内在动力层次上把理解和说明对立起来——联系在一起。这两个关切合在一起,指明了我的一个愿望:就是在为诠释哲学的进展而努力之时,我也能有助于——就算很少——激发分析哲学家对这种哲学的兴趣。

诠释现象学

现象学和诠释学：从胡塞尔说起……①

　　本研究并不想致力于现象学的历史、它的考古学——而是对今天现象学命运的追问。而且，如果我选择诠释的一般理论或者诠释学作为试金石以及质疑的工具，这也并不是想要说：我将要用关于当代哲学的比较历史的一章来代替历史的专著。因为对于诠释学也是如此，我不想作为历史学家，哪怕作为关于现在的历史学家而开始研究：无论接下来的思考对于海德格尔以及特别是伽达默尔多么依赖，关键的是和他们一起以及在他们之后继续哲学思考(philosopher)的可能性——这里的"他们"也包括了胡塞尔。所以本文将是就哲学思考以及继续哲学思考的这种那种可能性而展开的最激烈争论。②

　　我打算对下面两个论点加以讨论：

────────

① 保罗·利科致力于胡塞尔的研究以及现象学运动的文章刚刚被重新整编成册，题以《论现象学派》，巴黎，维翰出版社，1986 年(编者注)。

② 本文对包含在我自己的演变中的方法变化做一个总结：从《意愿与非意愿》(*Le Volontaire et l'Involontaire*，巴黎，奥比耶 [Aubier] 出版社，1950 年) 里的本质现象学，直到《论诠释：关于弗洛伊德》(巴黎，瑟伊出版社，1965 年) 以及《诠释的冲突·诠释学论文集》(巴黎，瑟伊出版社，1969 年)。

第一个论点：诠释学所摧毁的，不是现象学，而是对它诸多诠释中的一种，也就是由胡塞尔自己提出的对现象学的唯心主义诠释；这就是为什么从今以后我要谈论胡塞尔唯心主义。【44】所以我将把《观念》(Ideen)①的《后记》(Nachwort)②作为标志和引导，我将对它的主要论点进行诠释学的批判。

因此，第一个部分将是纯粹而简单的对立。

第二个论点：在简单的对立之外，在现象学和诠释学之间存在一种必须加以阐明的互相归属关系。这种归属关系可以从任意一方得到识别。一方面，诠释学建立在现象学的基础之上，这样它就保存了它所远离的东西：现象学一直是诠释学不可超越的先决条件。另一方面，如果没有诠释学的前提，现象学自己也无法得以构建。

I. 对胡塞尔唯心主义的诠释学批判

本文的第一部分力求关注的是，把诠释学的筹划与现象学的整个唯心主义表达分开的差别，甚至是鸿沟。所以在这里我们只

---

① 《观念》的全称为《纯粹现象学和现象学哲学的观念》，也俗称《观念 1》，德语为 *Ideen zu einer reinen Phänomenologie und phänomenologischen Philosophie*，法语译为 *Idées directrices pour une phénoménologie pure et une philosophie phénoménologique*。其中文版由李幼蒸先生翻译，全称为《纯粹现象学通论——纯粹现象学和现象学哲学的观念》第一卷，由商务印书馆出版于 1988 年。——译者注

② 这篇文章第一次发表在《哲学和现象学研究年鉴》(*Jahrbuch für phil. und Phän. Forschung*, 1930)，曾经由华尔特·毕莫勒(Walter Biemel)编辑以及由不幸刚刚离世的 H. L. Van Breda 发表在《胡塞尔全集》第五卷(*Husserliana V*)，他是鲁汶胡塞尔文献中心的主任，海牙，尼霍夫出版社，1952 年，第 138—162 页，由 L. Kelkel 译成法语，题为"给我的《指导性观念》的后记"(Postface à mes *Idées directrices*)，发表于《形而上学和道德杂志》(*Revue de métaphysique et de morale*)，1957 年，第 4 期，第 369 页—398 页。

会发现两种互相敌对的哲学筹划的对立立场。然而,我们也想保留一种可能性,就是本质上的现象学并不完全属于它的所有诠释中的一种诠释,就算这种诠释来自胡塞尔本身。在我看来,正是胡塞尔的唯心主义抵挡不住诠释哲学的批判。

1. 胡塞尔唯心主义的概括性论点

为了满足必须概括性讨论的需要,我把《观念》的《后记》作为胡塞尔唯心主义的典型材料。这个文本与《笛卡尔式的沉思》一起构成了这种唯心主义的最突出表达。下面我摘录了其中的一些论点,接着我要让它们接受诠释学的批判。

a) 现象学所要求的科学性理想并不与各门科学、它们的原理以及它们的奠基性操作处于连续中:构成现象学的科学性的"最后辩护"(*justification dernière*)来自另一种秩序①。

这一论点表达了现象学的根本要求,它以论争的风格得到呈现;这是视线内永远有一个敌人的论战哲学的论点:这个敌人可能是客观主义、自然主义、生命哲学、人类学。这个论点是在一种并不能归属于论证的剥离中进行的:因为我们可以从哪里推断出它来呢?这种根本要求的自我肯定的风格只能呈现在对可以否定它(根本要求)的东西进行否定的过程中。"最终奠基"(fonda-tion ultime)就是这方面最典型的表述。它使人同时回想起了柏拉图的纯粹先决(anhypothétique)②传统以及康德的批判行为之自律的传统;作为"反向问题③",它也显示出与各种科学就它们自身提出的主要问题有关的某种连续性。然而,回溯到根基的过程

---

① 《后记》,"开场白"以及第 7 节。
② 柏拉图认为真善美是三个纯粹先决的理念,它们无需依赖别的原则,它们本身就是绝对首要的。——译者注
③ 《胡塞尔全集》,第五卷,第 139 1. 27,法文版,第 373 页。

较之内在于一种科学的整个奠基却是完全不同的：对于一种关于根基的科学来说，"它不再可能还有模糊不清而且成问题的概念，也不再能有矛盾①"。这并不是要说没有与这个唯一理念（Idée）相对应的一些"途径"；奠基这一概念准确来说是【46】保证这些方法（逻辑的、笛卡尔式的、心理学的、历史目的论的，等等）的对等和汇集。有一些"真正的开端"，或者准确来说，"引向开端的一些途径"，这些途径是由"先决条件的绝对缺失"产生的。所以，追问这样一种根本开端的动机是徒劳的；并不存在内在于一个领域的，而且是为了超越这个领域而走向本源问题的理由。正是在这个意义上说，辩护就是一种"自行奠基"。

b) 原则性的奠基是根据直观的秩序；奠基，就是观看；由此，《后记》确认了完全充实（remplissement complet）②较之整个演绎或者构建的哲学的优先性，这种优先性在《逻辑研究》第六项研究中即已得到了断言。③

在这方面，关键性概念是"经验场域"（champ d'expérience）。现象学的奇特之处全都在这里：原则就是一片"场域"，而第一真理就是一种"经验"。与整个"思辨构建"相反，全部的原则性问题都在观看（vision）中获得了解决。我刚刚说到奇特之处；尽管（也幸亏）有对经验主义的批判，在准确的经验论意义上来说，经验只有在"经验"中才能得到超越，这难道不令人吃惊吗？经验的这种同义意味着：现象学并不是要被带往别处、另一个世界，而是就在自然经验的本身上，因为自然经验忽略了它的意义。由此，也同

---

① 《胡塞尔全集》，第五卷，第 160 1. 25，法文版，第 396 页。

② "remplissement"（填满）译自胡塞尔的术语"Erfüllung"（详见《逻辑研究》第二卷的第二部分，也就是《逻辑研究》第六研究），此处译作"充实"，参照了中文版倪梁康先生翻译的《逻辑研究》（上海译文出版社，1999 年）。——译者注

③ 《胡塞尔全集》，第五卷，第 1 和 2 节。

样有力地强调了先天的特征、向本质(*eidos*)的还原、各种想象性变异的作用以及甚至"可能性"概念——这强调的仍然而且总是经验的特征(我们只考察"直观可能性"这个表达法)①。

c) 整个直观性存在的地方就是主体性。所有的超验(*transcendance*)都是令人怀疑的,只有内在性是不容置疑的。

【47】这就是胡塞尔唯心主义的论点本身。所有的超验都是令人怀疑的,因为它是通过映射(*Abschattungen*),通过"映射"(*esquisses*)或者"面向"(*profils*)运行,而且因为这些映射的汇集总是假定的,因为这种假定由于互相不协调而枉然;最后因为意识可以根据显象(*l'apparence*)的极度不协调形成夸张的假设,即"解构世界"的假设本身。内在性不容置疑,因为它不是由"面向"、"映射"产生的,因此不包含任何假定的东西,它只允许反思与"恰好刚刚"经历的事情发生重合。

d) 这样被提升到先验(*transcendantal*)②级别的主体性并不是经验性的意识、心理学的对象。尽管如此,现象学和现象学心理学还是平行的,而且组成了不断引起这两个学科互相混淆的"双重奏"(*doublet*),一个是先验的,一个是经验论的。唯有还原(*réduction*)可以区分和分离它们。

---

① 《胡塞尔全集》,第五卷,第139 1. 27,法文版,第378页。

② 我们都知道,近年来对"transcendantal"和"transcendance"的翻译讨论颇多,主要的意见有两种:一种译法偏胡塞尔,将"transcendantal"译为"超越论或者超越论的","transcendance"译为"超越";一种译法偏康德,将"transcendantal"译为"先验或者先验的",将"transcendance"译为"超验"。这些讨论清楚地展现了这两个术语在康德和胡塞尔哲学中的不同意义。在这里,我们选择了后一种译法,原因如下:1)本书中利科涉及了胡塞尔和康德两位哲学家,在这里与其使用两种译法,我们选择了统一使用一种译法,为了表现思想之间有发展创新也有继承;2)既然学界已经对这两个术语有了广泛的讨论,希望大家在不同语境里对它们的理解可以超越术语翻译的字面意义;3)我们选择了一种在中文语境里存在比较久的译法,希望汉译术语也可以突破字面意义获得涵义的延展。——译者注

　　这里,现象学必须与一种不断重生的误解斗争,而这种误解是现象学自己引起的。确实,现象学的"经验场域"与没有还原的经验具有结构上的类似;这种同构性的原因就在于意向性本身(布伦塔诺[Brentano]还不知道还原但是却发现了意向性,而且《逻辑研究》第五项研究还是用那些既适合严格意义上的现象学也适合意向心理学的术语定义了意向性)。另外,还原是"从自然态度(attitude naturelle)开始"运行的:所以,先验的现象学通过某种方式预设了它所超越的东西以及被它作为相同者而重申的东西,尽管这是在另一种态度里。因此,区别并不在于各种描述性的特征,而是在于本体论的指数,在于"关于存在的有效性";应该要"抛弃①"作为现实(als Reales)的有效性,【48】简而言之,要摧毁心理学的现实主义。然而,这是很难做到的,如果我们不能理解这样一件事情,即应该要抛弃世界、身体、自然、那种使现象学成为一种非世界论(acosmisme)的东西。矛盾是:正是以这种抛弃为代价,世界明确显现为"先天给定的东西"(prédonné),身体是真正"存在者"(existant),而且自然显示为"在者"(étant)。所以,还原并没有发生在我们与世界之间,也不在灵魂与身体之间,也不在精神与自然之间,而且透过先天给定的东西、存在者、在者,这些东西不再是自然而然的,也不再在盲目的存在信仰中被接受,而是要成为意义(Sens),成为先天给定的东西的意义,存在者的意义,在者的意义。这样,现象学的根本性在于拆分先验的主体性和经验性的我。它也就等同于这样一种根本性,即把对"存在的信仰"转变为意向活动(noèse)的意向相关项(corrélat noématique)。这样,意向活动的科学(noétique),精神之物的科学

---

① Verliert 这个词反复出现了三次:《胡塞尔全集》,第五卷,第 145 1. 4,6,9;法文版,第 379 页。

（noologie）也就与心理学区别开来了。但是它们的"内容"（te-neur, *Gehalt*）是相同的:现象学的东西,就是"被还原了"的心理学的东西。这就是"相似"的原则,或者更准确地说,一个和另一个互相对应的原则。这也是它们互相区别的原则:因为一种"皈依"——哲学的皈依——把它们分开了。

e) 支持反思运作的想法发展了特有的伦理蕴含:因为,反思是对自己直接负责的行为。

"对自己的最后责任"这种表达法似乎把一种伦理调子引进了奠基论题中,这种伦理调子并不是对这样的一种完全就是认识论的行动的实践性补充部分:反思通过翻转而摆脱了自然态度,这种翻转同时是——具有相同属性的,如果我们可以这样说的话——认识论的和伦理学的。哲学的皈依是最高自律的行为。如果奠基的行为只能是自动定位的,那么我们所谓的伦理调子因此就直接被包含于奠基行为中。【49】正是在这个意义上,这种行为是对自己终极负责。

奠基的自我确认特征把哲学主体建成了责任主体。这个主体——在本质上——就是进行哲学思考的主体。

2. 诠释学反对胡塞尔的唯心主义

一个论点接着一个论点地把诠释学与胡塞尔唯心主义对立起来,这是可能的,这当然不是意味着要与现象学整体以及本质上的现象学相对立。这种"对立"是通达二者之间的真正"辩证"关系的必经之路。

a) 胡塞尔唯心主义将科学性理想理解为最后的辩护,这种科学性理想在理解的本体论条件下遇到了它的根本局限性。

这个本体论条件可以表达为有限性（finitude）。但是我并不认为这个概念是首要的;因为它通过否定的表达方式界定了一种完全积极的条件,这个条件通过归属(appartenance)这个概念会得到更好的表达。归属这个概念直接界定了整个的辩护和奠基行动不可逾越的条件,也就是这个条件总是落后于一种承载着它的关系。我们指的是一种与客体的关系? 肯定不是。诠释学在胡塞尔唯心主义里首先置疑的是:对意向性不可逾越的和巨大的发现却被登记在减弱意向性之能力和意义的概念性(conceptualité)里,即主体-客体的关系。寻求那种制造客体意义统一体的东西以及把这个统一体建立在构成性的主体性里,这样的要求正好属于这一概念性的管辖范围。诠释学的第一声明是为了指出客体性的问题在它之前就已经预设了一种包含关系,这种包含关系涵盖了所谓自律的主体和所谓敌对的客体。这里,我把这种包含或者涵盖关系称之为归属。归属的本体论优势【50】意味着:奠基的问题不再能简单地与最后的辩护的问题重合了。当然,胡塞尔是第一个强调:在奠基的先验行动和每一门科学为了建立自己特有的基础所进行的特有内在研究之间存在一种由悬置(épochè)构成的非连续性。而且,他不断把由先验现象学提出的辩护要求和普通科学(mathesis universalis)预先建立的模式区别开来。正是由此,正如我们后面要说到的,他提出了诠释学的种种现象学条件。但是,准确来说,诠释学想要极端化胡塞尔关于先验奠基和认识论基础之间存在非连续性的论点。对于诠释学来说,只要科学性理想并没有在其本质上被追问,最后奠基的问题依然属于相同的客观化思想范围。正是这个问题的极端性使得我们从科学性概念回溯到了归属的本体论条件,由此追问的人参与到了他所追问的事情本身里,成了其中一部分。

正是这种归属接下来就被理解为认识的有限性。但是,有限性这个词本身包含的否定语调进入到归属完全积极的关系里——这种归属关系就是诠释学经验本身——只是因为主体性已经把它的企望提升成为最后的基础。那么,这种企望,这种超过,这种过度(hubris)反而使归属关系作为有限性而呈现出来。

海德格尔在在世的语言里表达过这种归属。这两个概念是相当的。在世这个表达法更好地表达了操心较之观看的优先性以及与我们相关的事物的视域特征。确实是在世先于反思。同样我们所是的此在(Dasein)的本体论范畴相较于自行呈现的主体的认识论和心理学范畴的优先性就得到了证明。尽管在世这个表达法在意义上具有多重含义,【51】但是与这个表达法相比,我更喜欢伽达默尔提出的归属概念,这个概念一下子就提出了与主体-客体关系的冲突,而且它为后面引进间隔(distanciation)概念作了准备,间隔概念又是与归属概念辩证地连接在一起的。

b) 通过诠释使整个理解间接化的必要性是与胡塞尔回到直观的要求相对立的。

这条原则借自历史学的认识论,这一点是毫无疑问的。因此,它属于由施莱尔马赫和狄尔泰界定的认识论范围。可是,如果诠释只是一个历史诠释学的概念,那么这个历史诠释学概念也只是像"精神科学"自身一样是区域性的。然而,诠释在各种历史诠释学中的使用只是诠释这个普遍概念的固定点而已,诠释概念具有和理解概念一样的外延,而且说到底,它具有和归属概念一样的外延。因此,它超越了注释学和语文学的单纯方法论,而且界定了与整个诠释学经验连结在一起的解释①(explicitation)活动。根据海德格尔在《存在与时间》里的观点,*Auslegung*(解释)是

---

① 在本书中,有一些概念意义相近但又有区别(这些区别利科会在本书中谈到),这些词都印刻着西方思想的发展历程,但是在中文语境则不太看得出来。（转下页）

根据"作为①"(en tant que, *als*)的结构而"对理解的发展"。但是,在"作为"的间接化运行的时候,"解释并没有把理解转变成别的东西,而是使它成为了它自己"②。

　　这种诠释对理解的依赖说明:解释它本身也总是先于反思,而且先于通过至上主体而对客体进行的整个构建。这种先行性在解释的层面通过"预先结构"(structure d'anticipation)得到了呈现。这个"预先结构"并不让解释只是一种对先已给予的在者的无前提领会;【52】这种先行性通过先行具有(acquis, *Vor-habe*③)、先行视见(*Vor-sicht*)、先行掌握(*Vor-griff*)、先行判断(*Vor-meinung*)④的模式先于它的对象。重要的是要着重强调:把"作为"的结构牵连进来而不与预先结构也发生关系,这是不可能的。"意义"这个概念服从于"作为"和"先行"的双重条件:"意义由先行具有、先行视见和先行掌握构成,这种意义形成了所有筹

　　(上接注①)expliquer 在此译作"说明",对应于德语中的 erklären,其名词形式为 explication,其形容词形式为 explicatif。expliciter,意为"明确的表达",译自胡塞尔和海德格尔的概念 Auslegung,在此译作"解释"(参照了陈嘉映和王庆节合作的中文译本),其名词形式为 explicitation,形容词形式为 explicite(清楚明显的,它的反义词是 implicite[隐含的])。comprendre(compréhension)在此译作"理解",德语中对应的词是 verstehen。interpréter(interprétation)在此译作"诠释",herméneutique 译作"诠释学"或者"诠释学的",exégèse 译作"注释学",exégète 译作"注释"。——译者注

①　马丁·海德格尔,《存在与时间》,弗莱堡出版社(Fribourg en-Brisgau),1927 年,第 32 节,第 149 页;法文译者为鲁道夫·伯埃姆(Rudolf Boehm)和阿方斯·德·瓦埃灵斯(Alphonse de Waelhens),巴黎,伽利玛出版社,1964 年,第195 页。

②　同上。

③　Vor-habe,法语译为 acquis,这个词是动词 acquérir(获得,取得)的过去分词,意为"获得的东西""知识""经验",在这儿我们参照陈嘉映和王庆节合作的中文译本,将之译为"先行具有"。以下 Vor-sicht 和 Vor-griff(在法语版中,此词写作 Vor-gritt,对照德文原版后,发现并无此词,应是当时笔误)两个术语均参照了中译本的译法。——译者注

④　《存在与时间》,第 150 页;法文版,第 187 页。

划的视域,从这个视域出发,所有的事情都如其本身地被理解。①"
这样,诠释的领域与理解的领域一样大,而理解覆盖了在某种境
遇里整个意义投射。

诠释的普遍性可以通过多种方式得以证明。在它的各种运
用中最普通的一种就是在对话的情况下"自然语言"(langues na-
turelles)的使用本身。"完善的人工语言"(langues bien faites)是
根据数学逻辑的要求而建立的,而它们的基础表达形式都是以公
理的方式而被界定的,与这些"完善的人工语言"不同,自然语言
的使用建立在词语的多义价值的基础之上。自然语言的词语在
它们的语义空间里包含了意义的潜在可能性,这种潜在可能性不
会被任何实际使用穷尽,但是它需要不断通过语境而被选中并且
得到界定。诠释,在这个词最原始的意义上,正是与语境的选择
功能密不可分的。诠释是一个过程,通过这个过程在问与答的游
戏里双方共同确定了构成交谈的各种语境价值。技术学(*Kunstle-
hre*, technologie)把注释学和语文学升格为独立的学科,但是在整
个技术学之前,就有了诠释的自发过程,这个诠释的自发过程归
属于在一给定境遇中理解最原始的练习。

但是,为了覆盖解释的整个场域,交谈建立在一种过于受限
制的关系里。交谈——说到底也就是对话关系——被圈定在对
面的范围里,【53】而对面就是在面对面的范围里。涵括它的历史
关联要复杂得多。短时段的主体间关系在历史关联的内部与长
时段的主体间关系协调一致,而各种制度、社会功能、集体机构
(instances collectives)(集团、阶级、国家、文化传统等等)使这些长
时段的主体间关系变成间接的。构成这些长时段的主体间关系

---

① 《存在与时间》,第 150 页;法语版,第 188 页[中文版 2006 修订本,第 177 页]。

基础的是一种传承或者历史传统,交谈仅仅是这种传承或者历史传统的一个环节。由此,为了与最广阔的历史关联齐平,解释比交谈延伸得更远①。

文本媒介正是与这种在历史传统的传承层次上对解释的使用密不可分的。文本媒介,也就是不仅仅通过文字而且也通过各种档案和遗迹而被固定的表达,档案和遗迹具有与文字共同的基本特点。这个构成文本本质的共同特点是:独立于作者的意向、话语的初始境况以及它最初的接收者,被包含在文本里的意义使自己成为自主的。意向、境况、原始接收者组成了文本诞生的初始环境(*Sitz-im-Leben*, site natif)。这时,多元的诠释可能性通过文本而被打开,这样,文本也从初始环境里解放出来,要求多重阅读的文本多义性超越了在交谈里的词语多义性。这就是从文本注释学的专门意义上来说的诠释阶段。这也是在读者投入的理解和通过文本本身而敞开的所有意义命题之间的诠释学循环。诠释学循环最根本的条件就在前理解(précompréhension)结构里,而前理解结构与解释和理解的关系有关:理解先于解释,并且孕育了解释。

在怎样的意义上从整个理解向诠释的发展【54】与胡塞尔关于最后奠基的设想相对立呢?从本质上来说是由于所有的诠释都把诠释者放在事物中间(in medias res)的位置,而从未放在开端或者结尾的位置上。可以说,我们突然出现在已经开始的交谈的中途,而且在交谈里我们试着找到自己位置以便我们能够转而把我们的部分带到交谈中。然而直观性奠基的典范就是诠释的直观性奠基,在某一时刻诠释会进入到观看里。这个假设就是伽达默尔称作"整体中介"的假设。唯有这个整体中介才等值于既是首先又是最后的

---

① 伽达默尔(H. G. Gadamer),《真理与方法——哲学诠释学的基本特征》,图宾根,1960年,第250页及后面;法文版,巴黎,瑟伊出版社,1976年,第103页及后面。

直观。自此,唯心主义的现象学只能出于自身考虑在直观而非思辨的模式上重拾黑格尔建立绝对知识的要求来支持它自己最后奠基的企图。然而,诠释哲学的假设本身就是:诠释是一个开放的过程,任何的观看(vision)都不能涵括这个过程。

c)一旦我思(*Cogito*)本身看起来也能遭到被现象学运用于所有显现中的根本批判,那么,"最后奠基的地方就是主体性,整个超验都是令人怀疑的,而只有内在性是无可置疑的"——这种观点反过来也成为完全可疑的了。

自身意识的小把戏比事物的更加狡猾。我们还记得在海德格尔那里与这种怀疑形影不离的问题是"谁是此在?"(《存在与时间》,§25):"通达此在的通道必定在于对我进行的完全思辨的反思,这个我是作为此在所做过的种种行为的核心——这点究竟是不是先天自明的?如果情况竟是此在的这种'给出自身'的方式对于生存论分析工作来说是一种迷惑,而这迷惑又是基于此在本身的存在呢?确实也许,此在在回应那些针对它本身的最普通的质问时,它总是确定地说:'我就是这个在者',而偏偏它'不'是这个在者的时候它说得最响。【55】此在向来是我的此在,这是此在的构成性特点;但若情况竟是此在的这一构成性特点恰恰是此在首先与通常不是它自己的基础呢?生存论分析从被给定的我入手,但是如果这种生存论分析落入这样的陷阱,而这个陷阱就是此在自己以假明示和假直接的自我诠释的形式布下的呢?规定通过单纯被给定而使我们可以通达的东西必然需要一种存在论视域,但是如果这种存在论视域本身在根本上还是尚未规定的呢?①"

---

① 马丁·海德格尔,《存在与时间》,德语版,第 115-116 页;法文版,第 146-147 页。(本段的中文翻译也参考了《存在与时间》的中文修订译本[陈嘉映和王庆节合译,三联出版社,2006 年],第 134 页。——译者注)

　　在这里,我并不会停留在海德格尔哲学的字面意思上,而是为了我自己的思考而延展它。正是在"意识形态批判"中——在其中包含了和在精神分析中一样多或者也许更多的材料——我去寻找包含在海德格尔的问题"谁是此在?"中的这个疑惑的材料。今天,意识形态批判和精神分析为我们提供了通过主体批判来完成客体批判的方法。在胡塞尔那里,客体批判与物之构建(*Dingkonstitution*, constitution de la chose)具有相同的外延;正如我们说过的,客体批判建立在映射(esquisses)综合的假设特征之上。但是胡塞尔相信认识自己(connaissance de soi)可以不是假设的,因为它不是通过"映射"或者"面向"发展而来的。然而,认识自己可以因为别的原因而是假设的。如果认识自己是心灵与它自己的对话,如果这种对话可以被暴力、被统治结构对交流结构的种种入侵系统地扭曲,那么,作为内在化的交流的认识自己,也可以和客体认识一样令人质疑,无论这是出于怎样不同而特殊的理由。

　　我们可以说现象学的我思(*ego meditans*)由于还原而逃脱了对自身认识的经验性扭曲吗?这是忘记了胡塞尔的自我(*ego*)并不是康德的我思(*je pense*),而后者的个体性就算没有丧失意义,至少也是成问题的。【56】正因为自我可以而且也应当被还原到"归属的范围"——当然,这是在"归属"这个词的不同意义上说的,"归属"这个词不再意味着向世界的归属而是向自身的归属——所以应该把自然的客观性和历史共同体的客观性建立在主体间性而不是无人称的主体(sujet impersonnel)之上。从此,交流的扭曲就直接与主体间网络的构建有关,在主体间的网络里可以形成一些具体的历史实体——正如在《笛卡尔式的沉思》的第58 小节里所谈到的"高级的人格"(les personnalités d'un rang élevé)——所共有的本性。同事物的构建中的知觉幻象一样,交流的根本扭曲也必须通过自我论(égologie)进行考察。

在我看来,只有交流诠释学可以承担把意识形态批判和自身理解联合起来的任务①。这通过两种互补的方式。一方面,它可以从考察"前理解"(précompréhension)在领会普通文化客体中的作用入手呈现意识形态现象的不可逾越特征。只要把首先应用于文本注释学的前理解概念提升到前判断(préjugés)的普通理论,那么,前理解概念就该和历史关联本身具有相同外延了。前理解②是注释学(施莱尔马赫)的根本结构,同样地,前判断是交流在其社会和制度形式里的根本结构。另一方面,诠释学可以呈现意识形态批判的必要性,虽然这种批判由于前理解结构而从来都不会是全面的。这种批判建立在我们还未曾谈到的间隔(*distanciation*)这一元素之上,但是间隔这个元素属于本质上的历史关联。

【57】我们归属于历史传统的方式,是在摇摆于远离和靠近之间的间隔关系的条件下归属于它,在这个意义上,间隔这个概念是对归属概念的辩证修正。诠释,就是使远处的东西(时间上的,地理上的,文化上的,精神上的)变得近在眼前。在这个方面,文本媒介是间隔的典范,当然这里所说的间隔并不仅仅是异化,就像伽达默尔在他整个研究工作中一直抵抗的异化间隔(*Verfremdung*, distanciation aliénante)③,而是真正有创造性的。在间隔中以及通过间隔,文本尤其是交流的载体。

---

① 保罗·利科,《诠释学和意识形态批判》,此文就收录在本文集里。
② 此处原文中是"mécompréhension",意为"误解",但是根据上下文,这似乎不太合理;所以应是"précompréhension"。——译者注
③ 伽达默尔,《真理与方法》,第11、80、156、159、364页以及后面,法文版,第93-94、97、232页以及后面。

　　如果是这样,诠释学就可以从它自身出发同时去考虑意识形态现象的不可逾越特征和开始却永远不会完成的意识形态批判的可能性;诠释学能够做到,因为,与现象学唯心主义不同,诠释学所谈论的主体总是针对历史效应(efficace de l'histoire)(如果我们可以这样翻译伽达默尔的著名概念 *Wirkungsgeschichtliches Bewusstsein*① 的话)。因为间隔是归属的一个阶段,意识形态批判——作为客观而又说明性的一个环节——可以合并在对交流以及自身理解进行扩展和修复的筹划里。通过注释文本扩展理解以及通过意识形态批判对理解不断修正都直接归属于解释(*Auslegung*)的过程。文本注释和意识形态批判是两种优先的方法。在这两种方法的基础上,理解发展成为诠释,并且由此成为它自己。

　　d) 质疑主体性的优先地位的根本方式是把文本理论作为诠释学的主轴。如果文本的意义已自行独立于其作者的主观意向而能自律,【58】那么,本质性的问题不是要在文本的背后重新找回失去的意向,而是在文本面前展开它所打开和发现的"世界"。

　　换句话说,诠释学的任务是要识别文本之"物"(伽达默尔)而不是作者的心理。文本之物之于它的结构就像在命题里指涉之物(référence)之于意义(sens)(弗雷格)。在命题里我们并不局限于作为其理想对象的意义,而是还追问命题的指涉之物,也就是说它的企图以及它的真理价值;同理,在文本里,我们并不止于内在结构,并不止于相互依赖关系的内在系统,这些相互依赖关系来自文本所实现的"编码"之间的互相交错;我们另外还想要解释文本投射的世界。在谈论这些的同时,我并没有忽略一个重要的文本范畴,我们称之为文学——也就是叙述虚构,戏剧,诗歌——

---

① 伽达默尔,《真理与方法》,第284页;法文版,第141页。

这些文学形式看起来完全取消了对日常现实的指涉,以至于语言自身似乎具有至高的神圣,就像为了自身荣耀而牺牲日常话语的指涉功能。但是,准确来说,正是由于虚构的话语"中断"了第一等级的指涉功能,它才释放了第二等级的指涉,在这第二等级的指涉里,世界不再被呈现为可操纵的客体形成的整体,而是作为我们的生活和筹划的范围,简而言之是作为生活世界(*Lebenwelt*),作为在世。这个指涉维度只有通过虚构作品和诗歌作品才能达到充分发展,它也提出了诠释学的根本问题。问题不再是要把诠释学规定为对隐藏在文本之下的心理意向的调查,而是对由文本呈现的在世的解释。在文本里需要诠释的是,世界的命题,对世界的筹划,这是我可以居住以及在其中投射我最固有的可能性的世界。重提前面提到的间隔原则,我们可以说虚构的或者诗歌的文本并不只限于使文本的意义与作者的意向拉开距离,【59】而且它还要使文本的指涉之物与由日常语言表达的世界拉开距离。这样,实在通过我们称之为"想象性变异"的方式而变形,文学对真实进行各种想象性变异。

这种以文本之物为中心的诠释学反过来对胡塞尔的唯心主义又有怎样的冲击呢?

本质上是这样的:现象学虽然始于对意向性的普遍特征的发现,但它并没有忠于它自己的新发现,也就是意识在它自身之外有它的意义。这样,在意识里构建意义的唯心主义理论就走向了主体性的实体。这个实体的代价就是前面提到的由现象学和心理学之间的"类似"引起的各种困难。这些困难证明了现象学总是处于被归结为超越论主观主义的危险中。终结这种不断再生的混乱的根本方法是把诠释重心从主体性问题转移到世界问题。这就是文本理论在使作者意向问题从属于文本之物问题的同时不得不去做的。

　　e) 与沉思主体对自身的终极责任这种唯心主义论点相对立,诠释学要求使主体性成为理解理论的次要范畴,而不是首要范畴。作为本源的主体性必须被遗忘,如果我们必须在比根本性的本源角色更加低微的角色里将其重新找回。

　　在这里,文本理论仍然是一个好向导。确实,它展示了:主体性的行为与其说是开始进行理解的行为不如说是完成理解的行为。这个结束的行为可以被称为"化为己有"(appropriation, *Zueignung*)①。不像在浪漫主义诠释学里,【60】这个行为并不想要重新返回承载着文本意义的本源主体性。更确切地说,它回应文本之物,所以就是回应由文本展开的各种意义命题。因此,它是间隔的对应物,间隔把文本建立在相对于作者、境况以及它的初始目的而言的独立上。它也是另一种间隔的对应物,通过这种间隔,一种由文本投射的新在世避免了日常现实的假明示。化为己有是对这种双重间隔的回答。这双重间隔,就文本的意义和其指涉之物来说,与文本之物紧密相关。正是这样,化为己有是诠释理论的一个环节,却从未再偷偷地导进主体性的优先性,前面的这四个论点意味着取消主体性的优先性。

　　化为己有并不意味着偷偷地回到至高无上的主体性,这一点可以通过以下方式得到证实:如果说诠释学确实在理解自己中得到终结,那么应该要纠正这种说法的主观主义,同时指出理解自己就是在文本面前的理解自己。由此,从一个角度上说的化为己有就是从另一个角度上说的去己有化(désappropriation)。化为己有,就是使得本是异己的东西成为自身的。被化为己有的东西,

───────────

① 海德格尔,《存在与时间》,第150页;法文版,第187页。(中文版的译法稍有不同,译作"占有"。——译者注)

当然就是文本之物。但是只有我为了让文本之物存在而放弃自我本身时,文本之物才成为我自己的。那么我以我、我自己的主人交换他、文本的信徒。

我们还可以在间隔的术语里展现这个过程以及谈论内在于化为己有本身的从自己到自己的间隔。这种间隔运用了怀疑的所有策略,已经提到过的意识形态批判就是怀疑的主要模式之一。间隔,在它的所有形式里以及在它所有的象征里,特别构成了理解中的批判环节。

间隔的这一最后而终极的形式破坏了自我(ego)想要构建自身为最后本源的企图。自我必须自己承担"想象性变异"。通过这些"想象性变异",他可以回应对真实所进行的"想象性变异",【61】这些变异是由虚构文学和诗歌文学(这方面远甚所有其他形式的话语)产生的。诠释学正是以这种对……回应的风格与自身终极负责的唯心主义相对立。

II. 关于诠释现象学

在我看来,对胡塞尔唯心主义的诠释学批判只是一项积极研究的否定性反面,在这里我将后者称为诠释现象学,这个名称是程序式的和探索性的。本文并不奢求要实现——"创造"(faire)——这种诠释现象学;它仅限于呈现这种诠释现象学的可能性;因为它确定:一方面,尽管我们已经对胡塞尔唯心主义作了批判,现象学仍然是诠释学不可逾越的先决条件;另一方面,如果不构建自身为一种对自我生活的诠释,现象学也不能执行它的构建筹划。

1. 诠释学的现象学先决条件

a）诠释哲学的最根本的现象学先决条件是，针对任意一个在者（*étant*）的全部问题就是关于这个"在者"的意义的问题。

这样，从《存在与时间》的第一页起，我们就读到：被遗忘的问题就是存在的意义的问题。正是由此，本体论问题是一个现象学问题。只有这个意义被掩盖，当然不是在它自身被掩盖，而是被所有禁止通达这个意义的东西所掩盖，现象学问题才是诠释学的。但是，为了成为诠释学的问题——关于被掩盖的意义的问题——，现象学的核心问题应该要被视为关于意义的问题。

【62】由此，就已经预设了选择现象学态度就是反对自然主义–客观主义态度。所以，选择意义就是整个诠释学最普遍的先决条件。

我们并不认为诠释学比现象学更古老；甚至在 18 世纪诠释学这个词受到重视以前，就已经存在圣经注释学和古典语文学，这两者都表示"拥护意义"。这的确如此，但是只有当诠释学回溯到注释学和语文学的可能性条件，超越一般的文本理论，而指向整个经验的语言条件——指向语言性（à la Sprachlichkeit），诠释学才能成为诠释哲学——而不只是注释学和语文学的方法论①。

然而语言条件自身也在"意义"的普通理论里有它的先决条件。应该要假设：经验，在它的整个范围之内（诸如黑格尔对它的理解，就像我们在海德格尔关于"黑格尔的经验概念"的著名文章里看到的），原则上具有一种可说性（dicibilité）。经验可以被言说，它也要求被言说。把它提高到语言的程度，并不是要把它变成另一种东西，而是由于表达它和详述它而使它成为它自己。

---

① 伽达默尔，《真理与方法》，第 367 页及后面；法文版，第 236 页及后面。

　　这就是注释学和语文学在文本——那些分担了我们的历史传统的文本——的某个范畴层次上运行"意义"的先决条件。注释学和语文学在历史上的确可以先于现象学的觉醒,然而在奠基(fondation)的秩序里现象学的觉醒又先于注释学和语文学。

　　确实,很难在一种非唯心主义的语言里明确表达这种先决条件。【63】现象学态度和自然主义态度之间的决裂,或者——正如我们说过的——选择意义,看起来确实与选择意识如出一辙,意义涌现"在"意识"里"。难道不是通过"悬置"整个"对存在的信仰"我们才进入了意义的维度吗?自此,当我们选择意义时,难道不是已经预设了悬置自在存在(l'être-en-soi)吗?关于意义的整个哲学不是唯心主义的吗?

　　在我看来,这些关联根本不具约束力。既非事实上的,亦非合理的。事实上它们不是这样的——我想从纯粹历史的角度来说;如果,确实,我们从胡塞尔的《观念》以及《笛卡尔式的沉思》回溯到《逻辑研究》,我们会重新发现现象学的某种状态,在那里,表述、含义(signification)、意识、意向性以及理智直观(intuition intellectuelle)这些概念得到了建立,而"还原"本身没有引入其唯心主义的意义里。与之相反,意向性的论点清楚地提出了:如果所有意义都为意识而存在,那么在意识到某事物——这个某事物正是意识要超越自身而朝向的,或者,正如萨特在 1937 年一篇引人注目的文章里说的①,这个某物正是它所要朝其"显露"的——之前,根本没有自身意识。在意义为意识存在之前,特别是在意识为它自身存在以前,意识已经在它自身之外,它指向意义,这难道不正是现象学的核心发现所蕴含的吗?这样,回溯到还原的非唯

---

① 让-保罗·萨特,《胡塞尔现象学的一个根本概念:意向性》,《处境》第一卷(Situation I),伽利玛出版社,1947 年。

心主义的意义(sens),就是依然忠诚于《逻辑研究》的主要发现,也就是逻辑上的含义概念①——就像,比如弗雷格所介绍的——显现在一个延伸得和意向性概念一样远的广泛的含义概念上。这样就可以合法地去谈论知觉的"意义",想象力的"意义",意志的"意义"等等。在意向性概念的引导下,逻辑上的含义概念从属于普遍的意义概念,【64】这种从属根本不意味着先验主体性对它所指向的意义具有最高统治。相反地,在对立的方向上也可以推出现象学,也就是从意义相对于自身意识而言的优越性的论点方面推出现象学。

b)诠释学通过另一种方式指向现象学,也就是在归属经验的核心它需要求助于间隔。

确实,根据诠释学而来的间隔并非与根据现象学而来的悬置(l'épochè)毫无干系,但是它与在非唯心主义意义上被诠释的悬置更有干系,正如意识投向意义的意向运动的特征。的确,间隔环节、与"生活经验"拉开距离的环节属于整个意义意识,因为我们完全而简单地依附于这一环节。当我们不满足于"体验"——或者"重新体验"——,为了赋予生活经验以意义我们搁置生活经验,这时现象学就开始了。正是由此,悬置和意义的目标被紧密地连接起来。

这种关系在语言中很容易觉察出来。确实,语言符号,只有当它不是某物时,才能对此物有价值。这样,符号就包含了一种特有的否定性。就像为了进入象征世界,言说主体必须掌握一个"空的空间",符号的使用可以从这个空的空间开始,一切就这样

① 关于 sens(德语 Sinn)和 signification(德语 Bedeutung)两个术语在胡塞尔的表述中的异同,可以参照倪梁康先生所著的《现象学的始基:胡塞尔〈逻辑研究〉释要(内外篇)》(中国人民大学出版社,2009 年)第 34 页脚注里对这个问题的阐述。——译者注

发生了。悬置是开启整个游戏的虚拟事件和虚构行为,通过这个游戏我们用符号来交换物,用符号交换别的符号,用对符号的发送交换对符号的接收。现象学就像以哲学的举动对这个被它提升到行为高度的虚拟事件进行清晰重放。现象学使得原本只是操作性的东西成为论题性的。正是由此,现象学使得意义作为意义而显现。

诠释学正是把这个哲学举动延伸到了它自己的领域,历史科学的领域,以及更加一般来说,精神科学的领域。"生活经验"——诠释学尽力将之提升到语言层面以及意义层面的——就是历史关联。历史关联通过文字档案、作品、制度、遗迹的传递而被间接化,【65】而这些东西又使得历史的过去于我们而言变成了现在。我们所谓的"归属"正是对这种历史经验的依附,这就是黑格尔所谓的风俗习惯的"实体"(substance)。从诠释学的方面来看,暴露于历史效应中的意识(la conscience exposée à l'efficace historique)对应于现象学家的"生活经验"。这就是为什么诠释学的间隔之于归属就是在现象学里悬置之于经验。当我们不再满足于归属于被传承的传统,我们为了赋予归属关系以意义而中止归属关系,这时诠释学也就开始了。

如果确实诠释学必须由自身来担当批判阶段、怀疑阶段,从这个阶段出发意识形态批评、精神分析等等才得以构建的话,这种类似就是很重要的。只有当间隔与归属是同质的,批判阶段才能被合并到归属关系中。这是有可能的,这正是现象学所呈现的。因为,当它把创立了"空的空间"这一虚拟事件提升到哲学决断的等级时,这个"空的空间"为主体提供了赋予他的生活、他对历史传统的归属以及一般来说他的经验以意义的可能性。

c)诠释学还与现象学共享了这样一个论点,就是来自语言秩序的含义具有派生特征。

在这一方面,很容易就可以从诠释学各种众所周知的论点回溯到它们的现象学根源。从伽达默尔最晚近的论点直到《真理与方法》的写作,我们都可以看到对语言问题的次要性的证实。虽然确实所有的经验都有一个"语言的维度",而且这种语言性(Sprachlichkeit)借用和冻结了全部经验,但是诠释哲学并不开始于这种语言性。首先诠释哲学应该要指出来到语言的东西。这就是为什么哲学开始于艺术经验,【66】而艺术经验并不必然是语言的。而且,哲学的开端在这种游戏的经验里——这是在这个词的游玩和戏剧的意义上说的①。确实,正是在游戏者对游戏的参与中,它(诠释哲学)看到了易于被哲学家追问的关于归属的第一经验。而且正是在游戏中,它(诠释哲学)看到了展示或者显现(Darstellung)功能得以构建,当然这种功能需要语言这个中介,但是它又合法地先于话语以及孕育了话语。在《真理和方法》所诠释的第二组经验里,话语也不是处于第一位的。暴露于历史效果②中的意识使得对前判断的彻底反省变得不可能,而且这种意识先于历史学家对过去进行的所有客观化,所以这种意识不能归结为传承过去的纯粹语言方面。文本、档案和遗迹只代表了媒介中的一种,无论这种媒介由于前面所提到的各种原因而变得多么典型。远离与拉近的游戏对于历史关联是构成性的,这种游戏就是来到语言的东西,而不是语言的产物。

使语言性从属于来到语言的经验的这种方式完全忠实于海德格尔在《存在与时间》里所做的。我们都记得此在的分析是如

---

① 伽达默尔,《真理与方法》,第 97 页以及后面;法文版,第 27 页以及后面。

② 通过这个表达法,我提出了一个就上面提到的 Wirkungsgeschichtliches Bewusstsein 概念而言的法语等同物。

何使命题(*Aussage*)层次从属于话语(*Rede*)层次,命题层次也是逻辑含义的层次,也就是被纯粹说出来的含义(*Bedeutungen*)的层次,而话语层次——他说道——与现身处境(situation,*Befindlichkeit*)和理解(*Verstehen*)的秩序是"同源的",理解的秩序也是筹划的秩序①。正是如此,言说先于逻辑秩序,言说是与现身处境和理解连在一起的。因此,命题秩序不能要求任何的独立。【67】命题秩序指向在世的构成性生存结构。

正是这种语言秩序向经验(它在表述里来到语言)结构的指向,在我看来,构成了诠释学最重要的现象学先决条件。

确实,自从《逻辑研究》时期以来,我们可以觉察到一个运动,这个运动允许把逻辑含义——也就是与我们语言在逻辑上的"表达"同时得到的含义——放进意向性的普通理论里。这个运动意味着意向关系的模式从逻辑(logique)的层面转移到知觉(perceptif)层面。在知觉层面第一次形成了我们与事物的有意义关系。也因此,现象学从含义关乎述谓结构和逻辑关系上判断真假的层面——《逻辑研究》仍然停留在此层面——回溯到完全前述谓(antéprédicatif)的层面——在此层面意向相关项分析先于语言分析。于是,在《观念 I》里,胡塞尔之探索直至:表达层面是一个在本质上"非生产性的"②层面。而且,确实,对意向相关项-意向活动之间的各种相关性的分析可以引向很远的地方,而无需语言表达亦得到如此的思考。现象学自身的战略性层次,就是意向相关项和它的变体(在场[présence]、现前化[présentification]、回忆、幻想,等等)、它的信仰模式(确定性、怀疑、估量,等等),以及它的

---

① 马丁·海德格尔,《存在与时间》,第 34 节。
② 胡塞尔,《观念》第一卷第 124 小节;法文版,《纯粹现象学和现象学哲学的指导性观念》,巴黎,伽利玛出版社,1950 年。

现时性(actualité)和潜在性(potentialité)程度。对完整意向相关项的建构先于纯粹的语言层次——在这一层次上,命名关系、述谓结构、句法关系等等的各种功能互相连接。

在我看来,这种让语言层次从属于意向相关项分析的前语言层次的方法,对诠释学来说,是典范性的。由于诠释学使语言经验从属于整个感性的(esthétique)和历史的(historique)经验,在精神科学的层面上,【68】它继续推进由胡塞尔在知觉经验层面上开始的运动。

d) 因为胡塞尔现象学自己把知觉现象学沿着一种历史经验的诠释学方向展开,现象学的前述谓结构与诠释学的前述谓结构之间亲缘关系变得更加亲密。我们知道这是怎样的。

一方面,胡塞尔不断地发展知觉经验的纯时间性的蕴含。这样,通过他自己的分析,胡塞尔逐渐在人类经验的整体里去切近人类经验的历史性。从知觉经验的时间性结构中得出的知觉经验之推测、不相一致、未完成特征可以越来越切近地用于描述整体里的历史经验,这一点变得越来越明显。这样,从知觉现象学中得出了一种新的真理模式;而且也许就可以把这种知觉现象学搬移到历史诠释学领域。这就是梅洛-庞蒂(Merleau-Ponty)从胡塞尔现象学里得出的结论。

另一方面,知觉经验看起来就像完整经验的一个环节,这个环节被人为地从它的文化维度隔开和剥离出来。在这里我就不去着重阐述《危机》(Krisis)①时期的关于生活世界的哲学了。我只需指出从被伽利略和牛顿科学客体化和数学化的自然返回到生活世界与诠释学在精神科学的层面尝试的返回是同样的原则,

---

① 《危机》指的是《欧洲科学危机和先验现象学》(*Die Krisis der europäischen Wissenschaften und die transzentale Phänomenologie*)。——译者注

因为诠释学试图从对历史和社会科学的客观知识和说明回溯到艺术、历史、语言的经验，这种经验先于并且孕育了那些客观知识和说明。返回到生活世界可以更好发挥对诠释学的范式作用，因为生活世界并不与不知道哪种无法言喻的直接性混淆在一起，也不等同于对人类经验的生命和情感的包裹，而是指出了意义的保留（réserve），【69】鲜活经验的意义的剩余（surplus），这种保留和剩余让客观化和说明的态度成为可能。

但是最后的这些观点已经把我们引到了这个点上：只有反过来现象学自身也包含着诠释学的先决条件，现象学才能成为诠释学的先决条件。

2. 现象学的诠释学先决条件

诠释学先决条件，本质上我指的是：现象学必然要把它的方法视为是一种 *Auslegung*①、一种注释、一种解释、一种诠释。

如果我们面对的不是我们刚刚提到过的《危机》时期的文本，而是"逻辑"时期和"唯心主义"时期的文本，证明将会相当使人惊讶。

a）　在《逻辑研究》里对 *Auslegung* 的运用。

在《逻辑研究》第一项研究中，使用 *Auslegung* 的阶段与努力要把直观提升为"赋予意义的行为②"是同时期的。这一项研究开始于一个宣言，这个宣言非常强烈地反对在对表达（从这个词

---

① 我们前面已经遇到这个德语词"Auslegung"，法语译为"explicitation"，我们将之译为"解释"（参见本书第 45 页中译者对这一术语以及其他几个相关术语翻译的考虑），但是文中作者常常直接使用这个德语词，所以我们也保留作者的做法。——译者注

② 胡塞尔，《逻辑研究》第二卷，第一研究的第二章，第 17 节以及后面；法文版，法国大学出版社（PUF），1969 年。

的逻辑意义上来说）的理解中图像（image）的干预。理解一种表述，胡塞尔说，这并不同于重新找回与之对应的图像。图像可以"伴随"以及"阐明"智性活动，但是它们并不构成智性活动，而且它们总是与智性活动不一致。

这种无图像智性活动的极端态度已经为大家熟知了，指出这种极端态度的缺点也是相当有意义的。

我们要把胡塞尔在后面考察的浮动含义①的情况放在一边。【70】但是它对关于现象学的诠释学开端的研究做出了重要贡献。胡塞尔把偶然含义，也就是人称代词的、指示词的、由定冠词引出的描述等等的含义放在浮动含义的第一等级。这些含义只有借助语境才能被界定和更新。理解这种类型的表述，在本质上是要"每一次根据场合、根据说话的人或者他的情况确定它的现时含义。一般来说，对于听者，只有根据表述的事实环境，一种在各种互相关联的含义中被界定的含义才能在这里得以构建"（81，95②）。确实，那时胡塞尔没有谈到诠释，而是把偶然含义的现时界定视为在指示功能（83，97）和意指功能之间互相混合的情况。但是这些含义的运作，用相近的词来说，与前面我们已提到的诠释在日常语言层次上的第一次干预是一致的，与词语的多义性以及在对话中语境的使用也有关。不过，标明诠释在非偶然含义——胡塞尔试图要把含义的所有形式简化为非偶然含义——处理中的地位对我们来说将会更说明问题。

确实，正是对非偶然含义的澄清以最惊人的方式唤起了对 *Auslegung* 的需求。的确，这些一般来说倾向于单义的含义并不能

---

① 胡塞尔，《逻辑研究》第二卷，第一研究的第二章，第 17 节以及后面；法文版，法国大学出版社（PUF），1969 年，第三章，第 24 节以及后面。

② 第一个数字指的是德语原版的页码，第二个数字指的是法文版的页码（PUF，1969）。

一下子揭示这种单义性。用胡塞尔的一个表达法来说,应该要对它们进行澄清(Aufklärung)工作。然而,如果这种澄清没有得到最小的充实(un minimum de remplissement)的支持,所以也就是,如果我们没有为自己提供某种"相应的"(71,83)直观,这种澄清就无法结束。【71】这是就互相交错在一起的含义而言的情况。胡塞尔自己也为之惊讶。他以追问的方式开始分析:"我们可能会提出以下问题:如果完全以象征的方式运作的表述所具有的含义,就包含在一种把对词语符号的理解性领会和对无意义符号的领会区别开来的行为特征中,那么下面的情况是如何发生的呢:为了建立含义差别,为了突显含义的多义或者消除含义意向的各种浮动,我们又回到直观?"(70,82)这样,关于"通过直观而得到澄清"的表述的问题就被提出来了。突然之间,浮动的表述与固定的表述之间的界限变得脆弱。"为了辨认含义差别——比如苍蝇与大象之间的差别——我们并不需要采取特殊的措施。但是,只要各种含义——就像直流电上的插头——相互连接在一起,只要它们无法察觉的浮动抹掉了判断的确定性要求坚持的界限,那么正是向直观的求助构建了澄清的规范方法。由于表述含义的意向在各种不属于同一概念的直觉中得到充实,随着充实(remplissement)不同方向的明确划分,一种含义意向的差别就明确呈现出来了"(71-72,84)。这样,这种澄清(或者明示)需要对含义进行真正的研究,在这项研究中现前化(présentifications)——与原则上只是被含义理论许可的简单的"伴随"(accompagnement)相比较——发挥的并不是微小的偶然作用。

　　人们也许会说,这种澄清距离被诠释学称之为诠释的东西还很远。毋庸置疑。胡塞尔所举的例子的确都离历史诠释学很远。但是,一旦在《逻辑研究》的分析拐弯处 Deutung 这个概念突然冒出来时——这个概念显然就是诠释——,二者的密切关系就十分惊人了。然而,准确来说,这个概念的出现是为了描述对各种逻辑含义进行澄清或者明示的工作的一个阶段的特征。【72】我们刚刚展示了这项工作的开始。《逻辑研究》第一项研究的第 23节,题为"表述中的统觉(aperception, *Auffassung*)和直观表象中的统觉",这一节开始于以下观点:"在理解统觉中赋予意义的运作得以完成,理解统觉——准确地说由于所有的统觉在某种意义上都是理解或者诠释(*deuten*)的行为——与客观化统觉(以各种形式完成)具有亲缘关系。在客观化统觉里,对客体(比如一个'外在'的事物)的直观表象(知觉、想象、再生产,等等)对于我们是通过被经验到的感觉杂合而成的。"(74,87)这样,就在提出了一种亲缘关系的地方我们发现了根本的区别。准确来说,这种亲缘关系是针对诠释,诠释已经运行在简单的知觉里,而且它把简单知觉与那些简单的感觉材料区别开来。亲缘关系就存在于赋予意义的活动中,这种活动使得将逻辑运作和知觉运作称为统觉成为可能。我们可以认为,澄清的任务只有通过在统觉的两种变体之间的亲缘关系才能使用"相应的"直观(在 21 节中提到的)。

正是一种出自相同秩序的亲缘关系说明了胡塞尔坚持 *Vorstellung*——"表象"(représentation)——这个术语是为了涵盖一般性意识和特殊性意识——这正是《逻辑研究》第二项研究全力进行区别的;这两种意识分别对应于"一般表象"(représentations spécifiques)和"特殊表象"(représentations singulières)(131,157)。的确,在这两种情况里,我们都与 *meinen*(visée de sens[意义指向])有关。通过意义指向,某些东西"被摆在了前面"("一般之物,每次我们谈论它的时候,它就是被我们思考的东西,这一点是肯定的")(124,150)。这就是为什么胡塞尔并不站在弗雷格的一边,弗雷格切断了 *Sinn*(意义)与 *Vorstellung*(表象)之间的联系,与此同时他又保存了就逻辑而言的第一次命名关系而把第二次命名关系派给了心理学。胡塞尔继续使用"表象"这个术语,【73】是为了同时指出一般指向和特殊指向。

然而,尤其是,对一般的领会和对个别的领会都来自共同的核心,它就是被诠释的感觉。"在事物的相应知觉里,感觉借助激活它们的诠释而展现了种种客观规定性,但是它们从来就不是这些规定性本身。现象的客体,正如它显现的,超越了作为现象的显现"(129,155-156)。所以,远不能毫无差别地坚持一般指向与个别指向之间的断裂,胡塞尔在这个分岔口的源头提出了他称之为"共同现象性"(aspect phénoménal commun)的东西。的确,"在这两方面,确实是相同的具体现实在显现,然而当它显现时,正是那些相同的感性内容——在同样的体验方式里——各自被给予我们,这也就是说,是相同数量正在被给予的感觉或者想象内容受到了相同的'体验'或者'诠释',在这种'体验'或者'诠释'里,客体的现象和被这些内容所呈现的所有属性一起向我们构建而成。但是相同的现象承载了两种不同的行为"(108-109,132)。这就说明了相同的直观的被给定材料可以"时而被指为这个被给定材料,时而被指为一般之物的载体"(131,157)。"在所有的体验方式中,只有同一个感性直观可以——如果环境也适合它——作为基础"(131,158)。正是这个诠释核心保证了两种指向的"表象"共同体以及由一种"体验"向另一种"体验"的转变。这是因为知觉已经就是它所"展现"的诠释工作之所在,而且也是因为知觉展现了它可以作为一般表象的"载体",虽然它有它的特殊性。

这就是现象学遭遇诠释这个概念的第一种方式。它把这个概念载入坚持逻辑性、单义性的理想程序里,这个理想支配了在

《逻辑研究》里的含义理论。【74】在《逻辑研究》时期，胡塞尔通过以下方式阐述这个理想："当我们确定所有的主观表述可以被客观表述所替代时，其实这样我们只是表示客观理性没有局限性。这是一目了然的。所有存在的事物都是'自在'知识（connaissance "en soi"），而且它的存在就它的内容而言是一种既定了的存在，是一种依靠这些或者那些'自在真理'（vérité en soi）的存在……那些完全在自身得到规定的东西一定能够客观地被规定，而那些可以被客观规定的东西则可以——如果理想地说——在完全确定的含义里被表述。那些自在真理对应于自在存在，而相应地那些固定的、单义的陈述又对应于这些自在真理"（90，105）。这就是为什么要用固定含义的统一体、稳定表述的内容替代浮动的含义、主观的表述。这个任务是由单义性的理想决定的，并且受到客观理性没有局限性这一原理的支配。然而，准确来说，正是在澄清中，逐渐揭示了：本质上偶然的含义与单义的含义之间的差距，其次描述性直观的伴随（accompagnement）功能，最后知觉诠释的承载作用。开始着手的事情逐渐就成了从直觉理论向诠释理论的反转。

b）在《笛卡尔式的沉思》里对 Auslegung 的运用。但是，《逻辑研究》不能更多地发展诠释学的这些萌芽，因为在这个时期还有现象学的逻辑筹划。这就是为什么我们只能像谈论由支配这些分析的单义性要求本身所揭示的残余那样去谈论这些萌芽。

在《笛卡尔式的沉思》中情况完全不同，在这里现象学不再只是追求阐明那些被良好组建的表述的理想意义，而是经验在它的整体中的意义。所以，如果 Auslegung 必须在这里占据一个位置，那将不再是在一个有限的情况里【75】（当感性经验因作为"一般"体验的基础而必须被诠释时，它还是处于一个有限的情况里），而是在问题整体中与构建问题相对应。

的确如此。Auslegung 这个概念——也许我们还没有足够关注它——，当问题达到最关键点时，这个概念以决定性的方式介入进来。关键点，指在那儿自我论（égologie）被提升为意义的最高法庭："客观世界为我（pour moi, für mich）而存在，它曾经而且一直会为我存在，这个客观世界和在我身上显现的所有客体一起，从我自身（de moi-même, aus mir selbst）获得它的整个意义以及它就是因我而具有的整个存在有效性"（《笛卡尔式的沉思》，130，65①）。把整个存在价值（Seinsgeltung）包含在自我里——这表现在由为我到从我的还原中——就在《笛卡尔式的沉思》第四沉思里得到了实现。它的实现，同时也就是它的完成和它的危机。

它的完成：因为只有现象学和自我论之间的同一才能保证从意义-世界向我的自我的完全还原。只有自我论才能满足这种存在：只有当所有的客体是从我身上获得它们的全部意义以及它们的全部存在有效性，所有的客体才是为我而在的。

它的危机：因为另一个自我的位置——以及，透过它，世界的异己性（altérité）本身的位置——是完全成问题的。

正是在完成和危机并出的时刻，就有了解释（Auslegung）的动机。我在第 33 节读到："由于具体的单子自我包含了真实的、潜在的意识生活的整体，那么关于这个单子自我的现象学解释（Auslegung）问题（其［自我］自为的建构问题）必须涵括一般来说的所有构建问题，这一点是显而易见的。而且，最后，这种自为的自身建构的现象学又与普通现象学相一致"（102-103，58）。

【76】对于胡塞尔，Auslegung 指的是什么呢？他又从这个概

---

① 第一个数字对应于《胡塞尔全集》第二卷（Husserliana II），第二个数字对应于法文版（巴黎，维翰出版社，1947 年）。

念里期望着什么呢？

　　为了理解这些问题，我们越过第四沉思，来到第五沉思和矛盾的核心。若是不运用 *Auslegung*，这个矛盾仍是无法解决的。之后，我们再回到老问题上，我们试着理解在从第四沉思到第五沉思的转折点上 *Auslegung* 的战略作用。

　　这个表面看来不可解决的矛盾是：一方面，把全部意义都还原为具体自我的意向性生活意味着他者是"在我身上"和"从我出发"而构建；另一方面，现象学必须考虑到他者经验的独创性，准确来说是由于它是另一个人的经验而不是我的。整个第五沉思都被这两种要求之间的张力所支配：在我身上构建他者，把他者作为他者进行构建。这个巨大的矛盾已经潜伏在其他四项沉思中，与我的生活息息相关的"事物"，是作为不同于我的东西，是作为与我面对面的东西，虽然它只是一个意向性的综合，一个被假定的统一体；但是，一旦他者不再是某事物而是另一个我，一个不同于我的他者，还原要求和描述要求之间潜在的冲突就被打开了。那么，说得绝对一点，只有一个是主体，那就是"我"，他者不能简单地扮成处于自然中的心理生理学上的客体；他者也是与我相同的经验主体；这样，他者感觉我归属于他的经验世界。而且，正是在这种主体间性的基础之上，一个"共同的"自然以及一个"共同的"文化世界得以构建。在这一点上，向归属领域的还原——在还原中的真正还原——可以被理解为本身作为矛盾的对矛盾的克服："在这种完全特殊的意向性里，一种新的存在意义得以构建，新的存在意义冒犯了我的单子自我的固有存在；同时它构建了一个并不是作为'我自己'的自我，而是在我的自我里、在我的单子里进行自我反思的自我"（125, 78）。【77】这就是——当我认为我的存在是唯一的时候——从我的存在里得出另一种存在的矛盾。

求助于概念"类比性领会"（saisie analogique）和"结对"（appariement, *Paarung*）根本没有缓和这个矛盾，只要我们没有看到在第四沉思里表述的与 *Auslegung* 的关联。认为他者是"被共现"（apprésenté），而从来没有真正"被呈现"（présenté），这似乎是一种命名困难而不是解决困难的方式。确实，认为类比性领会不是一种通过类比而进行的推理，而是一种建立在结对——这儿我的身体与那儿另一个身体的结对——基础之上的直接移情，这就在对这种混合——在其中矛盾可能会自动消解——命名的同时，指定了描述要求与构建要求的连接点。但是这种"统觉移位"（transposition aperceptive），这种"类比化的统觉"（aperception analogisante）又意味着什么呢？如果自我（ego）和另一个自我（alter ego）的结对形态并不是首要的，那么这种形态永远都不会出现。这种"结对"，确实，造成了我的全部经验的意义都指向另一个人的经验的意义。但是，如果结对在本源上并不归属于自我为自身的建构，那么自我的经验将不会包含对他者经验的任何指向。而且，实际上，在第五沉思里，最值得注意的东西，确实就是显露出唯心主义的所有描述。这关涉到结对的具体形态，或者是一种对异己心理生活的识别。这种识别建立在符号、表述、动作、姿态之间互相协调的基础之上；而这些符号、表述、动作和姿态则用来充实对异己生活经验的预测和假设。又或者涉及到某种在类比化统觉里的想象作用：正是在那儿，如果我想象置身于他者的生活经验里，那么我就能存在了。

但是，应该也要承认，透过这些令人赞叹的描述仍然处于谜团中的是，另一个自我的超验同时也是对我的单子生活的意向性变更："借助对他的意义的构建，他者以必然的方式出现在我的初始世界,作为我的我的意向性变更,【78】这是首要的客观性……换句话来说,在我的单子里,通过共现(apprésentation),另一个单子得以构建"(144,97)。

正是从这个难解之谜,从这个矛盾,甚至从两种设想之间的潜在冲突———一种关于超验描述,而另一种关于内在构建———出发,对 Auslegung 的运用使得我们有可能发现解决之道。

所以,我们又回到前面,也就是当第四沉思把整个现象学的行为界定为 Auslegung 的时候。第 41 节——它终结了第四沉思——明确地把先验唯心主义界定为"在我的自我里对我自己进行的现象学解释"(117,71)。诠释的"风格"特点正在于,与现时经验的视域扩展紧密相连的无限运作(travail infini)。现象学是一种无限延续的思考,因为反思被它自身生活经验的潜在含义超越。正是这个相同的论题在第五沉思的末尾被重新提出来。第59 节题为:"本体论解释以及它在构建性的先验现象学整体里的地位"。胡塞尔所称的本体论解释存在于意义各个层次(自然,动物性,心理,文化,个性)的展开中,意义的分层构建了"世界,这个世界是作为被构建的意义"。正是这样,解释处于建构哲学和描述哲学的中途。胡塞尔反对黑格尔主义和黑格尔主义的各种后果,反对整个"形而上学建构",他坚持认为现象学并不"创造"什么,而是"发现"了什么(168,120);这是现象学的超级经验主义的(hyperempirique)一面;解释是对经验的解释:"现象学的经验——而且它从未得到足够的强调——只是解释世界对于我们所有的人所具有的意义,先于所有哲学,而且显然,这种意义是我们的经验赋予世界的;这种意义诚然可以通过哲学得到揭示,但是哲学从来就不能更改它。【79】而且,在每一次现时的经验中,意义被需要澄清的视域围绕着——由于一些本质性的原因而不

是由于我们的无能"(177，129)。但是，另一方面，这样把解释与
澄清视域连接在一起，现象学想要超越静态描述，而这种静态描
述会使它变成一种关于各种意义层次的简单地理学，一种经验的
描述地层学；我们已经描述从我向他者，然后向客观自然，最后向
历史进行的种种转移活动，这些转移活动实现了一种渐进的构
建，一种逐步进行的组合，说到底就是我们以纯真方式生活的"生
活世界"的"普遍发生"(genèse universelle)。

正是这种"意向性解释"包括了在我们看来似乎在第五沉思
里一直都在互相斗争的两个要求：一方面，尊重他人的异己性，另
一方面，这种超验经验(expérience de transcendance)扎根在初始
经验里。事实上，*Auslegung* 只是展开了意义的增加部分，这种意
义的增加部分在我的经验里标明了他者的凹陷位置。

自此，对整个第五沉思进行不那么二元对立的阅读变得可
能。*Auslegung* 已经运作在还原为归属领域的过程中。因为归属
领域并不是一个给定的东西，并非从这个给定的东西出发我可以
进展到可以是他者的另一个给定的东西。被还原为身体本身的
经验是对所有"陌生人"进行抽象性消除的结果；通过这种抽象性
消除，胡塞尔说，我已经"使得被还原为我的归属的身体得到突
显"(128，81)。在我看来，这种显现(*Herausstellung*)意味着初始
状态一直都是"反向提问"所针对的终极目标；得益于这种反向提
问(*Rückfrage*)，反思发现了——在经验的厚度里，而且透过构建
的各种连续层次——胡塞尔所说的"初始基底"(*Urstiftung*)(141，
93)——这些层次都指向这个初始基底。所以初始状态自身就是
指向的意向性终点。【80】因此，无需以归属领域的名义去寻找某
种保存在我们文化经验深处的原始经验，而是要寻找一种从来就
不是给定的先前。这就是为什么这种经验总是一种诠释，虽然它

的核心是直观的。"只属于我自己的东西——它也是——通过解释显现的,而且是在解释里以及通过解释的运作他才接收到他的原始意义"(132,85)。这种固有的东西只有"根据解释经验"(同上)才显示。我们只能说,是在同样的诠释里固有的东西和异己的东西以极端的方式得以构建。

事实上,他者在我身上得以构建,同时这个他者是作为他者得以构建,这也是作为 *Auslegung*。一般来说的经验就是,第46节说道,只有"当它通过其客体本身诠释客体本身的时候"才能规定其客体;"所以它是作为纯粹解释而运作的"(131,84)。所有的规定都是解释:"这种本质而固有的内容通过一般方式以及在一个视域的形式下才能被预见;它只能通过解释初始地(带有内在的、固有的、本质的指示标志以及更加特别的是属性标志)得到构建"(132,84-85)。

构建——同时既是"自我"的构建也是"他者"的构建——产生的矛盾获得了一种全新的意义,如果我们通过解释所起的作用对它进行澄清;他者被包含,并没有被包含在被给定的我的存在里,而是由于我的存在包含了一个"开放的和无限的视域"(132,85),包含了一种无法控制在我的视域之内的意义可能性。自此,我可以确定,他者的经验只是使得属于我自己的存在得到了"发展",但是它所发展的已经多于我自己,因为这里我所谓的属于我自己的存在是一种超出反思视线范围的意义可能性。从自我侵越到他者的可能性就包含在需要"解释"的视域结构里,或者,如果用胡塞尔自己的话来说,"对我自己的存在的各种视域所进行的解释"(132,85)。

胡塞尔所觉察到的——无须从中得出所有的结论——,就是直观与解释的契合。【81】整个现象学就是一种在明见性

(évidence)中的解释和一种解释的明见性。自身解释的明见性，展开明见性的解释，这就是现象学的经验。正是在这个意义上，现象学只能作为诠释学而实现。

但是，这句话的真只有当我们同时完全承受诠释学对胡塞尔唯心主义进行的批判时才能被领会。正是在这里，本篇的第二部分指向了第一部分：只有当胡塞尔现象学的唯心主义受到通过诠释学而进行的批判时，现象学和诠释学才互为前提。

诠释学的任务：从施莱尔马赫和狄尔泰说起^①

【83】在下一篇文章中，我将要为诠释学论争提出我自己的看法，在此之前，本文先试着描述一下诠释学问题的状况，正如我所接受的以及我所感受到的。从这个前提性的讨论，我所要引出的不仅是构成一种信念的各种元素，而且还有对一个还未解决的问题的种种表达。确实，我想要把诠释学思考引向这样一个地方：即通过内在的疑难，诠释学思考需要一种至关重要的重新定向，如果它想真正进入与文本科学——从符号学到注释学——的讨论。

这里我采纳下面这个对诠释学的研究定义：诠释学是指与文本诠释相关联的理解活动的理论；这样它的指导性观点就是话语就像文本一样运行。所以，第二篇文章将致力于建立文本的各个范畴。由此，这是为试图解决在这篇文章末尾提出的诠释学的核心疑难(也就是，在说明和理解之间进行飘摇欲坠的——在我看来——抉择)铺平了道路。这样，对这两种态度之间的互补性的

研究——来自浪漫主义的诠释学则试图把这两种态度分开——将在认识论的层面呈现由文本概念要求的对诠释学的重新定向。

I. 从区域性诠释学到普通诠释学

我在这里提出的诠释学总结集中在对一个疑难的明确表述,这个疑难本身又推动了我自己的研究。所以,接下来的介绍并不是中立,如果中立指的是它并无先决条件。诠释学自己也提防这种幻象或者这种企图。

在我看来,诠释学的晚近史被两种关注支配着。第一种倾向于逐渐扩大诠释学的范围,这样所有的区域性诠释学都被涵括在一种普通诠释学里;但是这个去区域化的运动并不能推行到底,如果诠释学纯粹认识论的所有关注——我想要说的是为构建成一种被誉为科学性的知识而进行的努力——没有同时从属于本体论关注。根据本体论关注,理解不再呈现为为了成为一种存在方式而进行认识活动以及将自身与存在物和存在相关联的简单样式。这样去区域化运动伴随着极端化运动,通过极端化运动,诠释学变得不仅是普通的而且也是根本的。

1. 诠释的首要"阵地"

我们来看看这些运动发展轨迹。

诠释学着手疏通的第一个"地方",当然就是语言,而且尤其是书面语言。所以,应该要详细指明为什么诠释学与语言问题有一种优先关系。在我看来,只需要从自然语言一个十分显著的特征出发,它在交谈最基本和最普通的层面就需要诠释工作。这个特征就是多义性,即当我们站在词语在特定语境里的使用之外来

考察词语时,这些词语具有不止一种含义。【85】这里,对于那些
为使用奇怪的词语编码而辩护的经济学理由,我并不感兴趣。在
当前的讨论里最重要的是,就确定现时价值——在由准确的言说
者向处于一个特殊处境里的听者说的一条确定信息里词语所获
得的现时价值——来说,词语的多义性相应地需要语境的选择性
作用。对语境的敏感是对多义性的必要弥补和不可缺少的补充
物。但是使用语境,反过来,又与鉴别活动(activité de discerne-
ment)有关。鉴别活动在交谈者之间的信息的具体交换中运行,
而它的模式就是问与答的游戏。这种鉴别活动完全就是诠释;它
在于识别言说者在共同的词汇多义基础上建立了怎样相对单义
的信息。用多义的词汇制造出相对单义的话语,在信息的接收中
辨别这种单一意向,这就是诠释最开始和最基本的工作。正是在
这个非常广泛的信息交换循环内部,文字分出了一个有限的领
域,这个领域被狄尔泰——后面我还会回到狄尔泰的——称为由
文字固定的对生活的表述①。正是这些表述需要一种专门的诠释
工作,至于原因我们后面会详细说到(参看下一篇文章),准确来
说,这些原因与把话语像文本一样运作密不可分。暂时,我们可
以说,在文字那里,通过问与答的游戏——所以就是通过对
话——而进行直接诠释的各个条件不再被满足。那么就需要专
门的技术把文字符号形成的链接提升为话语,而且透过作为文本
的话语之运作所特有的重叠编码来鉴别信息。

2. 费特里希·施莱尔马赫

【86】去区域化的真正运动开始于努力从每次都介入到不同

---

① 参看威廉·狄尔泰,"诠释学的起源和发展"(1900),见《精神世界》(*Le Monde de l'Esprit*)第一卷,奥比耶出版社,1947年,特别是第319-322页、333页及后面。

文本里的诠释活动中提出一个普遍问题。鉴别这个整一而又核心的问题就是费特里希·施莱尔马赫的工作。在他之前,一方面,就已经有关于经典文本的语文学,主要是古希腊罗马的文本,另一方面,也有宗教文本——旧约和新约——的注释学。而且在这两个领域中,诠释工作都随着文本的多样性而变化。所以,普通诠释学要求我们超越那些特殊应用,而且要求我们鉴别诠释学这两大分支的共同运作。但是,为了达到这个要求,不仅要超越文本的特殊性,而且也要超越规则和方法的特殊性。而理解的艺术就散布在这些规则和方法之中。诠释学就诞生于这种为了把注释学和语文学提升到技术学(*Kunstlehre*)层次而进行的努力。这种技术学并不局限于简单地汇集没有联系的运行。

　　然而,让注释学和语文学的特殊规则从属于理解的一般问题,这构成了一个颠覆,这个颠覆与康德哲学引起的针对自然科学的颠覆非常相似。在这一点上,我们确实可以说康德哲学构成了离诠释学最近的哲学视域;《纯粹理性批判》的一般精神——这我们都清楚的——就是颠覆了认识理论和存在理论之间的关系;在面对存在的本性之前,应该要估量认识能力;我们都知道,正是在康德哲学的气氛里如下设想才能得以形成——这个设想并不是把诠释规则与文本的以及在文本里被说出来的东西的多样性联系在一起,而是与使诠释多样性统一在一起的核心运作联系在一起。如果施莱尔马赫自己并非有意识地在注释学和语文学的秩序里进行康德在自然哲学秩序里进行的那种哥白尼式的颠覆,【87】那么狄尔泰则是完全有意识地在19世纪末的新康德主义气氛中来做这件事的。但是他需要首先经过一种施莱尔马赫还未想到的扩展,也就是把注释学和语文学涵括在历史科学的内部。只是在这种涵括动作的内部,诠释学像是给康德哲学的巨大漏洞带来的一个全面回答——赫尔德①首先发现这个漏洞，然后恩斯特·卡西尔②也非常清楚地看到了它：也就是，在批判哲学里，在物理学和伦理学之间并没有什么关联。

但是并不只是涉及到要填补康德哲学的漏洞；也涉及到要从深层使主体观念发生革命。因为康德哲学只限于寻找物理学和伦理学的客观性普遍条件，所以它只能提出一种普遍精神（esprit impersonnel），普遍判断的可能性条件的载体。如果没有接受来自浪漫主义哲学的最根本信念，即精神（esprit）是在天才个体性里运行的创造性无意识，那么诠释学也不能补充康德哲学。同样地，施莱尔马赫的诠释学筹划带有了浪漫主义和批判的双重标记：浪漫主义是由于他呼吁与创造过程建立一种活跃的关系，批判是由于他想要建立理解的普遍有效规则。也许整个诠释学一直都具有从浪漫主义到批判和从批判到浪漫主义的双重关系。批判是想要反对误解（mécompréhension），正如那句著名的格言所说的："有诠释的地方就有误解"③；浪漫主义是想要"像作者了解他自己一样或者甚至更好地了解作者"④。

【88】同样地，我们都知道这是一个矛盾，对它的第一次概述发生在施莱尔马赫发给学生的诠释学笔记里，但他一直都没有成功将这些笔记转变成完整的作品。施莱尔马赫面对的问题就是

---

① 赫尔德（J.G.Herder, 1744-1803），德国诗人、神学家和哲学家，主要著作有《论现代德国文学之片断》《论语言的起源》《新历史哲学》等等。——译者注

② 恩斯特·卡西尔（Ernst Cassirer, 1874-1945），德国哲学家，新康德主义的代表，马堡学派核心人物之一。主要著作有《人论》、《启蒙哲学》、《象征形式的哲学》、《语言与神话》等等。——译者注

③ 参看费特里希·施莱尔马赫的《诠释学》（Hermeneutik），奇玛勒先生（他的名字德语写作 Heinz Kimmerle，而非法语原文中的 Kimmerlé）编，海德堡，1959 年，第 15 和 16 节；参看伽达默尔，《真理与方法》，前揭，第 173 页。

④ 参看费特里希·施莱尔马赫的《诠释学》，前揭，第 56 页。

关于诠释的两种形式之间的关系的问题:"语法"诠释和"技术"诠释;这是他的研究里一直有的一种区别,但是随着时间流逝它的含义又在不停地转移。在奇玛勒(Kimmerlé)①的版本以前,我们并不知道 1804 年以及后来那些年的笔记;这就是为什么我们尤其把心理诠释记在施莱尔马赫的头上,而起初心理诠释与语法诠释是互相平等的。语法诠释建立在一种文化共有的各种话语特征之上;心理诠释——他也将之称为技术诠释——针对的是作者信息的个体性,甚至是天才性。然而,如果这两种诠释具有平等的权利,我们却不能同时实践它们。施莱尔马赫明确说到:考察一种共同的语言,就是忘记作者;理解一个单独的作者,就是忘记他的语言——它(语言)只是被穿过而已。要么我们感受共同的,要么我们感受个别的。第一种诠释被称为是客观的,因为它针对分离于作者的语言特征,但是也是消极的,因为它只是指出理解的界限;它的批判价值只是针对与词语意义有关的错误。第二种诠释被称为技术的,无疑这要归咎于对技术学的设想,也就是对一种技术科学的设想。正是在第二种诠释中,诠释学的设想本身得以实现。这关系到要抓住说话人的主体性,这时语言也就被忘记了。在这里,语言变成了服务于个体性的工具。这种诠释被称为是积极的,因为它触及了制造话语的思想行为。【89】不仅仅是一种诠释排斥另一种诠释,而且每一种都需要不同的才能,正如两者各自的过度所揭示的那样。语法诠释的过度会产生学究气,而技术诠释的过度则会引起晦暗不清。只是在施莱尔马赫的后期文本里,技术诠释才占了上风,而且诠释的猜测性特征才突出了其心理学特征。但是,心理诠释——这个术语代替了技术诠

---

① 这一版本收录在《海德堡科学学会论文集——哲学-历史卷》(*Abhandendlungen der Heidelberger Akademie der Wissenschaften*, *Phil-hist*)中,1959 年 2 月。

释——从来就不只是局限于与作者一致;它在比较活动中包含了批判的动机:个体性只有通过比较和对照才能被领会。这样,心理诠释学本身也包含了技术和话语的元素。我们永远都无法直接领会个体性,而只是领会到它与另一种个体性以及他自己的区别。这样,第一组互相对立的范畴——语法和技术——与第二组互相对立的范畴——猜测和比较——之间的重叠使得区分这两种诠释学的困难复杂化了。《学术论文集》(*Discours académiques*)①就表现了这个现代诠释学的创立者的这些极端困惑。后面(参见下一篇文章)我打算谈谈:解决这些困惑的条件是,我们要搞清楚作品与作者的主体性之间的关系,而且,在诠释中我们要把重点从对隐藏的主体性的同情研究转移到作品本身的意义和指涉上。但是首先应该要把诠释学的核心矛盾推演到更远的地方,与此同时可以考察狄尔泰所经历的关键性扩大化。狄尔泰经历这场关键性扩大化,是因为他使语文学和注释学问题从属于历史问题。正是这种在更大普遍性的方向上进行的扩大化为在最大极端性的方向上进行从认识论到本体论的转移做了准备。

3. 威廉·狄尔泰

【90】狄尔泰处于诠释学的关键转折点上,问题的纵深度已经显现,但是仍然只是在完全新康德主义时期所特有的认识论论争范围里被提出。

一种关注于解释 19 世纪德国文化的巨大成功的精神必然要

---

① 参看《施莱尔马赫作品集》第一卷中的《皇家科学学院论文选》(*Abhandlungen ge-lesen in der Königlichen Akademie der Wissenschaften*),鲍豪恩(O. Braun)和鲍尔(J. Bauer)编,莱比锡,1928 年(1967 年在阿伦[Aalen]重印),第 374 页以及后面。

把文本诠释的区域性问题归并到历史认识的更广大领域里,也就是把创造历史视为最伟大的科学。在施莱尔马赫与狄尔泰之间还有那些 19 世纪伟大的德国历史学家,利奥波德·冯·兰克①,约翰·古斯塔夫·德罗伊森②,等等。自此,要诠释的文本就是现实本身以及它的连贯(Zusammenhang)。在提出问题——如何理解一个过去的文本?——以前,一个先行问题已经出现:如何想象历史的连贯?在文本的协调一致之前,历史的协调一致已经出现,它被视为人类的大档案,最根本的生活表述。狄尔泰首先是诠释学和历史之间的这种协约的诠释者。今天我们所谓的历史主义(historicisme),在贬义上说,首先表现为一种文化事实,也就是把兴趣从表现人道的作品转移到承载这些作品的历史连贯上。历史主义丧失威望并不仅仅由于它自己所引起的那些麻烦,而且也是由于最近涌现的另一种文化变化,这种文化变化让我们特别强调系统而忽视了变化,强调共时性而忽视贯时性。我们最后将看到当代文学批评的结构趋势如何同时表现历史主义的失败以及在深层上颠覆它的问题。

狄尔泰将这样一个重大问题带入哲学反思,即历史纪事本质上的可理解性,但是与此同时,他又倾向于通过第二个重要文化事实寻找解决之道,不是从本体论的方面,而是在认识论自身的变革里。【91】如果我们——在一般的意义上——将实证主义理解为那种把在自然科学领域盛行的经验说明方法视为全部可理解性模式的精神要求,那么实证主义作为哲学的升起代表了他在这里提到的第二个基本文化事实。狄尔泰的时代就是完全拒绝

---

① 利奥波德·冯·兰克(Leopold von Ranke, 1795-1886),德国历史学家,主要著作有《拉丁与条顿民族史》、《教皇史》、《宗教改革时期的德国史》等等。——译者注
② 约翰·古斯塔夫·德罗伊森(Johann Gustav Droysen, 1808-1884),德国历史学家,主要著作有《亚历山大大帝传》、《古希腊文化史》等等。——译者注

黑格尔主义的时代,是赞美试验认识的时代。自此,唯一承认历史知识之正当性的方法看起来就是要给它一个与自然科学获得的那个维度相似的科学性维度;所以正是为了反驳实证主义,狄尔泰试图赋予精神科学一种与自然科学的一样值得尊敬的方法论和认识论。

正是在这两个重大文化事实的基础上,狄尔泰提出了他的基本问题:历史知识是如何可能的? 或者更加一般地说,精神科学是如何可能的? 这个问题把我们引到了说明自然和理解精神之间强烈对立的门槛上,这种对立贯穿了狄尔泰的整个研究工作。这种对立给诠释学带来了严重的后果。这样诠释学处于与自然主义说明断裂的状态中,而从心理直觉的方面来说它又被抛弃了。

狄尔泰确实是在心理学上寻找理解的特色。整个精神科学(*science de l'esprit*)——而且,狄尔泰指的是包含着历史关系的人类认识的所有形态——预设了一种初始能力,让自己设身处于他人的心理生活的能力。确实,在认识自然中,人只是触及那些不同于他自己的现象,而他无法抓住它们的根本物性。相反地,在人的秩序里,人认识人自己;虽然他人对于我们也是异己的,但是这种异己性不是在不可认识的物理事物的异己性的意义上说的。因此,在自然物和精神之间的地位区别支配了说明与理解之间的地位区别。【92】从根本上说,人对于人来说不是一个他者,因为他提供了他自己的存在的种种表征。理解这些表征,就是理解人。这就是实证主义流派完全忽视的:心理世界与物理世界之间的原则性区别。我们也许会提出异议:精神,精神世界,并不一定就是个体;难道黑格尔就不是精神领域、客观精神、关于制度和文化的精神的见证人吗? 而这种精神根本就不能归结为心理现象。

但是狄尔泰仍然属于新康德主义的那一代,对于这一代人来说,所有人文科学的基础都是个体,在社会关系里来看确实如此,但个体在根本上则是特殊的。这就是为什么精神科学,作为基础科学,需要心理学,即研究在社会和历史里活动的个体的科学。最终,各种互相关系、各种文化系统、哲学、艺术以及宗教都建立在这个基础之上。更准确地说,在这里划时代的东西,就是人类试图藉以自身理解的活动力,自由意志,主动性和举动。这里我们看到这样一种坚定决心:背离黑格尔,放弃黑格尔的精神概念而转向人民,而且这样就是要重新连接到康德,但是正如我们前面已经说过的,是在康德停止的地方重新连接到康德。

对历史知识进行批判的关键——康德主义非常缺乏这种批判——要从内在关联或者连贯(enchaînement)的根本现象方面去寻找,由此他者的生活在其涌现里得到鉴别和识别。正是因为生活制造了形式,而且在稳定的塑形里外在化,所以认识他者才有可能;感觉、评估、意志规则趋于在结构化的知识里沉淀下来,这种具有某种结构的知识为识辨他者提供了可能性。文化以文学形式制造各种有组织的系统,这些系统构成了第二等级的层次,这一层次建立在生活的各种作品形成的目的论结构这一初始现象上。我们都知道马克斯·韦伯又将如何试图通过他的理想类型(types-idéaux)概念来解决相同的问题。【93】确实,他们两个都遇到相同的问题:生活秩序就是波动的经验构成的秩序,看起来这种秩序与自然规律性是相对立的,那么如何在生活秩序里进行概念化呢?答案是有可能的,因为精神生活就固定在易于被他者理解的结构化整体里。从1900年起,狄尔泰依靠胡塞尔而为连贯这个概念提供了一种坚实度。在同一时期,胡塞尔论述了心理现象的特征在于意向性,意向性也就是指向易于得到识辨的意义的属性。我们无法触及心理现象自身,但是我们可以领会它指向的东西,客观同一的对应物,在这种对应物身上心理现象超越了自己。这样,关于意向性以及意向性客体的同一特征的观点使得狄尔泰可以通过胡塞尔的赋予意义(signifcation)概念去巩固他的心理结构概念。

在新的语境里,从施莱尔马赫那里承接而来的诠释学问题会变成怎样呢?在对由文字固定的生活表述进行理解的准确意义上,从理解(理解主要由想象置身于他者的能力界定)到诠释的过程提出了双重困难。一方面,诠释学由于为理解心理学添加了补充层面而使得理解心理学变得完整;另一方面,理解心理学使诠释学转向心理学的方向。这就说明狄尔泰在他的诠释学里保留了从施莱尔马赫那里继承的心理学方面,并且在那里看到了自己的问题,就是通过置身于他者进行理解的问题。如果被置于第一种观点下考察,诠释学包含了某种特别的东西;凭借表征——这些表征由文字或者与文字相似的所有其他记录手段固定——的范畴,它力求重新制造一种连贯,一种结构化的整体。那么,在直接表述中领会他者的心理生活就不再可能了,应该要在诠释那些被客观化的表征时重建这种他者的心理生活;这种重新制造(*nachbilden*①, re-produire)要求不同的规则,【94】因为表述倾注在具有自身本性的对象中。由于在施莱尔马赫那里,是语文学,也就是说文本说明提供了理解的科学阶段;对于他们二者来说诠释学的根本作用在于:"在理论上建立诠释的普遍有效性,这是历史学整个确定性的基础,以防止浪漫主义的任意性以及怀疑的主

---

① Nachbilden,原义为"复制",但是这里经过了理解和诠释的程序后,不能再简单称为复制,而是一种"重新制造"。——译者注

观主义(……)的不断入侵。"①这样,得益于文本的本质性结构,诠释学才建立理解的客观化层面。

但是如果一种诠释理论建立在心理学的基础上,那么相应地,心理学总是它的最后辩护。文本的独立只能是一个暂时而又表面的现象。这就是为什么——准确来说——客观性问题在狄尔泰那里一直是一个既不可避免又不可解决的问题。不可避免是因为它有一个抱负,那就是想要用理解的真正科学性概念反驳实证主义。这就是为什么狄尔泰不断地修改和完善重新制造(reproduction)这个概念,以便使这个概念总是更加适合于客观化的要求。但是,把诠释学问题归于认识他者的纯粹心理学问题迫使他在诠释自身的领域之外去寻找整个客观化的本源。对于狄尔泰来说,客观化开始得极其早,从诠释自己就开始了。对于我自身而言,我所是只能透过对我自身生活的客观化而达到;认识自己已经是一种诠释,这种诠释并不比对他者的诠释更加容易,甚至很有可能更加困难,因为我只有通过表征才能理解我自己,我从我自身生活里给出这些表征,而它们又通过他者重新返回给我。整个认识自己都是间接的,要透过表征和作品。通过这个告白,狄尔泰响应了在他的时代影响如此巨大的*生活哲学*(*Lebensphilosophie*)。【95】通过生活哲学,狄尔泰赞同这样一种信念,即生活在本质上就是一种创造性的活力(un dynamisme créateur);但是,与生活哲学相反,他坚持认为这种创造性的活力并不是自己认识自己,而且只有迂回地通过表征和作品才能得以诠释。这样,在狄尔泰那里就在活力概念和结构概念之间产生了融合:生活作为活力而显现,而这种活力本身具有某种结构。正是如此,

---

① 狄尔泰,《精神世界》,第332页以及后面。

后期的狄尔泰在把诠释这个概念深深地融入生活目的论的同时，试图一般化这个概念。已获得的含义，现有的价值，遥远的终点，这三个元素根据过去、现在和将来的三个时间维度不断地构成生活的动力。人只是通过他的行为、他生活的外在化以及这种外在化在他者身上产生的效果进行学习。只有通过理解的迂回他才能学会认识自己，而理解自始自终就是一种诠释。在心理诠释和注释诠释之间唯一真正有意义的区别在于：生活的客观化要在一种可持续的知识里得以积累和沉淀，这种知识具有黑格尔的客观精神的全部外表。如果我能理解已经消失的世界，这是因为每一个社会在创造社会文化世界——在其中它理解自己——的同时，它已经创造了它自己的理解工具。普遍的历史就这样变成了诠释的领域本身。理解自己，就是进行最大的迂回，是强大记忆力的迂回，这种强大记忆力记住了对于人类整体有意义的事情。诠释，就是从个体到普遍历史的知识的过程，就是个体的普遍化。

　　与施莱尔马赫的工作相比，狄尔泰的工作更好地提出了诠释学的核心疑难，这一诠释学让文本的理解服从于对进行表述的他者的理解的法则。如果这个举动最终仍然是心理学上的，这是因为它指派给诠释的最后目标是进行表述的人，而不是文本所说的东西。同样地，【96】诠释的对象也不断地偏离文本、它的意义以及它的指涉，而走向进行表述的生活经验。汉斯·格奥尔格·伽达默尔很好地展示了狄尔泰研究中的这种潜在冲突①：冲突最终就在具有深层非理性主义的生活哲学与意义哲学（它具有和黑格尔的客观精神哲学相同的意图）之间。这个难题，狄尔泰把它转变成公则：生活在它自己身上包含了在赋予意义的过程中超越自

---

① 伽达默尔，《真理与方法》，第 205–208 页。

己的力量①。或者,正如伽达默尔说的:"生活自行注释:它自己就
是一个诠释结构。②"但是,认为生活诠释学是历史学,这却一直令
人匪夷所思。从心理理解到历史理解的过程确实假定了:各种生
活作品的连贯既不再被人经历也不再被人体验。它的客观性正
是在于此。这就是为什么我们可以追问:为了考量各种生活客观
化以及把它们看作给定的东西,是否就不应该把整个思辨唯心主
义放在生活的根源处,也就是说最终把生活本身看作精神(esprit,
Geist)。不然又如何理解是在艺术、宗教和哲学中生活在最彻底
地客观化的同时也得到了最完整的表述呢?难道这不是因为在
这里精神就在它的本源处吗?难道这不是同时承认诠释学只有
通过它向黑格尔概念进行的各种借用才有可能成为合理的哲学
(philosophie sensée)吗?这时就有可能从生活中说出黑格尔从精
神中说出的东西:在这里生活领会生活。

　　然而,总之,狄尔泰已经完全觉察到问题的核心点:也就是只
有通过意义统一体(它们在历史潮流之上)的媒介,生活才能领会
生活。在这里狄尔泰已经觉察到一种无需飞越、无需绝对知识就
可以超越有限性的方法,【97】它就是诠释。由此,他指出了一个
方向,沿着这个方向,历史主义也许可以被它自己克服,而无需求
助于与任何一种绝对知识的任何成功重合;但是为了沿着这个发
现的方向继续发展,应该要放弃把诠释学的命运与异己心理生活
里纯粹心理学的移情概念联系在一起,而且文本应该不是向它的
作者扩展,而是向它的内在意义以及朝着它所开启和发现的世界

----

① 参见弗兰兹·穆斯奈尔(Franz Mussner),《从施莱尔马赫到当代的诠释学历史》
(*Histoire de l'herméneutique de Schleiermacher à nos jours*),托尼·尼伯丁(Tony Nieb-
erding)和马特·马萨特(Marthe Massart)译,巴黎,雄鹿(cerf)出版社,1972年,第
27-30页。
② 伽达默尔,前揭,第213页。

命运扩展。

II. 从认识论走向本体论

在狄尔泰之后,关键的一步并不在于对精神哲学认识论的完善,而是在于对其根本假设的质疑,也就是精神科学通过其特有的方法论武器可以与自然科学抗衡。这个预设支配着狄尔泰整个工作,它意味着诠释学是认识理论的变种,而且说明与理解之间的争议可以在新康德主义者赞赏的方法论争议(*Methodenstreit*)的范围内进行。正是对被视为认识论的诠释学这个预设,马丁·海德格尔,以及之后的汉斯·格奥尔格·伽达默尔,在本质上加以质疑。他们的贡献不能被完全而简单地放进狄尔泰研究工作的延续里;而是必须显现为要在认识论研究本身下挖掘,以便提出它特有的本体论条件。如果我们可以以哥白尼式革命之精神梳理出从区域性诠释学到普通诠释学的第一段历程,那么应该要以第二次哥白尼式革命之精神梳理出我们现在要着手的第二段历程,它就是要重新把方法问题置于先行本体论的支配中。所以,既不要在海德格尔那里也不要在伽达默尔那里期待对方法论问题的任何完善,【98】这个方法论问题是由针对宗教文本或者世俗文本的注释学、语文学、心理学、历史理论或者文化理论而引起的。相反地,一个新的问题已经出现;与其去问:我们如何进行认识? 不如去问:那个只在理解中存在的存在者的存在样式是怎样的?

1. 马丁·海德格尔

Auslegung 问题或者解释问题,或者诠释问题与注释学问题如

此不契合,以至于它从《存在与时间》的序言起就从属于存在的遗忘问题①;我们追问的事情,就是存在之意义的问题。但是,在这个问题里,我们由所寻求的东西本身引导着;从一开始认识问题就被一种追问颠覆了,这种追问要先于认识理论,而且它针对的是一个存在者与存在相遇的方式,这发生在它们就像客体面对主体那样彼此相对之前。虽然,与海德格尔的后期工作相比,《存在与时间》更多的着重强调此在,我们所是的此在,这种此在并不是有一个客体与之对应的主体,而是存在中的存在者(un être dans l'être)。此在界定着存在问题涌现的地方,即显现的地方;此在的核心性只是一个理解存在的存在者的核心性。它属于它的结构,这个结构具有一种对存在的本体论前理解。自此,展示此在的构成,根本就不是"通过派生来建立",就像在人文科学的方法论中那样,而是"通过展示来呈现基底"(§3,第 24 页及后面)。这样就在本体论的奠基——在我们刚刚谈到的意义上说——和认识论的基底之间建立了一种对立。如果问题真是关于决定那些个别对象区域——自然区域、生活区域、语言区域、历史区域——的基础概念,那么这也许只是认识论的问题。【99】当然,是科学本身会对其根本概念进行某种解释,尤其是基底出现危机的时候。但奠基这一哲学任务又是另外一回事:它力求呈现这样一些根本概念,即这些根本概念"在为一种科学的所有相关对象提供基础的同时也规定了这个科学领域的先行理解,而且由此这些根本概念还确定了整个实证研究的方向"(第 26 页)。所以,诠释哲学的

----

① 马丁·海德格尔,《存在与时间》,第一部分,法文版,第 15–19 页。这些引文根据的是阿方斯·德·瓦埃灵斯(Alphonse de Waelhens)和鲁道夫·伯埃姆(Rudolf Boehm)[在这里利科将 Rudolf Boehm 写成 Walter Biemel,后者翻译的海式作品并非《存在与时间》,而是《真理的本质》和《康德与形而上学的问题》。——译者注]的翻译,这个版本在页边标注了德文原本的页码。

关键将是"对与其存在构建相关的这个存在者的解释"(同上);这种解释不会给精神科学的方法论带来任何补充;而是为了显露这种方法论的基底,它要在这种方法论的下面进行挖掘:"这样,关于历史学(……)从哲学来看处于首要的东西,既不是在历史材料的基础上形成概念的理论,也不是历史认识的理论,甚至也不是把历史视为历史科学的对象的理论,而是对与其历史性有关的纯粹历史的存在者的诠释"(同上)。诠释学并不是对精神科学的反思,而是对本体论地基的解释,正是在这个本体论地基之上,这些科学才能得以建立。由此,这句话对我们来说是关键的:"是在这样被理解的诠释学里,一个应该在派生意义上命名为'诠释学'的东西得以牢固建立:精神之历史科学的方法论"(第56页)。

在《存在与时间》里进行的第一次颠覆引起了第二次颠覆。在狄尔泰那里,理解的问题是与他者的问题联系在一起的;通过移情进入一个异己心理的可能性支配着从心理学到历史学的所有精神科学。然而,非常引人注目的是,在《存在与时间》里,理解的问题完全脱离了与他者交流的问题。确实有一章叫做 *Mit-sein*——和……同在(*être-avec*);但是在这一章里我们并没有发现理解问题,如果我们顺着狄尔泰的思路去预期。本体论问题的基底要在与世界的存在关系这一方面去寻找,【100】而不是从与他者的关系这方面去寻找;原则上是在与我的境况的关系中,是在对我在存在中的位置的根本理解中,理解被蕴含着。然而,再次提起狄尔泰如此进行研究的那些原因也不是没有意义;正是在康德的论据的基础之上他提出了关于精神科学的问题:对物的认识,他说道,通向一个陌生物,物自身;与之相反,在心理现象中,并没有自在物:他者所是,就是我们自己所是。所以,与自然认识相比较,心理认识具有不可否认的优势。熟读尼采的海德格尔不再有这样的天真;他深知,他者,和我自身一样,对于我来说比任何自然现象所是更加陌生。在这里,掩盖无疑要比任何别的地方都要深厚。如果有一个非本真(inauthenticité)所控制的存在区域,那确实就是在每个人与所有潜在的他者的关系中;这就是为什么关于与……同在那一章是与常人(on)的冲突,常人是掩盖特有的发源地和场所。因此,不足为奇的是:并不是通过对与……同在的反思,而是对在……中(être-dans)的反思,理解的本体论才可以启动。并不是与某一个他者同在(être-avec un autre)增添了我的主体性,而是在世界中(être-dans-le-monde)。这种哲学场地的转移和从方法问题向存在问题的转移一样重要。世界问题取代了他者问题。在这样对理解进行世界化的同时,海德格尔也对理解进行了去心理化。

这种转移在对海德格尔进行的所谓的存在主义诠释中完全被低估了;他们在被应用于罕见的各种心灵状态的精细存在心理学意义上接受了对操心、畏、向死存在的分析。他们并没有足够觉察到这些分析是归属于对世界之世界性的思考,以及它们在本质上力求摧毁根据客体性来建立认识主体的意图。准确来说,需要从这种主体意图那里重新赢回的是,居住在这个世界上的条件——【101】从这个条件出发才有处境、理解、诠释。这就是为什么这种根基关系必须先于理解理论,而这种根基关系保证了整个语言系统——因此也是书籍和文本——的固定点是在某种始源上并不是话语中的表述现象的东西里。在确定方向之前,首先应该身处其境(无论好或者坏),在那里,并且(通过某种方式)进行感觉;如果《存在与时间》最终探索了某些诸如害怕和畏这样的感觉,这并不是为了研究存在主义,而是借助于这些揭示性的经验引出一种与真实的联系,这种联系比主体-客体的关系要更加根本;通过认识,我们把客体放在我们的对面;在使得我们与世界协调一致时,对处境的感觉要先于这种面对面。

这时理解就出现了。但是它还不是关于语言、文字或者文本的事情。理解,它也必须首先被描述,并不是通过话语的方式,而是通过能在(pouvoir-être)的方式。理解的第一功能就是使我们在一种处境里确定方向。因此,理解并不在于对一件事情的领会,而是在于对一种存在可能性的体验。当我们要从这个分析中推出方法论的结论时,我们不要遗忘了这一点;可以说,理解一个文本,并不是要找到包含在文本里的死意义,而是要展开文本指出的存在可能性;这样我们便是忠于海德格尔的理解,海德格尔的理解在本质上是一种筹划或者,用一种更加辩证和更加矛盾的方式来说,是在先行被抛(être-jeté préalable)中的筹划。在这里,存在主义的声音还是迷惑性的。简单几句来区别海德格尔和萨特:总是已经(toujours déjà):"此在也许会拟想一个指导蓝图,而且据此建立自己的存在,这种指导蓝图与筹划毫不相干:作为此在,他总是已经筹划自己了,而且只要他存在,他就在筹划中"(第181页)。在这里,重要的并不是责任和自由选择的存在阶段,而是生存结构,从这种生存结构出发才有选择的问题。【102】要么……要么……并不是第一位的,它是从被抛筹划的结构中派生出来的。

所以只有在处境–理解–诠释这三元整体里的第三重立场中,让注释者感兴趣的本体论元素才会出现。但是,在文本注释之前,就已经有了对事物的注释。诠释,确实首先就是一种解释,一种对理解的发展,这种发展"并没有把理解变成别的东西,而是使理解成为它自己"(第185页)。这样防止了所有向认识理论的返回;被解释的东西,是与经验表达相连的作为(als);但是"表述并不会使'作为'出现,它只是给'作为'提供了一个表述而已"(第186页)。

但是,如果对此在的分析并不是特意针对注释问题,那么相反地,这种分析为可能在认识论的范围里显示为失败的东西赋予了意义,因为它把这种表面的失败与不可超越的本体论结构联系在一起。这种失败,就是那种经常以诠释学循环这一术语说出来的东西。我们已经多次指出,在精神科学里,主体和客体互相蕴含着。在对客体的认识里主体自身被关涉到了,而且反过来,甚至在主体着手认识客体之前,在其最具主观性的情态里主体又被客体对他的影响决定着;在主体与客体这个术语系统里,诠释学循环不能不呈现为一个恶性循环。那么,正是根本的本体论功能使处在循环的表面之下的方法论层面的结构显示出来;这个结构,海德格尔称之为前理解;但是如果我们坚持以认识理论的术语——也就是说,重申一次,还是在主体和客体的范畴里——描述前理解,那么我们就完全搞错了;我们可以拥有的亲密关系,比如,与用具世界的亲密关系,能够为我们提供关于先行知识(从这种先行知识出发,我投向对物的新使用)的初步观念;【103】这种预先特征归属于历史性地进行理解的所有存在者的生存方式;因此,应该以此在分析的方法去理解这样一个命题:"解释某种东西——作为这个或者那个——,所以在本质上建立在一种先行知识和看法上,也是建立在一种预先的基础之上"(第187页)。那么,文本注释里的先决条件只是诠释的一般法则的一个特殊案例而已。由于被搬到认识理论里以及根据客观性的要求被衡量,前理解得到的是偏见这样的贬义称号;相反地,对于根本本体论来说,这种偏见只有从理解的预先结构出发才能得到理解。自此,著名的诠释循环只是这种预先结构在方法论层次上的投影。从今以后,任何了解这件事情的人都知道"关键不是要走出这个循环,而是要正确地进入它"(第190页)。

正如我们将会看到的，这个思考的重点并不是针对话语，而且更不是针对文字。海德格尔的哲学——至少是在《存在与时间》里的哲学——很少关涉到语言哲学，以至于语言问题只有在处境问题、理解问题以及诠释问题之后才得以引入。在《存在与时间》时期，语言一直是次要的表达，是表述里的解释表达（Aussage，§33，第191页及后面）。但是，从理解和解释出发来看陈述的亲缘关系让我们认识到，它的首要功能不是与他者交流，甚至也不是把谓语授予逻辑主体，而是使显现（faire-valoir），显示（monstration），表现（manifestation）（第192页）。语言的这种最高功能只是让人想起从本体论结构（它先于语言）出发的语言亲缘关系："语言只有在这时候才成为我们考察的对象，海德格尔在第34节中说道，这一定指的是：这个现象在此在的敞开的生存构建里有它的根源"（第199页）。而且他进一步说道：【104】"话语是理解的表达"（同上）。因此，应该要把话语重新放入生存结构里，而不是把生存结构放在话语里："话语是在世的可理解结构的'赋予意义的'表达"（第200页）。

这上面的观察勾勒了引向海德格尔后期哲学的通道。在其后期哲学里，海德格尔忽视此在而直接从语言的表现力出发。但是，自从《存在与时间》起，言说（dire, reden）似乎高于说话（parler, sprechen）①。言说指的是生存构成，而说话指的是陷入经验里（empirie）的生存构成的世界性。这就是为什么言说的第一定义并不是

---

① 详见《存在与时间》第34节，德语动词"reden"和"sprechen"，利科采纳的译法分别为"dire"和"parler"。在法语中，dire后面可以直接跟要说的事情作为宾语，但不是语言；而parler若是接直接宾语，那么就是语言，比如parler le chinois（说中文），若是表达"说某事"，那么需要加介词de，直译为"就某事说话"。所以在这里将dire（reden）译为"言说"，而将parler（sprechen）译为"说话"。这当然也考虑到"言"（reden）与"听"（hören）的亲缘关系，以及"Rede"与"Sprache"的区别。——译者注

说话,而是听-沉默这一对子。在这里海德格尔与惯常使用方法——甚至语言学方法相反,惯常方法是把说话[parler]的活动(言谈[locution],对话[interlocution])放在第一位的。理解,就是听到(entendre)。换句话说,我与言语(parole)的第一层关系并不是我制造了它,而是我接收它:"倾听是话语的构成性因素"(第201页)。这种听的优先性标志着言语在向世界和他者敞开中的基本关系。这种论点在方法论上得出的结论是重要的:语言学、符号学、语言哲学不可避免地停留在说话的层次上而没有达到言说的层次。在这个意义上,本体论哲学既没有改善语言学也没有补充注释学。如果说话指向说话的人,那么言说指向被说出来的事情。

到达这一点之后,我们可能要问:为什么我们不到此为止而简单宣称自己是海德格尔主义者呢?那个宣告出来的著名矛盾在哪里?难道我们并没有消除狄尔泰的理解理论——这个理论逐渐被迫与自然主义的说明相对立而在客观性和科学性上与之抗衡——的矛盾吗?在让方法论从属于本体论的同时,难道我们并没有克服这个矛盾吗?在我看来,矛盾没有解决,它只是被转移到了别处,而且由此甚至变得恶化;它不再在两种认识模式之间的认识论里,【105】而是在本体论和变成一个整体的认识论之间。通过海德格尔的哲学,我们不断进行回溯到基底的运动,但是我们却变得不能进行另一个回溯运动——重新从根本本体论返回到关于精神科学地位的纯粹认识论的问题。一种停止与各种科学进行对话的哲学只有以它自己为归宿。而且,只有在返回的过程中,这样的意图才得以证实:把注释学和一般来说历史批判的所有问题看作是派生的问题。只要我们还没有在实际上发起这种派生,那么以奠基问题为目标的超越本身一直都是成问题的。难道我们没有从柏拉图那儿看到:上升的论证是最容易的,而在下降的论证过程中真正的哲学才显现？对于我来说，在海德格尔那里仍然没有解决的问题是：如何在根本诠释学的框架里理解一般的批判问题。然而正是在回溯过程中如下断定才得以证明和显现：注释家意义上的诠释循环是建立在在根本本体论层次上的理解的预先结构的基础之上的。但是，由于结构性的原因，本体论诠释学似乎并不能展开这个回溯运动的问题框架。在海德格尔自身那里，当问题提出时就被放弃了。在《存在与时间》里我们读到这句："理解的特有循环（……）在它自身上包含着最初认识进行的真正可能性。只有解释将这样一件事情当作它第一、永远而且最后的任务，即不要把任何向来就有（ *Einfälle* ）的想法或者流俗（ *volkbe-griffe* ）观念强加在关于它的先行具有、先行视见和先行掌握上，而是要通过发展根据事情本身得来的先行掌握而确保其科学性论题，这样人们才能正确领会认识的可能性条件"（第190页）。

这就是两种预先在原则上的区别：一种预先是根据事物本身而得到的，另一种则只是来自于简便观点以及流行概念。【106】但是，如何才能走得更远呢？因为我们立即就宣称："整个历史认识的本体论先决条件在本质上超越了精确科学所特有的精准观念"（第190页），而且我们逃避了历史科学自身特有的精准问题。要把循环建立在比整个认识论更深的根基里的关注阻碍了在本体论之后重提认识论的问题。

2. 汉斯·格奥尔格·伽达默尔

这个矛盾在《真理与方法》里成了汉斯·格奥尔格·伽达默尔的诠释哲学的核心问题。这个海德堡的哲学家特意打算从海德格尔的本体论出发，而且更准确地说是从海德格尔在后期关于哲学诗学的作品里的转变出发,重新发起关于精神科学的论争。整个研究工作都是围绕着核心经验组织形成的,而且也是从核心经验出发诠释学提出了它的普遍性诉求,这种核心经验就是由异化间隔(distanciation aliénante, Verfremdung)①在现代意识层次上构建的著名核心经验,这种异化间隔在他看来正是精神科学的先决条件。确实,异化不只是一种感觉或者情绪;这是支撑着人文科学导向的本体论先决条件。在他看来,这些科学的方法论不可避免地包含一种拉开距离,这种拉开距离反过来又表示了对初始的归属(appartenance, Zugehörigkeit)关系的解构,否则也不存在与历史纪事的那种关系。伽达默尔在诠释经验分布的三个领域里——美学领域,历史领域,语言领域——继续着异化间隔与归属经验之间的论争。在美学领域,那种被客体抓住的经验先于判断力的批判活动,而且使得判断力的批判活动有可能,康德曾以"趣味判断力"为题建立了关于判断力的理论②。【107】在历史领域,被先于我的传统承载的意识就是使得所有历史方法论的活动在人文和社会科学层次上有可能的东西。最后,在语言领域(它以某种方式穿越了前两个领域),对被话语创造者们大声说出的东西的共同归属,先于语言(作为可自由使用的工具)的所有科学性处理,也先于所有想要通过客观技术支配文化文本结构的意图,而且也使它们变得有可能。这样一个唯一的相同的论点贯穿了《真理与方法》的三个组成部分。

因此,伽达默尔的哲学表达了我们上面已经描述过的两个运动的综合:从区域性诠释学到普通诠释学,从精神科学的认识论

① Verfremdung 在中文版的《真理与方法》中译为"疏异化"。——译者注
② 参看康德的《判断力批判》(1790 年),阿莱克斯·菲罗南科(Alexis Philonenko)译,巴黎,维翰出版社,1968 年。

到本体论。诠释经验(expérience herméneutique)这个表达法很好地表述了这种综合特征。但是,另外,与海德格尔相比,伽达默尔标志着从本体论向认识论问题的回溯运动的开始。这里,正是在这个角度上我要谈论伽达默尔的《真理与方法》。确实,这部作品的题目就对海德格尔的真理概念与狄尔泰的方法概念进行了对比。那么问题就是要知道直到怎样的程度这部作品值得称为:真理与方法,而且是否它就不应该题为:真理或者方法。确实,如果海德格尔可以通过强大的超越运动回避与人文科学的论争,伽达默尔反而只能投身于一个总是很艰难的争论里,准确来说,因为他认真对待狄尔泰的问题。在这一点上献给历史意识的那一部分是完全有意义的。在发表他自己的观点以前,伽达默尔展示了一段很长的历史过程,【108】这段过程证明了诠释哲学首先必须要回顾浪漫主义哲学反对启蒙运动的斗争,狄尔泰反对实证主义的斗争,海德格尔反对新康德主义的斗争。

　　大概伽达默尔宣称的意向就是不要重蹈浪漫主义的覆辙;伽达默尔宣称,浪漫主义只是颠倒了启蒙运动的那些论点而已,而并没有成功地挪动问题框架本身,而且也没有成功改变论争领域。正是这样浪漫主义哲学极力恢复前判断——它是启蒙哲学的范畴——的地位,而且仍旧属于批判哲学,也就是说判断哲学。这样浪漫主义把它的论争带到了由对手决定的场地上,也就是在诠释中传统和权威的角色。但是问题是要弄清楚伽达默尔的诠释学是否真正地超越了浪漫主义诠释学的起点,以及他的论断——即在人首先处于传统的核心处的这个事实里,人这个存在者找到了他的有限性——是否逃脱了颠倒的游戏,在这种颠倒游戏里,他看见浪漫主义哲学是被批判哲学的各种意图所禁闭的。

　　狄尔泰被非难的地方是,停留在被两种方法论的冲突幽禁的状态中,而且"不能摆脱传统的认识理论①"。确实,他的出发点一直是自身意识和对它本身的控制。在狄尔泰的思想中,主体性一直是最后的指涉。因此,对前判断、权威、传统的地位进行一定的恢复,将被引向与主体性和内在性的统治相反的方向,也就是说与反思哲学的各种准则相反的方向。这种反-反思的论战甚至有助于为这种辩护提供回溯到前批判立场的表面现象。为了激起反应——为了不要说煽动者——,无论这种辩护是什么,它都在于要超出反思环节重新获得历史维度。历史先于我,而且先于我的反思;在我归属于自己之前我就已经归属于历史了。【109】然而,这一点,狄尔泰并不能理解,因为他的革命一直是认识论上的,而且因为他的反思特征把他带向了历史意识。在这一点上,伽达默尔确实是海德格尔的继承者。正是从海德格尔那儿伽达默尔接受这个信念,就是被称为前判断的东西表现了人类经验的预先结构。同样地,语文学诠释必须只是根本理解的一种派生模式。

这一堆时而回避时而接受的影响最后形成了一种历史意识的理论,这个理论标志着伽达默尔对精神科学的基底的思考巅峰。这个思考可以置于这样的标题下:*Wirkungsgeschichtliches Be-wusstsein*,字对字的翻译是:效果历史的意识(conscience-de-l'histoire-des-effets)。这个范畴不再属于方法论和历史调查,而是属于对这种方法论的反思意识。这是显露在历史和行为上的意识,它显露的方式就像我们不能把这种发生在我们身上的行为客观化,因为它构成了历史现象本身。我们可以在《短论集》(*Kleine Schriften*)读到:"由此,我首先想要说的是,我们并不能把我们从历史生成中抽离出去,在我们与它之间拉开距离,以便过去对我

---

① 伽达默尔,《真理与方法》,第261页。

们是一个对象……我们总是处于历史当中……我要说的是,我们
的意识被一种真实的历史生成规定着,因为它没有让自己处于过
去的对面的自由。另一方面我要说的是,这总是关系到重新认真
思考这样发生在我们身上的行为,因为我们刚刚经历的整个过去
阻碍我们完全地承载它,可以说是阻碍我们承受它的真理①……"

　　正是从历史效能(efficience historique)这个概念出发我要提
出我自己的问题:把任意的批判因素引入到明确是由拒绝间隔规
定的归属意识里,这是如何有可能的? 在我看来,只有当这个历
史意识不仅不放弃间隔,而且也极力去接受它,这才可能发生。
【110】在这一点上,伽达默尔的诠释学包含了一系列的重要启发,
它们将成为我自己思考的起点(参看下一篇文章)。

　　首先,尽管在归属与异化间隔之间存在重大的对立,但是效
能历史的意识在它自身包含了一种距离元素。准确来说,效果历
史就是在历史间隔的条件下实践自己的历史。这是向遥远的切
近,或者换句话来说,这是在距离中产生的效应。所以,有一种相
异性的矛盾,有一种存在于遥远和历史意识之觉醒的固有特性之
间的张力。

　　参与和间隔之间的辩证关系的另一个迹象是由视域融合(fu-
sion des horizons, Horizontverschmelzung)②这个概念提供的。确实,
根据伽达默尔,如果历史认识的有限性条件排除了以黑格尔方式
进行的整个飞越和整个最后的综合,那么这种有限性并不如同这
样一个情况,即我被禁闭在一个观点里。只要有处境,就有易于
缩小或者扩大的视域。从伽达默尔那里我们借用了这个非常丰

————————

① 伽达默尔,《短论集 I,哲学,诠释学》(Kleine Schriften, I, Philosophie, Hermeneutik),
　 图宾根,1967 年,第 158 页。
② 伽达默尔,《真理与方法》,第 289 页及后面,356,375。

富的观点:在两种分别处于不同境况的意识之间得以进行远距离交流得益于它们视域的融合,也就是说让它们面向遥远和开放的目标发生相交。重申一次,在切近、遥远以及开放之间的间隔因素是被预设的。这个概念意味着我们既不生活在封闭的视域里,也不在唯一的视域里。由于视域融合排除了关于整体而合一的知识的观点,这个概念蕴含着在自己的和陌生的之间,在切近和遥远之间的张力;这样差别的游戏也包含在使成为共同(la mise en commun)中。最后,有利于对异化间隔进行较少消极诠释的最明确的迹象被包含在语言哲学里,【111】这部作品(《真理与方法》)正是在语言哲学上画上了句号。人类经验的普遍语言性(langagier)特征——通过这个词伽达默尔的 *Sprachlichkeit* 或多或少恰当地得到了翻译——意味着我向一种传统或者一些传统的归属是通过对符号、作品、文本的诠释而达成的,而在符号、作品、文本中,文化遗产得到了记载,并且呈现给我们的解读。当然,伽达默尔关于语言的整个思考都反对把符号世界归结为我们可以任意操作的工具。《真理与方法》的整个第三部分就是一部对我们所是的对话以及承载我们的先行共通理解(l'entente préalable)①的辩护书。但是,语言经验实践它的媒介功能,只是因为对话的对话者在被说出来的东西——可以说,它们(这些被说出来的东西)引导着对话——面前互相被忘却。然而,当语言性(*Sprachlichkeit*)变成文字性(*Schriftlichkeit*)时,换句话说当语言媒介变成文本媒介之时,被说出来的东西对交谈者的支配岂不比任何其他情况都更加明显吗?于是在距离中让我们交流的东西就是文本之物,它既不归属于它的作者也不归属于它的

---

① 先行共通理解是伽达默尔的一个概念,德文为 tragendes Einverständnis,详见下文第 389 页。——译者注

读者。

　　上面这个表达法，文本之物，把我引到了我自己反思的门槛
上；在下面的研究中我要跨越的正是这个门槛。

间隔的诠释功能

在上一篇文章里，我主要描述了一个背景，在它的基础上，就我自身方面来说，我尝试通过一种对诠释学、符号学和注释学科之间的对话有意义的方式建立诠释学问题。这种描述将我们引向一个矛盾——在我看来它是伽达默尔的研究工作的根本动力——，也就是异化间隔与归属之间的对立。这种对立是一个矛盾，因为它引起了一种无法承受的抉择：一方面，我们已经说过，异化间隔是一种态度，从这种态度出发，在精神科学或者人文科学里起支配作用的客观化才有可能；但是这种间隔是各种科学具有科学性地位的条件，同时它也是毁坏一种根本而又原始关系的衰败。这种关系使我们归属以及参与到我们试图将之建立为客体的历史现实。正是如此，在伽达默尔著作的题目《真理与方法》①本身中就存在这种隐藏的抉择：要么我们持方法论态度，但是我们失去所研究的现实在本体论上的密度，要么我们持真理态度，但是我们必须放弃人文科学的客观性。

我自己的思考来自于对这种抉择的拒绝和为超越它而进行

---

① 伽达默尔，《真理与方法》，前揭。

的尝试。这种尝试在对一个主要问题框架的选择中找到它的第一次表述,【114】在我看来,这个主要问题框架在本质上避免了在异化间隔和归属参与之间的抉择。它就是关于文本的问题框架,确实,通过这个问题框架,间隔作为一个积极的以及——如果我可以这样说的话——生产性的概念被重新引入;对于我来说,文本不仅仅是人与人之间交流的特殊情况,它是交流中的间隔范式;因此,它揭示了人类经验的历史性本身的根本特征,即它(人类经验的历史性)就是在距离中并通过距离进行的交流。

接下来,为了文本概念所见证的东西本身,也就是在人类经验的历史性的核心处,间隔那积极而又富有生产性的功能,我们要建立这个概念。

我打算围绕着五个主题来组织这个问题框架:1)语言(lan-gage)的实现作为话语(discours);2)话语的实现作为结构化的作品(oeuvre structurée);3)在话语中和在话语作品里言语(parole)与文字(écriture)的关系;4)话语作品作为世界的投射(projection du monde);5)话语与话语作品作为理解自己的媒介(médiation de la compréhension de soi)。所有这些点聚集在一起构建了文本性(textualité)的准则。

我们立即发现:文字问题根本没有构成文本的唯一问题,虽然它被置于这个准则网络的中心。因此我们不能完全简单地把文本和文字等同起来。而且这出于好几个原因:首先,不是文字本身引起了诠释学问题,而是言语与文字之间的辩证关系;接着,这种辩证关系建立在间隔的辩证关系之上,这种间隔的辩证关系比言语与文字之间的对立更加原始,而且言语早就归属于口头话语(这是在口头话语就是话语的意义上来说的);所以,应该要从话语本身去寻找所有最后的辩证关系之根源;最后,在作为话语的语言实现与言语和文字的辩证关系之间,似乎必然要插入一个根本概念:作为结构化作品的话语实现;在我看来,【115】在话语作品里语言的客观化构成了文字里与话语记录最接近的条件;文学是由文字作品构成的,所以首先来自作品。但是这还不是全部:话语-作品-文字三元素还只是构成支撑关键问题框架——世界筹划,我称之为作品世界,而且在那儿我看到了诠释问题的重心——的三角支架。所有先前的讨论只是用于准备从文本问题向它(文本)开启的世界问题的转移。同样地,在浪漫主义诠释学里占据了前台位置的自身理解问题被推到了后面,它成了最后的因素,而不是开始的因素,更不再作为重心。

I. 作为话语的语言实现

话语,甚至是口头的,带有间隔这个完全原始的特点,间隔是我们后面要考察的所有事情的可能性条件。间隔这个原始特点可以被题为事件和含义的辩证关系。

一方面,话语作为事件而呈现自己:当某人说话时某事发生了。只要我们考察从语言系统(langue)的或者编码的语言学过渡到话语的或者信息的语言学的过程,话语这个概念就会作为事件而出现。正如我们所知道的,这个区别来自弗迪南·德·索绪尔(Ferdinand de Saussure)① 和路易斯·叶尔姆斯列夫(Louis Hjelmslev)②。前者区别了"语言系统"(langue)和"言语"(pa-

① 索绪尔,《普通语言学教程》(*Cours de linguistique générale*),图利奥·德·莫若(Tulio de Mauro)版,巴黎,帕约(Payot)出版社,1972年,第30页及后页,第36页及后页,第112、227页。
② 叶尔姆斯列夫,《语言学论文集》(*Essais linguistiques*),哥本哈根,哥本哈根语言学俱乐部,1959年。

role)，后者区别了"图式"(schéma)和"使用"(usage)。话语理论从这种二元对立得出了所有认识论的结论。【116】当结构语言学满足于把言语和使用悬置起来时，话语理论拆除了悬置，而且假定建立在不同法则基础上的两种语言学的存在。正是法国语言学家埃米尔·本维尼斯特①在这个方向上走得最远。对于他来说，话语语言学和语言系统的语言学建立在不同的单位上。如果"符号"(语音的或者词汇的)就是语言系统的基础单位，"句子"就是话语的基础单位。正是关于句子的语言学支撑着事件和意义之间的辩证关系，我们的文本理论就是由此开始的。

　　但是在这里事件指什么呢？

　　认为话语就是事件，这首先是认为话语在时间中，而且在当前被实现，而语言系统却是虚拟的，并且在时间之外；在这个意义上，通过本维尼斯特，我们可以谈论"话语现时发生"以便把话语本身的发生规定为事件。另外，语言系统没有主体，这样"谁说？"的问题在这一层次上没有价值，而话语通过复杂的指示词整体——比如人称代词——指向它的言说者；在这个意义上我们可以认为话语现时发生是指涉自己(sui-référentielle)；现在，事件特征与说话者联系在一起；事件在于某个说话者，某人在说话的同时也表达了自己。在第三层意思中话语还是事件：语言的符号只指向在相同系统内部的其他符号，而且语言系统没有世界就像它没有时间和主体性，而话语总是关于某事情：它指涉一个它试图描述、表达或者表象的世界；事件，在这第三层意义上，就是世界通过话语向语言的来临。最后，语言系统只是交流的先决条件，语言为交流提供了其编码，【117】正是在话语中所有的信息得以交换；在这个意义上，唯有话语，不仅拥有一个世界，而且还拥有

---

① 埃米尔·本维尼斯特，《普通语言学的问题》，巴黎，伽利玛出版社，1966年。

他者,一个别的人,一个它指向的交谈者;事件,在这最后一层意义里,就是交换的时间性现象,对话建立的地方,它(事件)可以互相交结、延伸或者中断。

所有这些特点集中在一起构成了作为事件的话语。值得注意的是它们只出现在语言系统的执行运动(作为话语)中,只出现在我们语言能力的现时化(作为语言表现)中。

但是,在这样强调话语的事件特征的同时,我们只是呈现了话语的构成性对子的两极中的一极,现在应该要阐明一下第二极:含义;因为正是从这两极的张力中产生了话语作为作品的创造,言语与文字的辩证关系,以及使间隔这个概念变得丰富的所有其他文本特征。

为了引入事件与意义之间的这种辩证关系,我认为所有话语都可以被理解为意义,如果所有的话语都作为事件被执行。

就事件是短暂的而言,我们想要理解的并不是事件,而是它持续的意义。这一点需要进行最明确的澄清:确实,这可能使我们好像又退回去了,从话语的语言学退回到语言系统的语言学。根本不是这样的。正是在话语的语言学里,事件和意义互相得到了表达。这种表达就是整个诠释学问题的核心。语言系统在话语中得到表达的同时,它超越了系统而作为事件得以实现,同样地,在进入理解的过程中的同时,话语在含义中作为事件超越自己。在含义里发生的事件之超越是话语的本质特色。超越证明了语言的意向性,在语言中意向相关项和意向活动的关系。如果语言是一种思想行为(meinen),一种赋予意义的意图,【118】那么,准确来说这是由于在含义里的这种事件超越。

所以首先第一层间隔就是在被说出来的东西(dit)里言说(dire)的间隔。

　　但是,什么东西被说出来了呢? 为了更完整地澄清这个问题,诠释学不仅仅必须求助于语言学——是在与语言系统语言学相对立的话语语言学的意义上理解的语言学,正如我们直到这儿所做的——,而且也必须求助于 Speech-Act(言语-行为)的理论,正如我们在奥斯汀①和塞尔②那儿发现的。

　　根据这些作者,话语行为由附属行为的等级体系构成,这些附属行为被分成三个等级:1)词语行为或者命题行为等级:言说的行为;2)非词语行为(或者非词语力量)的等级:在言说的同时我们所做的事情;3)过词语(perlocutionnaire)行为等级:通过"我们言说"这个事实我们所做的事情。如果我对您说关门,我要做三件事情:我要把行为的谓词(关)和两个变量(您和门)联系起来;这是言说的行为。但是我跟您说这件事带着命令的语气,而不是确定的或者期望的或者许诺的语气;这是非词语的行为。最后,通过我给您下命令这个事实,我可以引起某些效果,比如害怕;这些效果使话语变成一种制造某些结果的刺激;这就是过词语的行为。

　　这些区别,对于意向外在化的问题(通过意向外在化,事件在含义中超越自己),意味着什么呢?

　　词语行为在句子里外在化为命题。确实,正是作为命题,一个句子可以作为相同的句子被识别以及重新识别。一个句子就

---

① 约翰·奥斯汀(J.L.Austin),《如何以言行事》(*How to Do Things with Words*),牛津出版社,1962 年;吉尔·兰(Gilles Lane)译,译名为《说即做》(*Quand dire, c'est faire*),巴黎,瑟伊出版社,1970 年。

② 约翰·罗杰斯·塞尔(John Rogers Searle),《言语-行为,论语言哲学》(*Speech-Acts, An Essay in the Philosophy of Language*),剑桥大学出版社,1969 年;伊莲·波沙尔(Hélène Pauchard)译,译名为《语言行为——论语言哲学》(*Les Actes de langage. Essai de philosophie du langage*),巴黎,埃尔曼(Hermann)出版社,1972 年。

这样呈现为表–述(é-nonciation, *Aus-sage*),【119】它可以通过某种意义被转移到其他句子上。如此被识别出来的句子,就是述谓结构本身,正如上面那个例子展示的;这样,描述行动的句子通过它特有的谓词(某种行动)以及它的两个变量(施动者和受动者)而得以识别。但是非词语的行为也可以被外在化,这得益于语法范式(语式:直陈式,命令式,等等)和其他方式,这些方式"标明"了一个句子的非词语力量,而且从而允许识别以及再识别它(这个句子)。确实,在口语中,通过手势和姿势就像通过纯粹语言学的特点一样,非词语的力量得以识别,而且,确实在话语本身中,这是些极少被表达的方面,我们称之为韵律学(prosodie),它们提供了最有说服力的迹象。不过,纯粹的句法标记构建了记录系统,这个系统在原则上使通过写出这些非词语力量的标记而进行固定成为可能。然而,还应该要承认,过词语行为构成了话语最无法记录的一面,而且它尤其描述了口头话语的特征。可是,准确来说,过词语行为在话语中是最不话语的。这就是作为刺激物的话语。在这里话语发生作用,并不是通过我的意向交谈者进行的辨识,而是可以说,以有效力的方式,通过对交谈者的情感和情绪进行直接影响。这样,命题行为、非词语力量和过词语行为可以以递减的顺序外在化意向,而外在化意向使得通过文字进行的记录成为可能。

这就是为什么话语行为的含义,或者言说的意向相关项(*noème du dire*),必然指的不仅是在命题行为的狭义上说的句子的相关物,还有非词语力量的相关物以及过词语行为的相关物,这是在话语行为的这三个方面是根据范式得到编码和规定的意义上说的,因而这也是在它们可以被识别和被再识别为具有相同含义的东西的意义上说的。【120】所以在这里,我给与含义(*sig-*

nification)这个词一个非常广泛的词义,它涵盖了意向外在化的所有方面和所有层次,意向外在化反过来使得话语可以在作品和在著作中得到外在化。

II. 话语作为作品

我要提出作品(oeuvre)这个概念三个不同的特点。首先,作品是比句子更长的序列,它引起了理解的新问题,这个问题与作品本身构建的有限和封闭的整体有关。其次,作品属于一种编码形式,这种编码形式适合于进行组合,它把话语变成要么叙事,要么诗歌,要么随笔,等等;这种编码以文学类型之名得以认识;换句话说,以某种文学类型进行编排便是一个作品。最后,作品接受了一种使之类似于某个个体的独特塑形,我们称之为风格。

组合、向某一类型的归属、独特的风格描述了话语作为作品的特征。作品这个词本身就显示了这些新范畴的属性;这是一些关于创作和制作的范畴;把一个形式强加在材料上、让创作服从于类型、最后创作出个体,这里有这么多种方法把语言视为用于制作和构形的材料;由此,话语变成了实践(praxis)和技艺(technè)的对象;在这一点上,在精神制作和手工制作之间并没有明确的对立。关于这一点,我们会想起亚里士多德就实践和创作所说的:"所有的实践和创作都针对个体:确实医生并不为人治病,他为加里亚(Callias)或者苏格拉底或者其他某个这样有名字的人治病,而这些正好同时都是人"(《形而上学》A,981,a 15)①。

———————

① 此处参照了吴寿彭先生的翻译。——译者注

同样的意思,格兰杰①在他的《论风格哲学》(*Essai d'une philosophie du style*)中这样写道:"实践,就是将其复杂的语境,而且特别是将在真刀实枪的经验世界里为它提供含义的社会条件放在一起考虑的活动。②"【121】这样制作就是实践的结构之一,甚至是主要结构:这就是"在作品里得以客观化的实践活动③"。以同样的方式,文学作品就是组织语言的制作结果。在制作话语的同时,人对个体范畴进行了实践性规定:话语作品。正是在这里,含义这个概念接受了被带向个体性作品层次上的新规定。这就是为什么存在作品诠释的问题,这种诠释不能简化为一个句子连着一个句子的脑力活动。风格这件事情把作品现象的层次凸显为在整体上作为作品的能指。那么文学问题内在于普通风格学,普通风格学被视为"对人类作品的思考",而且它通过制作这个概念得到规定。它(普通风格学)就是在寻找制作这个概念的可能性条件:"寻找把结构嵌在个体性实践里的最一般的条件,这就是风格学的使命。④"

根据这些原则,如何理解本研究伊始列举的那些话语特点呢?

我们还记得事件与意义之间的最初矛盾:我们说过,话语是作为事件被实现的,然而是作为意义被理解的。相对于这个矛盾而言,作品这个概念又变成怎样呢? 在把创作和制作的秩序特有

---

① 格兰杰(Gilles Gaston Granger, 1920-),法国哲学家,维特根斯坦《逻辑哲学论》的法文版译者,主要研究领域为认识论,主要著作有《形式思考与关于人的科学》(*Pensée formelle et sciences de l'homme*)(1960)、《论风格哲学》(*Essai d'une philosophie du style*)、《形式、活动、对象》(*Formes, opérations, objets*)(1994)等等。

② 格兰杰,《论风格哲学》,巴黎,阿尔芒·科兰(Armand Colin)出版社,1968 年,第 6 页。

③ 同上,第 6 页。

④ 格兰杰,《论风格哲学》,前揭,第 11 页。

的范畴引入话语维度的同时,作品概念显现为事件的非理性(irrationalité de l'événement)与意义的理性(rationnalité du sens)之间的实际媒介。事件,就是风格化本身,但是这种风格化又与呈现趋势和冲突的具体而又复杂的处境处于辩证的关系中。【122】风格化降临在这样一种经验中,即它已经结构化,但是又包含着开放、游戏的可能性、不确定。把作品领会为事件,就是在重组的过程中领会处境与筹划之间的关系。风格化的作品采用的特殊形式是在突然变得乱糟糟的、无法决断的、开放的先前处境与重新组织先前结构留下的剩余物的指导或者战略之间协商出来。同样地,转瞬即逝的事件与可识别的和可重复的意义之间的矛盾,是我们对话语里的间隔进行思考的出发点。这个矛盾在作品概念里发现了显著的媒介。风格这个概念兼有事件和意义这两种特征。我们已经说过,风格在时间上显现为独特的个体,而且由此,关涉到立场的非理性因素,但是它又被记录在语言的材料里,这给它提供了这样一个外表:感性的理念、具体的普遍,正如威姆萨特(W. K. Wimsatt)①在《语言的图像》(*The Verbal Icon*)②里所说的。风格提升了作品里可读到的立场,作品通过其独特性描述和渲染了话语的事件特征;但是这个事件并不在别处,只需在作品形式本身上寻找。如果个体在理论上是不可把握的,它可以被视为一个过程的独特性、一种构成的独特性,以对应于既定

---

① 威姆萨特(W.K. Wimsatt, 1907–1975),主要从事文学理论和批评研究,主要著作有《语言的图像:关于诗歌意义的研究》(*The Verbal Icon, : Studies in the Meaning of Poetry*)(1954)、《文学批评简史》(*Literary Criticism: A Brief History*)(1957)、《可恶的反面:论文学与批评》(*Hateful Contraries: Studies in Literature and Criticism*)(1965)。——译者注

② 威姆萨特,《语言的图像:关于诗歌意义的研究》,肯塔基州大学出版社(University of Kentucky Press),1954年。

的处境。

　　至于话语主体的概念，当话语变成作品时这个概念接受了一种新的身份。风格概念使得对文学作品的主体问题进行新研究成为可能。关键在作品创作的范畴方面；在这一点上，手艺人的模式特别有意义（18 世纪家具上的印戳；艺术家的签名，等等）。作者的概念在这里指的是言说主体的概念，确实这个概念看起来像作品个体性的相应物。【123】最惊人的论证是由可能最不文学的例子提供的；建立数学对象的风格，正如格兰杰在《论风格哲学》的第一部分里阐述的。甚至现象的抽象模式的建立，一旦它是一种内在于构造过程的实践活动，就拥有一个专有名词。这种构造方法似乎是被必然地选定的而不与别的相似。因为风格是个性化的制作，也就是说它生产个体，它同时反过来又指明它的作者。

　　这样，"作者"这个词就归属于风格学。作者比言说者说得更多；他是运用语言的手艺人。但是，同时作者的范畴也是诠释的范畴，这是在这样的意义上说的，即它与作为整体的作品的含义是同时的。作品的独特塑形与作者的独特塑形是紧密联系在一起的。在创作个性作品的同时人也个性化了。签名就是这种关系的标志。

　　但是引入作品范畴的最重要的结果在于组合（composition）概念本身。确实，话语作品呈现出组织和结构的特征，这些特征使得把结构性方法延伸到话语本身成为可能，这些结构性的方法首先成功地被应用于比句子更短的语言实体上，即在语音学和语义学上。话语在作品里的客观化以及组合的结构性特征——间隔通过文字添补于其上，它们迫使我们重新彻底质疑从狄尔泰那里接收的"理解"和"说明"之间的对立。结构分析的成功开启了诠释学的新时代;从此,说明就是理解的必经之路。我急需指出的是,并不是说明反过来可以消除理解。话语在结构化作品里的客观化并没有消除话语的根本而且首要的特点,也就是它是由句子形成的整体构成的,在这个整体里某人就某事对某人说了某事。【124】我认为,诠释学一直是在作品里鉴别话语的艺术。但是这种话语只能在作品的结构中并通过作品的结构被给与。由此得出,诠释是对人的客观化在其话语作品里构成的根本间隔的反驳,人的话语作品又类似于他在其制作和艺术的产品里的客观化。

III. 言语和文字的关系

当话语从言语转移到文字时,会在话语身上发生什么呢? 初看起来,文字似乎只是引入了一个完全外在的和物质的因素:固定,它把话语事件推向了毁灭。实际上,固定仅仅是一个尤为重要的问题的表面,这个问题触及了我们前面列举的话语的所有属性。首先,就作者的意向而言,文字使得文本成为独立的。文本所意指的不再与作者想要说的相一致。语言的含义,也就是说,文本的含义,以及心理的含义(也就是说在心理学上的含义),从今以后就有了不同的命运。

这第一种的独立模式促使我们承认在异化间隔中(*Verfremdung*, distanciation aliénante)有一种积极的含义,这种积极含义并不能归结为伽达默尔试图赋予异化间隔的沉沦色调(la nuance de déchéance)。相反地,在文本的这种独立中已经包含了一种可能性:伽达默尔所谓的文本之"物"可以逃脱其作者的有限的意向性视域;换句话说,多亏了文字,文本的"世界"才可以与作者的世界分离开来。

从心理学条件来说是真的东西,从创作文本的社会学条件来说也是真的;对于文学作品、一般的艺术作品来说,本质的东西是,它(作品)超越创作的心理-社会学条件,而且这样它开启一个阅读的无限延伸,【125】而阅读是被建立在不同社会文化语境里的。简而言之,文本必须,无论从社会学的视角还是心理学的视角,都可以脱离语境以便被在一个新的处境里重新考察语境:准确来说这就是阅读行为所做的。

这种针对作者而进行的解放在接受文本的人的方面有其相似处。与对话的处境不同——在那里面对面由话语处境本身规定着,文字话语引起了一个读者群体,这个群体潜在地延伸到任何一个会阅读的人。在这里,文字发现了它最大的效应:文字之物在话语的对话条件上的解放;由此得出,书写与阅读之间的关系不再是说与听之间的关系的一个特殊情况。

文本的这种独立就有了第一个重要的诠释学结论:间隔并不是方法论的产物,而且由此,也不是某种另外添加和寄生的东西;它对于作为文字的文本现象是构成性的;同时,它也是诠释的条件;异化间隔不仅仅是理解必须征服的东西,它也规定着理解的条件。这样就让我们准备好去发现客观化和诠释之间的关系,这种关系与浪漫主义传统建立的那种关系相比较,少了很多的二元对立,而且因此,多了很多的互补。从言语向文字的转移通过多种其他方法影响话语,尤其是,当不再有可能把我们谈论的东西呈现为向对话的交谈者的共同处境归属时,指涉功能被深刻地改变了;但是我们以"文本世界"作为名字为这个现象保留了一个不同的分析。

IV. 文本世界

　　被我们置于"文本世界"名下的特点将把我们引往比浪漫主义诠释学的立场更远的地方——浪漫主义诠释学的立场还是狄尔泰的立场——【126】同时又与结构主义背道而驰,在这里我拒斥作为浪漫主义简单对立物的结构主义。

　　我们还记得,浪漫主义诠释学着重强调天才的表述;与天才相齐平,使自己与天才同时代,这就是诠释学的任务;狄尔泰,在这个意义上仍然接近浪漫主义诠释学,他把他的诠释概念建立在"理解"的概念基础上,也就是说建立在对透过文字的客观化得以表达的异己生活进行领会的基础上。所以,浪漫主义和狄尔泰的诠释学具有心理化和历史化的特征。这条路对我们不再是可通达的,一旦我们认真思考通过文字进行的间隔以及通过作品结构进行的客观化。但是,难道这也就是说,在放弃领会作者的心理时我们仅限于重新建立作品的结构?

　　对这个问题的回答让我们和远离浪漫主义一样远离结构主义;诠释学的主要任务是避免在天才性或者结构之间做抉择;我把这个任务与"文本世界"的概念连接在一起。

　　这个概念延伸了我们前面所说的话语指涉或者外延:根据弗雷格,对于所有的命题,我们都可以区别它的意义(sens)和它的指涉(référence)①。它的意义,就是它所指向的理想对象;这种意义

----

①　戈特洛布·弗雷格(Gottlob Frege),《逻辑和哲学文集》(*Écrits logiques et philosophiques*),克劳德·安贝尔(Claude Imbert)译,巴黎,瑟伊出版社,1971年,尤其可参看第102页及后页(依据本维尼斯特[É. Benveniste],利科在这里将Bedeutung译为*référence*[指涉],而安贝尔则译为*dénotation*[外延]。参看"导论"第15页)。(编者注)

完全内在于话语。它的指涉，就是它的真理价值，它的意图是通达现实。通过这个特征，话语对立于和现实没有关系的语言系统（langue），因为在字典无尽的循环里一些词语指向另一些其他的词语；我们可以说，唯有话语指向事物，与现实一致，表述世界。

出现的新问题是：当话语变成文本时指涉变成什么呢？正是在这里，文字首先，但特别是作品的结构改变了指涉，以至于使之完全地成为问题。【127】在口头话语中，最终问题在话语的直接功能中得到了解决；换句话说，指涉在呈现一个共同现实给交谈者的能力中得到了解决；或者，如果我们不能呈现我们所谈论的东西，至少我们可以根据交谈者都共同归属的空间-时间的独特网络建立它；最后，正是由话语处境规定的"这儿"和"现在"为整个话语提供了最后指涉；通过文字，事情已经开始改变；确实，不再有作者和读者所共享的处境；同时，呈现行为的具体条件不复存在。大概，正是对指涉的展示特征或者例证特征的消除，使得我们称为"文学"的现象成为可能。在文学中对给定现实的所有指涉都可以被消除。但是，在本质上，正是随着某些一般说来与文字相关——可是又并没有必然地依赖于文字——的文学种类的出现，消除对给定世界的指涉被引导到了最极端的条件上。看起来，我们的文学在很大程度上起着毁坏世界的作用。不仅仅从虚构文学——故事、中短篇小说、长篇小说、戏剧——来说，这是真的，而且从所有我们可以称为诗的文学来说，这也是有道理的。在诗歌中，语言似乎为了彰显自己而牺牲日常话语的指涉功能。

但是，这样虚构的话语并没有与现实脱节，而是在另一个层次上，它比那种关于描述的、观察性的、具有教育意义的话语语言——我们称之为日常语言——更加根本。在这里我的论题是，对第一等级指涉的消除，即通过虚构和诗歌进行的消除，是解放第二等级指涉的可能性条件。第二等级指涉触及的世界不仅仅是在可操作的客体层次上说的,而且也是在胡塞尔通过生活世界这个表达法和海德格尔通过在世这个表达法所指的层次上说的。

正是虚构作品和诗歌作品的这个完全原始的指涉性维度,在我看来,提出了最根本的诠释学问题。【128】如果我们不再能通过寻求隐藏在文本之后的他者和他的心理意向来界定诠释学,而且如果我们不想把诠释归结为拆卸结构,那么还剩下什么东西用以诠释呢? 我会回答说:诠释,就是解释那种在文本面前展开的在世。

在这里我们重新接上了海德格尔关于理解(*Verstehen*)概念的观点。我们还记得,在《存在与时间》①里"理解"理论不再与对他者的理解连接在一起,而变成了在世的结构;更准确地说,对这个结构的研究要依据对情态(*Befindlichkeit*)的研究;"理解"阶段辩证地对应于处境中的存在,就像在我们身陷的各种处境中对最本己的可能进行筹划。从这个分析里,我采纳"对最本己的可能进行筹划"这个观点,以便将之应用于文本理论。确实,在文本里要诠释的东西,就是一个世界命题,关于一个我可以居住的世界,以便把我诸多最本己的可能性中的一个投射在那里。这就是我所谓的文本世界,只属于这个文本的世界。

因此,我们谈论的文本世界并不是日常语言的世界;在这个意义上,它构建了一种我们可以说是真实与其自身的新间隔。正是这种间隔,虚构将之引入到了我们对现实的体验中。我们说过,如果没有指涉对象,也就没有叙事、故事、诗歌。这个指涉对象与日常语言的指涉对象没有任何瓜葛了;通过虚构,通过诗歌,在世的新可能性在日常现实中被打开;虚构和诗歌针对的是存在,可是不是在给定存在(l'être-donné)的模式中,而是在能够存在

----

① 海德格尔,《存在与时间》,前揭。

(le pouvoir-être)的模式中。由此,借助于文学针对真实而进行
的——我们可以称之为——想象性变异,日常现实被变形了。

【129】在别处,在隐喻语言的例子中①,我展示过:虚构是重
新描述现实的优先途径,而诗歌语言尤其是对亚里士多德在思考
悲剧时所说的模仿现实(la *mimèsis de la réalité*)进行操作的语言;
确实,悲剧模仿现实只是因为它通过故事(*muthos*)重新创造现
实,而故事触及了现实最深层的本质。

这就是诠释经验必须吸收的第三种间隔。

V. 在作品前理解自己

在展示这样一个想法——即文本就是我们自身理解自己的
媒介——的同时,我要考察文本概念的第四个也是最后一个维
度。这第四个论题标志着读者主体性的上场。它延伸了面向某
人而说出来的话语的基本特征。但是,与对话不同,在话语处境
里并没有这种面对面;它是——如果我可以这么说——由作品本
身创造、建立和构成的。作品自己开启了它的读者,而且这样也
就创造了它自己的主观的面对面。

我们会认为,这个问题对于最传统的诠释学来说确实很熟
知:这是化为己有(appropriation,*Aneignung*)②的问题或者文本在

---

① 《隐喻和诠释学的核心问题》(La métaphore et le problème central de
l'herméneutique),《鲁汶哲学杂志》,1972 年,第 70 期,第 92-112 页;也可以参看
《活的隐喻》(*La métaphore vive*),瑟伊出版社,1975 年。
② "Appropriation"(德语为"Aneignung"),包含着词根"propre"(自己的),动词形式
为 approprier,意为"使适应于不是自己的东西",换句话说,"适应不是自己的东
西,使之变得是自己的",所以,appropriation 指的是一个转变过程,一个把非己的
东西通过熟悉亲切过程后变成自己的,这是一个理解的过程。中文中对这个术语
已经存在多种译法,诸如"占有"、"挪为己用"、"渐进式领会"、"适宜 （转下页）

读者的当前处境中应用(application, *Anwendung*)的问题。确实我是这样理解这个问题；但是我想要强调的是，如果我们在前面那些论题之后引入这个论题，它又在怎样的程度上被改变了。

首先，化为己有被辩证地与文字特有的间隔联系在一起。文字的间隔并没有被化为己有消除；相反地，它是化为己有的对应物。多亏了由文字进行的间隔，化为己有不再有任何与作者意向在情感上类似的特征。【130】化为己有完全是同时性(contemporanéité)和同天才性(congénialité)的相反物；它是通过距离而进行的理解，是远程理解。

然后，化为己有辩证地与作品特有的客观化联系在一起；它经历了文本的所有结构性客观化；由于它并不回应作者，但它回应意义；也许是在这一层次上，由文本进行的媒介最好地得到了理解。与我思(*cogito*)传统以及通过直接直觉认识自己的主体性意图相反，应该要说，只有通过被沉淀在文化作品里的人类符号的大迂回我们才得以理解我们自己。关于爱和恨、伦理感受以及——一般来说——关于所有被我们称为自己的东西，如果它们没有在语言中得到承载，也没有通过文学得到表达，那么我们又能知道多少呢？这样看起来与主体性最相反的东西，结构分析将之呈现为文本结构本身的东西，就是媒介。唯有在媒介里我们才能理解自己。

但是，化为己有尤其与伽达默尔所谓的"文本之物"和我所说的"作品世界"相呼应。我最后化为己有的东西，就是一个世界命题；这个世界命题并不是在文本的背后，就像被隐藏起来的

(上接注②)性"等等，这些译法都在某个程度表达了这个术语，但是未尽其意，在这里译者将之译为"化为己有"，因为"化"这个字不似"占"或者"挪"那么强烈，而且可以体现转变的过程。当然这也是权宜之法。——译者注

意向那样,而是就在它(文本)面前,就像作品所展开的、所发现的、所揭示的。由此,理解就是在文本面前的理解自己。人根本无需把他自己有限的理解能力强加于文本,而是向文本敞开自己,并且从它那接收一个更广大的自己,这就是生存命题,它以最适当的方式回应了世界命题。那么,这种理解完全是主体掌控的构建的相反物。在这一点上,更恰当地说,自己是由文本之"物"构建的。

可能应该还要走得更远:文本只有当它是虚构的时候才是真实的,同样地,应该要说,读者的主体性,只有当它被搁置起来了、不被实现、被化为一种潜在的东西之时,它才在它自己身上降临。【131】这与文本所展开的世界本身是同理的。换句话说,如果虚构是文本指涉的根本维度,那么它也是读者主体性的根本维度。作为读者的我,只有当我迷失时我才又找回自己。阅读把我引入了自我(ego)的想象性变异中。根据游戏,世界的变形也是自我的游戏变形。

如果这是真的,那么"化为己有"概念自身就需要一种内在的批判,因为它的方向总是反对异化间隔;确实,我们刚刚谈到的自我变形蕴含着甚至在从自己到自己的关系中的间隔阶段;那么,理解既是去己有(désappropriation)又是化为己有(appropriation)。通过马克思和弗洛伊德的方式,对主体幻觉的批判可以甚至也必须被并入到理解自己中。

对于诠释学,结论是重要的:我们不再能够把诠释学和意识形态批判对立起来;意识形态批判是理解自己必须采取的必然迂回,如果理解自己必须通过文本之物得以形成,而不是通过读者的前判断。

这样,应该要把客观化和理解的辩证关系转移到理解自己的核心。这种辩证关系是我们在文本、它的结构、它的意义和指涉的层次上首先发现的。在分析的所有层次上,间隔都是理解的条件。

哲学诠释学和圣经诠释学

【133】本研究力求探索哲学诠释学对圣经注释学的贡献。

在以这些术语提出问题时，我们似乎承认了，圣经诠释学仅仅是把哲学诠释学运用到文本范畴的多种可能运用中的一种。但是这只是我的研究性假设的一半。在我看来，更准确地说，在这两种诠释学之间存在一种互相包含的复杂关系。当然，第一个运动是从哲学这一端走向圣经的那一端。正是作品、文字、文本世界、间隔以及化为己有这些相同的范畴在不同的地方支配着诠释。在这个意义上说，与哲学诠释学相比较，圣经诠释学是一种区域性的诠释学，哲学诠释学则构建了普通诠释学。所以，在把圣经诠释学视为一种应用诠释学的同时，可能看起来就像我们把圣经诠释学从属于哲学诠释学。

但是，准确来说，在把神学诠释学视为应用于某一类型文本——关于圣经的文本——的诠释学时，我们也展现了这两种诠释学之间的颠倒关系。神学诠释学展示了如此原始的特征，以至于关系逐渐颠倒过来，最后神学诠释学使得哲学诠释学作为它自己的工具而服从于它。我现在试图要搞清楚的正是这个颠倒关系的游戏,与此同时,我也会重新提出以文本概念为中心的诠释学的各个范畴的秩序;只有为了把诠释学的各个一般范畴"应用于"神学而付诸的努力本身才能最好地使神学的"离心"特征浮现。【134】

I. 圣经话语的各种"形式"

以文本为中心展开的诠释学在圣经注释学的结构性范畴的使用中找到了第一种"应用"。这种注释学显现为原则上对所有文本都有效的分析在圣经领域的简单"应用",但是与此同时,它发展了呈现两种诠释学之间颠倒关系的特征。当我们从文本的"结构"过渡到"文本世界"的时候,两种诠释学之间关系的颠倒就会显现。

在这里,我们还仅限于勾勒它们自己身上的重要问题的框架以及根据话语哲学的能力对这个框架进行描述。

我想集中精力关注的基本点是:在圣经资料里得以表达的"信仰申明"(confession de foi)与各种话语形式密不可分,我指的是,比如,摩西五经(Pentateuque)和福音书里的叙事结构、先知们的神示结构、寓言、圣歌等等。不仅仅每一种话语形式都产生了一种信仰申明的风格,而且这些话语形式之间的对抗在信仰申明自身上产生了在神学上有意义的张力和对比:叙述和预言之间的对立对于旧约的理解是如此根本,这种对立可能只是结构对子中的一对。这些结构对子之间的对立有助于生成意义的整体形态;在后面我们还会提到在文学"类型"层次上其他的对比对子。也许应该要继续往前推,直到把教规的封闭视为一种根本的结构行为,这种结构行为划出了各种话语形式之间游戏空间的范围,而且规定了一个有限塑形,在这个有限塑形的内部,每一个形式和每一对形式都展开了它的意味功能。

【135】所以,在圣经话语形式的带领下可以考察三个问题:话语行为与信仰申明的某种模式之间的相似性,某对结构(比如叙事和预言)与相应的张力在神学启示里的关系,最后,在文学素材的整体塑形与可以相应地被称为诠释空间的东西——这个空间是由被聚集在一起的所有话语形式打开的——之间的关系。

在这里我必须说,我对话语形式与神学内容之间关系的理解特别得益于冯拉德①;在应用于新约的相似研究里我找到了对其相关方法的确认,尤其是怀尔德②的研究《早期基督教修辞——福音歌曲的语言》(*Early Christian Rhetoric. The Language of the Gospel*)③和比尔德斯利④的研究《关于〈新约〉的文学批评》(*Literary Criticism of the New Testament*)⑤。

也许叙述的例子是最明显的,因为也正是在叙述形式和结构的领域,结构分析获得了它最引人注目的成功。随着系统地发展,这个例子不再允许建立这样一些关于旧约或者新约的神学,

---

① 冯拉德(Gerhard von Rad, 1901–1971),旧约的著名研究者,代表著作是两卷本的《旧约神学》(*Théologie des Alten Testaments*),分别出版于 1957 年和 1967 年。——译者注
② 怀尔德(Amos Niven Wilder, 1895–1993),诗人和神学家,主要作品有诗集《阿拉克尼:诗歌集》(*Arachne: poems*)(1928)和专著《新声:宗教、文学、诠释学》(*The New Voice: Religion, Literature, Hermeneutics*)、《神学诗学:神学与宗教想象》(*Theopoetic: Theology and the Religious Imagination*)等等。——译者注
③ 伦敦,1964 年。
④ 比尔德斯利(W. A. Beardslee, 1916–2001),神学家,主要著作有《美国和神学的未来》(*America and the Future of Theology*)(1967)、《希望之家:论过程和圣经思想》(*A House for Hope: A Study in Process and Biblical Thought*)(1975)等等。——译者注
⑤ 费城,1970 年。

即它们把叙述范畴视为一种与其承载的内容无关的修辞方式；相反地，某种特别、唯一的东西似乎道出了耶和华，以及他与以色列、与其人民的关系，因为这是在叙述、叙事的形式下被道出的，而叙事就是讲述过去的拯救事件。传统神学（*théologie des traditions*）这个概念是冯拉德的《旧约神学》第一卷的题目①，这个概念本身就表述了信仰申明和叙事之间牢不可破的互相联系。要说出上帝、人以及他们之间的关系，首先要经过这样的行为，即收集各种孤立的传奇和传说，【136】而且把它们重新放在一些有意义的序列里，以便构建一个以核心事件为中心的独特叙事（Récit），这个叙事同时既是历史的承载也是表达信仰（kérygmatique）的维度。我们都知道冯拉德是如何从他在《申命记》（*Deutéronome*）第 26 章里读到的最早信经（*Credo*）出发组织大叙事的。这种把叙述维度和表达信仰的维度连接在一起的方法对于我们是最重要的。

一方面，确实，对叙述结构的重视使得把各种结构性方法扩展到注释学领域成为可能；在这一点上，冯拉德与在俄罗斯形式主义（后索绪尔符号学）流派中成长起来的结构主义者之间的比较会非常有趣。

另一方面，一旦我们考察叙述的另一面，也就是信仰申明，两种诠释学之间的关系就开始颠倒。但是这个维度一直与叙述结构密不可分；并不是什么神学都可以与叙述形式联系起来；但是只有宣称耶和华作为拯救历史的伟大施动者的神学可以。无疑正是在这儿，在以色列的神与古希腊哲学的神之间存在着最大的反差；传统神学根本不知道原因、基底、本质这些概念；它以一种

---

① 冯拉德，《旧约神学》，第一卷，慕尼黑，凯泽（Kaiser）出版社，1957 年；法文版，日内瓦，拉博与菲德（Labor et Fides）出版社，1963 年。

与由叙事转述的拯救行为建立的历史悲剧一致的方式谈论着神。这种谈论神的方式和古希腊人的方法具有相同的意义；这是一种与叙述结构本身同质的神学，一种以拯救历史（*Heilsgeschichte*）的形式出现的神学。

我只想详细说明一个例子，关于叙述结构和与之相应的神学意义的例子。与其他文学形式应该也可以进行相同的研究，以便在神学话语本身中呈现与结构之间的对抗相应的张力。在这一点上，叙述与预言之间的张力是典型的；两种文学形式的对立——历史纪事的形式和神谕的形式——【137】延伸到时间知觉里（一种文学形式要加固之而另一种则要拆解之），也延伸到了神圣的意义中，神圣的意义逐渐呈现出关于这个民族历史的基础事件的可靠性，而且也展开了对这个关键性事件的威胁。通过预言，创造性维度只能在黑暗的深渊之外得以达到；《出埃及记》的神（Dieu de l'Exode），如果他必须还是未来的神而不仅仅是记忆里的神，那么他也必须是流放的神（Dieu de l'Exil）。

关于这一点，在本文有限的空间里我就不多说了。确实应该还要研究其他的话语形式以及也许其他的有意义的对比，比如合法与智慧之间的对比，或者赞歌与格言之间的对比。透过所有这些话语，神每次以不同的方式显现：时而作为救世的英雄，时而作为易怒而又充满怜悯的英雄，时而作为在我-你的典型关系中那个对面的英雄，时而作为只有在忽略我的宇宙秩序里才会遇到的英雄。

也许一个详尽的调查，如果它是可能的，可以揭示所有话语形式在一起构建的循环系统，而且每一种话语形式的神学内容都接收到话语形式整体架构的含义。那么宗教语言就显现为由诸形式的循环支撑的复调语言。但是也许这个假设并不是可证实的,而且它授予了教规的封闭一种必然性,这种必然性并不适合于那种也许必须一直都只是文本历史中的偶然事件的东西。但至少这个假设与当前分析的中心论题是休戚相关的,也就是说,被我们称为圣经的已经完成的作品对诠释来说是一个有限的空间,在这个空间里,各种神学含义皆与话语形式相对应。自此,如果不经历对形式进行结构性说明这一漫长迂回,对含义的诠释是不可能的。

II. 言语和文字

　　普通诠释学在注释学上的第二"应用"关涉到言语和文字这个对子。更准确地说,圣经诠释学从哲学诠释学那里接收到一个重要提醒:不要太快地去建立一种最初而且在原则上并没有包括从言语(parole)到文字过渡的言语(Parole)神学。这个提醒是适当的,因为神学是这般迷恋把言语(Parole)提高到文字(Écriture)①之上。它这么做有其强有力的依据:难道话语不是先于所有文字吗?传奇故事的讲述者的言语、先知的言语、拉比的言语、布道士的言语不都是这样的吗?耶稣不就像苏格拉底一样是个布道士,而不是作家吗?难道最初的基督教没有看到在他(耶稣)身上肉身化的言语吗?而且难道他的见证者们不正显示了福音书就是神的言语吗?正是这样,基督教神学也乐意自称为"言语的神学",因为在这字词里汇集了信仰的本源、信仰的对象、信仰的表述,所有这些言语特征形成了一个独特的"言语事件"

---

① 　这里的 parole(言语)和 écriture(文字)有时写成大写,具有双重意义:一是指这两个词本来的意思;二是在基督教神学上,大写的 Parole 指上帝说的话,而 Écriture 则指记录上帝言语的圣经。——译者注

(événement de parole ; *Wort-Geschehen*)。

但是,如果我们没有在诠释问题的本源上提出言语-文字的关系,那么我们就缺乏构成基督教布道的首要诠释处境的东西。在所有这些阶段中,言语与文字保持着一种联系;首先它与它所诠释的早先的文字有关;耶稣自己诠释了摩西五经;圣保罗和致希伯来人的书信作者又根据预言和早先联合的惯例诠释了耶稣事件;以一般方式,对旧约——作为一个给定的文本——的诠释被蕴含在耶稣就是基督的宣言中;被注释学家以基督学(christologique)名称称谓的所有名称都来源于对从希伯来文化和古希腊文化那里接收的形象的重新诠释:王(Roi)、弥赛亚(Messie)、大祭司(Grand Prêtre)、受苦的仆人(Serviteur souffrant)、逻各斯。【139】所以,看起来好像文字必须先于言语,如果言语不应该只是一种叫喊(*cri*);事件的新鲜性本身要求通过这样的方式进行传递,即对文化共同体里先决的——已经记录的——而且可以自由处理的含义进行诠释。在这个意义上说,基督教,自一开始,就是一种注释(我们还记得在保罗那里的"形象"和"典型"的作用)。但是,这不是全部:新的布道反过来也不仅仅是与它所诠释的早先的文字联系在一起。它反过来又成为一种新的文字;那些致罗马人的书信变成了给所有基督教徒的信;写下四福音书之一的马可,先是被马太和路加追随,后来约翰也追随他;新的档案不断增补;然而,有一天教会在把这些见证素材汇编成完整而又封闭的文字时,也就完成了圣经的正典;从此,所有以这些文字为其言语向导的布道都将被称为是基督的;布道没有面对一个文本——希伯来文圣经——,而是两个文本,旧约和新约。

这样,一种在本质上并没有直接被承认的诠释处境就产生了。但是,就算问题的表达方式是现代的,但是问题本身早已隐藏在基督教存在本身之中。从一开始,布道就建立在由初始共同体诠释的那些见证的基础之上。见证和对见证的诠释已经包含了使得文字成为可能的间隔元素。如果我们另外考虑到,从一开始见证里的某种变化也是教会见证的组成部分,的确看起来,四福音书之间不可逾越的区别所清楚证实的某种诠释自由也属于这种完全初始的诠释处境。

从这种关于基督教的诠释处境的思考可以看出,言语–文字之间的联系对于被我们称为宣告、表达信仰(kérygme)、布道的东西是构成性的。看起来,首要的东西是,言语–文字–言语,或者文字–言语–文字的链接。在这种链接里,时而言语是两种文字的媒介,【140】就像耶稣的言语在两种圣约书之间那样,时而文字是两种言语之间的媒介,就像福音书在初始教会布道与整个当代布道之间那样。在信息传递的根本意义上来说,这种链接是传统的可能性条件;在作为增补性来源被添加到文字里之前,传统是链接言语–文字以及文字–言语的程序的历史维度。文字带来的是,把信息从它的言说者、它的初始处境和它的初级接收者那里分离出来的间隔。借助于文字,言语延伸到我们,而且通过它的“意义”和在它身上涉及的“事物”触及到我们,而不再通过它的宣告者的“声音”。

人们会问在所有其他的言语和所有其他的文字之中圣经言语和圣经文字的独特性是什么。我们可以这样回答:没有什么东西还能比它们更加保持言语和文字之间在本质上的关系。它的原创性必须构成在文本之“物”里。

III. 新的存在和文本之物

在保持把普通诠释学的范畴当作向导的同时,现在我要着手谈谈被我称为"文本之物"或者"文本世界"的范畴。我认为,无论对于哲学诠释学还是对于圣经诠释学,这都是一个核心范畴。所有其他的范畴都交结在它身上:通过结构进行的客观化、通过文字进行的间隔都只是先决条件,以便文本说出某种是文本之"物"的东西;至于第四个范畴——理解自己,我们已经谈过它为了走向语言是如何依靠文本世界的。文本之"物",这就是诠释学的对象了。然而,文本之物,也是它(文本)在它(文本)面前展开的世界。而且这个世界——特别是在想到诗歌的和虚构的"文学"的时候我们会补充说——面对日常话语指向的日常现实它保持了距离。【141】

正是在把这些思考应用于圣经注释学的同时,它(圣经注释学)的真正目的也得以显露。而且,正是在把它们(这些思考)应用于圣经时,就像应用于在其他范畴当中的一个文本范畴那样,把普通诠释学变成圣经诠释学的工具(organon)的颠覆成为可能。

所以,就让我们在这条把一般的论题简单地"应用"于文本——我们刚刚强调了它的内在结构——的路上继续走下去吧。

这种"应用",远非要让圣经诠释学属于一种不相干的法则,而是要让它回到它自身,而且使它摆脱多种幻象。首先,它摆脱了这样一种意图,即就像为了抵消结构分析的可能过度,要过早引入理解的生存或者存在(existentiales ou existentielles)范畴的意图。普通诠释学促使我们去相信,在结构说明和理解自己之间的必要阶段,那就是文本世界的展开;正是它(这种展开)最后根据自己的意向形成和改变了读者的自身存在(l'être-soi)。这在神学上的蕴含是重要的:诠释学的首要任务并不是要在读者心中产生一个决定,而是首先要让圣经文本之"物"所是的存在世界自己展开。这样,正是这样,世界命题被置于感觉、情绪、信仰或者非信仰之上,这个世界命题,在圣经的语言里,叫做新的世界,新的联合,神的王国,新的诞生。这就是在文本面前被展开的现实,这些现实当然是为我们的,但是却是从文本出发的。这就是我们可以称为由文本投射的新的存在的客观性。

第二种蕴含:把文本之"物"放在一个至上的位置上,就是不再在把意义倾注在作者身上的心理分析状态里提出圣经的启发问题——按这种理解,作者自身及其各种表象在文本中投射自己;如果圣经可以被认为是启示的(révélée),这必须是从它(圣经)说出的"事物"说起的;【142】从它展开的新的存在说起的。那么我可以这样说,就所涉及的新存在本身对于世界、整个现实(其中包括了我的存在和我的历史)来说是揭示性的(révélant)而言,圣经是启示的。换句话说,启示,如果表述必须具有意义,就是圣经世界的特点。

然而这个世界并不直接由心理意向承载着,而是间接地由作品结构承载着;上面关于那些关系——比如叙述形式与作为最伟大施动者的耶和华的含义之间的关系,或者预言形式与作为超越毁灭的危险和诺言的救世主的含义之间的关系,所有我们就这些关系所说的东西构建了对现在我们所称为的圣经世界的唯一的可能介绍。最强大的启示力诞生于被整合在一起的各种话语形式的对比和汇集。

文本世界范畴的第三种神学应用:因为关涉到一个在总体视域、含义整体的意义上说的世界,所以对于面向个体的教导它没有任何原则上的优先权,而且一般说来,对于人格主义的方方面面它都没有优先权,在从人到神之间关系中也没有我-你的形式。圣经世界具有宇宙的样子——这就是创造——,具有共同体的样子——关涉到民族——,具有历史文化的样子——关涉到以色列,神的国度——,以及具有个人的样子。人根据其多样化的维度得以通达:宇宙的、世界历史的,同样也是人类学的、伦理的以及个人主义的。

文本世界范畴的第四种神学应用:我们已经说过,"文学的"文本世界是一个被投射出来的世界,而且它以诗意的方式与日常世界保持着一定的距离;难道由圣经投射和提出的新的存在不是尤其如此吗?难道这个新的存在不是穿过日常经验世界且无视这种经验之封闭性而变成一条路的吗?难道这个世界的投射力量不就是一种决裂和开放的力量吗?【143】而且,如果确实如此,难道不应该赋予这种世界投射以我们已经在文本之物中看到了的诗意——在这个词强烈的意义上来说——的维度吗?

当推到底而且得出最后的结论的时候,难道不应该说,在日常现实里如此敞开的东西是另一种现实、是那种可能的现实吗?我们还记得海德格尔关于 Verstehen(理解)的最可贵的发现之一;对于海德格尔,理解极端地与停留在确定的位置(se trouver situé)互相对立,这是在这样的意义上说的,即理解面向我们各种最固有的可能,而且在一种并不能被投射的处境里破解了它们(这些可能),因为在这种处境中我们已经被抛出去了。用神学的语言就是说:"神的国度到来了",也就是说,从并不是来自我们的这个国度的意义本身出发,它呼唤我们最固有的可能。但是,当我们根据我们关于诠释学的第四个范畴——"在文本面前理解自己"的范畴——重新提出信仰这个概念时,将会谈到这个评注具有的更多蕴含。

所以,我刚刚走过的这条路就是把一个普通诠释学范畴"应用"于被视为区域性诠释学的圣经诠释学之路。我的论点是,这条路是唯一的路,只有在这条路的尽头,圣经之"物"的特殊性同时才能被辨认出来。关于这一点,埃伯灵①是有道理的:正是在我们聆听完这本书之时,就像聆听所有其他书中的任意一本那样,我们就能把它当作神的言语。但是,重申一遍,这种辨认并不需要一个关于启发的心理学概念,仿佛作者们是重复在他们耳边呢喃过的言语。这种辨认指向新存在的性质,正如它(新存在)自己显示自己。

构成圣经话语的独特性的特点之一是——正如我们所知道的——"神"这个所指物在其中所占的核心位置。不能否定这个位置和这个角色,而是要理解它们。从前面的分析可以得出,在圣经话语中这个所指物的含义被蕴含【144】——以一种只能说特殊的方式——在叙述、预言、赞歌、智慧书等等的文学形式之间互相紧密联系的多元含义里。"神说"(God-Talk)——如果重拾麦奎利(McQuarrie)②的表达法——起源于这些局部话语之间的竞争和汇聚。"神"这个所指物既是各种话语的协调者,也是这些局部话语的顶点和不完整索引。

这样,"神"这个字并非作为在中世纪意义上或者甚至在海德格尔的意义上使用的哲学概念——存在概念——而运作;虽然我们禁不住想说——在所有这些前神学语言(langages préthéologiques)的神学元语言(métalangage théologique)里——

---

① 埃伯灵(Gerhard Ebeling, 1912-2001),德国新教神学家,曾师从布尔特曼(Rudolf Bultmann),著有《基督教信仰的本质》(Das Wesen des christlichen Glaubens, 1959)、《路德思想导论》(Luther. Einführung in sein Denken, 1964)、《神学语法导论》(Einführung in theologische Sprachlehre, 1971)等。——译者注

② 麦奎利,《神说:论神学的语言和逻辑》(God-Talk. An Examination of the Language and Logic of Theology),伦敦,1967 年。(补充一点这位作者的信息:麦奎利[1919-2007],哲学家和神学家,曾为牛津大学教授,著有《基督教神学原理》[Principles of Christian Theology]、《人与神之间的沟通者:从摩西到默罕默德》[Mediators between Human and Divine: From Moses to Muhammad]等。——译者注)

"神"是存在的宗教名称,但是"神"这个字可以说出更多的东西:它预设了由叙事、预言、合法化、赞歌等形式的整个引力空间构成的整体语境;理解"神"这个字,就是跟随这个字的方向箭头(la flèche de sens)。方向箭头,我指的是它的双重能力:汇聚来自局部话语的所有含义,而且打开逃脱话语之封闭的视域。

对于"基督"这个词我会说相同的东西。在我刚刚就"神"这个字所说的双重功能上,它还添加了把所有的宗教含义体现在一个基本象征中的能力:神圣的爱的象征,比死亡更强烈的爱的象征。耶稣受难和耶稣复活的布道起到的作用是为"神"这个字赋予一种稠密性(densité),这种稠密性却是"存在"这个词不具备的。在它(神)的含义里包含了这样一个看法:在从它到我们的关系中它是亲切的(gracieux),而在从我们到它的关系中我们是"最终被涉及到的"和"满怀感激的"。

所以,这就是圣经诠释学的使命:展开神说(*God-Talk*)这个构建和这个表达中的所有蕴含。

【145】现在我们看到了在什么意义上这种圣经诠释学既是前面描述的普通诠释学的一个个例,而且也是一个特例。一个个例,因为圣经谈论的新存在并不是要在这个文本——它是其他文本中的一个文本——世界以外的其他地方去寻找。一个特例,因为所有的局部话语都指向一个名称(Nom),这个名称是所有关于神的话语的相交点和不完整索引,而且也因为这个名称(Nom)已经与被宣扬为耶稣复活的事件-意义(événement-sens)紧密联系在一起了。圣经诠释学可以试图说出(dire)一种唯一的东西,但是其条件是,这种唯一的东西是作为指向我们的文本世界、作为文本之物而言说(parler)。这就是根本点,在这个根本点之上我坚持要把神学诠释学置于普通诠释学的第三个范畴之下,也就是作

品世界。

IV. 圣经信仰的诠释学构建

在接近论文的尾声时,我要追问的是以文本为中心的诠释学的第四个范畴的各种神学应用。这就是杰出的存在范畴,化为己有(*appropriation*)的范畴。

我想要着重强调,我们已经提出的作品世界和读者在文本面前对他自己进行的理解之间的关系对圣经诠释学产生的三个后果。

首先,在神学语言里,被我们称为信仰的东西是由作为文本之"物"的新存在构建的——"构建"一词是在其最狭窄的意义上说的。在这样承认圣经信仰的诠释学构建的同时,我们尽可能地抵制了对信仰的整个心理分析上的还原。这并不是要说,信仰在真正意义上是一种可简化为语言处理的行为;在这个意义上说,信仰的确是整个诠释学的界限,同时也是整个诠释的非诠释学本源;诠释的无限运动在一种任何评注都既无法生成也无法穷尽的回答的危险中开始以及完成。【146】正是为了阐明这种前语言或者超语言(prélinguistique ou hyper-linguistique)特征,人们可以把信仰称为"终极关怀",以表明对这个唯一的必然(正是从这个唯一的必然出发我做出我的所有抉择)的领会;人们也将之称为"绝对依赖的感觉",以强调它对应于一种总是先于我的主动性(initiative);人们还可以将之称为"无条件的信任",以表明它与一种希望运动密不可分,这种希望运动不顾经验的背弃而开辟了道路,而且它(希望运动)根据过剩逻辑(une logique de la surabondance)的悖谬法则让失望的理性转向希望的理性。通过所有这些特点,信仰的这个论题就躲过了诠释,而且表明诠释既不是开始也不是最后。

但是,诠释学所提醒的是:圣经信仰并不能与诠释运动分离,是诠释运动把信仰提升到了语言层次。"终极关怀"将会一直是无声的,如果它不接受诠释言语(parole d'une interprétation)的力量,诠释不断地通过符号和象征重新开始,符号和象征——如果我可以这么说——通过多个世纪训练和形成了这种关怀。如果绝对依赖的感觉并不是对——为我打开存在和行动的新可能性的——新存在的命题的回应,它将会一直是残缺的和非连贯的。无条件的信任将会是空洞的,如果它不是建立在一直通过事件-符号更新着的诠释的基础上。这些事件-符号与圣经紧密相关,就像旧约里的出埃及记,新约里的耶稣复活记。正是这些解放事件开启和发现了我自己的自由的最固有的可能,而且这样就变成了对我而言的上帝的言语。这就是对信仰自身全然诠释学的构建。这也是我们已经在文本世界和化为己有之间发现的不可分离的关联的第一个神学后果。

第二个后果来自诠释学思考在理解自己中呈现的间隔,【147】因为这种理解就是"在文本面前理解自己"。一旦理解服从于文本之"物"的 Selbstdarstellung——"自身显现",对主体幻觉的批判似乎就已经包含在"在文本面前理解自己"的行为本身中了。准确来说,因为主体自己置身于文本里,而且因为海德格尔所谈论的"理解结构"并不能被想要让文本说话的理解所消除,由于这个原因本身,批判自己是在文本面前进行理解自己的组成部分。

正是在这里,我察觉到了在以马克思、尼采和弗洛伊德的方式进行的宗教批判与信仰的自身理解之间的根本联系。当然,宗教批判完全是在诠释学之外得以构建的,就像意识形态批判,就

像对世界背后的世界的批判(critique des arrière-mondes),就像幻
觉批判(critique des illusions)。但是,对于以文本为中心的诠释学
理解来说,这种批判可以同时既是对外在反对者的认可——我们
并不试图强力挽留而且命名这个外在反对者——,又是内在批判
的工具,这种内在批判固有地属于在文本面前理解自己所要求的
间隔工作。我自己在关于弗洛伊德的书中就开始进行这项工作
了①,在《诠释的冲突》里我又延伸了一点这项工作②;"怀疑的诠
释学"(herméneutique du soupçon)在今天是将意义化为己有的组
成部分。通过它,对阻碍让文本世界存在的前判断进行的"解-
构"才得以继续。

    我想要从化为己有的诠释学中得出的第三个后果关涉到与
自己本身保持距离的积极方面,在我看来,这种间隔就蕴含在整
个在文本面前的自身理解里;对主体各种幻想的解构只是那种应
该被称为"想象"的东西的否定方面。

    【148】由于使用了一个从胡塞尔那里借来的表达法,我第一
次冒险谈论间隔的创造性维度;我已经谈论过关于自我的"想象
性变异"(variations imaginatives),以便表明各种新可能性的开启
是文本之"物"在我身上的运作;我们可以求助于另一个伽达默尔
自己喜欢阐述的类比法,"游戏"类比法③;在对现实的观照中,游
戏释放了被"严肃"的精神视为囚犯的各种新可能性,同样地,游
戏也就在主体性里打开了种种变形的可能性,这是主体性的完全
道德上的观照并不允许看到的。想象性变异,游戏,变形——所
有这些表达法都在试图勾勒一个基本现象,也就是:正是在想象

① 保罗·利科,《论诠释:关于弗洛伊德》,瑟伊出版社,1965年。
② 保罗·利科,《诠释的冲突·诠释学论文集》,瑟伊出版社,1969年。
③ 伽达默尔,《真理与方法》,前揭。

中,新的存在首先在我身上得以形成。我说的确实是想象而不是意志。因为让自己被新的可能性抓住的能力要先于决定和选择的能力。想象就是这种主体性维度,它回应作为诗歌的文本。如果想象之间隔回应着文本之"物"在现实中心挖掘出来的间隔,存在之诗意就回应着话语之诗意。

如果我们考虑到生存诠释学最一般的倾向,即强调面对文本的决断时刻,那么诠释学这最后一个后果——把文本之"物"置于自身理解之上——也许是最重要的;从我这一方面来看,站在从文本和文本之"物"出发的诠释学立场上,我认为,文本首先对我的想象说话,因为它(文本)向我的想象提出了我的解放的所有"形象"。

在保罗·利科致力于宗教语言诠释学和圣经注释学的最新论文中,我们可以指出的有以下这些,同时我们也等待这些文本被重新汇编成集:

"语言思考对圣言神学的贡献"(Contribution d'une réflexion sur le language à une théologie de la Parole),见《神学与哲学杂志》(*Revue de théologie et de philosophie*),第 18 卷(1968 年),5-5 期,第 333-348 页。

【149】《神学对当今语言研究的影响》(*Les Incidences théologique des recherches actuelles concernant le language*),巴黎,普世研究学会(Institut d'études œcuméniques),1969 年。

"诠释问题的现状"(Problèmes actuels de l'interprétation)(来自保罗·利科;此文由一次完整录音整理而成),存放在新教研究和文献中心(Centre protestant d'études et de documentation)。发表在"新神学"(Nouvelles théologies),第 148 期,1970 年 3 月。

"从冲突到会合:论圣经注释学上的方法"(Du conflit à la convergence des méthodes en exégèse biblique),收录在《注释学和诠释学》(*Exégèse et Herméneutique*)一书中,巴黎,瑟伊出版社,"上帝的言语"(Parole de Dieu)丛书,1971 年。

"关于对创世记 1,1-2,4a 的注释"(Sur l'exégèse de la Genèse1,1-2,4a),同上,第 67-84 页,第 85-96 页。

"总结概括"(Esquisse de conclusion),同上,第 285-295 页。

"显示和宣示"(Manifestation et proclamation),见《哲学档案》(*Archivio di filosofia*),1974 年,44 期,第 57-76 页。《圣经诠释学:关于寓言》(*Biblicae Hermeneutics: On Paraboles*)(1.叙事形式。2.隐喻的程序。3.限度-经验与限度-概念),见《播种》(*Semeia*),蒙大拿大学(Missoula University of Montana)出版社(1975 年),第 4 期,第 27-148 页。

"言语和象征"(Parole et symbole),见《宗教科学杂志》(*Revue des sciences religieuses*),第 IL 卷(1975 年),第 1-2 期,第 142-161 页。

"哲学和宗教语言的独特性"(La philosophie et la spécificité du language religieux),见《宗教历史和宗教哲学杂志》(*Revue d'histoire et de philosophie religieuses*),第 5 期,1975 年,第 13-26 页。

"世俗化的诠释学:信仰,意识形态,乌托邦"(L'herméneutique de la sécularisation. Foi, idéologie, utopie),见《哲学档案》,第 VIL 卷(1976 年),第 2-3 期,第 43-68 页。

"关于启示概念的诠释学"(Herméneutique de l'idée de Révélation),收录在《启示》(*Révélation*)一书中,布鲁塞尔,圣路易大学研究所出版社(Publications des Facultés universitaire Saint-

Louis),1977 年,第 15-54 页。

"命名上帝"(Nommer Dieu),见《神学与宗教研究》(*Etudes théologiques et religieuses*),第 LII 卷(1977 年),第 4 期,第 489-508 页。

"诠释叙事:关于耶稣受难叙事中的注释学和神学"(Le récit interprétatif. Exégèse et théologie dans les récits de la Passion),见《宗教科学研究》(*Recherches des sciences religieuses*),1985 年,第 73/1 期,第 17-38 页(——编者注)。

从文本诠释学到行动诠释学

什么是文本？

【153】本文基本上是致力于讨论面对文本时人们可以采取的两种态度。在狄尔泰时代,上个世纪(19世纪)末,这两种态度被归结为两个词"说明"(expliquer)和"诠释"(interpréter)。狄尔泰把借于自然科学通过实证主义流派延伸到历史科学的认识模式称为说明;他把从理解派生出来的形式叫做诠释,在这种形式里他看到了精神科学的基本态度,这种态度是可以尊重精神科学和自然科学之间的根本区别的唯一态度。在这里,我打算根据当代流派之间的冲突来考察一下这种对立的命运。确实,说明这个概念已经转变了,它不再是从自然科学中继承,而是从纯粹语言学的模式里继承。而关于诠释这个概念,在现代诠释学里,经历了使之远离理解心理学概念——在狄尔泰的意义上说的——的深层转变。我想要探索的正是这个问题的新立场,它也许少了些对立,而多了些丰富性。但是,在深入说明和诠释的新概念之前,我想要在一个稍后就会支配着研究的先决问题上停留片刻。这个问题就是:什么是文本?

I. 什么是文本？

【154】我们把所有通过文字（écriture）固定下来的话语（dis-cours）叫做文本（texte）。根据这个定义，文字固定对于文本本身是构成性的。但是通过文字被固定下来的东西是什么呢？我们已经说了：就是话语。这是不是是说，在物理上或者在心理上，话语本应该首先被说出呢？是不是所有的文字首先都是——至少在潜在的意义上——言语（parole）呢？简而言之，文本和言语之间的关系是什么呢？

首先，我们确实很想说：所有文字都是对某种先前说出的言语的补充。确实，根据索绪尔的观点，言语指的是，语言系统在话语事件中的实现，特殊的言说者对特殊话语的制造，这样，就语言系统来说，文本处于与言语相同的运作地位。另外，文字，作为创建，后于言语，文字的使命似乎就是通过用线形字体把所有在口语中已经出现的表达固定下来；对语音文字的几乎独有的关注似乎就确认了：文字并没有给言语现象添加什么，除了允许言语得以保存的固定；因此，就有了这种信念：文字是被固定的言语，记录——无论它是笔迹还是录音——，都是对言语的记录，这种记录借助刻写的稳定特征保证了言语的延续。

言语在心理学和社会学上对于文字的先前性并不成问题。我们仅仅可以追问：对于我们话语中的表述本身而言，是不是文字的后出现并没有引起根本的变化呢？那么，让我们重新回到我们的定义吧：文本是一种通过文字被固定的话语。通过文字被固定的东西，就是我们本可以说出来的话语——这是肯定的，然而准确来说，这就是我们写下的话语，因为我们不说它。通过文字进行的固定代替言语而出现,也就是说在那儿本可以产生言语的。于是我们可以追问:【155】当文本不限于转录一种早先的言语,而是直接在文字里记录话语要讲的东西时,文本在真正意义上是不是已经不是文本了?

可以使这个观点——即在表述的要说(le vouloir-dire de l'énoncé)与文字之间存在一种直接关系——显得令人信服的东西或许是,与文字相关的阅读功能。的确,根据某种关系——它接下来会让我们引入诠释这个概念,文字召唤阅读。目前,我们还是假定读者处于交谈者的位置,相应地,文字则处于说话和言说者的位置。实际上,写-读关系并不是说-答关系的一个特殊情况。这不是一种交谈关系,也不是一种对话的情况。认为阅读是通过作品与作者的对话,这种说法是不充分的;应该说读者与书的关系属于一种完全不同的性质;对话是问题和回答之间的交换;在作者和读者之间并没有这种方式的交换;作者并没有回应读者;准确来说是书把书写行为和阅读行为分成两边,在这两者之间并没有交流;在书写中读者是缺席的;在阅读中作者也是缺席的。文本在读者和作者之间制造了双重的遮蔽;正是通过这种方式,文本取代了把一方的声音与另一方的听觉直接连接在一起的对话关系。

在对话没有发生之处产生的阅读替代是如此的明显,以至于当遇到作者或者与之交谈(比如关于他的书)这样的机会突然降临在我们身上时,我们会对我们在作者的作品中以及通过作品与作者建立的如此奇特的关系产生一种深深的震惊感。有时我喜欢说,阅读一本书,就是视作者已经死掉,把这本书视为作者的身后之作。确实,正是当作者死掉时,与作品的关系才是完整的,而且也可以说是未遭受损害的;作者不再能回应,剩下的只是去阅读他的作品。

　　阅读行为和对话行为之间的这种区别确认了我们的假设：文字是一种与言语类似、与言语平行的运作，【156】一种取代言语甚至可以说是遮挡言语的运作。这就是为什么我们会说：发生在文字上的东西是作为言说意向的话语，而文字就是对这种意向的直接记录，尽管在历史上和心理学上，文字始于通过字体对言语符号的转录。这种文字的解放——它把文字放在与言语对等的位置上——正是文本的出生证。

　　现在表述自身会遇到什么呢，当它被直接记录而不是被说出来时？我们曾一直坚持那个最无可置疑的特征：作品保存话语，而且使之变成一个对个人和集体记忆都开放的档案。另外，我们也考虑到，符号的线性化使得可以对语言所有连续而含蓄的特征进行一种清楚而分析性的翻译，从而也提高了语言的效率。这就是全部？得到加强的保存和效率还只是描述了从口头语言到图示符号的转录特征。文本相对于口头语言的解放引起一种真正的动荡，不仅是语言和世界之间关系的动荡，也是语言与相关的主体性——作者的主体性和读者的主体性——之间关系的动荡。在区别阅读和对话的过程中，我们已经从第二种动荡中觉察到某种东西；应该要走得更远些，但是这次要从这样一种动荡出发，即当文本取代言语的时候，那种发生在从语言到世界的指涉关系上的动荡。

　　指涉关系或者指涉功能指的是什么呢？是这样的：在面向另一个对话者讲话时，话语主体就某事说了某话；他谈论的某事就是话语的所指对象；这个指涉功能，正如我们所知的，是由句子承担的，句子是话语首要的也是最简单的单位；句子以说出某种真的或者真实的东西为目标。至少在表述话语里是这样的。这种指涉功能是如此的重要以至于可以说它补偿了语言的另一个特征,即语言把符号与事物分开了;通过指涉功能,【157】语言把符号"注回世界"(按纪尧姆①的话来说),而象征功能,就其起源来说,则是要使得符号不出现在事物上。在某种程度上,所有话语就是这样和世界关联在一起。因为,如果我们不谈论世界,那么我们还能谈论什么呢?

　　然而,当文本取代言语时,某种重要的事情发生了。在言语交换中,言说者双方都是在场的,但是同时出现的还有话语的处境、气氛、情境。正是就这种情境来说,话语是充满意义的;指向现实最后就是指向这个现实,即"围绕着"言说者而得以呈现的现实,"围绕着"——如果我们可以这么说——话语现时发生得以呈现的现实;另外为了保证这种(现实在交谈情境上的)锚定,语言提供了很好的配备;指示词、关于时间和地点的副词、人称代词、动词时态以及一般来说所有"间接的"或"直接的"指涉用词都是用来把话语锚定在围绕着话语现时发生的情境现实里。这样,在鲜活的言语里,被说出来的东西的理想意义就自动折向真实的指涉对象,也就是人们就什么事情而谈论;最后,这个真实指涉对象就会趋于与一种直接指代混淆,在直接指代上言语与显示或者展现的姿势连接在一起。意义就消失在指涉对象中,而指涉对象则消失于显示中。

　　当文本取代言语时,情况就完全不同了。当文本打断对话时,由指涉到显示的运动被中断。我说的确实是被中断而不是被取消;正是在这一点上,以我们刚刚进行的精准观察为基础,后面

---

① 纪尧姆(Gustave Guillaume, 1883-1960),法国语言学家,主要研究人类语言起源中的语言心理机制,主要著作有《时间与动词》(*Temps et verbe. Théorie des aspects, des modes et des temps suivi de L'architectonique du temps dans les langues classiques*)(1929)等。——译者注

我将会远离从现在起被我称为绝对文本的意识形态的东西,绝对文本的意识形态通过一个不恰当的实体而走向虚假的极限。文本——我们将会明白——不是没有指涉对象;准确地说,这将是阅读作为诠释的任务,即实现指涉对象。至少,在指涉对象被推延的悬置中,文本可以说是"在空中",在世界之外或者没有世界;凭着对与世界关系的注销,【158】每一个文本都可以自由地与所有其他要取代由鲜活的言语呈现的情境现实的文本产生关系。

当那个大家就它而进行谈论的世界被忘却时,文本之间的关系产生了文本的准世界或者文学。

这就是当从指涉到显示的运动由于文本而处于被中断的状态时,影响话语本身的动荡;语词不再在事物面前被抹去;写出来的语词变成了为自己而存在的文字。

文本的准世界对情境世界的遮掩可以是如此的彻底,以至于这个世界本身拒绝成为人们在谈论中呈现的东西,而是化为作品所展开的灵晕(aura)。我们就是这样谈论古希腊世界,拜占庭世界。这个世界,我们可以说它是想象的,因为它是通过作品被现前化(présentifié)的,而世界曾经是被言语所呈现(présenté)的;但是这种想象物自身也是一种文学创作,是一种文学想象物。

文本与其世界之间关系的动荡是引起另外一种我们已经说过的动荡的关键,这另一种动荡影响了文本与作者和读者的主体性之间的关系。人们以为知道文本的作者是什么,因为他们从言语言说者的概念派生了作者的概念;本维尼斯特说,言语的主体就是那个在说出"我"之时就指称自己的人。当文本取代言语时,严格来说,已经没有言说者,至少就说话者在话语现时发生中立即而且直接指称自己的意义上来说是如此;从作者到文本的复杂关系取代了从言说主体到他自己的言语之间的切近,正是作者与文本之间的复杂关系使得可以认为作者是由文本创建,作者自身在被文字描绘和记录的意义空间里得以形成;文本是作者降临的地方。但是,作者不正是作为第一读者降临于文本的吗？作者通过他自己的文本而拉开距离,这已经是第一阅读的现象了,【159】第一阅读的现象一下子就提出我们马上就要遭遇的关于说明和诠释之间种种关系的问题整体;说明与诠释之间的这些关系是由于阅读才产生的。

II.　说明还是理解？

确实,正是在阅读中我们下面就会看到两种态度的对立,这两种态度我们在开头就已经将之冠名以说明和诠释。这种二元对立,我们最早是在狄尔泰的思想里遇到,狄尔泰就是这种二元对立的创立者。确实,在狄尔泰的思想里,这两者之间的区别构成一种必须互相排斥的抉择:要么您以自然科学家的方式进行"说明",要么您以历史学家的方式进行"诠释"。正是这种排斥性的抉择为下面的讨论提供了基础。我打算指出的是,正如我们在本篇文章的第一部分所建立的,文本这个概念要求革新说明和诠释这两个概念,然后借助于这种革新建立一个关于它们的关系的不那么对立的概念。也就是说,讨论将会有意引向在说明与诠释之间寻求一种紧密的互补性和交互性。

准确来说,在狄尔泰思想里,最初的对立并不是在说明和诠释之间,而是在说明和理解之间,因为诠释是理解的一个特殊区域。所以,应该从说明与理解之间的对立出发。然而,如果这种对立是排斥性的,那是因为在狄尔泰的思想里这两个词指定了两个不同的现实领域,而这两个词的功能就是区分这两个领域。这两个领域是自然科学领域和精神科学领域。自然领域是为科学观察提供对象的领域,这个领域自从伽利略以来一直服从于数学化的运作,而且自从约翰·斯图尔特·密尔(John Stuart Mill)以来又遵循归纳逻辑的各种法规。【160】精神领域是各种心理个体性的领域,在这些心理个体性中每一个心理都可以置身于某处(se transporter)。理解就是在陌生的心理中发生的这种转换。追问是否存在关于精神的科学,那就是追问关于个体的科学知识是否可能,个人的理解以它的方式是否可以是客观的,个人理解是否可能具有普遍的有效性。可以,狄尔泰答道,因为内在的东西呈现在种种外在的表征(signe)里,而这些外在表征可以作为陌生心理的表征得到感知和理解:"对于我们,理解指的是,"他在1900年那篇著名的关于诠释学的起源的文章里说道①,"一个过程,在这个过程中,我们可以借助于显现心理的感性表征来认识某种心理事物"(第320页)。诠释正是这种理解的特殊区域。在陌生心理的种种表征中,我们可以看到"以持续的方式固定的种种表露","通过文字保存下来的人类的种种见证","写下来的种种遗迹"。这样,诠释就是应用于这些表露、见证、遗迹——以文字为显著特征——的理解艺术。

在理解–诠释这一对概念里,理解提供了基底,也就是通过表征对陌生心理的认识,而诠释,得益于文字赋予表征的固定和保存,带来了客观化程度。

说明和理解之间的区别开始看似清楚;但是,一旦我们追问诠释的科学性条件,这种区别就会逐渐模糊不清。虽然说明已被

---

① 威廉·狄尔泰,"诠释学的起源和发展"(Origine et développement de l'herméneutique)(1900年),见《精神世界》(Le Monde de l'Esprit)第一卷,前揭,第319–340页。

逐出自然科学领域;但冲突却在诠释概念的核心处上重生。冲突在于:一方面,诠释概念被从属于理解的心理化概念,具有从理解的心理化概念而来的直觉的不可证实的特征;【161】另一方面,它要求具有与精神科学的概念连接在一起的客观性。诠释学这种在趋于心理化和寻求诠释逻辑之间的分裂,最终牵扯到理解和诠释之间的关系。难道诠释不是理解的种概念吗?而这个种概念不是又使得属概念分裂吗?种差(la différence spécifique),也就是通过文字进行的固定,在这里难道不是比所有表征的共同点——也就是在一个外在的东西中给出内在的东西——更重要吗?在诠释学上,哪一个更重要呢?是诠释包含在理解的范围之内还是它与理解的区别呢?施莱尔马赫,在狄尔泰之前,就已经见证诠释学规划内部的这种分裂——他是通过人类实践在浪漫天才性与语文学技艺之间的结合而跨越了这种分裂。而在狄尔泰那里,各种认识论的要求更加急迫。几代人把他区分于浪漫主义学者,又有几代人痴迷于认识论反思;这样,矛盾才暴露于光天之下。我们来听听狄尔泰对施莱尔马赫的评论吧:"诠释学的最终目标就是要与作者自身进行的自身理解相比更好地理解作者。"这是就理解心理学来说的。但是下面是就诠释逻辑而言的:"诠释学的功能就是在理论上建立——反对浪漫的任意性和可疑的主观论在历史领域旷日持久的僭越——诠释的普遍有效性,建立整个历史确定性的基础"(第 333 页)。这样,诠释学只有摆脱对他者理解的直接性才能实现理解的这些愿望;这就是说:摆脱对话价值;理解想要与作者的内心相契合,与之平等(s'égaler avec, *sich gleichsetzen*),重现(*nachbilden*)生成作品的创造过程。但是,这个意向和创造的种种表征,只有在施莱尔马赫所谓的作品的"内在的和外在的形式"里寻找,或者在使得作品成为有组织的整体的

"联接"和"连贯"中寻找,除此之外别无它处。【162】狄尔泰后期的作品(《在人文科学里建立历史世界》[*L'Édification du monde historique dans les sciences humaines*])更是加剧了这种张力。一方面,在胡塞尔的《逻辑研究》的影响下(正如我们所知道的,对于胡塞尔,表述的"意义"构建了一种既不在现实世界也不在心理现实的"理想性":它是没有现实落点的纯粹意义统一体),作品的客观面得以着重强调。类似地,诠释学来源于生活的创造性能量在各种作品——它们穿插于作者和我们之间——中的客观化。正是心理本身,即创造性动力,它被"含义"、"价值"、"目标"所呼唤走向这种媒介。这样,科学性的要求促使诠释、理解本身甚至自省——如果确实记忆自己追随本身并不是心理现象的含义——进行一种更加激进的去心理化。生活的外在化意味着对自己和他者的诠释总是更加间接和需要媒介。但是,正是这个以心理学方式提出来的自己和他者,是诠释追求的;诠释追求的正是对经历过的经验进行一种再现(reproduction)、重现(*Nachbildung*)。

后期的狄尔泰所见证的这种无法忍受的张力,促使我们去追问支配着下面的讨论的两个问题:难道不应该决然地放弃诠释对理解的参照,并且拒绝把对写下来的遗迹的诠释变成一种对内在心理的外在表征进行理解的特殊情况吗? 但是如果诠释不再在理解他者中寻求可理解性准则,那么它与说明——我们已经排除在外的——的关系不是又重新陷入了混乱吗?

III. 文本与结构性说明

【163】我们要从我们对文本和其独立地位——这个独立地位是我们将之与言语和言语交换相比较而得出的——的分析出发。

通过文本的准世界对周遭世界进行的遮蔽产生了两种可能性。我们，作为读者，可以停留在文本的悬置中，视之为没有世界也没有作者的文本；那么我们就是通过其内在关系和其结构来说明文本。或者，我们可以解除文本的悬置，在言语中完成文本，在鲜活的交流中释放文本；那么我们就是诠释文本。这两种可能性都属于阅读，而阅读是这两种态度的辩证关系。

在考虑它们的联结之前，我们先分别来看看这两种态度。我们可以对文本进行第一种阅读，这种阅读注意到——如果我们可以这么说——文本对与我们可以呈现的世界的以及与可以对话的主体性的所有关系都进行了遮挡。在文本"场地"(lieu)里进行的转换——这个场地是一种豁免(non-lieu)——构建了就文本而言的特殊规划，即延续对世界和言说主体的指涉关系的悬置。由于这种特殊规划，读者决定逗留在"文本的场地"里以及在这个场地的"界内"(clôture)；在这个选择的基础上，文本没有外部，只有内部；它也没有那种超验的目标，仿佛人们就某事面向某人说出言语似的。

这个规划不仅是可能的，而且是合法的；确实，文本作为文本的构建和文本的网络系统作为文学的构建，使得可以对话语的双重超验——面向世界和面向他者——进行遮挡。由此，关于文本的说明行为就成为可能。

这个说明行为，不同于狄尔泰所想的，丝毫没有借用于另一个知识场域以及另一种认识模式，【164】它只借助于语言模式本身。这不是一个事后延伸到精神科学的自然科学模式。自然-精神的对立在这里根本不起任何作用。如果存在某种借用，它也是发生在同一场域的内部本身，即符号的场域。确实，根据说明的原则来处理文本是可能的，语言学成功地把说明的原则运用于符

号——是符号构建了与言语对立的语言系统——的简单系统；正
如大家所知,语言系统-言语之间的区别是赋予语言学一个同质
对象的基本区别；如果言语属于生理学、心理学和社会学,那么语
言系统,作为游戏规则——言语是对它的执行——只属于语言
学。同样众所周知的是,语言学只认识由丧失自身含义的单位构
成的系统,每一个单位只能通过与其他单位的区别得以界定。这
些单位,尽管它们完全是互相区别的,就像语音联结或者含义联
结的单位,就像词汇联结的单位,是一些互相对立的单位。正是
发生在分散单位的编制内部的对立和组合的游戏,界定了语言学
上的结构概念。

　　正是这种结构模式为我们现在要看到的应用于文本的说明
行为提供了典范。

　　在着手这件事情之前,人们也许会提出异议:我们不能把仅
仅对与言语相区别的语言系统有效的规则应用于文本。文本虽
然不是言语,但是我们还可以说,相比语言系统来说文本不是与
言语站在同一边的吗？话语作为表述的延续,说到底也就是句子
的延续,难道不应该把它和语言系统整个地对立起来吗？如果语
言系统和言语被置于同一边,也就是话语的那一边,那么,相对于
语言系统-话语之间的这种区别,言语-文字之间的区别是不是次
要的呢？这些意见是完全有道理的,它们使得我们去思考:所谓
的结构性说明模式无法详尽地研究有关文本的所有可能态度构
成的场域。但是在指出说明行为的限度之前,【165】应该要看到
它的丰富性。对文本的所有结构性分析的研究性假设是这样的:
尽管,就相对于语言系统来说,文字与言语站在同一边,也就是话
语的一边,这是事实,但是与实际言语相比较,文字的特性就在于
易于被看作话语中的语言系统之相似物的那些结构性特点。这

个研究性假设是完全合理的;它在于指出,在某些条件下,语言的各种大单位,也就是比句子更加高级的单位,提供了与语言的小单位类似的组织。这种小单位也就是比句子更加低级的单位,准确来说就是那些语言学管辖范围内的单位。

在《结构人类学》①里,克劳德·列维-斯特劳斯(Claude Lévi-Strauss)就神话这一文本范畴提出了这个研究性假设:"就像所有的语言事物,神话是由一些构成性的单位形成的,这些构成性的单位意味着那些在语言结构里正常起作用的单位——也就是音素(phonème)、符素(monème)和义素(semantème)——的出现。但是它们相较于义素就像义素本身相较于符素以及符素相较于音素。由于一种更高级的复杂性,每一种形式都不同于先于它的形式。正是因为如此,我们把这些纯粹从属于神话的单位(而且它们也是最复杂的单位)称为:构成性的大单位"(第233页)。借助于这个研究性假设,这些大单位——最小具有句子的规模,而它们首尾相接则构建了属于神话自身的叙事——也可以根据与语言学家所熟知的最小单位相同的原则来处理;为了标明这种类似性,克劳德·列维-斯特劳斯才谈论神话素,犹如人们谈论音素、词素(morphème)和义素。但是,为了不要越出神话素和低级语言单位的类似性的范围,【166】文本分析必须进行一种与音位学家所实践的相同抽象。对于音位学家,音素并不是一个完全在其声音实体里面得到的具体声音;这是一种由切换法(méthode commutative)而界定的功能,这种功能在与其他音素相比较而产生的对立价值中发生作用;从这个意义上来说,它并不像索绪尔说的那样是"实体",而是"形式",也就是说是关系之间的游戏;同

---

① 克劳德·列维-斯特劳斯,《结构人类学》(*Anthropologie structurale*),巴黎,普隆出版社,1958-1971年。

样,神话素并不是关于组成神话的句子中的一句,而是一种依附于多个特殊句子的对立价值。这些特殊句子,用列维-斯特劳斯的话来说,构建了一个"关系束":"只有在这样的关系束组合的形式里,构成性单位才能获得一种有所意味的功能"(第 234 页)。我们在这里所称的有所意味功能根本不是神话想要说的东西,也不是它的哲学和存在的作用,而是编排(arrangement),对神话素的布置,简而言之就是神话结构。

这里,我简单回顾一下列维-斯特劳斯根据这种方法就俄狄浦斯神话所做的分析。他把这个神话的所有句子分成四栏,在第一栏里他放置了所有谈论被高估的亲族关系(例如:俄狄浦斯娶她母亲伊俄卡斯忒[Jocaste]为妻,安提戈涅[Antigone]埋葬了他的兄弟波吕尼刻斯[Polynice],尽管这是禁止的)的句子;在第二栏里我们发觉是相同的关系,但是这种关系受到相反特征的影响:被低估或者被贬低的亲族关系(俄狄浦斯杀害了他父亲拉伊俄斯[Laïos],厄忒俄克勒斯[Etéocle]杀害了他兄弟波吕尼刻斯);第三栏涉及怪物们和它们的毁坏性;第四栏集合了所有意指无法端正走路(瘸腿的,左拐的,脚肿的)的专有名词。这四栏之间的比较呈现了一种关联性。在第一栏和第二栏之间我们看到了交替存在的被高估或者被贬低的亲族关系;在第三栏和第四栏之间,我们先看到对人本性的肯定然后又是对其的否定:"由此可以得出,第四栏之于第三栏的关系与第一栏之于第二栏的关系是相同的……;高估血缘亲族关系相较于低估这种关系就像努力逃脱人之本性相较于不可能成功逃脱它。"【167】那么神话就像一种逻辑工具,它为了克服矛盾而接近矛盾:"在某些关系组之间建立联接的不可能性通过肯定的方式而得到克服(或者更准确地说是被替代),这种肯定方式指的是两种矛盾关系在它们之间是相同的,这是在这样的意义上说的,即每一种关系,如同另一种关系,是与自己相矛盾的"(第239页)。后面我们还会回到这个结论上;在这里我们只是提出它而已。

确实我们可以说,我们说明了神话,但是我们没有诠释神话;通过结构分析的方式,我们凸显了使得关系束之间互相关联起来的那些运作的逻辑;这种逻辑构建了"所谈神话的结构规则"(第241页)。我们一定注意到了:这个规则,尤其适用于阅读,而完全不适用于从朗诵——在朗诵中神话的能力在某种特殊情况里会得到激活——的意义上来说的言语。这里,如果悬置文本对我们的含义,如果悬置现时言语中的所有实行,文本只是文本,而且阅读只停留在作为文本的文本中。

我刚刚举了一个神话领域的例子,我可以在相邻领域再举一个别的例子,比如民间故事的领域;这个领域已经被俄罗斯普洛普①流派的形式主义者和法国的叙事结构分析专家罗兰·巴特(Roland Barthes)和格雷马斯②探讨过了。在这些人的思想里,我们看到了和列维-斯特劳斯相同的假设:高于句子的元素与低于句子的元素具有相同的组合原则;叙事的意义就在于对元素的编排;意义在于把亚元素合并成整体的能力;反过来,某一个元素的意义就在于它与其他元素以及与作品整体产生关系的能力;这些假设在一起界定了叙事的范围;那么结构分析的任务就在于进行分割(水平方面),然后在整体中建立由各个部分组合起来的各种

---

① 普洛普(Vladimir Propp, 1895–1970),对民间故事进行结构分析的形式主义者和语言学家,主要著作有《民间故事形态学》(*Morphologie du Conte*)、《神话故事的历史根源》(*Les Racines historiques du conte merveilleux*)等等。——译者注

② 格雷马斯(Algirdas Julien Greimas, 1917–1992),立陶宛裔法国语言学家和符号学家,主要著作有《结构语义学》(*Sémantique structurale*, 1966)、《论意义》(*Du sens*, 1970)、《论意义 II》(*Du sens II*, 1983)等等。

层次(等级方面)。这样,当分析者隔离各个行动单位时,【168】对
于他来说这就不是那些趋于被经验的心理单位或者易于陷入一
种行为心理学的行为单位;这些序列的端点只是叙事的"转折"
点,就像如果我们改变某一个元素,整个后续发展都会跟着不同;
在这里我们看到切换法从音位学的层次搬移到了叙事单位的层
次。那么,行动逻辑就包含在各个行动核的连贯中,这些行动核
在一起构建了叙事在结构上的连续;这种技术的应用导致了对叙
事的"非线性时间化"(déchronologiser),从而展示了隐藏在叙述
时间之下的叙述逻辑。最终,叙事也许可以归结为几个戏剧性元
素的组拼——承诺、背叛、阻碍、帮助,等等——它们便是行动的范
式。那么一段序列就是一段行动结(noeuds d'action)的连续,每一
个行动结都会关闭由上一个选言肢打开的选言肢;随着这些选言肢
互相连接,基本单位嵌入更大的单位里;比如,一次会面包含着一些
基本的行动,诸如靠近、招呼、迎接,等等。说明叙事就是要领会这
种错综复杂,这种从嵌套的行动过程中流露出来的结构。

　　叙事里"人物"之间的同质关系正是对应于行动之间的这种链接
和嵌套。由此,我们就明白了,那些人物根本就不是具有自己的存在
的、心理上的主体,而是与本身就被形式化了的行动相应的角色。人
物是由行动的唯一谓语、叙事和句子的语义轴心界定的;人物,就是那
人……向谁……、被……的人、和谁……,等等,这样行动就完成了;就
是那个承诺的人、那个接受承诺的人、施动者、接收者,等等。结构分
析就这样呈现了与行动等级对应的人物等级。

　　那么,接下来就要把叙事合成一个整体,并且把它放回叙述交
流中。这就是由叙述者向接收者讲述的话语。但是,对于结构分析
来说,这两个交谈者只需在文本里去找寻,除此之外别无他处;
【169】叙述者只能由叙述性的符号指定,这些符号属于叙事的构建

本身。只有这三个层次(行动层次,人物层次,叙述层次)属于语言符号学的范围,只有叙事使用者的世界,而这个世界或许可以属于其他的符号学学科(社会系统的、经济系统的和意识形态系统的)的范围;但是这些学科不再是具有语言特征的学科。语言模式向叙事理论的这种搬移正好证实了我们最初的觉察:今天,说明不再是一个借用于自然科学再转换到其他领域——文字遗迹的领域——的概念;而是来自与语言相同的领域,经过了从语言系统的小单位(音素和词素)向比句子更高级的大单位(诸如叙事、民间传说、神话)的类似转换。从此,诠释,如果我们仍然有可能赋予它某种意义,将不再面对一种外在于人文科学的模式;它将与一种可理解性模式进行论争,这种可理解性模式,从它诞生起——如果我们可以这么说——就属于人文科学,而且属于这个领域的前沿学科:语言学。

从今以后,那就是在同一个场地,在语言范围之内,去展开说明和诠释的论争。

IV. 走向诠释的新概念

现在我们就来看看就文本我们可以采取的另一态度,那种我们将之称为诠释的态度。首先是要通过与前一种态度的对立,也就是通过一种仍然接近狄尔泰的方式,我们来介绍这种态度。但是正如后面会看到的,应该要逐渐地进入说明与诠释之间的更加紧密的互相补充和互相影响的关系。

【170】我们再次从阅读说起。我们说过,有两种方式的阅读摆在我们面前。通过阅读,我们可以延续和加强悬置,正是这种悬置影响着文本的指涉,世界的和说话主体相遇的氛围,说明的态度。但是我们也可以解除这种悬置,而通过现时言语完成文

本。这第二种态度就是阅读的真正目的。因为正是它揭示了悬置的真正性质,而悬置深深影响着从文本到含义的运动。如果没有首先出现这件事情,即作为文字的文本等待和呼唤阅读,那么另一种阅读甚至是不可能的;如果这种阅读是可能的,那确实是因为文本并没有封闭自己,而是向另一种东西敞开着;阅读,无论如何,都是把一种新话语与文本话语连贯在一起。话语与话语之间的这种连贯,在文本构建本身上,揭示了一种作为其开放特征的原始复述能力。诠释就是这种连贯和复述的具体结果。

首先,我们将需要站在说明概念的对面来建立诠释概念,这并没有让我们明显远离狄尔泰,只是,由于说明概念来源于语言学和符号学,而不是借自自然科学,从而这个概念在相反的意义上得到了加强。

根据第一层意思,诠释保存了化为己有的特征,施莱尔马赫、狄尔泰和布尔特曼①都在它身上看到了这个特征。老实说,这层意义不会被抛弃;它只是通过说明本身而变成间接的,而不是通过直接的和完全幼稚的方式与说明概念相对立。关于化为己有,我指的是:文本诠释在主体诠释自己中得以完成,从今以后主体更好地理解自己,以不同的方式理解自己,甚或开始理解自己。在理解自己中完成对文本的理解,这种完成描述了反思哲学——在不同的场合我称之为具体反思——的特征。在这里,诠释学和反思哲学既互相关联又互相作用。【171】一方面,理解自己要绕道经历对文化符号的理解,正是在这些文化符号里自己为自己找到了资料以及得以形成他自己;另一方面,文本理解并不是它本

---

① 布尔特曼(Rudolf Bultmann, 1884-1976),德国神学家,研究新约的专家,他提倡对新约的去神话化解读,主要著作有《共观福音书传统的历史》(*Geschichte der synop-tischen Tradition*)、《新约与神话》(*Neues Testament und Mythologie*)等等。——译者注

身的目的,它使得主体——他在直接反思的捷径中找不到他自己
生活的意义——与自己的关系成为间接的。如此,同样应该要指
出,如果没有符号和作品作为媒介,那么反思什么也不是;而且,
说明如果没有以媒介之身份融入自身理解的过程,那么它什么也
不是;简而言之,在诠释的反思中——或者在反思诠释中——,自
身的构建和意义的构建是同步的。

通过化为己有这个术语,我们还要强调(诠释的)两个特征:
整个诠释学的目标之一是要抵制文化上的距离;这种抵制本身可
以通过纯粹时间性的方式理解自己,就像一种对长期疏远的抵
制;或者通过更加诠释学的方式理解自己,就像一种对从意义本
身来说——也就是说就文本得以建立的价值体系来说的——的
疏远的抵制;从这个意义上来看,诠释就是"靠近","使平等",使
"同步和相似",就是真正地让首先是陌生的东西成为自己的。

但是,在把诠释的特征描绘为化为己有时,我们特别想要强
调诠释的"现时"特征:阅读就像演奏音乐谱;它标志着文本的各
种语义可能性的实现和变成行为。这个特征尤为重要,因为它是
另外两个特征的条件:战胜文化上的距离,文本诠释与自身诠释
的结合。确实,这个诠释所特有的实现特征揭示了阅读决定性的
一面,也就是阅读在一个类似于言语的维度上完成文本话语。在
这里,从言语概念中所获取的不是言语要被大声说出来,而是言
语是一个事件,一个话语事件,话语现时发生,正如本维尼斯特说
的。文本的句子意味着当场而现时。【172】那么,"现时化的"文
本就找到了一种氛围和碰面;它恢复被截断和被悬置了的从指涉
对象到世界和主体的运动。这个世界,是读者的世界;这个主体,
就是读者本身。在诠释中,我们会说,阅读变得像讲话。我没有
说,变成了讲话。因为阅读从来就没有等同于言语的交换或者等

同于对话;只是阅读在这样一个行为中具体地得到完成:这个行为之于文本就像讲话之于语言系统,也就是说这个行为是话语事件和话语现时发生。文本也许只有一种意义(sens),即它的内在关系,它是一个结构;现在它又有了一种含义(signification),也就是阅读主体在话语自身中的实现;通过它的意义,文本也许只有一个符号学维度;现在通过它的含义,它又有了语义学维度。

我们要在这里驻留片刻。我们的探讨已经达到了一个关键点:在这里,被理解为化为己有的诠释,从结构分析的意义上说仍然还在说明之外。我们依然将它们视为两种互相对立的态度,似乎应该要在这两种态度之间做某种选择。

现在我想要跨越这种互相矛盾的对立,而呈现使结构分析和诠释学互相补充的联结。

为此,很重要的一点是要展示:这两种我们把它们对立起来了的态度,如何通过它们所固有的特征而互相呼应。

我们重拾从神话理论和叙事理论中借用的结构分析的那些例子。我们要全力坚持意义(sens)概念,这个概念似乎已严格归结为文本中各个元素之间的编排,在被视为封闭于其自身的整体的叙事内部,则归结为各个行动环节和各个人物之间的组合。事实上,叙事和神话的意义根本不会停留在一种如此形式化的概念上。比如,列维-斯特劳斯所谓的神话素,在他看来就是神话的构成性单位,而神话素在自身有含义的句子里得以表述:俄狄浦斯杀害他的父亲,俄狄浦斯娶他的母亲为妻,等等。那么我们可以说结构性说明抵消了句子本身的意义以便维持它们在神话里的位置吗?【173】虽然列维-斯特劳斯把神话素归结为关系束,这种关系束仍然来自于句子的秩序;虽然对立者之间的游戏以非常抽象的方式构成,但是它还是来自于句子和其含义的秩序。如果我们谈论高估或者低估的血缘关系,人的本性或者非本性,这些关系仍然可以以句子的形式书写出来;血缘关系是所有关系中最高级的,但是比如在禁止乱伦的情况中,血缘关系比社会关系要低级。最后,在列维-斯特劳斯看来,神话企图去解决的矛盾自身会在有所意味(signifiante)的关系里得以表述;列维-斯特劳斯无意中承认了这一点,当他写道:"如果我们认识到神话思想来自于对某些对立的觉悟并且趋于逐渐调合这些对立,这些选择的原因就出现了"(第 248 页)。他甚至还写道:"神话是一种用于调合生命和死亡的逻辑工具"(第 243 页)。在神话的背后,有一个意味深远的问题,一个关于生命和死亡的问题:"我们来自其中的一个还是两个都有呢?"这个问题还以这样的形式表达出来:一个东西是来自于它自身还是来自于别的东西,这个问题有关对起源的焦虑:人是从哪里来的,他来自大地,还是他的父母? 如果没有这些有意义的问题,这些关于人的起源和终结的命题,那么既不会有矛盾也不会有要解决矛盾的企图。但是,正是神话——作为起源的叙事——的这种功能,人们曾想把它搁置起来。这种功能,结构分析无法厘清它,只是将之推向更远的地方。神话并不是任意命题之间的逻辑工具,而是那些指向极限处境、起源和终结、死亡、痛苦和性关系的命题之间的逻辑工具。结构分析,远非要让这种根本的追问消失,而是要将之回归到一种更加根本的层次。那么,难道结构分析的功能不正是要拒绝表层语义学,被讲述的神话的语义学,以便呈现一种深层语义学——如果我敢说——就是关于神话的活语义学吗?【174】我乐于相信,如果结构分析的功能不是这样的,那么它会归结为一个贫瘠的游戏,一种令人可笑的拼合,而神话则会被剥夺列维-斯特劳斯在神话上认识到的这个功能,因为他宣称神话思想源自对某些对立的觉悟以及趋于逐渐调合这些对立。这种觉悟正是对各种生存疑难的觉悟,神话思想就是以这些疑难为中心而展开的。取消这种有所意味的意向可能会把神话理论归结为对人性的无意义话语的讣告。相反,如果我们把结构分析看作是一个阶段——而且是一个必要的阶段——,它处于简单诠释和批判性诠释之间,处于表层诠释和深层诠释之间,那么,把说明和诠释重新置于唯一的诠释学之虹(*arc herméneutique*)上是可能的,在阅读——作为意义的复述——的整体构想里组合说明和理解这两种相对立的态度也是可能的。

如果我们现在就转向初始矛盾的第二个术语,我们将朝着调和说明与诠释的方向上又迈进一步。直到这里我们研究的是一个仍然相当主观的诠释概念。诠释,我们已经说过,就是当场现时地将文本的意向化为我们所有。当我们这么说时,我们仍然停留在狄尔泰所说的"理解"的范围之内。但是,我们刚刚关于文本深层语义学——结构分析指向的就是它——所说的东西让我们明白:对于服从其(文本)命令的人来说,文本的意向或者目标——在首要意义上——并不是被假定的作者意图,也不是我们可以想象置身于其中的作者经历,而是文本想要的东西、文本想要说的东西。文本想要的东西,这就是把我们放进它的意义(sens)中,也就是说——根据对 sens 这个词的另一意思——让我们处于相同的方向上。所以,如果意向就是文本的意向,如果这个意向是它为思想开启的方向,那么应该要在一种完全动态的意义上理解深层语义学;【175】那么我会说:说明,就是指出结构,也就是说指出构建文本的静止形态的各种内在依赖关系;诠释,就是行走在文本打开的思想之路上,沿着文本所指的方向(orient)上路。这个发现促使我们去修正诠释的初始概念,而且在诠释的主观运作——作为关于文本的行为(acte *sur* le texte)——之内去找寻一种诠释的客观运作，它将是文本的行为(acte *du* texte)。

我借用我的新近研究中举过的一个例子，这个新近研究是对在《创世记》(1,1-2,4a)里关于创造的宗教叙事的注释：这个注释呈现了——在文本的内部——两种叙事的游戏：一种是事实表述(Tatbericht)，在其中创造被表述为行动叙事："上帝做……"，另一种是言语表述(Wortbericht)，也就是言语叙事："上帝说，于是这就是。"可以指出的是，第一种叙事起着教义(tradition)的作用，第二种是诠释的作用。这儿有趣的是，诠释，在成为行为和注释者之前，就已经是文本的行为了：诠释与教义之间的关系是文本内部的关系；对于注释者而言，诠释就是要把自己置于由文本本身承载的诠释关系所指出的意义中。

这个客观诠释的概念——而且它可以说是在文本内部的概念——没有什么不同寻常的。它甚至有一种堪与主观诠释相对抗的古老性。我们都记得，主观诠释是与理解他者的问题联系在一起的，而理解他者是透过他者从其意识生活给出的表征(signe)而进行的。就我而言，我特意把这个新的诠释概念与亚里士多德在题为《论诠释》的专论里的诠释概念联系在一起。亚里士多德的诠释(hermeneia)，不同于神的和神谕诠释者的诠释技术(hermèneutukè technè)，而是关于事物的语言行为本身。对于亚里士多德，诠释并不是我们相对于第一语言在第二语言里所做的事情，而是第一语言就已经做了的事情，【176】因为我们与事物的关系通过符号(signe)而变得间接；因此，诠释，根据波伊修斯①的评论，就是有意义的声音——它自身就意味着某种

---

① 波伊修斯(Boèce,亦写作 Boethius, 但是原文中 Boèce 的写法好像并不存在)(480-525)，古罗马哲学家，他翻译和评论了亚里士多德作品，主要著作有《哲学的慰藉》(*Consolatio Philosophiae*)等等。——译者注

或者复杂或者简单的东西——的实现(l'oeuvre même de la *vox sig-nificativa per se ipsam aliquid sig-nificans, sive complexa, sive incom-plexa*)①。这样,是名词、动词、话语在诠释,因为它们意味着什么。

确实,从亚里士多德的意义上来说,诠释并不是完全为理解同一个文本的多层含义之间的动态关系而准备的。事实上它预先假定的并不是文本理论,而是言语理论:"通过嗓子发出的声音是心灵的各种状态的象征,而写出的语词是由言语发出的语词的象征"(《论诠释》,§1)。这就是为什么诠释与言语自身的语义学维度混淆在一起:诠释,就是话语(discours)本身,就是全部的话语。尽管如此,从亚里士多德那里我得出了这样一个观点:在成为关于语言(*sur* le langage)的诠释之前,诠释是一种通过语言(*par* le langage)而进行的诠释。

正是在查尔斯·桑德斯·皮尔士②的思想里我将找寻一种与注释学要求的诠释概念相近的诠释概念,因为注释学把诠释和在文本内部的教义联系在一起。根据皮尔士,"符号"与"对象"的关系使得另一种关系——从"心理表象③"(interprétant)到"符号"的

---

① 此处利科引的是拉丁原文,法语翻译如下:l'oeuvre même de la voix significative qui signifie par elle-même quelque chose, soit complexe soit incomplexe。——译者注

② 查尔斯·桑德斯·皮尔士(Charles Sanders Peirce, 1839–1914),美国数学家、逻辑学家、符号学家、哲学家,美国实用主义的奠基人之一,他一生著述浩瀚,而且涉猎广泛,生前在科学性杂志报刊上发表很多文章,但亦有很多未来得及发表。在1931至1935年出版了皮尔士的作品集(共6卷),涉及哲学、逻辑、数学和实用主义。——译者注

③ 皮尔士认为符号指涉活动是三个元素之间的运作:符号、对象和符号与对象之间关系的心理表象。比如说我想谈论狗:"狗"这个字是符号,而这个字所指涉的就是对象了,在这里第一层心理表象是从"狗"这个字上我们所共同领会的东西,即狗的定义;这一层关系为第一层关系,被皮尔士称为符号指涉关系的基底。正是在此基础之上,我才可以在心里想象某条我想要谈论的狗,这样在我的心里就产生了另一个心理表象,心理表象可以不断生成,直到交流或者思考达到真正的穷尽时才会停止。——译者注

关系——可以穿插在前一种关系上；对我们来说重要的是，从符号到心理表象的关系是开放的，因为总是存在另一种心理表象可以使第一层关系（即从符号到对象的关系）变成间接的。格兰杰在《论风格哲学》里说得很好："符号在精神上引起的心理表象不可能是单纯简单的推断——它只是从符号里提取的某种本来就已经包含在里面的东西——的结果（……）心理表象是评论，是定义，是在与对象的关系中对符号的注解。它本身就是象征性的表述。符号–心理表象之间的联合——它通过某种心理过程得以实现——【177】变得有可能的条件是，通过言说者和听者之间的经验形成的或多或少不太完整的共同体……这种经验永远都不能完美地归结为观念或者符号对象，我们说过，经验才是观念或者符号对象的结构。由此，这就是皮尔士说的心理表象系列的模糊特征"（第104页）。

当然，把皮尔士的心理表象概念应用于文本的诠释，必须非常谨慎；他的心理表象是符号的心理表象；而我们的心理表象是表述的心理表象；但是我们对心理表象的使用——即把它从小单位搬移到大单位——恰好类似于结构主义者们把组织规则从小于句子的单位转换到大于或者等于句子的单位。在结构主义的情况里，正是语言系统的音位结构用作高级表达结构的编码模式。在我们的情况里，正是词语单位的特征被搬移到表述和文本的层次上。所以，如果我们很好地意识到了这种搬移的类似特征，我们就可以这么说：心理表象的开放性系列（它穿插于符号与对象的关系中）呈现了客体–符号–心理表象之间的三角关系，这种三角关系可以充当另一种在文本层次上得以构建的三角关系的模式：对象，就是文本自身；符号，就是由结构分析得出的深层语义学；而心理表象的系列，就是由诠释共同体产生并被编入到文本动力学中的诠释连续整体,就像意义在其自身进行的运作。在这个连续整体上,前面的心理表象对于后面的心理表象充当着教义的角色,而后面的心理表象才是严格意义上的诠释。

这样在亚里士多德的诠释概念以及特别是皮尔士的诠释概念的启发下,我们已经尽可能地对诠释概念进行"去心理学化",并且把它和在文本里进行的运作联系在一起。从此以后,对于注释者而言,诠释就是把自己置于由文本承担的诠释关系所指示的意义里。

【178】被理解为化为己有的诠释概念并没有因此被取消;这个概念只是被转移到整个程序的尾端;它位于我们前面所称的诠释学之虹的末端;它是这座桥的最后一个桥墩,是诺亚方舟在经验大地上的停靠点。但是整个诠释学理论就在于通过心理表象的系列——它归属于文本在其自身上进行的运作——使得这种诠释-化为己有的关系成为间接的。当化为己有是复述意义在文本内部进行的运作、实现和正在实现——也就是酝酿——时,那么它就丧失了它的任意性。诠释者的言说是使文本的言说复活的一种复述(Le dire de l'herméneute est un re-dire qui réactive le dire du texte)。

在这项研究的尾端,阅读看起来就是在其中文本的使命得以完成的具体行为。正是在阅读中,说明与诠释——无限地——互相对立而又互相调合。

说明和理解
论文本理论、行动理论和历史理论
之间一些值得注意的关联

致乔治・范・瑞尔（Georges Van Riet）教授

【179】说明和理解之间的论争由来已久。它同时关涉到认识论和本体论。更加准确地说，这个论争开始于简单分析我们思考和谈论事物的方式，但是，通过论证运动，这种论争面向了事物本身，而事物本身又需要我们依托于它们而建立的想法。最初，问题是要搞清楚：各种科学，无论是自然科学还是人文科学，是否构建了一个连续的、同质的、最后统一的整体，或者，在自然科学和人文科学之间，是否应该建立一种认识论上的断裂。在问题的第一层面上，术语"说明"和"理解"是两个互相对峙的阵营的象征。在这一对术语之中，术语"说明"代表的观点是自然科学和人文科学之间并无差别，它们在认识论上是连续的；然而术语"理解"指的是人文科学的不可化约性和特殊性的诉求。但是，最终，除了这样的预设：在事物本身中，表征和惯例的秩序不可化约为服从

规则的事实的秩序,还有什么可以为这种认识论上的二元论奠基呢?于是,在自然的存在方式和精神的存在方式的最终区别里建立自然科学和人文科学之间方法论上的多元论和认识论上的非连续性奠基,也就成了哲学的任务。【180】

本文的目标就是质疑这种二元对立,它为理解和说明这两个术语指派了在认识论上互相区别的两个领域,而这两个领域又分别涉及两种不可化约的存在模式。

我要获得论据的地方是相似性,或者更好地说,是同质性。这就是今天我们可以在这三个问题(即文本的问题、行动的问题以及历史的问题)之间建立的东西。确实,在这些理论领域的每一个当中,通过各自独立的方式,相似的矛盾促使我们重新质疑说明和理解在方法论上的二元论,而且用一种精巧的辩证法代替生硬的二选一抉择。辩证法,我指的是这样一种思考,即根据它说明和理解并没有构建具有互相排斥关系的两极,而是构建了一个复杂程序——我们将之称为诠释——中互相关联的因素。这种另外的解决之道也有其认识论维度和本体论维度。认识论维度:如果在这些方法之间有一种这样互相蕴涵的关系,那么在自然科学和人文科学之间我们理应可以同时找到方法论上的连续性和非连续性、亲缘性和特殊性。本体论维度:如果说明和理解在方法论层次上是紧密地联系在一起的,那么就不可能把一种存在者上的二元论与一种方法上的二元论对应起来了。同样地,哲学命运也就不再与一种方法区别的命运有什么关系了。这就是相信:哲学是与一个学科或者一组学科联系在一起的,而这些学科应该可以避免数学或者试验的科学性的普遍统治。如果哲学要继续存在下去,这无需挑起方法论上的分裂。它的命运与这样一种能力联系在一起,这种能力指的是使方法论本身从属于一种更加根本的关于我们与事物和存在的真理关系的观念。正是通过这种极端化的运动，哲学得以界定，在结论中我将简单总结一下这种极端化运动。

【181】但是，在最终走到这个终极问题之前，我们先在认识论层次上考察一下这个论争。在看到问题在那三个领域之间——今天它的命运就决定于这三个领域之间——的不同走向之前，我们先思量一下，在理解的理论里，什么东西会促使对说明和理解关系的纯粹二元对立想法进行完全的修正。

狄尔泰是本世纪初理解理论最典型的德国代表。根据他的精神，根本就不牵涉到要把不知其名的某种浪漫蒙昧主义与源自伽利略、笛卡尔和牛顿的科学精神对立起来，而是要给与理解一种与说明平等的科学性尊严。所以，狄尔泰并不能只限于把理解建立在我们可以在他者给出用以领会的表征——无论这是来自动作和言语的直接表征还是由文字、遗迹或者一般来说由人类现实在其身后留下的记录而构建的间接表征——的基础上移情到陌生心理经验中的能力上。只有当我们可以在这种"理解"上建立一种真正的知识——这种知识在表征理解中保存着它的发源标记，但还具有真正的知识所拥有的组织性、稳定性和一致性的特征——，我们才有权来谈论人的科学。这样，首先要承认：只有由文字或者某种等同的记录方式固定的表征才适合科学所要求的客观化。接着还应该承认：心理生活——为了得以记录——必须包含着稳定的连贯，一种合法建立的结构。由此，是生活在表征中得到表达并因而得到诠释，这促使狄尔泰把黑尔格的客观精神的各种特点重新引入一种仍然还是浪漫主义的哲学里。

内在于理解理论的这些困难对于试图重新提出说明和理解之间的关系——这是我现在想要概述的——是一个很好的介绍。

在进行这件事的同时,【182】我将逐渐地进入到今天这个问题被讨论的三个主要领域:文本理论、行动理论和历史理论。正是从这三个理论之间的紧密关系中得以引出理解和说明之间的一种一般辩证法的观念。

I. 文本理论

我从文本理论开始,因为这个理论仍然属于符号问题。正是在这个问题上狄尔泰建立了他对理解的辩护。但是我又不想局限于纯粹的符号学考量里。这就是为什么我要利用行动理论和历史理论把开始仅限于符号学层次的论争扩展到哲学人类学的维度。从这点来看,没有什么比文本、行动和历史之间互相映射的游戏更有趣的了。下面我会谈到这一点的。确实,正是透过人类学领域的这三重理论关联,理解和说明之间灵活的辩证法得以展开。

文本理论为方法论问题的根本修正提供了一个很好的起点,因为符号学让我们不会有这样一种想法:即说明程序对于符号领域来说是陌生的,而且它是从自然科学这个比邻领域引进的。来自符号领域——语言学的和非语言学的——的新说明模式早已出现。这些模式,正如我们所了解的,更多地属于结构性风格,而不是生成性风格,也就是说它们建立在离散单位之间的稳定而又密切的相关性上,而不是建立在某个过程中的事件、时期或者场地之间有规律的连续上。从此以后,与诠释理论面对面的就不再是自然主义,而是符号学。

在这里我不会去研究符号学模式构建的历史。也许应该从索绪尔在语言系统和言语之间所做的区别开始说起,【183】然后仔细考察如何创立一种研究由差异、对立和组合构成的各种系统的完全共时性科学，并且还要提到不仅日内瓦学派还有布拉格学派和丹麦学派的理论研究工作。我只是一笔带过符号学模式逐步的扩展过程：首先是对语音学基础的征服；然后将之应用于主要领域，也就是由自然语言系统构建的词汇；接着它向比句子更大的话语单位扩展，比如叙事——正是在这里结构主义取得了巨大的成功；最后通过列维-斯特劳斯的《神话学》，这个模式外推至如同神话一样复杂的系统层次；这里无需提到那些仍然处于胚胎状态的尝试：要把符号模式延伸到非语言学的符号秩序里，延伸到技术世界，经济制度的、社会制度的、政治制度的以及宗教制度的世界。

　　在这种引人注目的发展里我只考虑与说明和理解之间的论争有关的东西。而且我只聚焦在一个例子上，就是叙事的例子。首先，因为，正如我刚刚说过的，自从普洛普和俄罗斯形式主义者，又经过格雷马斯、罗兰·巴特、布雷蒙①和他们的学派，叙事就是那些最杰出和最令人信服的研究工作的对象了。然后，因为文本理论、行动理论和历史理论之间的类似通过叙述类的话语直接得到了暗示。

　　关于这个问题的完全二元对立的立场就在于认为，在文本的结构分析和仍然忠于浪漫主义诠释传统的理解之间是没有联系的。对于那些抛开理解而只支持说明的拥护者和分析者，文本只是一台完全在内部运作的机器，对于这种完全内部的运作我们不应该提出任何问题——被看作心理化的（问题）——，无论在上游

① 布雷蒙(Claude Bremond, 1929-)，法国符号学家，主要研究民间故事的叙事主题，并且提出了一种叙事语法，主要著作有《叙事逻辑》(*La logique du récit*)、《从巴特到巴尔扎克》(*De Barthes à Balzac*)(与 Thomas Pavel 合著)等等。——译者注

从作者的意向方面来说,还是在下游从读者的接收方面来说,甚至是在文本深处的意义方面来说,或者与形式本身相区别的信息方面,也就是从由文本实现的编码之间互相交错的方面来说。与之相反,对于浪漫主义的诠释者来说,结构分析源自一种客观化,【184】但是这种客观化对于与作者意向密不可分的文本信息本身来说是不相干的:理解应是要在读者的心灵和作者的心灵之间建立一种交流,甚至是一种一致性,就像在面对面的对话里建立的那种东西。

由此,一方面,若是以文本的客观性之名,所有的主体和主体间的关系都该通过说明而被排除;另一方面,若是以化信息为己有的主体性之名,所有的客观化分析都该被认为是与理解毫不相干的。

与这种相互排斥相反,我提出一种比理解和说明之间的互相渗透更加辩证的观念。我们将在两个方向追随从一个概念到另一概念的路线。首先是从理解到说明的路线。

一旦对话的状态不存在——在对话中问和答的游戏使得可以在诠释的逐步进行中核查诠释的真实状态——,理解就需要说明。在谈话的简单情况里,说明和理解几乎是互相包含的。当我本能感觉不明白时,我就会要求您进一步说明;您向我进行的说明让我更好地进行理解。在这里说明只是一种由问题和回答发展出来的理解而已。对于文字作品情况就完全不同了,文字作品中止了与作者的意向、与最初的读者以及与交谈者共存的处境的原始联系。话语的语义独立构建了——正如狄尔泰也说过的——话语客观化最根本的条件之一。也许应该要指出的是,与文字的整个实体相反,所有记录的第一条件就是——在本质上来说的话语里,甚至是口头话语里——言说和说出来的话之间形成的微小距离。关于这一点,我们已经在黑格尔的《精神现象学》的第一章里就读到过了。我说:"天黑了";虽然天正在亮起来,而我说的话却仍然还在。这就是为什么它可以被记录。但是文学,从这个词的词源意义上来看,无限地扩大了这条裂缝,并且创造了一种与对话产生的理解完全不同的处境。阅读不再仅仅是聆听。【185】它被与语法编码(它引导着句子理解)相类似的编码支配着。在叙事的情况里,这些编码准确地说就是结构分析以叙事编码之名呈现出来的那些东西。

所以,我们不能说说明的过程是对主体间理解的毁坏。这是话语本身所要求的中间过程。确实我认为话语(discours),而不只是言语(parole),是语言系统的短暂显现。因为话语需要这个一直以来都很复杂的自身外在化过程。这个过程开始于说出的东西与言说之间的间距,在文字的记录中得以延续,最后在各种话语作品——其中就有叙事作品——的复杂编码中得以完成。这种在物质性标记里实现的外在化以及在话语编码里进行的记录不仅使得通过说明而进行理解的这一媒介是可能的,而且也是必然的,叙事结构分析是对这种媒介最杰出的执行。

但是相反的路线是同样必不可少的。所有的说明都是通过理解而实现的。比如,叙事通过结构分析被带向编码的运作,而编码也在叙事中互相交错应合。但是,经过一系列的活动之后,被考察的叙事可以说是被虚拟化了,我想要说的是它从作为话语事件的现时性中被剥离出来,而被化约为某个系统的变量状态,这个系统则只是许可和禁止的紧密结合在一起的整体。现在应该要经历相反的路线:从虚拟到现时,从系统到事件,从语言系统到言语或者更准确地说是到话语。这条路线伽达默尔称之为应用(*Anwendung*),为了纪念 *applicatio*(应用)对文艺复兴时诠释学的重要。那么分析活动看起来就像诠释学之虹上的一个简单环节，而诠释学之虹通过说明从天真的理解跨越到了精深的理解。在叙事——这里被看作范例——的情况里，applicatio（应用）对应于整合活动。根据巴特，这个整合活动被称之为"叙述交流"，通过它叙述者给出叙事而接收者接收叙事。

【186】我很清楚，身处叙事之内的结构主义只能在叙述性的各种符号中寻找叙事层面的表征；由于拒绝关于叙述者和听者的全部心理学以及关于听众的所有社会学，结构主义仅限于"描述编码，透过编码在整个叙事期间叙述者和读者都被意指到了①"。

这样，结构分析并不违反内在性规则。这一规则是所有结构分析在方法论上的假设。但是，如果不是理解，是什么促使分析者在叙事文本内部去寻找叙述者和听者的各种表征甚至理解的呢？理解在这里表示，它涵盖了所有分析步骤，而且它把叙述——作为某人给某人的叙事赠与——重新放入传承和鲜活传统的运动里。叙事，由此，归属于一个言语链，通过言语链构建文化共同体，而且通过言语链文化共同体以叙述的方式得到诠释。这种向传统的归属反过来又意味着某种根本归属的东西。这种根本归属我会在结论里提到，而且它也是哲学的主题。由于这种归属在根本上是在传统中而且由传统构建的，我们可以这么说：在叙述交流的整体层次上展露的正是这个根本问题框架。

这样，叙述——从这个词的操作意义上说——就是面向世界打开叙事的行动。正是在这个世界中，叙事进行自行解构以及自行消散。而这种敞开与那种在符号学家那里只是被视为叙事封闭的东

---

① "叙事结构分析导论"（Introduction à l'analyse structurale du récit），《交流》（*communications*），第 8 期，第 19 页。（这篇文章，罗兰·巴特于 1966 年发表于杂志《交流》，第 1–27 页文章的法语题目略有偏差，应为"Introduction à l'analyse structurale des récits"。——译者注）

西正好相反。正是同样的叙述构建了屋顶两边之间的屋脊。

这是不是说，这样从说明到理解的过程中、从对叙事-对象的说明到对叙述活动的理解的过程中，我们还会重蹈心理主义的覆辙呢？没有什么比把理解与对他者的理解等同起来——这种等同在狄尔泰思想里处于核心地位——更加曲解理解理论的，【187】就像体会文本背后的陌生心理生活总是首要的。在叙事里要去理解的，首要的不是那个在文本背后说话的人，而是这个人说出来的东西——文本之物——，也就是作品以某种方式在文本之前所展示的那个世界。关于这一点，亚里士多德在他的悲剧理论里给出一个在我看来对所有叙事都有效的解决之道：诗人在创作寓言、情节、故事时，呈现了一种模仿，一种对各种活动者的创造性模仿。同样地，各种叙述可能之间的逻辑关系是叙述编码的形式分析所要求的。这种逻辑关系只能在模仿功能中得以实现。正是通过模仿功能，叙事重新塑造了人类的行动世界。所以根本就不可能否定理解的主观特征，正是在理解中说明得以实现。接收的某人总是把意义内化为自己的，把意义化为己有。然而，在叙事结构完全客观的分析和主体将意义的化为己有之间没有意外的捷径。在这两者之间，文本的世界得以展开，作品所指的东西得以展开，也就是说，在文本-叙事的情况里，承载着真实行动的各种可能过程构成的世界得以展开。如果主体被要求在文本面前理解自己，这正是由于文本没有封闭自己，而是向它重新描述和重新塑造的世界敞开着。

II. 行动理论

关于在文本理论框架里说明和理解的辩证关系我就不再赘

述。正如我在开头就已经指出的,我不想把自己局限在符号学的讨论里。相反地,我想要呈现的是,文本理论——对于哲学人类学——不过是可以进行当前论争的多个"场地"中的一个而已。行动理论又是另一个场地。后面我将会提到使得文本理论和行动理论可以互换的——可以说——结构性原因。但是,我更愿意在开始的研究中更多地指出这两个领域之间的差异。【188】确实,对这两个领域感兴趣的不是相同的学者。由于行动理论就其最近的发展来看是盎格鲁-撒克逊人的特长,所争论的问题框架也各不相同。就它们都走向了相同的矛盾以及同样去寻找辩证的解决方法而言,关于行动的论争和关于文本的论争一样让人获益匪浅,就像后面我还会提到的哲学家冯·赖特①的书名本身所指出的——《说明与理解》(*Explanation and Understanding*)②。

在第一个阶段,确实,大概1955-1960年间,在维特根斯坦和奥斯汀③的影响下,关于说明和理解之间的讨论——特别在英语界——产生的二元对立与五十年前就已经在德语文学界存在的那种相同,尽管使用的是不同词汇。"语言游戏"的理论,由于坚持语言游戏的不可还原性,确实重新制造了一种类似的认识论处

---

① 冯·赖特(Georg Henrik von Wright, 1916-2003),芬兰哲学家,在剑桥大学他接替的是维特根斯坦的教授职位,而且他参与编辑出版了维特根斯坦身后的很多作品,主要著作有《归纳的逻辑问题》(*The Logical Problem of Induction*)、《说明与理解》(*Explanation and Understanding*)、《因果关系与决定论》(*Causality and Determinism*)等等。——译者注

② 冯·赖特,《说明与理解》,伦敦,劳特利奇和基根·保罗出版社,1971年。

③ 奥斯汀(John Langshaw Austin, 1911-1960),英国哲学家和语言分析学家,主要著作有《如何以言行事》(*How to do Things with Words*)(此书法语翻译为"Quand dire c'est faire",即"说即做"。)、《感官和可感物》(*Sense and Sensibilia*)等等。——译者注

境,这可以从——比如说——安斯康姆①在其出版于 1957 年的《意向》(*Intention*)②一书中的研究得到证明。论据的提要如下:我们并不是在同一个语言游戏里谈论在自然界发生的事件和人类进行的行动。因为,为了谈论事件我们会进入包含着诸如原因、法则、事实、说明等等概念的语言游戏里。不应该混淆各种语言游戏,而应该区分它们。所以是在另一个语言游戏以及另一个概念网络里人们谈论人的行动。因为,如果我们开始用关于行动的字眼说话,那么人们会用意向打算、动机、行动的理由、施动者等等术语继续说下去。因此,辨别和区分语言游戏是使事情清楚的任务,是哲学本质上的疗愈性任务。

【189】我马上要指出的是,这场论争在很大程度上都是围绕"原因"(cause)这个词的用法而展开的。也许是错误地。因为人们太快就承认"原因"(cause[法语] ,causation[英语])这个词只有一种含义,就是休谟给出的含义:对于休谟来说,的确,原因和结果之间的关系意味着前项和结论在逻辑上是独立的,也就是说它们是可以各自被区别开来的(如果火柴给炸药点了火,我完全可以描述火柴而不描述爆炸)。因此在原因与结果之间并没有蕴含的逻辑联系。然而,这却不是意向与行动或者动机与筹划之间的情况。不提及我将要进行的行动我也就不会知道筹划:这儿就有一种逻辑联系,而不是(在休谟意义上来说的)因果联系。同样,我不能表述我行动的动机,如果不把动机与行为——动机是此行为的动机——联系在一起。因此在动机和筹划之间就有一个蕴含关系,这种蕴含关系并不归属于原因与结果之

---

① 安斯康姆(Gertrude Elizabeth Margaret Anscombe, 1919-2001),英国哲学家、神学家,维特根斯坦的学生,也是其身后出版物的主要整理者之一,主要著作有《意向》、《哲学文集》(三卷本)(《从巴门尼德到维特根斯坦》《形而上学与精神哲学》《伦理、宗教和政治》)等等。——译者注

② 安斯康姆,《意向》,牛津,布莱克维尔出版社,1957 年。

间的逻辑区别模式。因此,在这个语言游戏里,如果我使用同一个"因为"(parce que):"他做这件事因为",这是在"因为"的另一种意义上说的。在一种情况里,我问的是原因(cause),在另一种情况里,我问的则是理由(raison)。安斯康姆在"为什么"(why)和"因为"(because of)这两个词的使用中极力把这两种语言游戏对立起来。在一种语言游戏里,我是在因果关系的秩序里,在另一种里,我是在动机关系的秩序里。

论争同样也很激烈地发生在另一个简单的观点上:即它关涉到在行动中施动者的地位。我们可以说施动者就是他行为的原因吗?不可以,如果原因指的是恒定的前项;可以,如果我们可以说施动者和他的行为之间的关系属于一种非休谟的原因模式,而且更加接近亚里士多德的原因模式。

这就是这个问题的情况,我将之作为我们讨论的初始情况。现在我要做的是呈现使得这个简单二元对立维持不住的种种理由。这个二元对立是试图既平息问题同时也消解问题。既然所有的语言游戏的确都有平等的权利,哲学的任务就不再是对知识进行联结、【190】分级、组织,而是保存不同语言游戏之间的差别。这种立场在表面上是调合的,但是实际上是站不住脚的。下面我就考察两个论据。

a)第一个是在动机与原因之间产生的论争。我们可以把这二者联系到两种异质的语言游戏吗?就日常语言层次来说,两种语言游戏并非没有互相影响。准确地说,这关系到一种阶梯关系,一端是没有动机关系的因果关系,另一端是没有因果关系的动机关系。① 没有动机关系的因果关系对应于制约的日常经验

① 这个句子在本书中的法语原文为:"On a plutôt affaire à une échelle ou l'on aurait à l'une des extrémités ...",经查证本文在杂志(参见后面的原文出处)上的初版,"ou"应为"où"。——译者注

（当我们考虑功能性混乱时，我们不是通过意向说明它，而是通过干扰原因）：正是这样，因果说明在亚里士多德应该会将之划分到"暴力"的概念里的情况里取得了胜利。这里"暴力"的概念是在极为一般的意义上使用的（相当于古希腊语中的"*bia*"①）。在相同的背景里，也存在与这些完全外在的原因非常接近的动机形式。正是这样我们很自然地问道：什么促使他做这件事情的？什么引导他做那件事情的？弗洛伊德类型的所有无意识动机在很大程度上属于一种以简约术语进行的诠释，它们非常接近制约性因果关系。在另一端，我们会看到一些更少见的纯粹理性动机关系（motivation purement rationnelle）的形式，在这儿动机就是理由，就像在智力游戏的情况里（比如国际象棋）或者在战略模式的情况里。人的现象就发生在这两者之间，在需要被说明而不是被理解的因果关系与从属于一种纯粹理性理解的动机关系之间。

在这两者之间，我们持续不断活动，以便在它们之间对少一点理性的动机（des motifs moins rationels）和多一点理性的动机（des motifs plus rationels）进行比较，对它们进行相对地评估，使它们从属于一种优先等级（参见亚里士多德的"优先"［préférence］概念），最后使它们成为实践推理的前提。在这个方面，安斯康姆和其他人对实践推理和实践三段论的形式做了许多研究；【191】而且确实，把欲望的口头表达引入实践推理中总是有可能。通过可欲求性的特征——也就是说由此我们欲求某种东西——，欲望被视为行动理由并且暗藏在理性（rationalité）和推理（discursivité）的层次中。欲望的这种双面性——欲望作为推动和驱动的力量以及作为行动理由——是来自于我们所说明的（原因）以及我们

---

① bia 在古希腊语中的意思是"力量"，同时也是古希腊神话中的一个象征着力量的神"比亚"，她是帕拉斯（Pallas）和斯堤克斯（Styx）之女。——译者注

所理解的(动机-理由)之间的对立。但是这种对立是完全抽象的。更准确地说,现实呈现的是这两种极端情况在动机关系的纯粹人的环境中——在这里动机既是欲求动议又是辩护——的合并。在这里语言学这个场地远不足以展开这个讨论;语言分析很快突显了那些更为根本的问题。这是一种什么存在物呢,它使得动机的双重归属——既属于力量又属于意义,既属于自然又属于文化,既属于生命(bios)又属于逻各斯(logos)——成为可能? 应该要思考身体在自然里的位置:它既是所有物体中的一个(物中之物),也是这样一种存在物——即它有能力反省、自己修整以及为其举止行为辩护——的存在方式。认识论的论据是完全肤浅的,而且实际上它掩盖了应该要得到揭示的人类学的深层重要性。正是如此,准确来说人既属于因果关系的辖区也属于动机关系的辖区,因此既属于说明的辖区也属于理解的辖区。

b) 反对语义学的和认识论的二元论的第二个论据就在对行动融入到世界里的条件的考察中。人们经常对意向和动机的内部研究太多,而忘记了行动首先就是要在世界里引起变化。由此,一个筹划如何能改变世界呢? 一方面,世界的属性应该怎样的呢,以便人可以把变化引入世界? 另一方面,行为的属性又必须是怎样的呢,以便以世界中的变化来解读?

【192】芬兰哲学家冯·赖特(就这份报告的这一部分来说,他给我的启发很大)在我前面已经提到过题目的书中建议:重新提出一方面说明的条件以及另一方面理解的条件,以便这些条件可以在这样一个概念——即在世界里进行"意向介入"(intervention intentionnelle)的概念——里得到合并。

此作者的论据本质上是建立在系统理论的基础之上。根据他,只有局部封闭的系统概念是可以设想的,因为可以避免向被视为所有系统的系统的整个宇宙的外推。正是从这个"封闭系统"的概念出发赖特在后面将尝试把人与世界连接在一起,因为封闭的系统使得可以界定初始状态、各种发展阶段以及结束状态。但是在此之前,那本书最长的一个部分是建立封闭系统模式的各种逻辑形式条件。正是由此他对普遍决定论提出了异议:当渐进秩序的充分条件不能与后退秩序的必要条件交换时,初始状态和结束状态之间的因果关系原则上是在不对称的方向上发展的。根据冯·赖特,当在渐进的秩序里每一个阶段都向相当数目的可替换解决方法敞开时,一个精细的模式必须包含阶段之间的连贯。

现在,正是相较于这个在初始状态(它向内在的可替换解决方法敞开)与结束状态之间的封闭系统的概念,人的行动才能得以界定。的确,行动的可能性是通过考量隔离封闭系统的各种条件而引入的。人们学会隔离一个封闭系统,这本质上是通过使这个系统处于运动中进行的,这就是冯·赖特所谓的"*to put in motion the system*"。然而,运动是怎么产生的呢? 通过制造初始状态,通过在介入事情的过程时实践一种能力。对于冯·赖特来说,最简单的介入模式就是科学家在实验室的实验活动:科学家通过某种方式亲手做某事,简而言之就是,使得被他运行起来的系统初始状态与对他其中一种能力(pouvoir)的实践对应起来。【193】所以,初始状态这个概念是根本的。然而,我们所能做的事情,是我们从一种知识中认识到的。这种知识,安斯康姆早在十年前将之称为"无需观察的知识":我知道,我能摆动手,我能打开窗户,等等;通过经验我知道窗户不能自己打开,但是我可以打开它,而且如果我打开窗户就会制造某些结果:我会降低室内温度,我会让纸飞掉,等等。如果我们从行动的最遥远的结果出发回溯,我们总是会遇上那些我们知道做的事情,因为我们能做这些事情。如果行动在本质上就是使某事发生;或者,为了这件事情,我做了别的事情;或者我只做这件事而不绕弯去做别的事情。最后的这种行动就与我们所谓的"基础行动"(丹托①的概念)相对应。能力这个概念是绝对不能化约的,所以它代表了关于封闭系统的任何理论的对等物:通过实践一种能力,我使得某件事情作为系统的起始状态而发生。直接做某事(基础行动)和直接使某事发生(通过做另一件我能做的事情)之间的关系走的是对封闭系统进行原因分析的路线。所以这儿就关系到一种非常有趣的交叉情况,它在我们所谓的系统理论和行动理论之间的方法层次上必然引起一种相似交叉。这种交叉意味着一种相互作用的关系,因为为了识别一个系统的起始状态、隔离它以及界定它的封闭条件,"会做"(我所能做的事情)是必然的。相反地,行动在其被设定的形式之下(为了使某事发生而做某事)要求系统之间有一种特殊的连贯,这些系统被视为世界历史的碎片。

从这个分析我们可以总结出以下几点。首先,非常显而易见,我们最终背离了说明与理解之间的二元对立。因为,如果说明属于系统理论而理解属于(有意向和有动机的人的行动的)动机关系的理论,【194】那么我们发觉这两种要素——事情的进展和人的行动——在事情的进展中的介入(intervention)概念里是交叠在一起的。其次,介入这个概念把我们引导到了一个与休谟很不同的原因概念上,而且这个概念与施动者的主动性是同义的。但是它又不会和动机概念相对立,而是包含了动机概念,因为介

---

① 阿瑟·丹托(Athur Danto, 1924-),美国哲学家、艺术评论家和分析美学家,主要著作有《哲学家尼采》(*Nietzsche as Philosopher*)、《叙述与知识》(*Narration and Knowledge*)、《超越布里洛盒子》(*Beyond the Brillo Box: The Visual Arts in Post-Historical Perspective*)等等。——译者注

入到事情进展中意味着我们要遵循自然系统之间的联结。

另外,互相影响(interférence)这个概念终结了理解的心理秩序和说明的物理秩序之间难以承受的对立状态。一方面,没有初始状态就没有系统,没有介入就没有初始状态,没有能力的实践就没有介入。行动,总是做某事以便另一件事在世界上发生。另一方面,没有"会做"(能做)与它促使发生的事情之间的关系也就没有行动。如果不能辨认和识别属于我们自身的行动本领范围内的能力,被应用于世界历史碎片的因果说明也是无效的。

最后,关于决定论,分析表明了在怎样的程度上普遍决定论的观点只是一种纯粹的空想,这是在以下的意义上来说的,即它是建立在把关于某种知识的事情整体无限外推的基础之上,而这种知识我们只是从世界历史碎片的某种因果关联里得到的。而且,为了使这种外推得以顺利进行,在被动观察者得以形成的同时,还应该要取消使系统成为可能的条件之一,也就是封闭的条件,这个条件与能力的实践和使系统处于运动中的能力联系在一起。在施动者介入到事情的进展中这种完全原始的经验里,人的行动和物理因果关系过于互相交错,以至于人们无法忽略第一个概念而完全支持第二个概念。

如果撇开对文本理论的借用不管,那么这就是在文本理论和行动理论之间出现的奇特的汇合。【195】相同的矛盾以及对辩证解决之道的相同需求都出现在这两个领域,然而它们却极少一个影响另一个。

我想要提出的观点是这种汇合并不是偶然的。有深层的理由证实从文本理论向行动理论的转换,而且反之亦然。但是这里我只能概述一下这些理由,因为这些理由自身又构建了一个对哲学人类学很重要的问题。我就简单地说吧。一方面文本概念对人的行动而言是一个很好的范例，另一方面行动对于整个文本范畴而言是一个很好的指涉对象。关于第一点，人的行动从多方面来看就是一个准文本。通过一种与文字特有的固定功能相似的方式，人的行动得以外在化。在脱离其施动者的同时，行动获得了一种与文本的语义独立相似的独立；它留下了痕迹、标记；它在事情的进展中得以记录，并且变成了档案和文献。如同文本（它的含义摆脱了制造它的初始条件），人的行动具有一种影响力，这种影响力不能归结为它在其出现的初始状态里的重要性，但是这种影响力使得可以在新的背景里重新记录它的意义。最后，行动，就像文本，是一个开放的作品，面向一个不确定的可能读者群。评判者不是同代人，而是后面的历史。

所以，行动理论与文本理论一样引起了理解和说明之间的相同辩证关系，这并不令人惊讶。

如果反过来，我们认为某种文本——甚至是所有文本——把行动本身作为指涉对象，那么进行这样一种转换的正当性看起来会更加有力。无论如何，就叙事来说确实是这样的。我们已经在前面提到亚里士多德在《诗学》里的观察：悲剧的情节，同时也就是，故事和剧情，是对人的行动的模仿、创造性的模仿。他还说，诗歌把人表现为施动者，【196】表现为正在实现的人。当我们可以指出，至少一个话语的领域是就行动而言的，它参照行动，重新描述行动而且使行动重新发生时，从文本到行动的转换完全不再表现为一种危险的类比。

III. 历史理论

文本理论与行动理论之间有趣的关联在第三个领域也就是

历史理论领域得到了加强,在这个领域里说明与理解的辩证关系会得到领会。

历史学——我指的是历史学家的历史学——挑起了与文本理论和行动理论相同的问题和论争,对这一点无需感到惊奇,因为,一方面历史学——历史编纂学——就是一种叙事,与诸如史诗、戏剧、悲剧、长篇小说、中短篇小说的神话叙事或者虚构叙事相比较是一种"真正的"叙事;另一方面历史学与人在过去的行动密切有关。

这种与行动理论和叙事理论的双重类似性也证实了我们已经为结局埋下了历史学方法的种子。这样,这种历史学方法汇集了文本理论和行动理论的各种特征。

在历史学领域里我们首先可以区别两个互相对立的阵营,这两个阵营通过并不辩证的方式互相对抗着,然后我们可以看到一种更加微妙和辩证的对立关系得以建立,这种对立关系源自片面立场的失败。

就理解这一方面来看,我们可以找到法语历史学家反实证主义的宣言,诸如雷蒙·阿隆①和亨利·玛胡②,他们深受德国理解

---

① 雷蒙·阿隆(Raymond Aron, 1905–1983),法国哲学家、社会学家和记者,主要著作有《知识分子的鸦片》(*L'opium des intellectuels*)、《论当代德国的历史理论:历史批判哲学》(*Essai sur la théorie de l'histoire dans l'Allemagne contemporaine. La philosophie critique de l'histoire*)(正是在此文中阿隆介绍和研究了李凯尔特的理论)、《历史哲学导论:论历史客观性的诸种局限》(*Introduction à la philosophie de l'histoire. Essai sur les limites de l'objectivité historique*)、《民主与极权》(*Démocratie et totalitarisme*)等等。——译者注

② 亨利·玛胡(Henri-Irénée Marrou, 1904–1973),法国古代史学家,研究的领域主要是早期基督教和历史哲学,主要著作有《基督文化的根基》(*Fondements d'une culture chrétienne*)、《古代教育史》(*Histoire de l'éducation dans l'Antiquité*)、《圣奥古斯丁和古代文化的终结》(*Saint Augustin et la fin de la culture antique*)等等。——译者注

社会学——李凯尔特①、齐默尔②、狄尔泰和韦伯——的影响，但是也受到英语历史学家柯林伍德的影响。第一拨历史学家在本质上是强调历史学方法的两个特征：首先历史学方法针对的是受意向、筹划和动机支配的人的行动，【197】这指的是理解要通过感知（*Einfühlung*）、通过同理心（intropathie）得以进行，这种同理心与那种在日常生活中我们借以理解他人的意向和动机的同理心相似。根据这个论据，历史学只是对他人理解的延伸。由此第二个论据是：与对自然事实的客观认识不同，如果没有历史学家自身和其主体性的自动投入，这种理解将是不可能的。柯林伍德在他著名的作品《历史的观念》（*The Idea of History*）③里，以不同但是又趋于一致的术语，谈论着几乎相同的东西：一方面，的确，历史学试图关注那些具有里外两面的事件——外部是就事件发生在世界之内而言的，内部是指事件表达了思想（这当然是就思想这个词的广义而言）；那么行动就是里外结合的统一体；另一方面，历史学旨在于历史学家当前的思想中激活——也就是再思考——过去的思想。

　　简单来说，这就是理解（*Verstehen*）在历史学上的位置。它基本上与文本理论和行动理论里的理解的位置没有什么区别，确切

---

① 李凯尔特（Heinrich Rickert, 1863-1936），德国哲学家，文德尔班阵营的新康德主义代表之一，主要著作有《认识的对象：哲学超越的贡献》（*Der Gegenstand der Erkenntnis: ein Beitrag der philosophischen Transcendenz*）、《文化科学与自然科学》（*Kulturwissenschaft und Naturwissenschaft*）、《论经验世界》（*Über die Welt der Erfahrung*）等等。——译者注

② 齐默尔（Georg Simmel, 1858-1918），德国哲学家、社会学家，主要著作有《货币哲学》（*Philosophie des Geldes*）、《论社会差异》（*Über sociale Differenzierung*）、《大都会与精神生活》（*Die Großstädte und das Geistesleben*）等等。——译者注

③ 柯林伍德，《历史的观念》，牛津，克拉伦敦出版社，诺克斯（T. M. Knox）编，1956年。

地说这是由于前面已经提到过的相似性。

自此,在历史理论里也存在与理解的纯理论相同的困窘、暧昧和矛盾,这就不足为奇了。这儿困难就在于把批判(critique)的因素引入到一种建立在于陌生心理生活内部进行直接转换的基础上的理论里,简而言之就是把媒介引入到同理心的直接关系里。可是,说明性程序——作为科学历史学的关键所在——正是与这个批判因素密不可分。历史学开始于人们停止直接的理解;而且根据与历史施动者提出的动机和理由不同的联结,人们尝试重新建立过去事件之间的连贯。【198】对于认识论而言的困难则是展示:说明如何补充、叠合甚或替代对过去历史过程的直接理解。

过去有人已经试着从说明这一端出发,并且把历史学上的说明建立在自然科学的说明模式上,至此不仅再也无需折回历史学家原创而又特殊的研究工作,而且强加给他一种只让认识论家满意的人工模式。这就是继卡尔·亨佩尔①于 1942 发表的那篇著名的文章《一般法则在历史学上的作用》(*The Function of General Laws in History*)(此后很多作者不断对此文进行评论、完善或者反驳)之后发生在英语语言分析的流派中的事情。卡尔·亨佩尔的论题是历史学上的说明没有什么特别和新鲜的,它遵循与物理事件说明相同的模式,比如由于结冰而引起油箱的破裂,或者地质事件,比如雪崩或者火山爆发。在所有这些情况里,人们可以从两种前提的相遇推断一个事件:第一种前提包含着对初始条件的描述(先前的事件、环境、背景等等),第二种包含着对一般法则的

---

① 卡尔·亨佩尔(Carl Gustav Hempel, 1905–1997),科学哲学家,20 世纪逻辑经验主义的主要代表,主要著作有《一般法则在历史学上的作用》(*The Function of General Laws in History*)、《功能分析的逻辑》(*The Logic of Functional Analysis*)、《自然科学哲学》(*Philosophy of Natural Science*)等等。——译者注

表述,换句话说就是对规律性的断定。正是这种一般法则建立了说明。如果历史学看起来在真正的科学和通俗的说明之间摇摆不定,这是因为这些通常没有明确表述但是推理又会援引的法则自身对于严肃的科学家来说就是一些可变化的规律性;这可以是民间智者的格言,甚至坦白地说是一些神话中的偏见或者说法,诸如有关领袖、种族等等的历史使命,或者很难证实的心理规律,或者更罕见的是有关人口学、经济学、社会学等等的并无说服力的法则。但是总是存在这两种表述的相遇:【199】特殊的初始条件和(被援引的或者被证实的)普遍假设。那么历史学在科学性上的无力整体上就在于对被援引或者被暗中同意的一般法则的认识之无力上。

这个讨论要呈现与理解的敌对理论的困难相反的困难;理解理论很难说清楚历史说明相较于对人类行动的普通理解而言的关键性脱节。亨佩尔的模式则很难阐明历史学家的实际工作。因为看起来历史学家确实从来没能完全满足他自身的认识论理想。亨佩尔自己也在同一篇文章里承认:历史学大部分时候必须局限于一种"explanation-sketch",一种说明性概述;而且这项任务就是要进行一直趋于更加完善的说明:使完整、使精细以及使达到科学性的最高程度。除去这种让步,剩下的对于亨佩尔来说就是,历史学认识到被强加了一种不是来源于它自身实践活动的认识模式。

确实,一旦我们考察这种实践活动,正是那些与亨佩尔模式相比较而得到的特殊特征——不合常理地——变得有意义:法则从来就只能是"说明性概述";说明没有预示价值;它只能根据某种类型的问题,因此也是根据某种类型的关注,给出被认为是重要的条件;历史语言从来无法成功,甚至可能根本就不寻求脱离普通语言;一般化一般来说并不被反例取消,而是通过对地点、时间以及状况的精确描述而得以保存,也正是在这里说明被视为是有效的;较之纯粹模式而言的所有这些异常特征都在提示:应该要重新提出问题,并且辩证地把理解和说明联系在一起,而不是把它们极端地对立起来。

通过一些作者我打算要阐明的是,说明穿插于其中的历史理解牵涉到一种特殊能力,即可以领会历史的能力。【200】这里历史是指我们所叙述的历史。在叙述和领会历史之间存在一种相互的关系,这种关系界定着完全原始的语言游戏。我们又谈到叙事概念了,但这次是为了给它添加通过历史理论觉察和展示的新特征。领会历史,的确,就是理解行动、思想、感觉的前后连贯,这些行动、思想和感觉不仅显示了某个方向,而且还有一些惊喜(重合、承认、揭示等等)。由此,历史的结论从来就不是可推论的和可预测的。这就是为什么要领会进展过程。但是历史也不能是不连贯的:虽然它是不可推论的,但是它的结果又是可接受的。这样,在被讲述出来的整个历史中,存在着一种完全特别的逻辑连续性的联系,因为结果必须既是偶然的又是可接受的。

这就是基础理解,没有它也就没有故事(*story*)、也不会有历史(*history*)。读者不会把关注投向所谓隐藏的规律,而是投向由这段特殊历史所发展的趋势。领会历史是一个很特别的活动,通过这个活动我们不断预测后面的进程和结果,而且我们还随时修正我们的预测,直到它们与真实结果相符合。那时我们就说我们已经明白了。

这个理解的出发点不同于同理心理论提出的出发点,同理心理论完全忽略了叙述元素在被讲述的历史里和在被领会的历史里的特性。这就是为什么一种把理解建立在叙述元素之上的理论可以更好地阐明从理解到说明的过程。当说明看起来在逼迫被视为对他者意向的直接领悟的理解时，它自然就在延伸被视为对领会叙事的能力之实现的理解。因为叙事很少是自行说明的。与可接受性组合在一起的偶然性需要问题、追问。【201】那么，对于后续的关注（"那么后来呢？"小孩如是问道）就被对理由、动机和原因的关注（"为什么呢？"大人如是问道）替代了。这样叙事拥有的是一个缺项的结构，就像为什么自然而然地来自什么。但是回头来看，说明并没有什么独立性。它在效力和效果上允许更好地以及更深远地领会历史，而这时第一阶段的自发理解则宣告失败了。

为了重新回到亨佩尔的模式上，下面我要谈论的是：说明得以形成要求助于一般法则，这没什么可争议的。在这一点上亨佩尔的论点是无可反驳的，而且他的说明三段论也建构得很好。亨佩尔的论点没有考虑到的是说明的功能。它的结构得到了很好的描述，但是它的功能被忽视了：也就是说当自发的理解受到阻碍时，说明就是那种允许重新领会历史的东西。这就表示，如果确实是历史学家的意向性并不力求要把某种情况置于某条法则之下，而是力求要把某条法则添加到某个叙事里，以便重新起动对叙事的理解，那么，说明可以在一般性的层次、规律性的层次从而也就是变化的科学性层次上运动。

这就是理解和说明在历史学上相互替换的游戏。这个游戏在根本上与我们在文本理论和行动理论上发觉的那个游戏没有什么区别。这个结果——重申一次——并没有使人感到惊讶，当历史学——在关于对人在过去的行动进行真实叙事的理论里——与文本理论和行动理论结合在一起时。

我的结论将是双重的。

　　首先,在认识论的层面上,我认为并不存在两种方法,说明的方法和理解的方法。严格来说,只有说明才是逻辑的。而理解则是非逻辑的因素,但是它在诠释科学里是与说明的逻辑因素组合在一起的。这个因素先于、伴随、包围而且这样也就裹住了说明。反过来,说明通过分析的方法发展了理解。因此说明和理解之间的这种辩证关系产生的结果就是,一种在人文科学与自然科学之间非常复杂而又矛盾的关系。【202】我认为这既不是二元论也不是一元论。的确,当人文科学的说明程序与自然科学的说明程序是同质的时候,科学之间的连续性就得到了保证。但是,当理解带来一种特别的成分时,其形式如下:要么是文本理论里对符号的理解,要么是行动理论里对意向和动机的理解,要么是历史理论里领会叙事的能力,在这种意义上说,这两个认识领域之间的非连续性是不可逾越的。但是非连续性和连续性在这些科学之间是互相结合在一起的,如同理解和说明在这些科学内部是互相结合在一起的。

　　第二个结论:正如我在导言里提到的,认识论上的思考通过论据的运动本身导向了一种对说明与理解之间辩证关系的存在论条件更加根本的思考。如果哲学关注"理解",这是因为理解在认识论中见证了我们的存在归属于的那种先于所有客体化的存在,那种先于客体与主体之间对立的存在。如果"理解"这个词具有一种如此的厚重性,这是因为这个词不仅界定了非逻辑的一端——它在整个诠释科学里辩证地与说明的那一端相对立——,而且构建了归属存在论关系——即我们的存在归属于所有存在者和整体存在——的非方法论的但又完全真实的标志。这就是"理解"这个词丰富的二重性:它在方法理论里指定了那个被我们称之为非逻辑一端的因素,以及,对我们之归属于存在整体的非科学层面的体悟。但是,如果在放弃去挑起或者保持方法论上的分歧之后,哲学仍然要在新的根本层面上重新建立纯粹理解的统治,那么我们就会重新陷入一种毁灭性的二元对立。在我看来,哲学的任务不仅是在不同于科学性的话语里阐明那种原始的归属关系,【203】这种关系就在我们所是的存在与某种科学通过适当的逻辑程序作为客体而建立的存在领域之间。它也必须有能力阐明间隔运动。正是通过间隔运动,这种归属关系需要成为客体,需要科学的客观和客体化处理,因此需要这样一种运动,即通过这种运动,说明和理解在完全认识论的层面上互相呼应。这里我就止于这项艰难研究的伊始处。

文本模式：被视为文本的合理行动

【205】本文的目的是要检验一个假设。我现在就简单阐述一下这个假设。我承认，"诠释学"这个词的首层意义关涉到通过诠释我们文化里的书写档案而得到的那些规则。在接纳这个起点的同时，我也一直都忠于解释（*Auslegung*）概念，正如它被威廉·狄尔泰建立的那样。理解（*Verstehen*）建立在对陌生主体在各种表征——正是在各种表征（signes）里心理生活得以表达（*Lebensäusserungen*）——的基础上所指向的或者所意味的东西进行辨识的基础上，而解释（诠释，注释）则包含着某种更加特别的东西：它只涵盖一个由这样一些表征界定的范畴，即通过文字而得以固定的表征，包括具有与文字相似的固定性的各种档案和遗迹。

那么我的假设如下：如果文本诠释提出了某些特别的问题，因为这是些文本而不是说出来的话，而且如果这是些本质上构建诠释学的问题，那么所有人文科学都可以被说成是诠释学的：1）当它们的对象为作为文本的文本提供了某些构成性特点时，而且2）当它们的方法论展开了与解释或者诠释文本相同的程序时。

由此,就出现了本文正要尽力去解决的两个问题:1)在怎样的意义上我们可以把文本概念看作【206】是对社会科学提出的对象合适的范例? 2)直到什么程度,文本诠释的方法论为在人文科学领域内进行的普通诠释提供了一个有效范例?

I. 文本范式

为了阐明口头语言与文字语言之间的区别,我需要引入一个预备性概念——话语(discours)概念。正是作为话语,语言才可以或被言说或被书写。

但是,什么是话语呢? 我们不要问逻辑学家,甚至也不要问语言分析的拥护者,而是要问语言学家本身。话语是语言学家所谓的语言系统和语言编码的对立面。话语是语言的事件。

如果(语音的或者词汇的)符号是语言的基础单位,句子则是话语的基础单位。这就是为什么是关于句子的语言学用于支撑作为事件的话语理论。我将考察句子语言学的四个特征,这些特征将会帮助我建立关于事件和话语的诠释学。

第一个特征:话语总是在时间里而且在当前得以实现,然而语言系统对于时间来说却是虚拟的和不相干的。埃米尔·本维尼斯特称之为:"话语现时发生"。

第二个特征:语言系统不要求任何的主体——这是在这样的意义上说的,即问题"谁说"并不适用于这个层面——,然而话语则指向它的说话者,这得益于诸如人称代词这样的连接物组成的复杂结合体。我们可以说,"话语现时发生"是自行指涉的。

第三个特征:语言系统的符号只能指向同一系统内部的其他符号,而且语言系统由于忽略时间性和主体性因而也就忽略了世界,【207】然而话语则总是关涉什么。它指涉着一个它想要描述、表述和表象的世界。正是在话语里,语言的象征功能得以实现。

第四个特征:语言系统只是一个为交流提供编码的条件,然而正是在话语中所有的信息都得以交换。从这个意义上说,话语自身不仅拥有一个世界,而且还拥有一个他者,一个它所面向的交谈者。

这四个特征集合在一起就使话语变成了事件。我们就来看看这四个特征在口头语言中和在书面语言中通过什么方式得以实现。

1. 我们已经说过,话语只作为与时间有关的而且当前的话语而存在。这第一个特征在鲜活言语和文字中以不同的方式得以实现。在鲜活的言语中,话语现时发生是一个暂时的事件。事件转瞬即逝。这就是为什么会有固定、记录的问题。我们想要固定的东西是要消失的东西。引申开来就是,如果我们可以认为我们固定了语言系统——字母的记录、词汇的记录、句法的记录——,那么这是根据那种唯一要求被固定的东西,即话语。只有话语需要被固定,因为话语会消失。

非时间性的系统既不显现也不消失;它不能发生。这儿让人回想起《费德尔》(*Phèdre*)的神话。文字被赋予给人类是为了"解救""话语的弱点",也是事件的弱点。语法(grammata)——它来自这些"外在的标记",出自这种物质异化——的贡献只不过是对记忆的一种"补救"。底比斯(Thèbes)的埃及王的确可以回答托特(Theuth)神:文字是一种错误补救,因为它用物质性的保存替代了真正的回忆,用知识的拟象替代了真正的智慧。尽管有这些危险,记录还是构成了话语的目的。那么实际上文字固定了什么呢?不是言说这个事件,而是在言语中被说出来的东西,如果在言语中被说出来的东西指的是构建了话语目的的意向外在化。
【208】正是依据话语的目的,言说(*Sagen*)——le dire——要变成
Aus-sage——表述(énoncé)。简而言之,我们所写下的,我们所记
录的,是言说的意向相关项(*noèma*)。这是言语事件的含义,不是
作为事件的事件。

　　但是,如果我们所固定的是言语本身(它作为被说出来的东
西),那么什么是被说出来的东西?

　　诠释学在这里不仅必须求助于语言学(与语言系统的语言学
不同的话语语言学),正如我们上面做的,而且还必须求助于语言
行为的理论,正如我们在奥斯汀和塞尔的思想里看到的。根据这
些作者,说话行为是由分成三个层次的一种有序的等级构建的:
1)词语或者命题的行为(l'acte locutionaire ou propositionnel)层次,
即言说的行为;2)非词语的行为或者力量(l'acte ou la force illocut-
ionnaire)的层次,即说话的同时我们所做的事情;以及 3)过词语
行为(l'acte perlocutionnaire)层次,即通过言说这个事实我们所做
的事情。

　　那么这些区别对于我们关于意向的外在化问题——正是通
过意向的外在化,事件在含义里得到超越而且接受物质性的固
定——有怎样的意味呢? 词语行为在句子中得以外在化。确实,
一个句子可以作为相同的句子得到识别和再识别。句子一旦变
成表-述(*Aus-sage*),就可以被转达给其他人,就像被赋予某种含
义的某个句子。非词语行为也可以借助于语法范式(直陈式、命
令式、虚拟式以及表达非词语“力量”的所有其他程序)得以外在
化,这些语法范式使得它可以得到识别和再识别。的确,在口头
话语里,非词语的力量既依靠手势和姿势,也取决于并非能清楚
表达的、我们将之称为话语韵律学的各个方面。从这个意义上

说,与命题含义相比较,非词语力量并没有那么完整地被记录在语法里。无论怎样,根据句法连接而对它进行的记录是通过某些特殊范式而得到保证的,而正是这些特殊范式在原则上使得通过文字进行的固定成为可能。【209】毫无疑问,我们应该承认,过词语行为是话语最不容易记录的形态,而且它尤其显示口头语言的特征。但是准确地说,过词语行为是话语里最不话语的。它是如同刺激物的话语。它的运作并不求助于通过我的交谈者对我的意向的认识,而是,如果我们可以这么说,通过它的能量,通过它在情感和情绪上的直接影响。这样命题行为、非词语力量以及过词语行为以递减的顺序接受使得在文字里进行记录得以可能的意向外在化。

由此可推断,当语言行为的这三种形态被系统化并提升到范式的等级时,而且,因此当它们可以被识别为和被再识别为具有相同的含义时,语言行为的含义或者更准确地说是言说的意向相关项应该指的不仅是狭义上作为命题行为的句子,而且还有非词语力量以及过词语行为。所以,这里我赋予"含义"(signification)这个词一种极为广泛的词义,它覆盖了使得话语记录成为可能的意向外在化的所有形态和所有层次。

从言语到文字的过程中,话语其他三个特征的目标,要求对从言说向被说出来的东西的提升进行详情补充。

2. 我们已经说过——指的是话语相较于语言系统而言的第二个不同的特征——,在话语中,句子通过主体性和个人性的各种指示界定它的言说者。在口头话语里,话语向说话主体的指向表现出一种直接性特征,我们可以通过以下方式来阐明这种直接性特征。说话主体的主观意向和他的话语含义互相包含,这样,理解言说者想要说的东西与理解他的话语想要说的东西就是一样的。法语表达法"vouloir dire"(想要说)的暧昧【210】——与德语里的"meinen"和英语里的"to mean"相对应——,证实了这种重叠。追问"您想要说的是?"和"这意味着什么?"几乎没有什么差别。在文字话语中,作者的意向和文本的意向不再一致。文本的字面含义与心理意向之间的分离构建了话语记录的真正关键点。

这不是指,无需作者我们就可以明白文本;言说者和话语之间的联系并没有被消除,而是变得松弛和复杂了。含义和意向之间的分离仍是一种从话语指向说话主体的冒险。但是,文本要走的路逃脱了其作者经历过的有限范围。文本所说的比作者想要说的更重要;从今以后,所有注释都在含义范围内展开它的各个步骤,而含义已经剪断它与其作者心理相连的脐带。如果重新回到柏拉图的表达法上,所有有助于理解口头话语的方式(语调、手势、姿势)都不能"支援"文字话语。在这种意义上说,在"外在标记"(marques externes)里进行的记录似乎首先异化了话语,它也"标志着"(marquer)话语的真正精神性。自此,只有含义才能"解救"含义,而无需作者在身体上和心理上的在场的协助。但是,认为含义"解救"含义,就是认为只有诠释才是话语弱点的"补救",而它的作者不再能够"拯救"它了。

3. 事件第三次被含义超越。我们说过,话语指涉世界,指涉着某个世界。在口头话语里,这意味着:交谈在最大程度上所指涉的是交谈者共同的处境(situation)。这种处境以某种方式环绕着交谈,而且它的标记可以通过比如手指的动作得以呈现,或者通过话语本身——借助于所有其他指涉方式(诸如指示代词、时间和地点副词、动词的时态等等)的间接指涉——以直接的方式而被指定。【211】我们可以认为,在口头话语里指涉是直接的。

在书面话语里指涉又是怎样的呢?我们可以认为文本不再

有指涉吗？这是混淆了指涉和显示，世界和处境。话语必须与什么相关。这就是说，我并不苟同于绝对文本的整个观念。只有极少数的精湛文本符合这种完全没有指涉的文本理想。在这些文本里能指的游戏是与所指决裂的。但是这种新形式只有例外的价值，它并不能给所有其他的以某种方式谈论着世界的文本提供解决之道。但是，对于那些什么也不能呈现的文本，它们的主题是什么呢？远远不能说文本就没有世界，我会毫不含糊地坚持认为：只有人有世界，而不只有处境。文本把含义从心理意向的监管中解放了，同样地，它把它的指涉对象从直接指涉的局限中解放了。对于我们来说，世界就是由文本打开的指涉对象形成的整体。正是这样，我们谈论希腊"世界"，并不是为了界定就经历过那时处境的人而言的处境，而是为了界定非处境性的指涉对象：这些指涉对象从前者（处境）的磨灭中幸存了下来，而且从今以后它们显现为可能的存在方式，显现为我们的在世（notre être-au-monde）的象征维度。对我来说，这就是整个文学的指涉对象：不再是交谈中那些直接指涉形成的周围世界（Umwelt），而是我们已经读过的、理解了的而且喜欢的所有文本的非直接指涉投射的世界（Welt）。理解一个文本，同时就是弄清楚我们自己的处境或者，如果我们愿意的话，在关于我们处境的谓词中添加各种含义。正是这些含义从我们的周围世界创造了一个世界。正是这种从周围世界向世界维度的扩展使得我们可以谈论由文本打开的指涉对象；甚至可以更好地说，是这些指涉对象打开了世界。再一次，话语的精神性通过文字得到了展示，同时它从处境的可见性和限度里解放了我们，【212】也向我们打开了一个世界，也就是打开了我们的在世的新维度。

　　在这个意义上说，海德格尔——在《存在与时间》里关于理解的分析中——有道理这么说：在话语中我们首先理解的不是另一个人格而是一个筹划，也就是说对于一种新的在世的映射。唯有文字——它不仅是从其作者也是从对话处境的狭缝里得以释放出来的——揭示了话语走向，那就是投射一个世界。

这样把指涉与世界投射连接在一起，我们追随的不仅有海德格尔，还有威廉·冯·洪堡①。对于后者，语言存在的主要理由就是建立人与世界之间的关系。如果我们消除了这个指涉功能，剩下的就只有飘忽的能指之间的荒诞游戏。

4. 但是也许是通过第四个特征，话语在文字中的实现是最具典型性的。只有话语，而非语言系统，才能面向某人。这正是交流的根基。但是对于话语而言，面向也会在话语处境里出现的对话者，这是一件事情；而就像通常所有文字现象里的情况，面向任何一个会阅读的人则是另一件事情。书写出来的东西，面向它从自身创造出来的听众，并非唯独面向你——第二人称。这也表明了文字的精神性，与它强加给话语的物质性和异化相对应。文字作品的对面就是任何会阅读的人。② 在对话中主体的共同在场不再是所有"理解"的模式。写-读关系也不再是说-听关系的一个特例。但是同时，话语，在其面向的普遍性中，显现为话语。当话

---

① 威廉·冯·洪堡（Wilhelm von Humboldt, 1767–1835），德国语言学家，外交活动家，教育家，洪堡大学的创始人，主要著作有《论文字以及它与言语的关系》（*Über die Buchstabenschrift und ihren Zusammenhang mit dem Sprachbau*）、《论语法形式的起源以及它对观点发展的影响》（*Über die Entstehung der grammatischen Formen und ihren Einfluss auf die Ideenentwicklung*）、《比较人类学纲要》（*Plan einer vergleichenden Anthropologie*）等等。——译者注

② 这句话的法语原文如下："Le vis-à-vis de l'écrit équivaut à ce que quiconque est capable de lire，逻辑有点怪；但是鉴于本篇文章是从英语翻译过来的，故此处的翻译以英文为准，英文原文如下："The vis-a-vis of the written is just whoever knows how to read."——译者注

语摆脱了事件的暂时性特征、作者所受的限制和直接指涉的狭隘时,它也摆脱了面对面的局限。它不再有可见的听众。陌生而不可见的读者变成了话语的平等接收者。

【213】在怎样的意义上我们可以说人文科学的对象与文本的范例是一致的呢？马克斯·韦伯把这个对象定义为"被合理地指引的行为"(*Sinnhaft orientiertes Verhalten*,conduite orientée de façon sensée)。在怎样的意义上我们可以用从前面的文本分析中派生出来的——我想要将之称为——可读性特征来取代被合理地指引的谓词呢？

我们尝试着把这四个文本性特征应用到合理行动(action sensée)的概念里。

1. 行动的固定

合理行动(action sensée)成为科学对象的条件是,一种——相当于文字对话语的固定——客观化。如果交谈通过文字受到一种蜕变,同样地,相互作用的行动(interaction)在行动被视为固定文本的无数情况里受到了类似的转变。这些情况在整个行动理论里都没有得到正视。对于行动理论来说,行动的话语本身是从一个施动者流向另一个施动者的互动(transaction)处境的一部分,准确来说,就像在交谈(interlocution)——或者,如果我们可以使用这个词,转谈(translocution)——的过程中,口头语言一直停留在被使用的状态里。这就是为什么在前科学性(préscientifique)层次上对行动的理解只是"没有观察的知识",或者,用安斯康姆的词来说,在"知道如何"(*knowing how*)——与"知道什么"(*knowing what*)相对立——的意义来说的实用知识。但是,从配得上科学诠释这一名头的狭义来看,这种理解还不是一种诠释。

　　我的主张就是：借助于一种与通过文字进行的固定相似的客观化，行动本身，即合理行动，可以成为科学对象却又不丧失其意蕴（signifiance）①特征。得益于这种客观化，行动不再是一种互动，虽然行动的话语仍然归属于互动。行动构建成一种要求根据其内在关联进行诠释的塑形。

　　使得这种客体化变得可能的是行动的一些内在特点。【214】它们使得行动接近于语言行为的结构，而且它们把行动转变成一种表述。使得文字固定成为可能的是内在于话语行为本身的意向外在化之辩证关系，同样地，在互动过程中的一种相似的辩证关系使得行动的含义与行动的事件互相分离成为可能。

　　首先，行动具有词语行为的结构。它具有易于被识别和被重新识别的命题内容。行动的这种"命题"结构已经由安东尼·肯尼②在《行动、情感和意志》（*Action, Emotion and Will*）③里以清楚而令人信服的方式阐述过了。行动动词构建了一个特殊类别的谓语，这些谓语与关系相似，它们和所有关系一样不可以化约为依赖于系动词"是"的各种谓语。行动谓语的这个类别反过来也

---

① signifiance(在这里译作"意蕴")——并不同于 signification 或者 sens，在语言学上（根据本维尼斯特）指的是人类语言和整个符号系统；在逻辑学上（根据罗素），意义可以是本体论概念、逻辑概念或者句法概念，在最后一种情况中，唯有意蕴（signifiance）才是话语表达得以形成的保证，比如音乐就是一种意蕴形式，因为音乐表达某种具有生命力的东西是借助于它的结构。——译者注

② 安东尼·肯尼(Anthony Kenny, 1931-)，英国哲学家，主要研究方向是心智哲学、经院哲学和维特根斯坦的哲学，他一生著述丰富，除了本书提到的这部作品，其他主要著作有《托马斯·阿奎那证明上帝存在的五个方法》(*The Five Ways: St. Thomas Aquinas' Proofs of God's Existence*)、《意志、自由和权力》(*Will, Freedom and Power*)、《自由意志与责任》(*Freewill and Responsibility*)等等。——译者注

③ 安东尼·肯尼，《行动、情感和意志》，伦敦，劳特利奇和基根·保罗出版社，1963年。

不可以化约为关系,而是构建为一个特别的谓语整体。这个特点的特别之处在于,在从论据的缺失(柏拉图教导)到论据数量的不确定(在 3 月 15 日,在古罗马元老院,借助……,和一个……,布鲁图[Brutus]杀了凯撒)时,行动动词允许一种可以使动词变得完整的论据多元性。句子的行动述谓结构的这种多变复杂性对于行动的命题结构是有代表性的。

对于固定概念从话语范围向行动范围的转换来说,另一个非常重要的特点关涉到行动动词的"补语"的本体论地位。当关系在两个同时存在(或者同时不存在)的术语之间发挥作用时,某些行动动词就有了一个恰如其分的主语(这个主语被视为是存在者,句子也指向这个主语),以及一些不存在的补语。这就是"心理行为"(相信、认为、意愿、想象,等等)的情况。

安东尼·肯尼还描述了从对行动动词功能的描述中引出来的行动命题结构的其他特点。【215】比如,由于行动动词的时态表明了行动本身特有的时间特点,可以根据行动动词时态的表现来区别状态、活动和执行。行动的形式对象和材料对象之间的区别(也就是易燃物概念和我正在烧的这封信之间的区别)属于行动逻辑的范围,正如它是通过行动动词的语法得以显现的。

大致上这就是行动的命题内容,它引起了事件和含义之间的辩证关系,这种辩证关系与语言行为的辩证关系相似。这里我想要谈谈行动的意向相关项结构。正是它的意向相关项结构可以被固定,而且从互动过程里分离出来,而成为诠释对象。

意向相关项并不只有命题内容,而且它也呈现了与语言的完整行为极为相似的"非词语"特征。根据奥斯汀在《如何以言行事》的末尾所描述的,话语的表述行为的不同等级可以充当范式,不仅是语言行为本身的范式,也是填充着相应的语言行为的行动范式。① 从此，一种与非词语行为模式相一致的行动类型学就变得有可能了。当每一种类型都包含一些规则，更准确地说是"构建性的规则"时，这不仅是类型学，而且也是标准学。这些规则——根据塞尔在《语言行为》中所说的——允许建立类似于马克斯·韦伯的"理想类型"的"理想模式"②。比如，为了理解许诺是什么，我们需要理解：是什么构建着一个给定行动"算得上"许诺的"根本条件"。【216】塞尔的"根本条件"与胡塞尔所谓的意义内容(Sinngehalt)相去不远，它同时涵盖了"材料"(命题内容)和"性质"(非词语的力量)。

现在我们就可以说，行动，就像语言行为一样，不仅可以根据其命题内容，而且也可以根据其非词语力量而进行识别。这两者合在一起就构建了"意义内容"(contenu de sens)。就像语言行为，行动事件(如果我们可以组建这样类似的表达法)展示了其时间地位(作为转瞬即逝的事件)与其逻辑地位(由于它具有某种可识别的含义，某种"意义内容")之间的辩证关系。

但是，如果"意义内容"就是使得记录行动事件成为可能的东西，那么又是什么使得它变得真实的呢？换句话说，在行动领域里与文字相对应的是什么呢？

让我们回到语言行为的范式。我们说过，通过文字固定下来的东西是言说的意向相关项，言说作为被说出来的东西。在怎样的意义上我们可以宣告所做的事情被记录了呢？ 在这一点上某些隐喻可以帮助我们。我们认为，某个事件在其时间上留下了标记。我们谈论标志性的事件。这些在时间上留下的标记与那种要求被读而不是被听的东西是同源的吗？ 烙下的标记这个隐喻

---

① 奥斯汀，《如何以言行事》，前揭。
② 塞尔，《语言行为——论语言哲学》，前揭。

指的又是什么呢？

文本性的其他三种准则将帮助我们明确这种固定的特性。

2. 行动的独立化

文本脱离了其作者，同样地，行动也脱离了其施动者，并且发展出它自己的后果。人类行动的这种独立化构建了行动的社会维度。行动是社会现象，不仅因为它是多个施动者的实践结果，这样这些施动者之间的每一个人的角色都无法与其他人的相区别;【217】而且也因为我们的行为逃脱了我们，并且具有我们无法达到的结果。"记录"这个概念的多重含义之一就在这里了。我们已经在说话者的意向与文本的字面含义之间发现的那种距离同样出现在施动者和行动之间。

正是这种距离使得责任分配成为了一个特别的问题。我们不问:谁刚刚笑了? 谁举了手? 责任人在其行动中在场，这与言说者在其话语中在场的方式是相同的。在简单行动的情况里，就像那些无需任何预先行动即可得以完成的行动，含义(noème 意向相关项)与意向(noèse 意向活动)互相一致或者互相包含。在复杂行动的情况里，某些环节离初始简单环节(我们可以认为初始简单环节表达了其施动者的意向)如此远，以至于这些行动或行动环节的分配构建了一个和在文学批评的某些情况里对作者的指定一样棘手的问题。对作者的指定建立在一种间接推理的基础之上，正如历史学家所做的:他竭力在事件进程中隔离历史人物的作用。

我们刚刚使用了"事件进程"这个表达法。难道我们不能说，我们所谓的事件进程扮演着材料物(正是这种材料物"拯救"了正在消失的话语，当后者被写下来时)的角色吗? 正如通过隐喻模式已经谈到过的,某些行动就是将其标记烙在时间上的事件。但是,它们将其标记烙在什么东西上呢?难道不是烙在话语得以记录的某种空间性的东西上吗?一个事件如何可以烙在一种时间性的东西上呢?但是,社会时间不只是某种逃匿的东西,它也是可持续结果的聚集地,是持久塑形的聚集地。当行动对那些成为人类行动档案的塑形的涌现做出贡献时,它就留下了"痕迹",印下了其"标记"。

　　另一个隐喻可以帮助我们界定社会"印迹"(empreinte)这个现象,也就是"存档"(dossier)或者"记载"(enregistrement)的隐喻。【218】范伯格①在《理性与责任》(*Reason and Responsability*)里,通过另一个语境——责任的语境——介绍了这个隐喻,为的是呈现行动如何服从惩戒。他说,唯有当行动为了后面的检查而被记载下来,并且像进入个人"存档"(record)的一个"入口"那样被存放着时,行动才能被惩戒②。而且,当正式存档(就像被一些机构——诸如人事办公室、学校、银行、警察局,等等——保存的文档)不存在时,还存在一种与这些正式存档类似的无形物。这种无形物,我们称之为名声,而正是它构建了惩戒的基础。我想要把这个关于存档和名声的有趣隐喻应用于与处分、指控、信用或者惩罚的那些准司法情况不同的事物上。难道我们不能说历史通过它自己构建了人类行动的存档吗?历史就是在其之上人类行动留下"痕迹"、印下其"标记"的准"事物"(quasi-"chose")。

---

① 范伯格(Joël Feinberg, 1926-2004),研究政治和社会的哲学家,主要著作有《刑法的道德界限》(*The Moral Limits of the Criminal Law*)(四卷)、《理性与责任》(*Reason and Responsability*)、《权利、公正和社会界限:现代社会哲学》(*Rights, Justice, and the Bounds of Liberty: Essays in Social Philosophy*)等等。——译者注

② 范伯格,《理性与责任》,加利福尼亚,贝尔蒙(Belmont),迪肯森出版公司,1965年。

由此就有了"档案"(les archives)的可能性。在由编年史工作者通过文字特意整理成档案之前,就已经有了"记载"人类行动的连续过程,这就是作为"标记"总体而存在的历史本身,它的命运不受个体行动者的掌控。历史,自此,就可以显现为独立整体,显现为并不知晓情节的行动者之间的一个游戏。历史这个实体可以作为诡辩而得到呈现,但是这种诡辩在这样一个过程里得到了安稳的保护,即在这个过程里,人的行动在历史档案里得以记录,同时人的行动变成了社会的行动。得益于社会时间里的这种积淀,人的行动才变成"制度"(institutions),这是在这样的意义上说的,即行动的含义不再与其施动者的意向相一致。这种含义可以被"去心理化",【219】这是从含义停留在作品本身的角度来说的。根据彼特·温奇①在《社会科学的观念》(*The Idea of Social Science*)里使用的表达法,社会科学的对象是一种"受种种规则约束的行为"(*rule-governed behaviour*)②。但是这条规则并不是强加的;它是含义,作为这些被积淀和被制定的作品之间的联结点。

这就是合理行动源自"社会固定"的那种"客观性"。

3. 恰当性与重要性

根据我们关于文本性的第三条准则,合理行动是一种就其初始状况来说其重要性超越恰当性的行动。文本切断了话语与所有直接指涉之间的联系,行动的这一新的特点与文本的这一方式非常相似。借助这种从处境背景来谈的解放,话语可以打开非直接指涉对象,我们称之为"世界"。这并不是在"世界"这个词的字

① 彼特·温奇(Peter Winch, 1926-1997),英国语言分析哲学家,主要著作有《社会科学的观念》(*The Idea of Social Science*)、《维特根斯坦哲学研究》(*Studies in the Philosophy of Wittgenstein*)、《伦理与行动》(*Ethics and Action*)等等。——译者注

② 彼特·温奇,《社会科学的观念》,伦敦,劳特利奇和基根·保罗出版社,1958年。

宙论意义上说的,而是以人类言说和行动的本体论维度的名义而说的。在行动的领域里,与文本的非直接指涉对象相对应的是什么呢?

我们刚刚从处境——行动被认为与之相应——的角度来看,把行动的重要性与它的恰当性相对立。我们也许可以认为,一个重要的行动会发展出这样的含义,即它可以在与此行动得以产生的处境不同的其他处境里得到表达或者得到填充。换句话说,重要事件的含义超出、跨越、超越产生它的各种社会条件,而且可以在新的社会语境里重新得到实现。它的重要性在于它可持续的恰当性,而且在某些情况里,在于普遍时间的恰当性。

这第三个特点具有关于文化现象及其社会条件之间关系的一些重要意谓。【220】文本发展出新的指涉对象并且构建新的"世界",同样地,难道伟大文化作品的基本特点不正是超越了产生它们的社会条件吗?正是在这个意义上,黑格尔可以在《法哲学》里谈论这样的制度(在这个词的最广的意义上说的),即它根据自由而"实现"了作为第二自然的自由。"实际自由的统治"是由易于在新的历史处境里接受新恰当性的行动和作品构建的。如果事情确实如此,超越其自身的产生条件的这种方式正是马克思哲学提出的那个令人困扰的问题(即关于"上层建筑"地位的问题)的解决之道。就与它自身的下层建筑的关系来说,上层建筑的独立在文本的非直接指涉对象里有它的范式。作品不只是反映它的时代,而且它开启了一个它背负在自己身上的世界。

4. 人的行为作为"敞开的作品"

最后,根据我们关于文本性的第四条准则,人类行动的含义,它也会面向一系列不确定的可能"读者"。评判者并不是当代人,正如继席勒之后黑格尔所说过的,而是历史自身。世界的历史就是世界的审判(*Weltgeschichte ist Weltgericht*)。换句话说,就像文本,人的行动是一部开放的作品,它的含义"悬而未决"。正是因为它打开新的指涉,接受到新的恰当性,所以人的行为也等待着决定其含义的新诠释。这样,所有的事件和所有有意义的行为都向着这种通过当前实践活动而进行的实际诠释敞开。人的行动,它也向任何一个会阅读的人敞开着。由此推出,如果事件的含义就是通过后面的诠释而赋予事件的意义,那么当代人的诠释在这个过程里就没有任何特别的优先性。

【221】作品及其诠释之间的这种辩证关系将是我们马上要考察的诠释方法论的主题。

II. 文本诠释的范式

现在我想要呈现在方法论的层次上文本类比的丰富性。

关于社会科学的方法,这个范式的主要意谓是,它在人文科学里开启了一个进入说明和理解之间关系问题的新入口。众所周知,狄尔泰为这种关系赋予了二元对立的价值。对于他来说,整个说明模式都是借用于一个不同的知识领域——自然科学的领域——和它们的归纳逻辑。所以,被称之为精神科学(*Geisteswissenschaften*)的东西的独立可以被保存的条件是,人们承认理解的不可化约特征,理解是人们在表征的基础上从一种陌生心理生活中获得的,而这种生活在各种表征中直接就被外在化了。但是,如果由于这种逻辑分歧而使得理解和说明被分开,那么在何种意义上人文科学可以被认为具有科学性呢? 狄尔泰不断遭遇这个矛盾。他发现,尤其是在阅读胡塞尔的《逻辑研究》之后,精神科学是科学,因为生活的所有表达都受到了一种"客体化",正是这种"客体化"使得与自然科学的科学性有点相似的科学性研究方式成为可能,虽然自然(*Natur*)和精神(*Geist*)之间存在着逻辑隔阂。按照这种方式,相比较于日常处理层次上生活表达的直接意蕴(signifiance),从科学性的角度来看,这些"客体化"提供的媒介看起来更加重要。

我自己的追问正是从狄尔泰思想里的这种极端困惑开始的。我的假设是,【222】蕴含在作为文本的话语之地位里的那种客体化为狄尔泰提出的问题给出了一个最好的答案。这个答案就建立在说明和理解之间关系的辩证特征之上,正如它在阅读中实现的那样。自此,我们的任务将是呈现:在怎样的程度上阅读范式,继文字范式之后,为人文科学方法论上的矛盾提供了解决之道。

蕴含在阅读里的辩证关系证实了书写和阅读之间关系的独特性,而且也证实了它的不可化约性,即它不能化约为建立在说与听之间的直接相互性基础上的对话处境。说明和理解之间存在一种辩证关系,因为写-读这一对子阐述的独特问题框架不仅仅是构成对话的说-听这个对子的延伸。

正是在这里,当诠释学的浪漫主义传统把对话处境当作应用于文本上的诠释学活动的模式时,我们的诠释学相较于诠释学的浪漫主义传统显得尤为关键。我认为,相反地,正是这个活动揭示了在对话理解里那种已经是诠释学的东西的含义。所以,如果对话关系并不给我们提供阅读范式,那么我们应该把阅读范式建立为原始的范式、固有的范式。

这个范式从文本的地位中可以得到其主要特点,后者被描述为:1)固定含义,2)与作者心理意向的分离,3)展开非直接指涉,以及4)其接收者的普遍分布。这四个特点综合起来就构成了文本的客观性。从这种客观性就派生了说明的可能性。这种可能性根本就不是借用于另一个与符号秩序毫不相干的领域,即自然事件的领域,而是它本来就内在于文本的客观性。这儿根本不存在从现实领域向另一个领域的转换,或者所谓的由事实领域向符号领域的转换:正是在符号领域本身的内部,【223】客观化(objectivation)过程得以展开,并且给与说明程序一个实施的机会。而且正是在这同一个符号领域中说明和理解得以相遇。

　　我打算从两个方面来考察这种辩证关系:1)从理解向说明的发展以及 2)从说明向理解的发展。这两种方法之间的互换和互相作用使得我们可以较好地切近这种关系的辩证特征。每次结束这个论证的一方面时,我都会简要描述一下从阅读范式向整个人文科学领域可能进行的延伸。

1. 从理解到说明

　　第一种辩证关系,或者更准确地说,唯一的辩证关系的第一个侧面直接出自这样一个论点:理解文本并不是返回到作者。含义和意向的分离创造了产生说明与理解之间辩证关系的绝对初始状态。当客观含义区别于作者的主观意向时,它可以通过多种方式得以构建。恰当理解的问题不再可以通过简单返回到提出作者的意向而得到解决。

　　这种建构必然要表现为一个过程。正如许施①在《诠释中的有效性》(*Validity in Interpretation*)中所说的,并不存在为提出好的

---

① 许施(E. D. Hirsch, Jr., 1928-),文学和文化评论家,其主要著作除了本文中提到的,还有《沃兹沃斯与谢林》(*Wordsworth and Schelling*)、《天真与经验》(*Innocence and Experience*)、《文化文学:每个美国人都要知道的》(*Cultural Literacy: What Every American Needs To Know*)等等。——译者注

猜想而设的规则。但是有一些使猜想有效的方法①。猜想(con-jecturer)与使有效(valider)之间的辩证关系构建了理解和解释之间辩证关系的一个侧面。这种辩证关系的两个术语都重要。猜想对应于施莱尔马赫所谓的"预知"因素,使有效对应于他所谓的诠释的"语法"因素。【224】我对这种辩证关系理论所贡献的将是更紧密地把这种理论与文本理论以及文本阅读理论联系在一起。

为什么我们需要一门猜想的艺术呢?为什么我们要"构建"含义呢?正如我几年前试图指明的,这不只是因为语言是隐喻的,而且隐喻语言的双重含义需要一种解读艺术来展开含义的层次多元性②。隐喻的情况只是诠释学普通理论里的一种特别情况。在更广泛的意义上说,文本要求被构建是因为它并不是由一种以平等的方式被排列而且又各自可理解的句子的简单连续组成的。一个文本是一个整体,一个全体。整体与部分之间的关系——就像在艺术作品或者动物中——需要一种特别类型的"判断力"。康德在第三大批判里建立了关于这种判断力的理论。对于这种反思判断力来说,一个整体就像一个由初级又从属的各种成分和因素构成的等级系统。由于对某种整体的预设就蕴含在对部分的辨认中,因此,把文本作为整体加以重建就呈现出一种循环的特征。反之亦然,正是通过构建部分我们构建了整体。没有任何必然性和明见性去区别重要或者不重要,本质的或者非本质的。重要的判断来自猜想的秩序。

如果换种方式来呈现这个难题,假设一个文本就是一个整体,那么它也是一个个体,正如一只动物或者一幅作品所是那样。

---

① 许施,《诠释中的有效性》,康涅狄格的纽黑文和伦敦,耶鲁大学出版社,1967-1969年。

② 参照《活的隐喻》,巴黎,瑟伊出版社,1975年。

由于是个体，它就只能通过这样一种方式得以通达，即这种方式在于逐渐关闭生成性概念的开放性。这些概念关涉到文学类型，某个文本所属的文本类别，而且在某个文本中互相交错而又各不相同的结构。这样一个唯一文本的定位和个体化也是来自猜想的秩序。

【225】若是再以不同的方式来表达这个相同的不解之谜：作为一个个体，文本可以从不同的方面得以接近。就像一个立方体，或者在空间里的一个立体，文本表现出一种"立体感"。它的各种不同因素并不处于相同的海拔上。这就是为什么重建整体呈现出类似于知觉的视角论（perspectiviste）①特征。总是有可能把相同的句子以不同的方式与被视为文本关键点的某个句子连接在一起。阅读行为里蕴含着一种特殊的单向性模式。这种单向性与诠释的猜想特征相一致。

所有这些理由指向着一个诠释问题，在很大程度上并不是因为作者心理经验的不可沟通性，而是因为文本字面意向的本性。这个意向不同于单独句子的单独含义的总合。一个文本要多于句子的线性连续。这是一个累积的、整体的过程。文本的这个特殊结构并不能从句子的结构中派生出来。这就是为什么与作为文本的文本联系在一起的多义性不同于单个词语的一词多义，也不同于日常语言中单个句子的暧昧。这种多义性是被视为整体的文本的典型特征；它打开了阅读和构建的多元性。

关于我们得以验证我们的猜想的有效方法，像许施一样我坚持认为：这些方法更接近的是盖然性逻辑，而不是经验证实逻辑。

---

① perspectiviste（perspectivisme）来自名词 perspective（视角，前景），指根据不同的视角可以看到不同的景观，由此引申为一种相对论，真理不是绝对的，其真理性就其观察角度而言。——译者注

确信一种诠释比另一种诠释更有可能,这不等同于证明结论是对的。在这个意义上,使有效并不等同于证实。使有效是一种与法律诠释的司法程序相似的论据性规则。这是非确定性的和性质盖然性的逻辑。它使得有可能为人文科学的这个概念提供一种可接受的意义,而不向所谓的个体无法表达性这种教条退让半步。这种把各种指数汇合在一起的方法——主观盖然性的逻辑模型——【226】为与科学之名相称的关于个体的科学提供一个坚实的基础。文本就是一个准个体,而且对应用于文本的诠释的有效声明可被称为——以一种完全合法的方式——文本的科学认识。

这就是在猜想工程学与声明有效的科学之间的平衡,这种平衡构成了理解和说明之间辩证关系的现代等同物。

同时,我们下面就要为诠释循环这个众所周知的概念给出一个可接受的含义。猜想和使有效存在于一种循环关系之中,就像文本的主观研究和客观研究那样。但是这个循环并不是一个恶性循环。我们应该顺从它,如果我们不能逃脱那种"自身可确认性"(Self-confirmability)。许施①认为这种"自身可确认性"威胁到了猜想与使有效之间的关系。类似于可证伪性准则(这一准则是由卡尔·波普尔[karl Popper]在他的《科学发现的逻辑》[Logique de la découverte scientifique]②里界定的)的使无效程序也属于使有效程序的范围。这里证伪的角色是由对立诠释之间的冲突担任的。一种诠释不应该仅仅是可能的,而且应该比另一种诠释更有可能。我们轻易就能从主观盖然性逻辑得出一些相对优越性

---

① 许施,《诠释中的有效性》,前揭。
② 卡尔·波普尔,《科学发现的逻辑》,蒂桑-吕唐(N. Thyssen-Rutten)和德沃(P. Devaux)译,巴黎,帕约出版社,1978年。

准则。

总的说来,如果说确实存在多种构建文本的方式,以下情况却不是真的:所有诠释都是等值的,并且都服从于英语中所谓的"拇指律"(*rules of thumb*)。文本是一个多种可能构建的有限场域。使有效逻辑允许我们在教条主义和怀疑主义这两个限度之间进行评估。所以以下这些情况总是有可能的:赞成或者反对一种诠释,把多种诠释对立起来,在它们之间进行评判,力求达成一致,虽然这种一致是不可能达到的。

在怎样的程度上猜想和使有效之间的辩证关系对于人文科学的整个领域具有一种范式价值呢?【227】人的行动的含义、历史事件的含义和社会现象的含义都可以通过各种不同的方式得到构建,这是人文科学的所有专家所熟知的。还认识不足以及不为人所理解的是,方法论上的这个疑惑建立在对象本身的属性上,而且它并没有迫使科学家摇摆于教条主义和怀疑主义之间。正如文本诠释逻辑所提出的,一种特殊的多义性是与人的行动的含义联系在一起的。人的行动,它也是一个具有多种可能构建的有限场域。

人的行动里有一个特点——前面的分析还未提及——,可以在文本的特定多义性与人行动的类似多义性之间提供一种有趣的联系。这个特点关涉到行动各种意向维度和动机维度之间的关系。正如许多哲学家在行动理论的新兴领域所呈现的,当问题"什么?"的回答是根据问题"为什么?"的回答而得以说明的时候,这就完全承认了行动的意向特征。我理解您有意向要做的事情,如果您可以向我说明为何您做出某种行动。但是,哪一种对问题"什么?"的回答承载着意义呢?只有这些回答,即它们表述了被视为理由(raison de)的动机,而不仅仅作为原因(cause)的动机。

那么,在原因这一事实之外,什么是理由(une raison de)呢?安斯康姆认为是这样一种表达法或者词组,它使得可以把行动视为这样的或者那样的①。如果您回答我,您做这事或者那事是出于嫉妒或者在一种复仇的精神状态里,那么您就是让我把您的行动放在情感或者情绪的这个范畴里。同样地,您认为这是为您的行动提供一种意义。您断定这样使得您的行动无论对于别人还是对于您自己都是可理解的。【228】当我们将这种企图应用于安斯康姆所谓的欲求(wanting,désir)的可欲求性(désirabilité)特征时,尤为有效。欲求和信仰的特征都是:它们并不只是使得人们以某种方式行动起来的力量,它们还赋予了意义,这是由于它们包含着与其可欲求性特征相关的明显好处。这就让我可以回答这个问题:由于什么您想要或者您愿意做这个? 在这些可欲求的特征以及与之相应的明显好处的基础之上,不仅有可能论证行动的含义,而且也有可能为赞成或者反对某种诠释给出论据。这样,通过施动者指出行动动机的方法已经预示了论证的逻辑。难道自此我们还不能说那种可以并且必须在人的行动层次上得以构建的东西,就是这个行动的动机基础(即易于说明的可欲求性特征的整体)吗? 而且,难道我们还不能指出,与通过其动机对行动进行的说明相关的论证过程正好展示了一种使得行动与文本相似的多义性吗?

看起来使得猜想从文本领域合法延伸到行动领域的东西,正是这样一个事实:在论证(argumenter)行动的含义同时,我与我的欲求和信仰拉开了距离,并且把它们置于一种与对立观点对峙的具体辩证关系中。这种方法——即与我的行动拉开距离以便说明我自己的动机——开辟了一条通向间隔的路。这种间隔发生

---

① 安斯康姆,《意向》,前揭。

在我们称之为对人的行动进行社会记录的情况里。也正是在这种情况里我们运用过"存档"的隐喻。因此,可以被载入"存档"里的、也就可以"被记载"的相同行动,同样也可以通过不同的方式——根据应用于其动机背景的论据多义性——被说明。

　　如果我们有理由把"猜想"概念——被视为理解的同义词——延伸到行动,那么我们同样也可以把"使有效"概念——我们将之等同于说明——延伸到行动领域。这儿同样地,现代行动理论让我们在文学批评的方法与社会科学的方法之间获得了一种联系。不少思想家尝试着弄清楚这样一种方法:即我们按照司法程序把行动归咎于(imputons)施动者的方法。根据司法程序,法官或者法院使得与合同或者罪行相关的裁定有效。在那篇著名的文章《责任和权利的归属》(The Ascription of Responsibility and Rights)中,哈特①以完全令人信服的方式呈现了,司法推理根本就不在于把一般法律运用于个别的案例,而是在于每次在唯一的指涉对象上构建多种裁定②。这些裁定是在对辩解的细致反驳和可以"回避"投诉或者指控的各种辩护方法之间做出了结。哈特认为人的行动在根本上是"可回绝的",而且司法推理是一种与"回避"投诉或者指控的各种方法针锋相对的论证过程,于是他开启了一条通向有效声明的普通理论之路。在这个理论里,司法推理在文学批评上的使有效与社会科学上的使有效之间建立了一种根本联系。司法推理的中介功能清楚地呈现出使有效的各个

---

①　哈特(H. L.A. Hart, 1907-1992),法学哲学家,主要著作有《责任和权利的归属》(*The Ascription of Responsibility and Rights*)、《法律概念》(*The Concept of Law*)、《法律、自由与道德》(*Law, Liberty and Morality*)、《刑法的道德》(*The Morality of the Criminal Law*)等等。——译者注

②　哈特,"责任和权利的归属",见《亚里士多德学会会刊》(*Proceedings of the Aristotelian Society*),1948年,第49期,171-194页。

程序都具有论战的特征。面对法庭，文本和行动之间共有的多义性通过各种诠释之间的冲突得见天日，而且最终的诠释显现为一种可能引起上诉的判决。如同各种合法判决，文学批评领域和社会科学领域中的所有诠释都是可以被质疑的，而且这样一个问题——"什么可以回绝这一断定呢？"——是我们论证的所有处境所共同的。只有在法庭上，申诉程序被穷尽的这样一个时刻才会发生。【230】然而，这是因为法官的裁定是通过公共权力的力量而被强加的。无论在文学批评中还是在社会科学中都不存在最后的定夺。或者，如果有，那么我们将之命名为暴力。

2. 从说明到理解

理解和说明之间同样的辩证关系，从反方向来看，可以获得一种新的含义。这种辩证关系新的一面来自文本指涉功能的本性。这种指涉功能，正如我们已经说过的，超越了在对话处境里对两个对话者的共同处境的直接简单的指定。这种对周围世界的悬置引起了两种互相对立的态度。作为读者，我们可以，要么停留在对整个所指世界的悬置状态里，要么在一种新处境——读者的处境——里实现文本的各种非直接的潜在指涉。在第一种情况里我们把文本当作没有世界的实体，在第二种情况里我们创造一种新的直接指涉，这得益于阅读艺术所蕴含的那种"执行"（exécution）。这两种可能性都包含在阅读行为里；而阅读行为则被视为这两者之间辩证的相互作用。

阅读的第一种方法今天可以通过文学批评上不同的结构流派进行阐明。它们的研究方法不仅仅是可能的，也是合法的。这种方法来自悬置，来自 épochè，来自直接指涉。阅读，在这个意义上说，意味着延长对直接指涉世界的悬置，并且把自己置于文本自持的"场地"(lieu),处于这个非现实(acosmique)①场地的"封闭"里。这个选择表示文本不再有外面而只有里面。文本作为文本的构建和文本系统作为文学的构建再一次证明了文学之物向符号的封闭系统的转化。这个符号的封闭系统类似于音位学在所有话语根源上发现的——而且被索绪尔称为语言系统(langue)的——那个封闭系统。【231】根据这个研究性假设,文学就变成了语言系统的类似物。

在这个抽象概念的基础之上,一种新的说明态度可以被应用在文学对象上。这种态度——与狄尔泰的期许截然相反——不再是借用于自然科学,也就是说不再借用于一种与语言本身不相干的知识领域。自然与精神之间的对立在这里失效了。如果存在一种被借用来的模式,那么它来自相同的领域,来自符号学的领域。自此,也就有可能以与语言学的基本规则——语言学已经将这个基本规则成功地应用于构成语言使用基础的符号初级系统上了——相一致的方式处理文本。从日内瓦学派、布拉格学派和丹麦学派中我们学到了:总是有可能从各种过程(processus)中抽出系统(systèmes),而且也总是有可能把这些系统——语音学系统、语法系统或者句法系统——与那些在同一个系统中由与其他单位之对立界定的单位联系在一起。在由这种单位构成的有限系统的内部,存在于完全区分的实体之间的这种相互作用界定了语言学上的结构概念。

现在,正是这个结构模式被应用于文本,也就是说被应用于比句子——句子是语言学考虑的最后单位——更加长的符号连续体。列维-斯特劳斯的《结构人类学》正是把这个研究性假设应

---

① 这里将 acosmique 译为"非现实的"只是权宜之计,这个字的意思与日常感性世界没有任何关联,因为日常感性世界是一种被组织过的现实。——译者注

用在一个特殊的文本范畴,即神话范畴上①。

　　根据这个假设,那些大单位——它们至少有句子那么大,而且它们聚合在一起就组成了神话特有的叙事——按照与语言学上对待那些最小单位相同的规则被加以对待。我们可以肯定地说,正是通过这种方式我们说明了神话,而非诠释了神话。

　　实际上,这完全不是要坚持这样一个观点,即对神话和叙事的设想与构成性单位的代数学一样形式化。【232】这一点,我们可以以不同的方式来证明。首先,甚至在列维–斯特劳斯对神话的最形式化阐述里,被他称为"神话素"的单位仍然是作为承载着含义和指涉对象的句子而被表述。我们难道可以说:自从它们进入了"关系束"——这是神话"逻辑"唯一考虑的东西——,它们的含义在其本质上就被抵消了吗? 但是这种"关系束"本身反过来也必须以句子的形式被书写。最后,根据列维–斯特劳斯的说法,如果神话力求间接表达出来(médier)的各种对立本身并不是关于生与死、黑暗与光明、性欲与真理的有意义的对立,由对立与合并组成的整个系统所代表的这种语言游戏将会失去所有的含义。

　　如果确实如此,难道我们不能这么说:结构分析的功能就是由表面语义学、被讲述的神话的语义学导向一种深层语义学,也就是关于各种构成神话终极指涉的有限处境的语义学吗?

　　我完全相信,如果这不是结构分析的功能,那么结构分析就会归结为一个贫瘠的游戏,它甚至会去掉神话的功能。这种神话功能是列维–斯特劳斯自己指派给结构分析的,它使人注意到某些对立,并且力求间接而逐渐表达这些对立。取消对各种生存矛盾——神话思想正是围绕着这些矛盾而展开的——的这种指涉,

---

① 　克劳德·列维–斯特劳斯,《结构人类学》,前揭,第233页。

这将是把神话理论归结为一种对关于人性的各种荒谬话语的悼念。如果反过来结构分析可以被看作在天真诠释和透彻诠释之间、在表面诠释和深层诠释之间的一个阶段——一个必然的阶段——，那么就有可能把说明和理解确立为唯一的诠释学之虹中的两个不同的阶段。正是这种深层语义学构建了理解特有的对象，而且它需要一种存在于读者和文本所谈论的事情之间的特别的投合关系。

【233】但是，我们也不要被这种私人的投合关系的概念所误导了。文本的深层语义学并不指向作者想要说的东西，而是文本所落实其上的东西，也就是它的非直接指涉对象。文本的非直接指涉对象就是文本深层语义学所打开的世界。这就是为什么我们应该理解的不是在文本背后隐藏的某种东西，而是在它面前展现的某种东西。出让给理解的东西不是话语的初始处境，而是针对一个可能世界的东西。理解无关乎作者和他的处境。它投向文本指涉对象打开的被提出来的世界。理解一个文本，就是领会它从意义到指涉对象的运动，从它所说的东西到就某种东西它说话的运动。在这个过程中，结构分析扮演的中介角色同时也构建了对客观研究的辩护和主观研究的修正。最终我们避免了把理解等同于对隐藏在文本底下的意向进行的某种直觉领会。更准确地说，我们刚刚就深层语义学（而深层语义学是从结构分析中得出的）所讲的东西，促使我们把文本意义看作是从文本出发的一道指令，它要求以一种新的方法来看待事情。

说明和理解之间辩证关系的第二个侧面具有一种对人文科学的整个领域都有效的强大的范式特征。这里我强调三点。

首先，结构模式，作为说明的范式，可以超越文本实体延伸到所有的社会现象，因为它的应用并不局限于语言符号，而是延伸到了与语言符号相似的所有类型的符号。文本模式与社会现象之间的中间环节是由符号学系统这个概念构建的。从符号学的角度来看，语言系统不过是从属于符号学属概念的一个种概念，尽管这个种概念相对于这个属概念的其他种概念来说具有构建范式的优先性。【234】所以我们可以认为，如果社会现象可以被认为具有符号学特征，换句话说，如果有可能在社会现象层次上找到符号学系统的特征性关系（比如：编码与信息之间的一般关系，编码特有单位之间的关系，被视为信息交换的交流结构，等等），那么说明的结构模式可以延伸得同样远。符号学的或者象征的功能在于用符号替换事物，在于通过符号的手段来表象事物，如果符号学模式是可行的，这个功能看起来就不只是社会生活的上层建筑了。它构建了其真正的基底。根据符号学这种被普遍化的功能，我们应该可以说，不仅象征功能是社会性的，而且社会现实从根本上也是象征性的。

根据这个提议，蕴含在结构模式中的那种说明看起来与经典的因果模式完全不同，尤其是如果因果关系在休谟的术语里被诠释为一种前事和后事的有规律的连续，而前事和后事之间却没有任何内部逻辑关联。结构系统蕴含着完全不同的关系，它更强调关联性而不是连续性。如果真是这样，在最近几十年里，毒害着行动理论的关于动机和原因的经典论争就失去了它的重要性。如果在符号学内部寻找关联性是说明的主要任务，那么我们应该用新的术语重新表述社会集团内部的动机问题。但是，展开这个问题并不是本文的目标。

第二点，文本诠释的概念所承担的第二个范式价值，来自我们已经指定给处于结构分析与化为己有之间的深层语义学的地位。深层语义学的中介功能应该得到重视，因为化为己有要抛去

心理的和主观的特征而具有纯粹认识论的功能,这就要依赖深层语义学的中介功能。【235】

在社会现象中是否存在某种与文本的深层语义学相似的东西呢? 我比较愿意这么认为,即在被作为符号学实体来对待的社会现象之间寻找关联性将毫无意义和必要,如果它不能呈现如同深层语义学的某种东西。根据维特根斯坦著名的格言,语言游戏就是生活的形式,同样地,社会结构也就是为了与生存的困惑以及深藏于人生活里的冲突较量而进行的各种尝试。从这个意义上来说,这些结构,它们也有指涉的维度。它们指向社会生存的各种矛盾,而神话思想正是以这些相同的矛盾为中心。指涉的这种类似功能发展了一些与我们所谓的文本的非直接指涉非常相似的特征,也就是世界(这个世界已不再是周遭世界)的展开,换句话说,是对一个不只是处境的世界的投射。难道我们不能说,在社会科学里,通过结构分析的中介我们同样经历了从天真诠释到透彻诠释、从表面诠释到深层诠释的转变吗? 但是,正是深层诠释为整个过程赋予了意义。

前面的这个观点把我们引向了第三点也就是最后一点。如果我们深入领会说明与理解之间辩证关系的范式,我们应该要说,如果没有像读者——读者与文本的深层语义学争执以便将之变成“自己的”——那样的个人投入,深层诠释想要体验的合理塑形(configurations sensées)也不能被理解。大家都知道从化为己有概念延伸到社会科学遇到的反对意见。难道它不是使个人偏见侵入到科学研究领域成为合法了吗? 难道它不是要把诠释循环的所有矛盾引入人文科学里吗? 换句话说,【236】把化为己有添加到对世界的投射中,这样的范式难道没有毁坏人文科学这个概念本身吗? 我们把这一对术语引入文本诠释的框架里,这种方法不只是为我们提供了典型问题，也提供了典型的解决之道。解决办法不是要否认个人投入（engagement personnel）在理解人文现象中的作用，而是要使它明确起来。

如同文本诠释模式所呈现的，理解并不在于对陌生心理生活的直接领会，或者与某种心理意向的情感等同。理解通过各种说明性方法组成的整体而变成间接的，理解先于这些说明性方法而且伴随着它们。个人的化为己有的对等物不是某种可以被感知的东西；而是由说明释放出来的动态含义，在前面我们把这种含义等同于文本的指涉对象，也就是它展开世界的能力。

文本诠释的范式特征必须要推广到这种终极蕴含。这就意味着，真正的化为己有的各种条件，正如它们在与文本的关联中所展现的，这些条件本身就是范式性的。这就是为什么我们无权把个人投入的最终行为排除在客观的和说明的方法的整体之外。而正是这些方法构成了个人投入的媒介。

对个人投入这个概念的修正并没有取消"诠释循环"。这个循环仍是认识人文事情的不可超越的结构；但是这种修正阻止它变成一个恶性循环。

最后，说明与理解之间的关联性——而且反之亦然——构建了"诠释循环"。

话语中与行动中的想象①

致范·康教授②

想象的普通理论

【237】本文要致力于的问题可以用下面的话来表述:在以语义革新概念为中心的隐喻理论里运行的想象(imagination)的概念,是否值得在它最初归属的话语范围之外进行普遍化呢?

这个问题本身属于一项范围更广大的研究,过去我给这项研究起过一个有抱负的名字:《意志的诗学》(Poétique de la volonté)。本文就是迈向这种诗学的一步。但只是一步而已:从理论到实践的一步。确实,长久以来我都认为,对于在语言范围里构建的理论,其普遍性的要求能遇到的最好检验就是追问它向实践领域延

---

① 本篇文章的翻译参考过黄冠闵先生的译本《论述与行动中的想象》。——译者注
② 范·康(Henri Van Camp, 1908–1984),生前为比利时圣路易大学(Facultés univer-sitaires Saint-Louis)教授,神学哲学家,其博士论文题目为《路易·托马森的"基督哲学"》(La "philosophie chrétienne" de Louis Thomassin, [religieux] de l'Oratoire [du 17 siècle])。——译者注

伸的能力。

我们将以下面的方式着手。在第一部分里,我们将会提出想象哲学的典型困难,而且我们将会简短概述一下建立在隐喻理论框架之内的解决模式。想象和语义革新之间的联系是整个分析的核心,这样也将被呈现为后面展开过程的初始阶段。

第二部分将致力于从理论领域向实践领域的过渡(transition)。【238】一定数量的现象和经验将会根据它们在理论和实践的交接处上的位置而被挑选出来并且得到整理:要么虚构有助于重新描述已经存在的行动,要么它投身到个体施动者的行动的筹划中,要么它生成了主体间行动的场域本身。

第三个部分将明确处于社会想象物这个概念的中心。社会想象物是想象的实践功能的试金石。如果意识形态和乌托邦这两方面都在这一部分得到如此有力的强调,那是因为它们在本文要进行的论证的末尾会重复在论证起点就已经提出的暧昧和矛盾。那么,也许看起来这些暧昧和矛盾并不只是要记在想象理论头上,而且它们对于想象的现象也是构成性的。只有普遍化的检验才能为这个假设提供分量和信用。

应用于想象问题上的哲学研究从它的初始阶段起就不可避免地会遇到一系列的障碍、矛盾和挫折。也许这些障碍、矛盾和挫折正好阐明了想象问题在当代哲学中的相对隐退。

首先,自从"image"①这个词在认识经验理论里的滥用之后,想象的整个问题就遭受了这个词的坏名声的损害。同样的坏名声在当代语义学——逻辑学家的语义学和语言学家的语义学——中打击了"心理主义",也在"意义"理论中打击了所有向想象的求助(关于这一点,只需要提到戈特洛布·弗雷格[Gottlob

① image 可以根据语境不同翻译为"形象"、"意象"或者"图像"。——译者注

Frege]和他在命题或者概念的"意义"——"客观的"而且"理想的"意义——与只是"主观的"和纯粹"事实性的""表象"[représentation]之间进行的坚决区别）。但是行为主义的激励心理学也同样急于摆脱 image,一种被看作是一个心理的、私密的、不可观察的实体。另外,通俗哲学对创造性的热情确实助长了想象在"分析"倾向的哲学家当中的坏名声。【239】

哲学家不愿接受一种可能的"被逐出物的回归"（retour de l'ostracisé）,在这种抵触的背后,我们可以觉察到一种比情绪或者环境支持（faveur de circonstance）根源更深的怀疑。这种怀疑以前就被吉尔伯特·赖尔① 在《心灵的概念》（*The Concept of Mind*）②里极力表述过了。想象这个词指的是一种同质现象还是勉强相似的经验的汇聚？传统至少承载着这个词的四种主要用法。

首先,它指的是对不在场的——但是存在于其他地方的——事物的任意联想,可是这种联想并不意味着把不在场的事物与此时此地在场的事物混淆在一起。

根据与前一种用法相邻的用法,这个相同的词也可以指肖像、油画、素描、图解等等,它们都被赋予了特有物理存在,但是它们的功能是"代替"它们所表象的事物。

在走得更远的意义上,我们把虚构称为 images,虚构指的不是不在场的事物而是不存在的事物。这些虚构反过来又在诸如

① 吉尔伯特·赖尔（Gilbert Ryle, 1900–1976）,英国哲学家,日常语言哲学研究的代表之一,主要著作除了本文中提到的《心灵的概念》之外,还有《悖论》（*Dilemmas*）、《柏拉图的进步》（*Plato's Progess*）、《论思想》（*On Thinking*）等等。——译者注

② 赖尔,《心灵的概念》,伦敦和纽约,哈钦森大学图书馆,1949 年;法语翻译为 *La notion d'esprit*,巴黎,帕约出版社,1978 年。

梦、睡眠产物以及被赋予纯粹文学存在(比如戏剧和小说)的创作
中得到运用。

　　最后,"image"这个词应用于幻觉领域,也就是这样一种表象
领域:对于外在的观察者或者后来的反思来说,表象指向不在场
或者不存在的事物;但是对于主体来说,在主体沉湎于其中时,表
象使人相信其对象的真实性。

　　那么自此,在对缺席的意识和虚幻的信仰之间,在在场的虚
无与虚假在场之间有什么共同的东西呢?

　　从传统哲学接受到的各种想象理论,远不能澄清这种根本的
多义性,【240】,它们本身的分布要根据在各种基础含义的汇集里
呈现于每一个范例中的东西。这样,它们倾向于构建每次都是单
义但是互相对抗的想象理论。这些理论的变化空间可以根据两
根对立轴线来标记:从对象的方面来说,是关于在场与缺席的轴
线;从主体的方面来说,是关于迷惑意识(conscience fascinée)与
批判意识(conscience critique)的轴线。

　　根据第一根轴线,image 适合于两种极端的理论,它们分别由
休谟和萨特提出。在第一轴线的一端,image(图像)被归诸知觉,
图像不过是知觉的痕迹,这是就微弱在场的意义上说的;再现性
想象的所有理论都倾向于这一极的图像,它被看作是微弱的印
象。在同一轴线的另一端,图像本质上是根据不在场、在场的反
面而得到理解的;生产性想象的各个方面——肖像、梦、虚构——
以各种方式指向这种根本的异己性(altérité)。

　　但是,当想象具有对缺席事物进行联想的最小主动性,生产
性想象以及甚至再现性想象在第二条轴线上的展示取决于,想象
的主体是否有能力对想象和真实之间的区别采取一种批判意识。
那么,图像的这些理论沿着轴线分布开来——这条轴线不再是关

于意向相关项的,而是关于意向活动的———,而其变化则取决于
各种信任程度。在这条轴线的一端,没有丝毫批判意识,图像与
真实混淆,而被视为真实。这就是帕斯卡所揭示的谎言和谬论的
力量;如果做必要的修改(mutatis mutandis),这也是斯宾诺莎所说
的想象(imaginatio):它深受信仰的影响,只要相反的信仰不使它
离开它的初始地盘。在这一轴线的另一端,批判距离完全对它自
己有意识,想象就是批判真实的工具本身。胡塞尔的先验还原,
作为对存在的中立化,是对想象最为完整的阐述。在这第二条轴
线上,意义的变化幅度与第一条上的变化是一样的。【241】混淆
状态具有在不知不觉中把对另一种意识来说不是真实的东西视
为真实的意识特征,而辨别行为可以非常清楚地意识到自己,通
过这种辨别行为,意识提出某种与真实有距离的东西,这样意识
就在意识经验本身中引起了异己性。那么这种混淆状态和辨别
行为之间有什么共同之处呢?

　　这就是对今天构建想象理论的废墟场域进行粗略考察后揭
示出来的矛盾之结。这些矛盾所暴露的是想象哲学中的弱点呢,
还是哲学应当加以阐述的想象本身的结构性特点?

I. 话语中的想象

　　隐喻理论为理解想象现象提供了什么样的新方法呢? 首先,
它提供的是对问题的不同立场。隐喻理论不是通过知觉来研究
这个问题,也没有追问我们是否是以及如何从知觉到达图像的,
它是要求把想象与某种语言使用重新连接在一起,更准确地说,
要求在那里看到语义革新的一面,也就是语言的隐喻使用特征。
当相当多的偏见都是与这样的观点———即图像是知觉的延伸,是

知觉的影子——联系在一起时,改变阵线就已经是很重要的了。第一个错误常识认为,图像首先而本质上是在内在"观众"的眼前在某种心理"剧场"里上演的一幕"戏剧"。那么认为我们的图像在被看到以前就已经被说出来了,这就是抛弃了这种错误的常识;而且这同时还抛弃了第二个错误常识,即认为心理实体是一块布料——在上面我们裁剪出我们抽象的观点、我们的概念——,是自己也不认识的心理炼金术的基本成分。

但是,如果我们不从知觉中派生出图像,那么如何又从语言中派生出图像呢?

【242】对被视为典型案例的诗歌意象(image poétique)的研究为找到答案提供了线索。确实,诗歌意象是作为某种话语作品的诗歌在某些环境里而且根据某些程序展现的某种东西。这个过程,根据加斯东·巴什拉①从明可夫斯基②借用的表达法,就是回荡(retentissement)的过程。但是,理解这个过程,就是首先承认回荡来自被说出来的东西而不是看到的东西。所以,首先应该要回到的问题是话语环境自身的问题,而话语的运用产生了想象物(imaginaire)。

在别处我已经研究过隐喻的作用,它对想象理论有着很大的影响。我已经证明过,只要我们在隐喻里只看到名词的异常使用、命名的差异(écart de dénomination),隐喻的作用就仍是完全

---

① 巴什拉(Gaston Bachelard, 1884-1962),法国哲学家,对诗歌与科学之间关系的研究颇具独创性。他的哲学用他自己的话来说是"对科学认识的精神分析",其著作主要有《科学精神的形成》(*La Formation de l'esprit scientifique*)、《火的精神分析》(*La psychanalyse du feu*)、《水与梦》(*L'eau et les rêves*)等等。——译者注

② 明可夫斯基(Eugeniusz Minkowski, 1885-1976),其研究领域为精神病理学和精神分析,主要著作有《精神分裂症》(*La schizophrénie*)、《走过的时光——现象学和精神病理学的研究》(*Le Temps vécu. Étude phénoménologique et psychopathologique*)、《论精神病理学》(*Traité de psychopathologie*)等等。——译者注

被忽视的。准确地说,隐喻是在整个句子框架里谓语的异常使用。所以,与其谈论在隐喻中使用的名词,不如谈论隐喻式表述。那么问题就变成了话语策略的问题,正是这个话语策略支配着异常谓语的使用。通过一些法语和英语的作者,我着重强调的是述谓的非恰当,把它作为在语义场域之间产生碰撞的适当方法。正是为了回应这种来自于语义碰撞的挑战,我们制造了一种新的述谓恰当,这就是隐喻。产生于整个句子层次的这种新契合,反过来会在孤立词语的层次引起意义的扩张。通过这种意义扩张,古典修辞学可以识别隐喻。

如果这种研究方式具有某种价值,就在于它为了语义场域的重新结构化问题,把关注从命名之简单层次的意义改变问题转移到了述谓使用的层次。

准确来说,正是在这一点上,隐喻理论与想象哲学产生了关系。这两种理论之间的联系过去总是受到质疑,【243】正如形象语言(langage figuré)和修辞格(figure de style)的各种表述本身所见证的那样。就像隐喻为话语提供了躯干、轮廓、面貌……但是那又如何? 在我看来,正是在新含义于字面述谓结构的废墟之外涌现之时,想象提供了它特有的媒介。为了理解它,我们从亚里士多德那个著名的观点出发:"善于隐喻(……)就是要察觉相似之处。"但是,如果我们通过观念联想的方法来诠释相似,就像通过相似进行联想(与之相反的是通过支配着换喻[métonymie]和提喻[synecdoque]的比邻关系进行联想),那么我们就误解了相似。相似本身是异常谓语的运用所产生的作用。它包含在突然消除相隔一定距离的语义场域之间的逻辑间距的切近里,以便产生语义碰撞。而语义碰撞反过来又会激起隐喻意义的火花。想象是统觉(aperception),是瞬间的视觉,它来自一种新的述谓恰当,也就是一种在不恰当中建立恰当的方法。在这里我们也许可以谈论述谓同化（assimilation prédicative），以便强调相似本身就是过程。这个过程与述谓过程本身同质。所以,这一点也没有效仿老一套的观念联想,观念联想是作为心理原子之间的机械引力。想象,首先就是重新结构化语义场域。根据维特根斯坦在《哲学研究》里的一个表达方式来说,这就是把……看作……。

由此,重新回到了康德图式理论的根本上。图式论,康德说,是一种为概念提供图像的方法。而且,图式论是为制造图像而建立的规则。我们暂时把第二个命题放在一边而集中精力在第一个命题上。在怎样的意义上想象是一种方法而不是内容？想象在进行回应初始语义碰撞的述谓同化之时,它就是领会相似物的运作本身。突然间我们把……看作……;我们把衰老看作一天的晚上,【244】把时间看作乞丐,把自然看作里面有活的柱子的庙宇,等等。我们确实还没有阐明图像几乎感官的一面。至少我们把康德的生产性想象引入了语言领域里。简而言之,想象的工作就是要把隐喻分派用图式表达出来（schématiser l'attribution métaphozique）。就像康德的图式,想象为涌现的含义提供一种图像。在成为转瞬即逝的知觉以前,图像就是一种涌现出来的含义。

自此,走到图像几乎感官（往往又几乎是视觉的）的这一面就容易理解了。在这里,阅读的现象学提供了可靠的向导。正是在阅读的经验里我们无意中遇到了回荡（retentissement）、回音（écho）或者回响（réverbération）的现象。通过这个现象,图式来制造图像。在用图式表达隐喻分派的时候,想象向各个方向发散,同时激活以前的经验,唤醒沉睡的记忆,浇灌相邻的感官之园。在与巴什拉相同的意义上,马库斯·贺斯特（Marcus Hester）在

《诗歌隐喻的意义》(*The Meaning of Poetic Metaphor*)①里注意到，这样被唤起或者被激发的图像不像是联想理论所探讨的自由图像，而更像是由"诗歌措词""连结"或者产生的意象。诗人是语言的手艺人，他仅仅通过语言生成和塑造意象。

　　这种回荡、回响或者回音的效果并不是一种次要的现象。如果，一方面看起来它使得意义在漂浮的梦幻中逐渐减弱和消散，那么另一方面，意象把一个悬浮的标记、一种中立的效果，简而言之，把一个消极的因素引入到整个过程中。正是由于这个消极因素，整个过程被置于非真实的维度里。那么，意象的最终作用就不只是把意义散布在各种感官场域中，而是要在中立化的氛围里、在虚构的环境里悬置含义。【245】确实正是这种环境，在我们研究的末端我们将看到它以乌托邦的名义再次出现。但是，已经呈现的是，想象确实是如我们这里要讲的：它是与各种可能性的自由游戏，从知觉世界或者行动世界来看，它处于一种非介入的状态中。正是在这种非介入的状态中我们去尝试新的观念、新的价值、新的在世方法。但是，只要想象的丰富性没有与语言的丰富性——正如它通过隐喻过程所得到例示的那样——联系在一起，依附在想象概念上的这种"常识"(sens commun)并不能完全得到认可。因为我们忘记了这样一个真理：只有我们首先听见(entendons)了图像，我们才能看见它们。

II.　理论和实践交接处的想象

1.　虚构的启发(heuristique)力量
　　想象的语义理论在话语范围之外应用的第一个条件——而

---

① 马库斯·贺斯特，《诗歌隐喻的意义》，海牙，绵羊(Mouton)出版社，1967年。

且也是最一般的条件——，是语义革新在隐喻表述的范围之内已经是向外的运用，也就是说，它具有指涉的力量。

　　然而，这并不是显而易见的。可能从表面上看，语言在诗歌使用中，只关心它自己，因此是没有指涉对象的。难道我们自己不是刚刚还坚持认为想象在整个存在立场上所实践的是中立化的行动吗？所以，难道隐喻表述无指涉对象但还可能具有意义？

　　在我看来，此种论点只说出了一半真理。想象在"世界论题"上的中立化功能只是一个消极条件，以便第二级的指涉力量得以释放。对由诗歌语言展开的肯定能力所进行的考察显示，【246】不只是意义通过隐喻过程具有双重性，指涉对象本身也是如此。被消除的是，日常话语的指涉对象，其所适用的那些对象回应着我们诸种兴趣之一，即我们控制和操纵而产生的首要兴趣。由于此种兴趣以及它所支配的意蕴（signifiance）范围得以悬置，诗歌话语使得我们与生活世界之间存在一种深层归属关系，让我们的存在与其他人的存在以及与存在的本体联系得以言说。因此，这种得以言说的东西正是我称之为第二级的指涉对象，而事实上它是首要的指涉对象。

　　此结论对于想象理论是重要的。它关系到在虚构中意义向指涉对象的转变。虚构——如果我们可以这么认为——就指涉来说具有双价性：它指向别处，甚至是无处；但是因为它指出了相对于整个现实而言的无处，所以它又可以间接地指向现实，这根据的是被我称为新"指涉效果"（effet de reférence）的东西（正如某些人所谈论的"意义效果"［effet de sens］）。这种新指涉效果只是虚构重新描述现实的能力。在后面我们将会在乌托邦这一形态中看到它的毒力。

　　虚构和重新描述之间的联系被一些关于模式理论的理论家

在诗歌语言之外的场域里得以着重强调。他们着重强调的提议如下：模式之于科学话语的某些形式相当于虚构之于诗歌话语的某些形式。模式和虚构的共同特点是它们的启发力量，也就是说，它们有能力通过悬置我们在先前描述中建立的信任而打开和展开现实的新维度。

正是在这里，关于图像的诸种哲学传统中最糟糕的一种提出了顽强的抵抗；它想要图像只是微弱的知觉，现实的影子。虚构的矛盾就是：取消知觉是提高我们观看事物的条件。达高涅①在《文字与图像学》（*Écriture et iconographie*）②里典范地阐明了这一点。【247】所有图像（icône）都是一种在现实主义的更高层次上重新创造现实的图示法。这种"图像增添"（augmentation iconique）是通过缩写和关联进行的，就像对绘画史的主要阶段的仔细分析以及各种图示创作的历史所证明的那样。运用热力学第二原理的词汇来说，这种指涉效果相当于提高普通知觉的熵的倾斜度，就普通知觉缓解了差异性而且减弱了反差而言。这种关于图像性的理论酷似古德曼③在《艺术语言》（*The Languages of Art*）④里谈论的关于一般化象征的理论：所有的象

---

① 达高涅（François Dagognet, 1924–），法国哲学家，曾接受哲学和科学的双向平行教育，他既通过了哲学的教师资格考试，也取得了医学博士学位，这样的教育也影响着他对哲学与科学之间关系的思考。他说过："如果少量的技术引起了不便，那么大量的技术使得可以战胜这些不便。"其著述颇丰，涉猎也极为广泛，涉及到哲学、艺术、化学、脑科学、经济等等领域。他最近（2011 年）出版的书，名为《尴尬的货币哲学》（*L'argent: Philosophie déroutante de la monnaie*）。——译者注

② 达高涅，《文字与图像学》，巴黎，维翰出版社，1973 年。

③ 古德曼（Nelson Goodman, 1906–1998），美国哲学家和逻辑学家，其主要著作除了本书中提到的《艺术语言》，还有《事实、虚构和预测》（*Fact, Fiction and Forecast*）、《显象的结构》（*The Structure of Appearance*）等等。——译者注

④ 古德曼，《艺术语言：对象征理论的研究》，印第安纳波利斯，鲍伯–梅里尔（Bobbs-Merrill）出版社，1968 年。

征——无论艺术的还是语言的——都具有相同的"再造现实"的指涉性意图。

　　从话语向实践的所有转变始于虚构根据图像增添的原则第一次走出它自身。

2. 虚构与叙事

　　当某些虚构所重新描述的正好是人的行动本身时,从理论到实践的第一次转变已经准备好了。或者,如果从反方向来说同样的事情,人类尝试理解和掌握实践领域的"多样性"的首要方法就是给与这种多样性一种虚构的表象。无论是古代悲剧、现代戏剧还是小说、寓言或者史诗,叙事结构为虚构提供了缩写、联结以及压缩的技术。通过它们,人们才能得到在绘画以及在别的造型艺术里所描述的图像增添效果。实际上,这就是亚里士多德在《诗学》里所认识到的事情,他把诗歌的"模仿"功能【248】——在他的论述语境里,也就是说悲剧的模仿功能——与诗人所建立的故事的"神话"结构连结在一起。这里存在一个巨大的矛盾:悲剧"模仿"行动只是因为它在某个成功组建的虚构的层面上"重新创造"了行动。亚里士多德可以由此推断,诗歌比历史更加有哲学意味,因为历史仍然依赖普通行动过程中的偶然性。而诗歌直面行动的本质,这正是因为它把情节与模仿联系在一起,也就是说,用我们的词汇来说,把虚构和重新描述联系在一起。

　　在一般化中,难道我们不能把这一论点延伸到所有"叙述"和"讲故事"的模式中吗?为什么各个民族创造这么多看起来奇怪而又复杂的故事呢?就像叙事结构分析所提出的,行动的某些简单环节以及与这些环节相应的基础角色——叛徒、信使、救世主、等等——提供了各种组合的可能性,难道摆弄这些可能性只是为了娱乐吗？或者,在以这种结构分析为基础的同时,难道我们不应把虚构和重新描述之间的辩证关系延伸到叙述结构中吗？如果这种比较是有价值的,那么就应该把叙述–行为与叙事–结构区别开来,而且承认在叙述中话语行为具有特殊的能力,即具备非词语的力量和独创的指涉力量。这种指涉力量在于,透过叙述结构,叙述行为把有规则的虚构框架应用于人行动的"多样性"上。在叙述可能的逻辑与行动的经验多样性之间,叙述虚构插入了其人类行动的图式论。在这样编制行为之图的同时,叙事的人产生与诗人相同的指涉效果。根据亚里士多德,诗人在神秘地重新创造现实的同时又在模仿现实。或者,如果使用前面简单提到的关于模式的词汇,我们可以说,叙事是重新描述的过程,在这个过程中启发功能来自叙述结构,而且也是在这个过程中重新描述把行动本身当作指涉对象。

　　但是在实践领域里迈出的第一步仍停留在有限的范围中。【249】当虚构在模仿活动的范围之内得以实现时,它所重新描述的就是已经在此的行动(l'action *déjà là*)。重新描述,仍然是描述。行动诗学要求的东西不同于只有描述价值的重新建构。

　　但是,除了模仿功能——它甚至也应用于行动——之外,想象还具有归属于行动动力学本身的投射功能。

3. 虚构与能做(pouvoir-faire)

　　这就是个体行动的现象学所清楚呈现的东西。我们可以说,没有想象力就没有行动。而这一点可以通过多种方法来指出:从筹划方面、从动机方面以及从行动能力本身的方面。首先,筹划的意向内容——我曾经称之为执行(*pragma*),也就是要由我做的事情——包含着对目标和手段形成的网络而进行的某种图式化，这我们可以称之为执行的图式。确实是在行动的这种预见性想象中，我"尝试"行动的种种可能过程，我"玩弄"（jouer）（在这个词的精确含义上来说的）种种实践的可能。正是在这一点上，实践"游戏"与上面提到的叙述"游戏"相衔接；筹划功能转向未来，而叙事功能转向过去，它们互相交换它们的图式和框架，筹划向叙事借用它的构造能力，而叙事从筹划中接受它的预见能力。接着，想象是在动机这一步骤本身中形成的。正是想象提供了场地（milieu）、明亮的林中空地（la clairière lumineuse）。是在这片空地上，各种动机（它们像欲望一样各不相同）与伦理要求（它们和职业规则一样多种多样），生活习俗或者非常个人化的价值才可以互相比较，互相衡量。想象为各种不同的项目——诸如从后面推的力量、从前面牵引的引力、合法而且在下面奠基的理由——提供了比较和中介的共同空间。正是在想象物的形式中，【250】共同"配置"的元素（l'élément "dispositionnel" commun）才具体地得以呈现。一方面，这种元素可以区分物理上的强制原因与动机，另一方面，它也可以区分动机与逻辑上的强制理由。这种实践想象物的形式可以在下面的表达法中找到它语言学上的对等物：我会做这事或者那事，如果我想要做的话。在这里语言只限于在条件式中转换和表达某种中立和假设性换位。这种假设性换位是可用图式表示的条件，使得欲望进入到动机的共同领域里。在这里，与动机在隐喻地被视为明亮空地的空间里进行的想象性展开相比较，语言是次要的。最后，正是在想象物中，我尝试我做事的能力，我估量"我所能"。只有当我以关于"我能"（甚至"我本可以通过其他方式做，如果我愿意"）这个主题的想象性变异（variations imaginatives）的式样向我自己描述我的能力时，我才能基于我是我自己的行动的施动者而把我自己的能力归于我自己。在这里,语言仍是一个好的向导。如果从奥斯汀在那篇关于"如果与能"(Ifs and Cans)的著名文章里的精彩分析延伸出来,我们可以说,在"我应该可以,我本来可以如果……"这种形式的表达里,条件式就"我能"的主题提供了想象性变异的语法投射。条件式这种形式属于实践想象的时态逻辑(tense-logic)。从现象学角度来看,最重要的事情是:我对我的能力拥有直接确定性的必要条件是使这种确定性成为间接的想象性变异。

这样,从对我的筹划进行简单图式化开始,经由欲望的可图示性,直到"我能"的想象性变异,这就是一个渐进的过程。这种进展过程引向这样一种观点,即把想象视为实践可能物的一般功能。正是这种一般功能,康德在《判断力批判》里以想象的"自由游戏"之名预见到了。

那么剩下要去弄清楚的是,在想象的自由里,什么才能是自由的想象。但是单纯的个体行动现象学已经不足以完成这件事。【251】这种现象学确实越过了想象纯粹模仿功能的边界。但它还没有翻越在这描述阶段中坚守人类行动的个体性特征的防线。

4. 虚构与主体间性

在思考一般历史经验的可能性条件的同时,我将向社会想象物迈出关键的一步。想象被运用于此,这是由于经验的历史领域自身也有一种类似的构造。在这一点上花再多的功夫来证明也值得,因为正是在这里想象理论不仅超越了应用于行动的文学虚构类型,而且甚至超越了作为个体行动原则的意志现象学。出发点就在胡塞尔在《笛卡尔式的沉思》第五沉思里阐述过的主体间性理论里,也在舒茨①对胡塞尔的发展中②。存在一个历史的经验场域,因为我的时间性场域通过一种"结对"(couplage, Paarung)关系与另一个时间性场域连结在一起。根据这种结对关系,一种时间性流动可以伴随着另一种时间性流动。而且,这种"结对"看起来只是在整体流动里的一个切片。在整体流动中,我们每一个人不仅仅有同代人,而且也有先辈和后继者。根据不只是个体行动范畴的扩展(筹划、动机、把施动者所做的归于能做的施动者)的范畴,这种属于更高秩序的时间性有它自己的可理解性。在当代人、先辈和后继者之间存在着传统的传承,由于这种传承构建了一种可以被中断或者更新的联系,共同行动的各种范畴使得在他们之间建立特殊关系成为可能。

【252】然而,整体流动——我们称之为历史——的内在关联不仅从属于共同行动(马克斯·韦伯在《经济与社会》里对它进行了阐述),而且从属于一种高级的先验原则,这种原则承担着与康德意义上的"我思"同样的角色。关于"我思"康德认为它可以伴随着所有我的表象。这种高级原则就是类比原则(principe d'analogie),它被蕴含于各种时间性场域(我们当代人的时间性场域、我们的先辈的时间性场域以及我们的后继者的时间性场域)之间的结对的初始行为。当我们每一个人——原则上——都可以像其他人一样实践"我"的功能以及把他自己的经验归于他本

---

① 舒茨(Alfred Schutz, 1899-1959),奥地利裔美国社会学家和哲学家,他的思想受到其同代多种思潮的影响,比如胡塞尔的现象学、马克斯·韦伯的社会学、詹姆士的实用主义等等,他被认为是社会现象学的创立者。其主要著作有《社会世界的意义建构》(*Der sinnhafte Aufbau der sozialen Welt*),此书英语译为 *The phenomenology of the social world*,他的《论文选集》(*Collected Papers*)也已经出版四卷,第五卷正在筹备中。——译者注

② 舒茨,《论文选集》,纳坦松(Natanson)编辑,海牙,尼霍夫出版社,前三卷,1962-1966 年。

人时,这些场域是可以类比的。正是在那里,我们将看到,想象已经蕴含在里面了。但是,在此之前,必须要提醒的是,很不幸,在以类比方式进行推理的论证中,类比原则通常被错误地诠释:为了把说出"我"的权力赋予另一个人,就像我应该把他的行为和我的行为进行比较,而且通过对在类比中论证第四比例项的方式进行这种比较。而对第四比例项的论证建立在从外部知觉的他者行为与在他的直接表达中我的体验行为之间的所谓的相似性的基础之上。蕴含在结对里的类比根本不是一种论据。是基于先验的原则,他者才是与我相似的另一个我,一个如同我的我。在这里,类比通过"我"的含义的直接转换得以进行。如同我,我的当代人、我的先辈以及我的后继者都能说出"我"。正是通过这种方法,我在历史上与所有其他人联系在一起。也是在这个意义上,多种时间性场域之间的类比原则之于传统的传承相当于康德的"我思"之于经验的因果秩序。

　　基于这个先验条件,想象是构建历史场域的根本组成部分。在第五《沉思》里,胡塞尔把他的类比统觉概念建立在想象中的移情(transfert en imagination)之上,这不是偶然的。认为您像我一样思考,您像我一样体验痛苦和快乐,【253】这就可以想象在我处于您的位置上时我的所思和所体验。在想象中把我的"这边"移情到您的"那边",这就是我们所谓的同理心(intropathie,*Einfühlung*)的根源。同理心可以是恨也可以是爱。在这个意义上,想象中的移情之于类比统觉就相当于康德所说的图式论之于客观经验。这种想象是类比统觉中构建主体间性所特有的图式论。这种图式论以生产性想象的方式在客观经验里运作,也就是作为新关联的起源。让各种构建历史联系的媒介保持在鲜活状态中以及让——在这些媒介中——使得社会关系客体化并且坚持不懈地把"我们"转变为"他们"(用舒茨的话来说)的各种制度保持在鲜活状态中,这尤其是生产性想象的任务。在科层社会里相互关系的匿名性可以最终走到伪装事物秩序的因果关联。正是这样,交流的这种系统性扭曲,社会过程的这种极端物化尝试要取消历史进程和事物进程之间的差异。那么,对抗在人际关系中可怕的熵(entropie),这也是创造生产性想象的任务。如果要用能力(compétence)和表现(performance)的术语来表达这个意思,想象有能力——在与我们同代人、我们的先辈以及我们的后继者的所有关系里——保存和识别"自我的类比"(analogie de l'ego)。因此,它的能力就是保存和辨别历史进程和事物进程之间的差异。

概论之,一般历史经验就在于我们向——如果采用伽达默尔的 *Wirkungsgeschichte* 的范畴——历史效果持续暴露的能力。但是正是当我们有能力增强我们如此被影响的能力时,我们才一直被历史效应影响着。想象就是这种能力的秘密。

III. 社会想象物

【254】在从理论到实践转向中,我们设置的第四步骤,也就是最后一个环节,可能会太快地把我们引向太远的地方。诚然,总结里提到的在想象中把我们交付于"历史效果"(effets de l'histoire)的能力正是一般历史经验的根本条件。但是,这个条件是如此深藏不露以及如此被遗忘,以至于它只是构建了交流的理想,即在康德意义上说的理念。这个条件的真理在于,类比联系——即把所有人变成我的相似者——,只有透过一定量的想象实践(pratiques imaginatives)(诸如意识形态和乌托邦),它对我们来说才是可通达的。这些想象实践的一般特征是,各自呈现为相互的敌对者以及分别又都被界定为是一种特

殊病理学。特殊病理学指的是,它使得每一方的积极功能都变得几乎无法辨认,也就是说它有助于在我与我的相似物之间构建类比联系。由此推出,前面提到的生产性想象——而且我们把它看作这种类比联系的图式论——,只有透过对社会想象物敌对的或者半病态的这一面进行批判,它才能被恢复成它自身的样子。对这种迂回之必然特征的误解就是我上面说的走得太快太远。准确来说,需要与一种双重的暧昧进行较量:与意识形态和乌托邦之间的两极性相连的暧昧,与上述双方每一方之中建构的积极面和解构的消极面之间的两极性相连的暧昧。

　　关于第一种两极性,即意识形态和乌托邦之间的两极性,应该要承认,自从 1929 年卡尔·曼海姆①写出《意识形态与乌托邦》(*Ideologie und Utopie*)之后,它就很少被看作是研究论题了。我们确实已经有了一种意识形态批判,马克思主义的批判和后马克思主义的批判。法兰克福学派阵营里的阿佩尔(K. O. Apel)和哈贝马斯(Jürgen Habermas)对这种批判进行了详细阐述。但是,另一方面,我们还有一种乌托邦的历史学和社会学,只是它们与这种意识形态批判的关系并不太紧密。然而,当曼海姆把这两种现象之间的区别建立在历史现实和社会现实上的非重叠(*non-congruence*)共同准则的基础之上,他就开辟了一条新路。【255】在我看来,这条准则,在一种不同于零距离参与的模式上,预设了个体和集体实体(集团、阶级、国家等等)一样都首先而永远与社会现实

①　卡尔·曼海姆(Karl Mannheim, 1893-1947),匈牙利裔德国社会学家,在其思想中可以看到黑格尔和马克思的传统、西美尔的生机主义哲学、狄尔泰的诠释学、舍勒的现象学,甚至海德格尔的本体论。他的主要著作除了下文提到的《意识形态与乌托邦》之外,还有《社会学的当前任务》(*Die Gegenwartsaufgaben der Soziologie*)、《重建时代的人与社会》(*Mensch und Gesellschaft im Zeitalter des Umbaus*)、《自由、权力和民主规划》(*Freedom, Power and Democratic Planning*)等等。——译者注

连接在一起。它的根据是非重合的形态。这些非重合形态正是社会想象物的各种形态。

接下来的概述只限于阐述这种想象物的各种特点,这些特点可以阐明社会关系的类比构建。如果这项研究在结束之时恢复了关于想象的思考的最初暧昧和矛盾,它就不会是徒劳的。

我已经在某些其他研究中尝试去展开意识形态现象的构建性意义的各个层次①。我主张这样一个论点,即意识形态现象学不可能归结为扭曲和掩盖的功能,就像在对马克思主义的简化诠释中那样。如果我们没有首先承认社会想象物的构成性特征,我们甚至无法明白意识形态可以把这样的一种效应授予给现实的反面。社会想象物运行于马克斯·韦伯在其伟大研究工作之初所描述的那种最初级的层次上,他把社会行动描绘为有所意味的行为,这种行为在互相关系中得到定位,而且又是融合在社会里的。正是在这个根本的层次上意识形态得以构建。对于任何一个集团,意识形态似乎与这样一种必然性联系在一起,即让这个集团给出自身的形象(image),让它(其形象)"表象它自己",在这个词的戏剧意义上来说,就是让它投入游戏和演出中。也许,如果没有透过自身的表象而与自己的存在产生的这种间接关系,也就不会有社会集团。正如列维-斯特劳斯在莫斯②著作的序言③里极为肯定这样一件事,【256】即象征主义不是社会的效应,但社

---

① 参见《科学与意识形态》和《意识形态与乌托邦》,这两篇文章都收录在这本文集里。

② 莫斯(Marcel Mauss, 1872-1950),法国社会学家、人类学家,其主要著作除了本文提到的《社会学与人类学》(由列维-斯特劳斯作序),还有《作品集》共三卷,分别为《圣物的社会功能》(*La fonction sociale du sacré*)、《集体表象与文明的多样性》(*Représentations collectives et diversité des civilisations*)和《社会的凝聚与社会学的分化》(*Cohésion sociale et division de la sociologie*)。——译者注

③ 列维-斯特劳斯,"给莫斯的序",《社会学与人类学》(*Sociologie et anthropologie*),巴黎,法国大学出版社,1984年。

会却是象征主义的效应。从意识形态现象中产生的病理学开始于它在事后的处境里对社会关系的增强和重复功能。简化、图式化、刻板以及仪式化源于在真实实践和各种诠释(社会集团透过这些诠释而意识到它的存在和它的实践)之间不停扩大的距离。文化编码的某种非透明似乎正是社会信息产生的条件。

在这两篇文章里,我极力指出:当意识形态的表象被某个给定社会的权威系统接受之后,掩盖功能就明显比融合功能占优势。确实,所有的权威都寻求使自身合法化。如果所有对合法性的要求都与这种合法性中的个体信仰有关,那么看起来,权威表达的要求与相应的信仰之间的关系在本质上是不对称的。来自权威的要求总是多于走向权威的信仰。正是在这里,意识形态为了填补来自上面的要求与来自下面的信仰之间的差距而被调动起来。

正是在这个双重根基上,依我看来,马克思主义的意识形态概念,以及它对在虚幻形象里"颠覆"真实的隐喻,都可以建立。确实,如果意识形态没有内在于最初级的社会关系的媒介作用,如果意识形态与社会关系自身的象征性构建不是同时的,那么幻觉、空想、幻象又如何会有某种历史效果(efficacité historique)呢?事实上,我们无法谈论意识形态之前的或者非意识形态的真实活动。我们甚至也不明白:如果统治和意识形态之间的关系没有比社会阶级的分析更加原始,也不能比阶级结构存在得更加久远,颠倒现实的表象怎样为统治阶级的利益服务。【257】所有马克思提出的新东西——而且这些东西是不容置疑的——,在这个先决的根基上,摆脱了一般社会关系和特殊权威关系的象征性构建。它独有的贡献关涉到意识形态对于来自阶级分化和阶级斗争的统治关系的辩护作用。

　　但最后,却是意识形态与乌托邦之间的极化关系同时使得它(意识形态)的首要功能和它特有的病态形式成为可理解的。使得同时处理乌托邦和意识形态显得困难重重的东西是,乌托邦不同于意识形态,它本身就构建了一种众所周知的文学种类。乌托邦自己把自己视为乌托邦。它高调诉求它的名分。另外,乌托邦的文学存在,至少从托马斯·莫尔①以后,就允许人们从其文学出发去研究其存在。乌托邦历史由其创造者的名字标注着,这恰恰与意识形态的匿名相反。

　　一旦我们尝试通过乌托邦的内容定义乌托邦,我们惊讶地发现,尽管它的某些主题——如家庭、消费、物质占有、政治生活、宗教——是不变的,但是要把截然相反的筹划与这些术语对应起来并不困难。稍后,这个矛盾将会为我们通达以想象进行的诠释提供切入口。但是我们可以从现在起就质疑:如果乌托邦是对另一个社会和另一个现实的想象性筹划,那么德罗西②所谓的"构建性想象"可以为那些最为互相对立的选择提供辩护。另一个家庭、另一种性爱可以意味着修道士生活或者性共同体。另一种方式的消费可以意味着苦行生活或者奢侈消费。另一种财产关系可以意味着无法无天的直接占有或者细致的人工规划。另一种人民与政府的关系可以意味着自行管理或者服从于有道德有纪律的阶级体制。另一种与宗教的关系可以意味着彻底的无神论或

---

① 托马斯·莫尔(Thomas More, 1478-1535),英国观念学家,其代表作品为用拉丁语写就的《乌托邦》。——译者注

② 德罗西(Henri Desroche, 1914-1994),法国哲学家、社会学家和神学家,其一生著述丰硕,有《美国的震教徒们:从新基督主义到前社会主义》(Les Shakers américains. D'un néo-christianisme à un pré-socialisme)、《马克思主义与宗教》(Marxisme et Religions)、《社会主义与宗教社会学》(Socialismes et sociologie religieuse)、《国际合作运动的社会历史》(Histoire sociale du mouvement coopératif international)等等。——译者注

者文化的庆典。

【258】这个分析的关键点就在于把主题变化与依附于乌托邦的功能上的更加根本的暧昧连接在一起。正是这些功能性变化，应该将之与意识形态的变化进行对照。而且由于复杂性和矛盾具有相同的意义，应该要展开意义的各个层次。应该要抵制在掩盖和扭曲的单一语言中去诠释意识形态的诱惑，同样，也应该要抵制在几乎病理学的单一表达基础上去建立乌托邦概念的诱惑。

核心观点应该是由无处（nulle part）这个词本身以及托马斯·莫尔的描述所蕴涵的观点。确实正是从这种奇怪的空间上的外地域性（exterritorialité）①——从这个词的自身含义来说，也就是无所（non-lieu）——出发，可以以一种新的眼光来看我们的现实，在这种现实里从此就没有什么可以被看作是已定的。自此，可能的场域在真实的场域之外得以开启。正是这个场域为前面提到的生活的"其他"方式所标划。那么，问题就是要知道是否想象可以担当"构建的"角色而无需这个向外的跳跃。乌托邦就是这样一种方式，即通过它我们彻底地重新思考什么是家庭、消费、政府、宗教等等。从"无处"可以冒出对存在事物（ce-qui-est）的最奇妙的怀疑。这样，乌托邦，就它最初的核心观念来看，看起来正是我们关于意识形态的首要概念——即意识形态是作为社会融合的功能——的相反物。而对应地，乌托邦是社会颠覆的功能。

紧接着上述讨论，我们根据第二种意识形态概念（即作为被给定的权威系统的合法化工具）要将这种对比深入下去。确实，

---

① exterritorialité 是由前缀 ex（外，向外）加 territorialité（领土权，有向内的意思），所以两个部分合在一起是矛盾的，在某个领域之外无法是此领域了。这个字常用在法律上，指的是治外法权，也就是指那些从事外交工作的人员，比如领事，生活在他们被委任工作的国家却受着他们所代表的国家的法律约束。——译者注

在乌托邦里所牵涉到的,准确来说,是所有权威系统的这种"被给定",也就是相对于共同体成员的信任来说在合法性上存在着要求过度。意识形态尝试要填补这个空洞或者要掩盖它,同样地,我们可以说,乌托邦则揭露了权威没有公开的这种多余(la plus-value)并且揭穿了所有合法系统特有的要求。【259】这就是为什么所有的乌托邦,在某个时刻,最终都会发展到在家庭里,在经济的、政治的和宗教的生活中提出实践权力的"其他"方法。如果权力在本质上确实最终被视为是极其腐败和无可救药的,这种"其他的"方法,正如我们已经看到的,可以意味着相反的事物,比如更合理的或更道德的权威或者完全没有权力。权力的问题是所有乌托邦的核心问题,这不仅通过具有文学特征的社会政治幻想的描述得到了证实,而且也通过为"实现"乌托邦而进行的不同尝试得到了证实。基本上都是一些或短暂或持续的微型社会,它们从修道院扩展到基布兹①。这些尝试不仅见证了乌托邦精神的严肃和它可以建立新生活方式的能力,而且见证了它寻求解决权力矛盾的根本特性。

正是从这个疯狂的梦想而产生了乌托邦的各种病理特点。意识形态的积极概念里保有其消极反面的萌芽,那么同样地,乌托邦所特有的病理学在它最积极的运行里就已经被觉察到了。正是这样,意识形态的第三个理念就与乌托邦的第三个理念相对应。

因为乌托邦源于一种面向别处、无处的跳跃,它发展了在其文学表达中就可以轻易辨认出来的却令人担忧的各种特点:尝试着让现实服从梦想,执着于完美主义的方案,等等。某些作者毫不犹豫地把乌托邦呈现的逻辑与精神分裂症的逻辑相比较:这是或者全有

---

① 基布兹(kibboutz),以色列的合作居留地,尤指合作农场或者嬉皮士公社。——译者注

或者绝无的逻辑,轻视时间的作用;偏爱空间的模式论;忽视各种中间阶段,而且还对迈向理想的第一步缺乏兴趣;无视行动本身的矛盾——要么这些矛盾使得某些损害与所期望的目标密不可分,【260】要么它们显示同时期望的目标之间的不可兼容性。在梦想中和写作中,把这些对被未来主义外表掩盖着的失乐园的乡愁的倒退性特点添加到逃避的临床症状表上,这并不是件难事。

现在我们就要通过想象来阐述这种双重二元对立。首先,在意识形态和乌托邦这两极之间的二元对立,其次是,在这二元的各自内部,它们暧昧变化两极之间的二元对立。

在我看来,首先应该要根据它们最积极的、最富有建设性的和最健全(如果我们可以这么说)的模式尝试着把意识形态和乌托邦放在一起思考。从曼海姆的非重叠概念出发,把意识形态的融合功能和乌托邦的颠覆功能构建在一起是有可能的。乍一看,这两个现象是纯粹相反的。若是进行更加细致的考察就会发现,它们互相辩证地蕴含着。最"保守的"意识形态,我想指的是那种竭力重复和巩固社会关系的意识形态,只有通过依附于社会形象上的——为了纪念弗洛伊德我们将之称为——"可形象性的思考"(considérations de figurabilité)之间蕴含着的间距,它才是意识形态。反过来,乌托邦式的想象看起来只是离心的。但这只是表面现象而已。在题为"走出人类的一步"(Un pas hors de l'humain)①的诗歌里,诗人策兰(Paul Celan)以如下方式描述乌托邦:"在一个引向人——但又偏离人的领域里。"我们看到这个矛

---

① 下面来自策兰的句子,首先出现在列维纳斯的文章"存在与他者:关于策兰"(L'être et l'autre: A propos de Paul Celan),此文收录在献给利科的文集《意义和存在》(Sens et existence)中。而策兰这些句子其实出自策兰的毕希纳(Georg Büchner)文学奖获奖演说"子午线"(Der Meridian),此文的法语翻译收录在法德双语版策兰的诗集 Strette 中。——译者注

盾;它有两面。一方面,所有朝向人的运动都首先是偏离人的,所以另一方面,这个运动又指向别处。而列维纳斯追问道:"就像人类是一个在它的逻辑范围和在它的外延以内接受一种彻底断裂的种类,就像在走向另一种人类的时候我们超越了人类。也就像乌托邦的命运并不是一种被诅咒的游荡(une maudite errance),而是人自己呈现的空地:'在乌托邦这块空地上……而人呢? 而造物呢? ——在这样的光亮中。'"①

【261】乌托邦和意识形态互相交错的游戏看起来就像社会想象物的两个基本方向之间的互相交错游戏。意识形态倾向于融合、重复、映照。乌托邦,由于它是离心的,所以它倾向于游荡。但是它们是互相依赖的。最富有重复性的,最表示重复的意识形态,当它使直接的社会关系变成间接的——黑格尔所说的社会伦理实体——的时候,它就引入了间距、距离,因而它是某种潜在地离心的东西。另一方面,最游离的乌托邦形式,当它"在引向人的领域里"运动时,它还是一种为呈现人在乌托邦光亮中究竟为何物而进行的绝望尝试。

　　这就是为什么乌托邦和意识形态之间的紧张关系是不可逾越的。通常甚至都无法裁决,某种思考方式是意识形态的还是乌托邦的。定论只能下在事后,而且在成功准则的基础之上,而这个准则反过来又是可以质疑的,因为它建立在这样一种要求之上,即唯有成功的才是正确的。但是,那些失败的尝试又如何呢?难道它们再无起来之日吗? 难道它们永远也无法获得历史在过去已经拒绝给它们的成功吗?

　　相同的社会想象现象学为问题的第二个方面提供了解决之

---

① 列维纳斯(E. Levinas),《意义和存在》(*Sens et existence*),巴黎,瑟伊出版社,1975年,第28页。

道,也就是这个对子的双方都发展了它们各自特有的病理学。如果想象是一个过程而不是一种状态,那么这就变得可理解了:即,一种特殊的机能障碍(dysfonction)对应着想象过程的每一个方向。

意识形态的机能障碍叫做扭曲和掩盖。上面我们已经呈现了,正是这些病理形态构建了嫁接在想象的融合功能之上的优先机能障碍。最初的扭曲、原初的掩盖是完全不可设想的。正是在社会关系的象征构建中,隐藏-显示的辩证关系得以产生。意识形态的映照功能只能从已经具有非重叠的所有特点的这种暧昧的辩证关系出发而得到理解。由此推断出,马克思主义所揭示的掩盖过程与统治阶级的利益之间的联系只是构成了部分现象。【262】况且,任何"上层建筑"都可以以意识形态的方式运行:科学和科技,与宗教和哲学唯心主义一样。

乌托邦的机能障碍也要从想象的病理出发才得到理解。乌托邦趋于精神分裂症就像意识形态趋于掩盖和扭曲。这种病态根源于乌托邦的离心功能。它通过夸张的方式发展了在空想和创造、逃避和回归之间摇摆的这种现象的暧昧。"无处"可以指向"这里和现在",也可以不指向"这里和现在"。但是谁知道存在的某种游离方式不是对未来人类的预言呢? 当病态展现呆板制度的僵化时,谁知道某种程度的个体病态不是社会变革的条件呢?如果要用一种更加矛盾的方式来说,谁知道疾病不是同时就意味着治疗吗?

这些令人困惑的观点至少有一个好处,即把目光引向社会想象物的不可化约的特点:也就是,我们只能透过虚假意识的形态来触及它。只有与虚假意识的这两种形态处于一种批判关系中,我们才能拥有想象的创造能力。就像为了治疗乌托邦的疯狂而需要求助于意识形态的"健全"功能，就像对意识形态的批判只能由一种从"无处"出发审视自己本身的怀疑意识引导着。

正是在关于社会想象物的这项研究里，那些在个体想象的简单现象学看来一定是疑难的矛盾得以成为间接的。

实践理性

【263】首先,我想简单说一下本文的意向和策略。我已经尝试着逐步建立满足以下两个要求的实践理性(raison pratique)①概念:它值得被称为理性(raison),但是它又保留着不可化约为科学

① 这里不得不谈谈 raison(理性,理由)这个词的多义和复杂。一方面,在日常用语中,raison 有"理由"的意思,但是这一意思又区别于 cause(因果关系中的原因)和纯粹心理上的动机,比如人们常问"pour quelle raison?",这就是在问:有什么理由。另一方面,在哲学上,raison 指的是理性。而理性,按照康德的理解,又有纯粹理性(理论上的)和实践理性(经验上的)之分。raisonnable 和 rationnel 都用于形容符合理性的事物。但是 rationnel 符合的是纯粹理性,即推理性的、工具性的、技术性的理性,比如经济理性(rationalité économique)、政治理性(rationalité politique),等等。而 raisonnable 符合的是实践理性,即一种道德上的、评估对与错的理性。而我们前面还遇到过 action sensée 这个表达法,我们将之译作"合理行动"。这作何解呢?形容词"sensé,e"出现于 16 世纪下半叶,指的是" qui a du bon sens",这一点也可以从它带有"sens"词根中看出。我们还记得笛卡尔在《方法论》里说过,"le bon sens"是世界上最美好的事物,它指的是人们判断对与错的能力。这两种理性尽管互相区别,却没有互相对立。正是因为如此,利科在这里试图调合这两种理性,建立一种更加根本和广泛的理性,而这种理性又不是黑格尔意义上的至高理性。纵然,似乎我们可以这样阐述这两种理性,但是若要落实到翻译上,着实有不少困难。目前译者没有找到更好的词汇来分别翻译它们,只能稍作区别:raison 根据语境译作"理由"或者"理性"。而 rationnel 译作"理性的"或者"理性",rationalité 也译作"理性",rationalisation 译作"理性化",与这三个字相关的翻译,旁边都会注明法语写法。raisonnable 译作"合理的"或者"合理","sensé,e"译作"合理的"。——译者注

技术理性(rationnalité scientifico-technique)的种种特征。关于这一点,我与哈贝马斯和佩雷尔曼①的意向不期而遇。但是我要做的东西将会相当不同。我不同于哈贝马斯,因为我并不通过分离、通过类型学来进行研究,而是通过概念的组合。另一方面,我也不同于佩雷尔曼,因为我尝试着在哲学传统上寻找基础,虽然就理性的(rationnel)和合理的(raisonnable)区别来说我完全同意他。确实,我认为,不断地对哲学自己的遗产进行批判性回顾是哲学的任务之一,就算与诸如康德和黑格尔这些巨人对抗是项艰巨的任务。但是,在一定的时候,很需要去做这件事。

我们要遵循的秩序把我们从实践理性的基本概念引向非常复杂的概念。在第一阶段,我们停留在行动的当代理论层面,从关于行动的当代理论那里我将借用概念"行动理由"(raison d'agir)以及"实践推理"(raisonnement pratique);在没有真正改变层面的情况下,我们从行动的语义学过渡到句法结构。由此我们将过渡到继承于马克斯·韦伯的理解社会学层面;在那里我们将会遇到"行动规则"和"服从于规则的引导"这些概念。这两个预备性的分析反过来又会把我们引向"合理行动"(action sensée)的两个经典重大问题之门槛:【264】康德的问题和黑格尔的问题。最后,当实践理性险些要再次被涵括在思辨理性(raison spéculative)的范围之内的时候,我们将尝试着使实践理性重新回到它的批判功能。如果今天就建立在行动概念本身上的诸种理由来说,我们再也不能重复《实践理性批判》,也许我们至少可以

---

① 佩雷尔曼(Chaïm Perelman, 1912-1984),被视为"新修辞学"的创立者,研究领域涉及法学、修辞和论证。其主要作品有《修辞学与哲学》(Rhétorique et philosophie,与Lucie Olbrechts-Tyteca合著)、《正义与理性》(Justice et raison)、《法律、道德与哲学》(Droit, morale et philosophie)、《论论证:新修辞学》(Traité de l'argumentation: La nouvelle rhétorique, 与Lucie Olbrechts-Tyteca合著)等等。——译者注

找到就社会行动的意识形态表象而言的实践理性的批判功能。

I. "行动理由"概念和"实践推理"概念

我的出发点取自今天人们所谓的——主要在英语国家里——行动理论。接下来,我将要在一些不同但是有关联的研究领域里为这个理论寻找相似之物。

从行动理论的层次来看,实践理性概念等同于对合理行动的可理解性条件。合理行动指的是那种施动者可以向另一个人或者他自己解释——*logon didonai*——的行动,因而接收这种解释的人将之作为可理解的而接受。根据我们后面要考察的其他准则,行动可以是"非理性的"(irrationnelle):但是当行动会遇到被建立在某种语言和价值共同体里的可接受性条件时,行动一直是合理的。这些可接受性条件就是必须使我们的回答满足以下问题的条件:您在做什么? 为什么,由于什么您做这件事? 一种可接受的回答是那种在穷尽了一系列"因为"的同时也终结了询问的回答,至少在提出这些问题的问询和对话的处境中是如此。

在第一个研究阶段中所有被预设的东西就是,人的行动既不是不可说的也不是不可交流的。【265】行动不是不可说的,因为我们可以说出我们所做的事情以及为什么我们做这件事。关于这一点,我们的自然语言系统已经积累了一个巨大宝库,里面藏有建立在完全特有的"语法"(我们考量行动动词,考量它们向被动式的转换,考量宾语和动词之间的关系,考量行动句子接纳在现实中无限数量的关于时间、地点、手段等等的情形表达的能力)基础之上的各种适当表达法。行动也不是不可交流的,因为,在互相作用的游戏和狂热里,我们指定给行动的意义并没有被强迫处于私有状态,就像牙痛,而是一上来就具有公共特征。正是在大庭广众之下我们得以说明,我们得以证明,我们得以辩解。而且我们提出的意义直接服从于我们刚刚称为可接受性条件的东西,准确来说,这些条件是公共的。

因此,行动理论只是使得归属于行动之自发语义学的各种可理解性条件得到清楚解释。在后面我们还会谈到这样一种符合日常话语的研究所缺乏的东西。首先需要检验,甚至仔细深入地研究它的资源。

在这个层次引起我们注意的概念是行动理由的概念。当施动者意识到自己有能力对上面提到的那些问题给出答案时,行动理由就包含在这些答案里。但是这里我将不会讨论这样一个问题:提出行动理由是否就是排除通过原因进行的所有说明,至少在——休谟和康德的——恒定前提(antécédent constant)的狭义上是如此?对我们来说这种争论不是本质的。行动理由概念在积极意义上所指的东西对我们来说要比被它排除的东西重要得多。

有四个主要特点可以描述行动理由概念。

首先,这个概念可以延伸到和动机领域一样远的地方。由此,相对于与之对立的所谓的情感动机来说,所谓的理性动机(motifs dits rationnels)范畴不占有任何先机。【266】一旦行动被施动者感知为是非强迫的,那么动机就是行动理由。因此,应该要明白,甚至一种"非理性"的欲望(un désir "irrationnel")在问答游戏里也具有安斯康姆所谓的可欲求特征(désirabilité)。我总是必须能够说出由于什么(en tant que quoi)我欲求某种东西。这就是合理行动最低的可理解性条件。如果要多混杂有多混杂的动机并不适合进行比较,因而也不能根据它们的可欲求性特征而被分成等级,那么动机领域也不会是我们所认识的争执领域。确实,如果不能说出由于什么一样东西比另一样东西看起来更想要,那么人们又如何偏爱某一个行动过程而不是另一个呢?

这些可欲求性特征,一旦它们被置于考察中(即施动者向别人或者他自己说明这些特征,比如说为了消除误解或者诠释上的错误),反过来又是易于通过动机而得以解释,同时呈现着某种一般性。说:"他因嫉妒而杀害了",就是要求这个特殊行动是在可以同时说明其他行动的一类动机的启发下而得以考量。重申一次,这些动机从另一个角度来看可以被认为是"非理性"(irrationnel)的:这一点根本没有消除它们的一般性,也就是说它们可以被理解为归属于一个类别的能力。这个类别通过求助于各种文化资料——从戏剧、小说直到那些"专论情感"的经典——可以得到识别、命名和定义。通过第二个特点,行动理由使得可以说明行动,这里"说明"这个词意味着把一个特殊行动归于——或者要求归于——呈现一般性特征的情绪类别中。换句话来说,说明,就是把这个行动诠释为某种情绪类别的例子。

轮到第三个特点,它源于对蕴含在动机类别概念里的情绪概念(concept de disposition)的发展。通过情绪而进行的说明是因果说明的一个种类。【267】认为某人是由于复仇精神而行动,这就是认为这种情绪把他带向了、把他推向了、把他引向了、使他采取这样的行动。但是这里提到的这种因果关系并不是由前提导致结果的线性因果关系,而是目的论的因果关系。根据查尔斯·泰勒①在《行为的解释》

---

① 查尔斯·泰勒(Charles Margrave Taylor, 1931-),魁北克的英语哲学家,他的思想融会了分析哲学、现象学、诠释学、道德哲学以及人类学等等多股潮流和学科,他著述颇丰,主要著作除了本文提到的《行为的解释》,还有《黑格尔与现代社会》(Hegel and Modern Society)、《自我的本源:现代身份的制造》(Source of the Self: The Making of the Modern Identity)、《现代性的隐患》(The Malaise of Modernity)等等。——译者注

(*The Explanation of Behaviour*)里所阐述的①,这种目的论因果关系无需求助于任何暗含催眠效力的实体,而是只要通过相关的法律形式就可以得到定义。查尔斯·泰勒认为,目的论的说明是一种这样的说明:在这种说明里,各个事件的整个塑形自身就是说明自身产生的因素。认为一个事件发生了是因为它被有意地涉及了,这就是说,我们制造的各种条件就是那些——属于我们的能力范围之内的——为制造所追求的结果而被需要、被要求和被选中的条件。或者,如果还是引用查尔斯·泰勒的说法,目的论说明是这样一种说明:在其中"事件出现的条件是事情的状态得到了实现,就像它将会造成所提到的结果,或者就像这个事件是为了造成这个结果而被要求发生"。就动机概念在倾向于……的意义上的所有使用来说,目的论说明是隐含的逻辑。

在介绍行动理由的第四个特点之前有一点要注意。厘清进行到这一步,它更加靠近《尼各马可伦理学》,而不是《实践理性批判》。确实,这里的厘清仅限于阐述《伦理学》的第三篇里对决断(*proairèsis*)——或者深思熟虑的选择(*préférence raisonnée*)——的分析。如同亚里士多德,我们的分析不会在欲望和理性(*raison*)之间设置任何分隔,而是——当欲望进入语言范围时——要从欲望本身获取思量式理性(*raison délibérante*)的实践条件。亚里士多德把思量过的选择(*préférence délibérée*)的整个秩序指定给参与到理性(*logos*)中的非理性心理(*alogos*),这不仅仅是为了区分非理性的心理与纯粹合理性的心理,也是为了区分非理性的心理与不可进入理性(*logos*)的非理性(*irrationnelle*)心理。以此他表达了欲望和思量(*délibération*)之间这种密切关

① 查尔斯·泰勒,《行为的解释》,伦敦,劳特利奇和基根·保罗出版社,1964年。

联。【268】把实践逻辑指定给一个既非思辨思考层次的也不是脱离理性的情感层次的人类学层次,这其中是很有道理的。这种对心理学乃至话语的中间层次的参照将逐渐成为我们对实践理由的所有调查的主导主题。亚里士多德的思量性的欲望(désir délibératif)概念的现代等同物就在下面这三个特点里——通过这三个特点我们已经描述了行动理由概念的特征——:可欲求特征,诠释性风格的动机描述,最后通过情绪进行的所有说明都具有目的论结构。

现在这三个特点可以为我们介绍第四个特点提供基础,这个特点的句法特征多于语义特征。这个特点使我们从行动理由概念过渡到实践推理概念。它使得我们向实践理性这个更加丰富的概念又靠近了一点。的确,实践理性这个概念包含着不再属于行动理论范围的其他成分。

引进实践推理概念的最好方法就是着重指出行动理由概念身上还没有被觉察到的一个方面,因为我们已经把行动理由等同于同时具有回顾和诠释特征的动机范畴。然而也存在这样一些行动理由:它们更多地关涉到意向——在意向中我们做某事——,而较少涉及到我们想要说明、证实或者辩解的已完成的行动在回顾时的意向性特征。从“在意向中……”的意向意义上来说的意向之特性,是在两个或者多个行动之间建立具有句法特征的连贯。这种具有句法特征的连贯可以在这种类型的表达法里得以表现:“做这件事以便那样”,或者,反过来:“为了达成那样而做这件事”。两个实践命题之间的关联可以归到可变化的长距离连贯中。说明这样一种复杂意向,就是在这些实践命题之间设置了某种秩序。正是在这里实践推理发生了。实践推理是对亚里士多德的实践三段论的继承。【269】但是,我更想谈论实践推理,以便中断来自亚里士多德本身的所有企图,从而可以在这种推理和思辨理性的三段论之间建立一种精确的相似性。三段论是把所谓的普遍大前提("所有人都需要以干粮为食")和断定为特殊事物的小前提(诸如,"我是人","这是粮食,而且它是干的")组合在一起。若要使得这种组合与思辨三段论之间的相似性可以得到维持,它从形式的角度来看太不合乎惯常,而且非常"畸形"(乔希姆·里特①)。推理看起来并不符合它的两极:与属于行动语义学范围的可接受性的明确的或者默示的准则相比较,它的大前提是不可信的或者是完全"不合理的"。至于它的结论,它对行动没有任何约束,所以,尽管它有其特殊性,但是它无法对实际"实施"("faire"effectif)作出决定。实践推理的"句法结构"——看起来与我们刚刚说到的行动"语义学"的各个特点是最一致的——是这样一种句法结构:它从人们做某事的意向的意义上说是建立在行动理由概念基础之上的。各种行动理由之间的秩序就是实践推理的关键。实践推理的唯一功能就是整理由最后意向引起的理由长链。推理从一个被视为最后的行动理由出发,也就是说是它穷尽了一系列"为什么"的问题,换句话说,它从可欲求性(这是在这个词的最广义的意义上说的,它当然也包括了履行义务的欲望)特征出发。正是这种可欲求性特征以逆行的方式布置了为满足这个特征而预计的手段序列。我们重新回到

---

① 乔希姆·里特(Joachim Ritter, 1903–1974),德国二战后最有影响的哲学家之一,他的博士论文是关于尼古拉斯·德·库萨(Nicolas de Cusa),题为《〈论有学问的无知〉:尼古拉斯·库萨的博识无知理论》(*Docta Ignorantia. Die Theorie des Nichtwissens bei Nicolaus Cusanus*),他的其他主要著作还有《形而上学与政治:对亚里士多德和黑格尔的研究》(*Metaphysik und Politik. Studien zu Aristoteles und Hegel*)、《奥古斯丁对新柏拉图主义本体论的接受和转变》(*Eine Untersuchung zur Aufnahme und Umwandlung der neuplatonischen Ontologie bei Augustinus*)等等。——译者注

亚里士多德的话:"我们只慎重考虑各种手段。"最后需要这种整理的东西,就是在可欲求性特征和特殊行动之间的距离。这种距离一旦有意被提出,实践推理就在于在一种策略里安排各种手段之间的连贯(chaîne de moyens)。

II. "行动准则"概念

【270】我毫不犹豫地承认,行动理由概念,就算它通过实践推理概念得到了补充,它仍然远不能覆盖由实践理性包含的整个含义领域。

第二阶段的思考将使得我们可以同时确认和超越前面的分析。这将通过引进还未出现过的一个决定性的特点——即被规整(réglée)或者被规范化(normée)的行动的特点——而进行。行动理论由于方法的选择仅局限于在日常生活中展开的个人行动上,而这一新阶段的思考属于另一个与行动理论完全不同的研究领域。确实,就算那些所提到的动机是向公众理解敞开的,但它们仍然是个体施动者的动机。对于韦伯式的理解社会学(sociologie compréhensive)来说,在合理行动概念里仍然缺少多个基本的组成部分。首先,马克斯·韦伯所谓的指向他者(orientation vers autrui):确实,一个行动可以被一个施动者通过动机(动机的意义可以与他人交流)加以诠释,这并不充分;每一个施动者的举止都应该考虑到他人的举止,要么是为了与之对立,要么是为了与之组合在一起。只有在指向他者的基础之上,我们才能谈论社会行动。但是这也不是全部。应该要在社会行动的概念里添加社会关系的概念,由此我们明白行动的过程:在行动的过程中,每一个个体不仅会考虑到他者的反应,而且通过象征和价值来激发行

动,象征和价值不再只是表达被公共化的种种私人可欲求特征,
而且也表达了本身即为公共的准则。在这里,行动与语言如出一
辙。个体说话者使用话语是建立在约束发言人的语义和句法规
则的基础之上。说话,就是"被委托"(卡维尔①的术语)赋予意义
给所说的东西,也就是说要根据由语言共同体指定的编码系统使
用词语和句子。【271】被搬移到行动理论上的编码概念意味着,
合理行动无论如何都被准则支配着。理解仪式中的某种屈膝,就
是理解仪式的编码,是它使得这种屈膝等同于表达敬仰的宗教行
为。同样的行动环节——举手——可以意味着:我要发言,或者
我投票赞成,或者我乐意去完成某项任务。意义依赖于给每一个
动作指定意义的惯例系统,这发生在被这个惯例系统限定的处境
本身中,比如对审会、决议大会或者招聘会。为了着重强调不仅
个体欲望表达一开始具有公共的特征,而且社会行动的编码系统
(个体行动就发生在编码系统中)也是一开始就具有公共的特征,
我们可以通过克利福德·格尔茨②来谈论象征性的媒介
(médiation symbolique)。象征是文化实体而不仅仅是心理实体。
另外,这些象征进入到被分成环节连结在一起的和结构化的系统
里,而由于这些系统,单独使用的象征之间互相赋予意义——涉
及到交通信号、礼节规则或者更加复杂和稳定的制度系统。正是

---

① 卡维尔(Stanley Cavell, 1926-),美国哲学家和作家,在哈佛大学教授美学和关于
价值的普通哲学,他著述丰富,涉及的领域也很广,除了哲学、文学,还有电影等
等,主要作品有《言必有所指?》(*Must We Mean What We Say?*)、《理性之声:维特根
斯坦、怀疑论、道德和悲剧》(*The Claim of Reason: Wittgenstein, Skepticism, Morality
and Tragedy*)、《重看世界:对电影本体论的反思》(*The World Viewed: Reflections on
the Ontology of Film*)、《文字之城》(*Cities of Words Pedagogical Letters on a Register of
the Moral Life*)等等。——译者注

② 格尔茨(Clifford Geertz),《文化的诠释》(*The Interpretation of Culture*),纽约,Basic
Books 出版社,1973 年。

在这个意义上,格尔茨谈论"互相作用的象征系统","协同地赋予意义的模式"。

在这样引进规范或者准则概念的同时,我们无需强调某些人认为与它相连的约束特征,甚至压制特征。就外部的观察者来说,这些象征系统为个体行动提供了描述语境。正是通过、根据……某种象征准则,我们才能把某个行动诠释为……(赋予这样或者那样的意义)。在这里,"诠释"这个词必须在皮尔士(Peirce)的意义上被使用:在诠释之前,象征已经是举止的心理表象(des interprétants de conduite)。【272】若是在这个意义上使用,准则或者规范的观点并不意味着任何的约束或者压制。对于施动者本身来说,情况会稍微不同。但是,在约束行动之前,规范编排了行动,因为规范使行动塑形,为它提供形式和意义。在这里,把规范支配行动的方法与基因编码控制前人类行为(comportement préhumain)的方法进行比较,这可以是有效的:两种类型的编码都可以被理解为行为预案(programmes de comportement),为生活提供了含义和方向。如果象征编码确实介入到基因校准(réglage génétique)的深层领域,那么由此它们也会把它们的作用延伸到意向行动的层面。如同基因编码,象征编码赋予行动某种可读性。这种可读性反过来可能又可以让某种文字——就这个词的本义来说——发生,即可以引起人种志。在人种志里,行动结构被转移为文化文本。

我不会把这种对象征行动的分析,或者更准确地说,这种对以象征为媒介对行动进行的分析推向更远的地方。我仅限于标明它对我们探索实践理性概念所做的贡献。一方面,正如我已经说过的,对象征行动的分析确认了前面对行动理由这个还太心理学的概念的分析,同时还为行动理由提供一个社会学的等同物。另一方面,通过引进规范或者准则概念,它打开了新的前景。同时,实践推理,我们已经通过亚里士多德将之限定在对手段的思量之内,现在它越出了目的的范围。这不仅仅涉及到在一种策略里整理手段之间的连结或者树状选择。现在它涉及到要对实践三段论(如果人们出于专业术语的理由仍保留这个词汇,而不顾从逻辑角度来看到的它的可批判特征)的大前提本身进行论证。而且,这个论证,正如佩雷尔曼所呈现的,它在更大程度上属于修辞学范围,而非科学范围,而且它打开了意识形态和乌托邦的范围,这将会在后面说到。对目的的思量与对手段的思量之间的区别很容易被说明。【273】与行动相比较,对目的的反思呈现出一种新的距离;这不再是——如上面说到的——可欲求特征和某个要实施的行动之间的距离,即策略类型的实践推理所填补的距离:这是一种完全自反的距离,它开启了新的游戏空间。正是在这个游戏空间里,各自都要求起规范作用而又互相对立的企图互相对抗,而实践理性正是作为审判员和裁判运行在这些各自要求其规范作用的对立企图之间,而且它是通过与法律判决相似的决断来结束争议。如果意识形态和乌托邦在这里可以互相渗透,那么,自反距离制造了我们可以称为"表象"间距(l'écart de la représentation)的东西。"表象"间距是相对于内在于行动的象征媒介而言的。在个体行动的层次上,施动者已经可以与他的行动理由保持距离,并且把这些行动理由与一种象征性的秩序相一致,而这种象征性的秩序本身在与行动的间距中得到表象。但是,尤其是在集体层次上,这种表象间距更加明显。在这个层次上,表象主要是要么对已建立的秩序、要么对可能替代这个秩序的秩序进行辩护和合法化的各种系统。这些合法化的系统可以被称为——如果我们愿意的话——意识形态,但条件就是不要太快地把意识形态与蒙蔽等同起来,而且要承认意识形态具有一种比所有的扭曲更原始和更根本的功能,即为内在于集体行动的象征媒介提供一种元语言。意识形态在把象征媒介倾注在比如叙事和编年史中时,它首先是加剧和增强象征媒介的表象。正是通过叙事和编年史的手段,共同体在某种程度上"重复"、纪念和赞美它自己的出身。

目前在这个方向上我不会再多谈。我把从在融合表象意义上说的意识形态向在系统性扭曲和蒙蔽意义上说的意识形态的过渡,作为本论文的最后部分加以保留。为了到达这个结尾,我们还有不少路要走。

现在我要总结一下实践理性概念。【274】这件事通过与亚里士多德的实践概念的比较而进行。在我看来,我们在被亚里士多德称为的慎重(*phronèsis*)或者实践智慧(sagesse pratique)的这个概念上重新发现了相当一部分内容。确实,我们致力于行动理由的最初分析并没有超越亚里士多德的深思熟虑的选择概念,即决断(*proairèsis*)概念,后者只是那个更加丰富以及更富有包含性的实践智慧概念的心理条件。实践智慧概念把多个其他组成部分——首先就是价值(axiologique)的组成部分——加入心理部分。在定义伦理德性(vertus éthiques)时,为了把伦理德性和理智或者思辨德性区别开来,亚里士多德写道:"德性是一种引导决断的通常状态,这种状态包含在一种与我们相关的适度中——[或者是正中间的地方]——,这种适度的规范就是道德准则,也就是说,为行动提供智慧的准则"(《尼各马可伦理学》第二卷,G,1107a.)。这个定义对于协调以下四个组成部分功不可没:心理的组成部分,也就是,深思熟虑的偏好;逻辑的组成部分,即论证在两个诉求(一个被视为匮乏,另一个被视为超过)之间的裁判,以便达到亚里士多德所谓的适度;价值的组成部分,道德规范或者准则;最后,明智者(*phronimos*)的个人恰当性,我会说是趣味,或者伦理上的辨别力,它使规范变得个人化。所以,实践推理只是慎重(*phronèsis*)的推论环节。慎重在规范(norme)——理性(*logos*)——中结合了正确的估量和正当的欲望。而规范,如果没有个人的主动性和鉴别力,它反过来也寸步难行,这就是伯里克利(Périclès)通过政治判断力(le flair politique)所阐述的。所有这些汇合在一起就形成了实践理性。

III. 康德的环节：如果理性本身可以是实践的

来到这一点,已经不再可能躲避或者拖延那个必须被视为是涉及到实践理性的信任问题。我们也许会问:康德的实践理性概念有什么用呢? 在一开始我就说了:【275】康德在这个问题上的思考是不能被取消的,但是也无需被实体化(hypostasier)。现在就是要为这两个论断提出论据的时候。认为康德的实践理性概念是我们的研究必经之地,这来自于下面这些考量:

首先,是康德,而不是亚里士多德,把自由问题放在实践问题的核心。由于一些在这里不能详细阐述的理由——而且黑格尔已经很好地提出了这些理由——,从个人自律意义上说的自由概念是不能被任何古希腊思想家接受的。从康德开始,实践自由,无论从何种意义上说,正是自由的规定性。这个观点在本文中一直会伴随着我们。

其次,正是通过康德,作为第一次,自由概念在哲学上的出现是与思辨哲学的矛盾处境连结在一起的。自由概念在思辨哲学看来应该被视为"无论如何都不是不可能的问题"(problématique quoique non impossible），以便实践理性概念本身得以形成。这一观点超越了康德哲学的命运，直接关系到围绕分析哲学而展开的当代论争。确实，在前面的分析里，我们已经承认：为了规定各种实践的概念，哲学应该首先从日常语言流派开始着手，并且在那里发现对行动理由概念和实践推理概念的分析轮廓还处于晦暗的状态中。直到现在我们的研究并没有远离这个一般先决条件。通过康德，我们制造了一个分隔，并且进行了一次跳跃。如果概念性分析可以这样与日常语言保持距离，那么这是由于，为了自由概念可以在思辨哲学里成为论题和被问题化，自由概念先决地被带向了思辨的层面。更加准确地说，哲学话语需要经过二律背反的这一条狭道，所以，自由概念为了成为哲学的概念，它需要与先验幻觉的问题（la question de l'illusion transcendantale）相对抗。把自由概念问题化，就是证明这个概念是成问题的。【276】在这个条件下，而且只有在这个条件下，自由成了理性的概念，而不是推理的概念。由此引申出来，后面的整个问题都应该置于实践理性的名下。实践理性与实践推理在认识论上的分裂就是整个分析的真正转折。

　　再次，正是在这里，康德的成就同时成了所有攻击康德的出发点。借助这个出发点，我们把实践理性视为自由概念与法则概念的互相规定。同时考虑自由和法则，这是《实践理性批判》的分析目标本身。在这里，实践理性概念具有完全康德的特色。康德特色意味着，理性在本质上是实践的，也就是说，理性只要通过其自身就能先天地规定意志，如果法则是自由的法则，而不是自然的法则。我不会更多地阐述实践理性概念。这些东西都是大家所熟悉的，虽然它们难以很好地被理解，尤其涉及到在怎样的意义上去理解自由与法则的综合（正是这种综合规定着自律）最后归于一种理性的命运（factum rationis）。我更愿意直接去阐述为什么我认为康德的实践理性概念虽然不可绕过，但是必须在本质上被视为是可超越的。

我所质疑的，首先是以这样整体而又单义的方式对实践理性概念进行道德化的必然性。在我看来，康德只是实体化了我们实践经验的一个面向，也就是被视为强制约束的道德义务事实。我感觉，服从于准则的为人理念（l'idée de conduite soumise à des règles）同时呈现了与义务不同的其他方面。在这一点上，对我来说，与狭义上说的"服从于义务"概念相比较，亚里士多德的 arétè 概念——译为"品质"（excellence）要好于那个蹩脚的词"德性"（vertu）——具有更加丰富的含义。这个意义维度里的某种东西也被保存在规范或者准则的概念里，也就是"行动模式"（modèle-pour-agir）概念，也即最好或者最可取的预案，提供意义的方向。从这个角度来看，【277】伦理（éthique）概念比道德观念（moralité）概念要更加复杂，如果道德观念指的是与义务的严格一致，而不考虑欲望。后面我们谈论黑格尔时还会再回到这一点上。

第一个质疑引发了第二个质疑。认为如果理性本身是实践，那么也就是说理性作为理性进行统帅，而无视欲望，这个观点在我看来更加糟糕。它把道德卷入到一系列对于行动概念本身来说就是致命的二元对立中。黑格尔对这些二元对立的批判揭示是有道理的。形式与内容的对立，实践法则与道德准则的对立，义务与欲望的对立，命令（impératif）与幸福的对立。也就是在这里，亚里士多德更好地阐明了实践秩序的特有结构，因为他建立了思量的欲望，而且把正当欲望和正确思考加入他的慎重概念中。

但是，在我看来，非常需要批判的是——而且这第三个质疑支配着前两个质疑——,在《纯粹理性批判》的模式上建立《实践理性批判》这个筹划本身,也就是,就像先天的东西和经验的东西在方法论上的区分。在我看来,把实践理性分析与纯粹理性分析完全相对应,这个观念本身就轻视了人类行动领域的特性,这个领域并不能承受先验方法强迫的拆毁,而是完全相反,它需要一种转变和媒介的敏锐感觉。

最后,轻视行动需求(les réquisits de l'agir)的对应物就是高估先天本身,也就是高估普遍化准则。这种普遍化准则只是,当施动者企图在他的行动准则中"变得客观"时,让他可以核查其诚意的检验标准。当康德把普遍化准则升到最高原则时,他就踏上最危险的思想之路。这一思想从费希特直到马克思都处于统治地位,即实践秩序需要知识、需要科学性的审批,它与理论秩序里对知识和科学性的需求相似。确实,康德把这种知识归结为对最高原则的表述。总之,缺口已经打开,所有的科学理论(*Wissenschaftslehre*)都将由此涌出。而这些科学理论反过来又将产生一个致命的观念【278】——"致命的"偶尔是在这个词的物理意义上说的——,即存在一种实践的科学。我们可以再次从亚里士多德那里读到对这种将科学应用于实践的观点的高度警惕,相关的著名段落是这个思塔基人①宣告说:在人类的、变化的、服从于决断的事物秩序里,我们无法达到比如数学里那种程度的精确——精微(acribie)——,而且每一次都应该使得被考量的科学的精确程度与它对其对象的要求成比例。今天没有什么观点比认为有实践理性而没有实践科学这样的观点更加有益和更加开放的了。从可信和可能的意义上来说,行动领域从本体论的角度来看是易变事物的领域,而从认识论的角度来看则是可能事物的领域。当

---

① 因为亚里士多德出生于古希腊斯塔基(Stagire)。——译者注

然也无需让康德来承担他不想要也没有预料到的发展的责任。我只是要指出：在理论先天概念的模式上建立实践先天概念的同时，康德把对实践理性的考察转移到了知识领域里，而知识领域又不是实践理性的领域。为了把实践理性重新带到那个被亚里士多德正好安置在"逻辑"与"非逻辑"之间的中间领域，我们应该要把一种并不是派生于纯粹理性批判的意义（因此这是一种只适合于人类行动领域的意义）与实践理性批判概念连结在一起。在本文的最后，通过意识形态批判概念，我们将会提出一种把批判概念重新注入到实践领域的特殊方法。

这就是那些论据：它们证实了，为了规定实践理性概念，我们要经过康德，但是我们并不停留在康德那里。

IV. 黑格尔的诱惑

我对康德的批判就是对黑格尔的批判吗？从多个方面看，这是肯定的。但是，尽管黑格尔关于行动的观念——理智地说——是如此诱人。【279】这个观念所呈现的试图（*tentative*）仍只是一种诱惑（*tentation*）。由于某些很确切的理由，应该抵制这种诱惑。这些理由我们将会在后面谈到，而且也是基于这些理由才把那些其线路类似于黑格尔的人放在一个奇怪的范畴里，即后黑格尔的康德主义者范畴。

首先诱惑我们的——它几乎征服了我们——，就是这样的观点，即认为应该要在客观伦理①（*Sittlichkeit*）中——在具体的伦理

---

① 黑格尔严格区别了德语中 Sittlichkeit 和 Moralität 这两个概念，前者强调客观实体性，后者则强调主观反思性。另外在本文中，利科还区别了法语中 éthique 和 moralité（详见法语原文第 277 页），似乎这二者的区别又不同于前面两　（转下页）

生活中——寻找合理行动的根源和资源。伦理生活没有起始；每
一个人都发现它已经在那了，都处在一种其共同体的基本传统沉
淀下来的习俗状态里。如果确实初始的奠基只能以或多或少神
秘的形式得以表象，然而，透过传统的沉淀以及有赖于无休止的
新诠释（新诠释也是从传统和初始奠基中给出的），它一直在发挥
作用，而且它一直是有效的。奠基、沉淀和诠释的共同运作就产
生了黑格尔所谓的客观伦理，也就是说，在给定的共同体里支配
着许可和禁止的各种价值信仰形成的网络。

　　与这种具体的伦理相比较，康德的道德观念具有根本但是受
约束的意义。我们对他的批判已经承认这一点。它构成了内在
化、普遍化和形式化的阶段，康德把这一阶段与实践理性等同起
来。这一阶段是必然的，因为唯有这个阶段提出了责任主体（也
就是说，自认为有能力去做他同时也认为必须要去做的事情的主
体）的自律。就黑格尔认为各种精神形态与其说是时间的不如说
是逻辑上的发展这一视角来看，由于内在于客观伦理本身的辩证
关系，具体伦理生活的内在化阶段变得很必要。希腊美丽的城
邦——如果它至少必须被看作在抽象道德观念来临之前的具体
伦理生活的最好表现——已不复存在了。它内部的矛盾使得精
神超越了它美好的和谐。对于我们这些现代人来说，进入文化
（l'entrée en culture）与一种使我们对我们自己的根源感到陌生的
剥离密不可分。【280】在这个意义上说，对传统进行异化在我们
与传承下来的过去的整个关系中已经成为一个不可或缺的组成
部分。从此，一种间隔因素运转于向任何一种文化遗产归属的核

　　（上接注①）个概念的区别：前者指普通一般的伦理，而后者指对应于义务而不涉
及个人欲望的伦理，相当于德语中的 Sittlichkeit。基于这些原因我们在此将 Sitt-
lichkeit 和 Moralität 分别译为"客观伦理"和"道德意识"，而将 éthique 和 moralité 分
别译为"伦理"和"道德观念"。——译者注。

心处。

　　抽象道德观念的阶段，由于它自己产生的矛盾，变得站不住脚。这是必然的。大家都知道在《精神现象学》里对"世界伦理观念"的著名批判，以及他在《法哲学原理》(*Principes de la philosophie du droit*)里重申的对主观上的道德观念的批判。当我们对先验方法在人类行动中生成的一系列二元对立感到遗憾时，以及当我们提出意志规则的普遍化准则可能只是检验标准——通过这个标准，道德施动者核实了他的诚意——，而不是实践理性的最高原则时，我们自己已经接受了这个双重批判的主要论据。

　　这种双重批判促使我们要为黑格尔的意志(volonté)概念平反，就像这个概念在《法哲学原理》的开始被建立的那样。这种辩证的建立孕育了所有后面的发展。这些发展汇集在一起又构建了对世界伦理观念和抽象道德观念进行批判的积极对应物。黑格尔并没有像康德那样拆分意志(*Wille*)和任意性(*Willkur*)，也就是说，一方面是由唯一的理性规定的意志，另一方面是置于义务和欲望的十字路口的自由选择。黑格尔没有进行这种拆分，而是提出了一种意志的辩证构建，这种辩证构建根据的是从普遍性到特殊性和独特性的范畴秩序。在否定所有内容时，意志希望而且也自称是普遍的；同时，它想要这个而不是那个；换句话说，它投身于某一项工作中，而这项工作使它(意志)投入于特殊性中；但是，它没有在特殊性中迷失直到这样一个程度，即它不再能够自反地——也就是普遍地——重新获得它朝向特殊性的运动的意义本身。这就是意志在保持普遍的同时而又使自己变得特殊的方法，黑格尔说道，这种方法构建了意志的独特性。【281】所以，独特性不再是一种无法表达而且不能交流的存在和行动的方式；通过它的辩证构建，独特性把意义和个体性结合在一起。我们可以通过其中的任意一极进入这种复杂构建,根据我们着重强调的是某种独特运作的意义还是某种合理行动的独特性。把独特性看作合理的个体性,在我看来,这是重建实践理性概念必须吸收的最不可否认的成果之一。这个观念在现代相对应于古代思想中"思量过的欲望"这一复杂概念以及慎重(*phronèsis*)的整体概念。而慎重这个整体概念构建了决断的"品质"。

但是,应该通过黑格尔来进行第二步(意志概念[我们刚刚概述了一下它的辩证构建]是这一步的开始,而且意志概念似乎也需要这一步)吗?还应该承担这样一种——即在对道德意识(*Moralität*)的批判之外重新恢复客观伦理——政治哲学吗?正是在这里,企图和诱惑互相覆盖,这就如同前面在康德的思想中,自由和法则的互相规定构建了实践理性概念的顶点之一,同时也构建了把康德的整个实践哲学置于危机中的所有矛盾的源头。另外,在我们的研究里,对这两个关键环节的比较并不是偶然的。在这两种情况里,某种意义上都涉及到把自由和规范结合在一起。我们都还记得:康德通过规范概念(这一概念被化约为道德标准的普遍性准则的骨架)的资源做到了。但是他并没有成功证明,当理性所规定的东西是抽象而空洞的意志自身,而不是具体的行动时,理性本身如何是实践的,正如自由的积极观念所要求的那样,而自由又被视为是自由原因,也就是说,被视为在世界中真实变化的根源。

正是在这一点上,黑格尔的试图是诱人的:黑格尔没有在普遍法则的空洞概念里去寻找意志的反面,即意志还是任意的只是方式不同,【282】它在家庭秩序、然后是经济秩序、最后是政治秩序的连续结构里寻找各种具体的媒介,这些具体媒介正是法则的空洞概念所缺乏的。就这样,一种新的客观伦理宣告诞生了,它没有先于抽象道德观念(moralité),而是在其之后(指的是在概念秩序上)。正是这种制度层次的客观伦理(Sittlichkeit)最后构建了我们整个研究所依据的真正的实践理性概念。

　　就这样我们尝试沿着黑格尔的思想来到了这里,即这种具体伦理,通过现代思想(也就是康德之后的思想)的资源,恢复了亚里士多德的一种特别强有力的观点,也就是,"人的善"和人的"任务"(或者"作用")——这些是来自《尼各马可伦理学》第一卷的非常可贵的概念——只有在公民共同体里才能完全得以运用。人的善和人的作用可以免于在技术和技艺中消散,只有当政治学本身就是一种建筑学式的知识时,也就是说是一种这样的知识:它使个体的善与共同体的善协调一致,而且它把特殊的才能融合到与城邦整体休戚相关的智慧里。这样正是政治的建筑学特征保存了人的善和人的作用之间的共同特征。

　　正是这种建筑学的视角在黑格尔的国家哲学里又复活了。但它是以现代形式复活的,这种现代形式意味着个体权利已经被确定了。法则——在它之下这种权利可以得到承认——,自此只能是政治制度的法则,而正是在政治制度中个体找到了意义和满足。这种制度的核心,就是权利国家的构建,在这种构建里每一个人的意志都在整体的意志里得到承认。

　　如果这种看法吸引我们,这不仅仅因为它使一个古代概念恢复了活力,而且也因为它在政治生活里以及通过政治生活就合理行动提出的观点并没有被超越,而且甚至,以某种方式来说,它还没有被达到。不用说马克思认为黑格尔只是构想了一个掩盖了与真实国家的距离的理想国家,【283】我也认为黑格尔在始动的、趋势性的、已经存在但又还没有展开的形式里描述了国家,但是并没有阐明建立它的艰难。然而,这样的国家不仅仅没怎么发展,而且在事实中它还倒退了。今天我们可以看到关于自由的制度性媒介的观点本身退缩到了思想和欲望里。我们的当代人越来越被制度之外的原始自由观念所诱惑,而整个制度在他们看来在本质上就是束缚的和压制的。他们只是忘记了黑格尔在《精神现象学》关于恐怖的那一章里建立的可怕等式:当没有制度能够成为通向自由的媒介时,自由与死亡之间是等同的。自由和制度之间的分离,如果这种分离是可持续的,那么它标志着对实践理性概念最大的否定。

所以,并不是自由与制度之间的结合的观点让我犹豫。也不是指,仅仅在自由国家的形式里这种结合才能在历史的厚重里得以实现。在我看来,黑格尔的试图变成应该要严格去摆脱的诱惑,这是在这种情况下发生的:我们可以在根本上质疑:为什么——为了从个体提升到国家——应该要在本体论上区分主观精神和客体精神,或者更准确地说,要区分意识和精神?这一情况显然具有本质性的重要性。对于黑格尔来说,精神——*Geist*——这个词本身就标志着与整个现象学意识的根本断裂,也就是说,与这样一种意识的断裂,即它通过缺乏不断地从它自身剥离出去,同时它又从另一种意识的认可中期待它的存在。这就是为什么在《百科全书》里客观精神的哲学是在现象学之外得以展开,因为现象学一直统治着失去了他者的意向意识。我们可以追问:难道这样被提升至个体意识之上,甚至是主体间性之上的精神实体就不对另一个实体——国家实体本身——负责了?我们不能从黑格尔的文本里取消这样的表述——【284】无论是在《百科全书》里还是在《法哲学原理》里,即国家被界定为在我们中间的一个神。

但是,对国家实体——国家实体本身在精神的本体化里有它

的根源——的拒绝,它自身有应该推行到底的逻辑。(这种行为)
要承担的种种结果对于实践理性概念的命运都是决定性的。

　　第一,如果我们拒绝把客观精神实体化,那么就应该去彻底
探索另一种可替换的解决方法,也就是,根据胡塞尔在《笛卡尔式
的沉思》第五沉思里的研究性假设,必须总是有可能在主体间的
关系里以对他者的唯一构建为基础产生所有的高级共同体,诸如
国家。所有其他的构建都必须被派生出来:首先是共同的物理世
界的构建,然后是共同的文化世界的构建。这些构建在互相比较
的关系中运行,就像高级的自我与同一等级的他者相对抗。我们
反对这样的看法,即认为在胡塞尔那里,在主体间性里构建高级
共同体的愿望只是一个虔诚的愿望而已。但是,这种反对会变得
软弱无力,如果我们认为,马克斯·韦伯的理解社会学包含着对
《第五沉思》中的设想的真正实现。无论是他的社会行动概念,还
是合法秩序概念,甚至是他关于权力合法化系统的类型学,都没
有牵涉到不同于个体(个体在互相比较中为人处事,而且每一个
个体都依照对其他个体行动的理解来产生对其自身行动的理解)
的其他实体。在我看来,当制度表现为对主体间关系(这些关系
从不预先假设——如果我敢说——精神的外加部分)的客体化甚
至是物化时,认识论上的这种个人主义可以更好地在理论上解决
自由与制度之间的辩证关系。关于实践理性概念的这种方法论
上的选择所蕴含的东西是重要的。自此,实践理性的命运就取决
于客体化和物化的各种程序,【285】在这些程序过程中制度媒介
变得与满足个体的欲望毫不相干了。我会说,实践理性是,为了
保存或者修复自由与制度之间的互相辩证关系(在这种关系之外
没有合理行动),由个人和制度共同采取的措施的总合。

　　我们拒绝黑格尔的客体精神所隐含的第二层意思是:客观精

神的实体不仅仅具有本体论的意义,而且具有认识论的意义。它就包含在认识精神、认识国家的企图中。我们不断读到:精神本身在国家里得以认识,而个体本身则是在这种精神的知识里得以认识。我已经说过好几遍,在我看来,这种想要在伦理和政治的秩序中进行认识活动的企图,在理论上是最具毁坏性的,而在实践上则是最为危险的。这个观点在理论上具毁坏性,因为它重新引入了类似于在康德那里被批判过的二元对立处境。确实,我们反对康德在意向和行动(faire)之间建立的二元对立。但是黑格尔的国家也是意向中的国家,而且概念上的分析没有提供任何方法来填补意向中的国家和真实的国家之间的鸿沟。正是在这里,马克思对黑格尔的《法哲学原理》的批评是强有力的。(不幸的是,马克思反过来又要重新建立一种关于经济实践的以及关于被置于上层建筑与下层建筑之间关系里的所有实践的知识。但是,我的目的不是让我与马克思的想法相对抗,而是要就它来自黑格尔思想里的根源攻击它。)这种对知识的企图不仅仅在理论上是毁坏性的,另外在实践上也是危险的。所有黑格尔之后的狂热,简而言之都包含在这样一个观点里,即个体在国家里得以认识,而国家自身又是在客观精神里得以认识。因为,如果一个人或者一组人,一个党派,盗取了实践知识的专利,它也将盗取人无意中行善的权利。就是这样,客观精神的知识滋生了暴政。

　　相反地,如果国家,根据胡塞尔、马克斯·韦伯和舒茨的相反假设,【286】通过客体化和异化的程序(这个程序还需要进一步阐述)而产生于主体间的关系本身,那么关于这些客体化和异化的知识还是一种与个体间互相作用的网络密不可分的知识,而且它也具有与对人文事情的运行过程的所有预测联系在一起的或然性特征。不要随便重复说:实践理性无法建立在实践理论上。通过亚里士多德,应该可以重申:只存在关于必然的而且一成不变的事物的知识。所以,实践理性不必把它的企图提升到中间地带(zone *médiane*)之外,这个中间地带延展于关于不变的和必然的事物的科学以及关于集体的和个体的任意观点之间。对实践理性的这种中间地位的承认就是保证它的适度,也是保证它向讨论和批判的开放。

第三层隐含意思是:如果实践理性就是为了保存或者为了修复自由和制度之间的辩证关系所采取的措施总合,那么实践理性可以重新找回批判功能,同时失去了想要作为知识的理论企图。这种批判功能产生于承认在政治构建(在政治构建中个体会找到他的满足)的概念和国家的经验现实之间存在着鸿沟。正是这条鸿沟必须在与黑格尔的客体精神假设相对立的假设框架里说明清楚,也就是这样一种假设,即国家和其他高级公共实体产生于主体间关系本身的客体化和异化。在这里,实践理性的批判功能就是揭穿被掩盖的各种扭曲机制。通过这些机制,对共同体关系的合法客体化变成了无法忍受的异化。在这里我把构成人类共同体身份的规范、准则和象征媒介形成的整体称为合法客体化。我把阻碍个体让其意志的独立与来自象征媒介的要求相协调一致的系统性扭曲称为异化。【287】正是在这里,我觉得,所谓的"意识形态批判"融入了实践理性,作为它(实践理性)的批判阶段。

我们已经就行动的象征媒介谈到过意识形态。那时我们看到了,意识形态——作为对行动的内在媒介的第二级表象系统——具有融合社会关系的积极作用。在这个意义上,这些意识形态属于我刚刚称之为共同体关系的合法客体化的东西。但是具有融合作用的这些意识形态的表象地位包含了这样一种可能性,即它们服从于系统性扭曲的独立机制。这种可能性的后果之一,准确来说,就是真实国家远离国家概念,就像黑格尔哲学提出的国家概念那样。那么,意识形态的批判作用就是谋求在劳动、权力和语言之间被掩盖的关系层次上解决系统性扭曲的根源问题。由于这样跨越了通过话语对话语进行唯一理解的界限,意识形态的批判使自己有能力去理解意识形态的另一个功能,这个功能肯定总是和它们的融合功能掺杂在一起,也就是它们对已经建立的权力或者对准备以同样的统治野心去替代这种权力的其他权力进行合法化的功能。在这里我不想展开意识形态(尤其是关于意识形态和统治的关系)的多元化含义这个主题。我仅限于阐述就实践理性来看由此得出的各种结论。

意识形态的批判,在我看来,是众多思想工具——通过它们实践理性可以由知识回转为批判——之一。那么,要谈论的就应该是作为批判的实践理性,而不是对实践理性的批判。而且,这种批判也同样不该根据科学与意识形态之间毁坏性的对立而充当知识。确实,不存在完全外在于意识形态的地方。批判发生在意识形态中。唯一能够把批判提升至任意观点之上而又没有把它当作知识的东西,【288】最后是自律的道德观念。从此以后,自律的道德观念是作为意识形态批判的乌托邦动力而运作。我就止步于对乌托邦作用的最后暗示上。它的作用就是提醒我们:实践理性没有实践智慧是不行的,但是如果智者没有变成疯子,实践智慧在异化处境里也是不行的,既然支配社会关系的价值本身已变为疯狂的。

主动性①

【289】接下来的哲学思考可以描述为两点：它的志向首先是
要在时间之建筑里对当下（le *présent*）的地位和含义——个人的当
下和历史的当下——进行哲学反思；这是本次思考的思辨方面。
其次，本次思考也要通过当下在伦理上和政治上的延伸来强调和
阐述实践的方面，也就是，当下与行动的关系。我们首先将要标
明当下对纯反思而言的复杂性。正是为了强调实践对思辨以及
对它（当下）各种困境的反驳，我用主动性（initiative）这个词来命
名我的研究：主动性，就是鲜活的、积极的、有效的当下，它反驳的
是被观看的、被打量的、被凝视的、被反思的当下。

I

所以，我将从那些与对当下的纯反思连在一起的难题甚至是
死路（在哲学上我们称之为悖论）开始着手。专家们会在我将要

---

① 本文组编了很多在《时间与叙事》（三卷，由巴黎瑟伊出版社分别于 1983 年、1984
年和 1985 年出版，尤其是在最后一卷里）里阐述过的主题（原编者注）。

带来的反思里轻易地辨认出历史参照,诸如来自奥古斯丁在《忏悔录》著名的第十一章里的启发,来自康德在《实践理性批判》里的"经验类比"的启发,来自胡塞尔在《关于内在时间意识的课程》(*Leçons sur la conscience intime du temps*)①里的启发,【290】诸如来自柏格森在《论意识的直接材料》(*Les données immédiates de la conscience*)里的启发,诸如来自海德格尔在《存在与时间》里的启发。在关于时间的思辨思考所呈现的所有难题中,我只保留那些与当下有关的。我将会从最简单的问题过渡到最复杂的问题,从最显而易见的问题过渡到隐匿最深的问题。

首先,显然我们只在与过去和将来的对立关系里思考当下。但是,一旦我们想要思考这种关系,就会涌现一系列这样的矛盾。首先,这种关系可以在两种意义上得以阅读:一方面,我们可以通过与当下的比较而合理地安排过去和将来,所以也就赋予当下一种中心的特征:似乎只有能思考的存在者才能通过时间副词(今天,现在,这时)或者通过动词时态(在许多语言系统里我们明确把这种动词时态称为现在时)言说当下,也只有这种能思考和能说话的存在者才可以言说将来和过去:将是(sera)、已经是(a été)、昨天、明天,等等;但是当下的这种中心特征也可以通过相反的考量而被颠覆:只有那个可以通过操心(souci)——操心包含着欲望、害怕、等待和逃避——冲向未来者才也可以通过回忆、遗憾、内疚、纪念或者憎恨转向过去,并由此回到当下,这一当下也就作为等待与回忆交换之处的时间面向。在第一种关系下,当下是本源(origine),在第二种关系下,当下是中转(transit)。本源,

---

① 此书德文名为 *Zur Phänomenologie des inneren Zeitbewußtseins*,后来法文版为 *Leçons sur la phénoménologie de la conscience intime du temps*,中文版名为《内在时间意识现象学》。——译者注

是在这个意义上说的,即将来和过去是当下向前和向后投射的视域,而当下又一直是今天的持续形式。中转,是在这个意义上说的,即我们所担心和期望的那些将来的事情以某种方式靠近当下,穿过当下,然后远离我们,再后来沉入记忆里,而记忆很快又变成遗忘。停止进行的事情产生的间隔与正在发生的事情产生的无间隔是相对应的。本源与过渡,这就是至少在第一层的探究中当下依次向我们显现的。

如果我们考虑到,一方面已经被我们称之为当下与过去和将来之间之对立的关系,在另一方面可以作为外在于或者内在于当下的关系而出现,矛盾就会加深。【291】外在的关系,是在这个意义上说的,即时间以某种方式分裂为过去,将来,当下;这种关系在语言里可以通过否定形式来标注:将来的"还不是"(pas encore)(当下),过去的"不再是"(ne...plus)(当下),它们都与当下纯粹而简单的"是"(est)相对立;这样我们就能够谈论时间的"绽出①"(ek-statique)特征,以便标明各个时间维度之间互相的这种"出离自身"(hors-de-soi)。内在关系,则是在这样的意义上说的,即当下自身以某种方式进行相对于它自身的外在化,因为我们只能谈论作为将来的当下(从今以后)的等待以及作为过去的当下(不久以前和从前)的回忆;借助于时间三个绽出(ek-stases)在当下的内在性,过去和将来呈现为当下的实证变形:将来就是一种将是,过去就是一种已经是,然而,当下自身映照在当下的当下中,就像在注意(attention)中。这种注意既是对当下事物的注意,也是对这些事物的当下的注意。

我说过,第二辩证关系加深了第一种辩证关系;确实,准确来

---

① 形容词"ek-statique"来自名词"exstase",德语中为"Exstase",海德格尔在《存在与时间》第65节里把时间的三个维度称为三个 Exstase。——译者注

说,作为本源的当下变成了三重的:将来的当下,过去的当下,当下的当下;然而,那么这种分裂、这种开裂、这种与自身的非一致造成了:当下在内在是松散的,这就确认了它的过渡特征。

第三种辩证关系嵌在前面两种辩证关系之间。而且正是这种辩证关系把我们从理论思辩引向了纯粹实践的考察。它就包含在当下与瞬间(instant)之间的对立中。初看起来,这种对立重复了包含关系和排除关系之间的对立,而后一种对立决定着一方面当下与另一方面过去和将来之间的关系。确实,当下——作为将来的当下——在它的深厚里可以说包含着一部分的将来,就像即刻(imminence)这样的概念以及所有副词、动词和其他词汇,都以适当的方式表述了将来:甚至某些语言系统有一种渐变的动词形式来言说它;我们谈论将要发生的事情和就要发生的事情。对于刚刚的过去也是如此,【292】新近(récence)这个概念就很好地描述了它的特征:刚刚发生的事情,而且它以某种方式通过浅记忆的方式仍然在,叠交在当下经验里。为了指出新近与当下意向——也可以说就是与注意——之间积极而直接的联系,我可以谈论保留(rétention)。即刻与新近,也就是预示(protention)与保留,构建了内在于当下的意向关系,这些关系根本不是意向传递的关系(即转向可以说是从外面指定的客体),而是一些纵向意向关系,它们在连续流动中构建了时间。正如我们所看见的,当下是由即刻的将来和新近的过去构成的粗厚部分(gros),而且它不能被喻为直线上没有深度的点。瞬间就不是这样的了。它标志着现在的意外特征(caractère d'incidence du maintenant),我们可以称之为现在的涌入和分隔的效果。意外对立于即刻和新近。这就是说,瞬间本质上并不是表象时间的一种不好形式。意外与即刻-新近之间的辩证关系确实也是一种内在于当下自身的辩证关系。然而——而且正是在这里事情变得复杂了——，即刻-新近-意外之间的辩证关系是无法表象的，而且只能间接地借助于"就像"，"以某种方式"，简而言之就是通过隐喻来言说，无法提供任何的字面表述，而与字面表达相比较，隐喻算是有距离的可见，可是，瞬间却是时间可以被表象的唯一一个面向，在这种情况下它被喻为直线上的一个点。然而，我们不能不为我们自己表象，就算不是整体时间，至少对时间里已经被规定的部分——一天、一个星期、一个月、一年、一个世纪——是如此，我们需要通过两个端点（就是瞬间-分隔）来规定这些部分，以便可以通过多元化的单位抓住它们，测量它们，等等。直线就是为了规定这些时间部分而必需的象征。然而，在直线上，点是没有厚度的，它只是时间间隔的端点，由连续体中的分隔规定的端点，首先是运动，接着是线性的（一维的）空间，最后是时间。我们的思想里没有任何缺陷，【293】我们的生活经验里没有任何不真实，这一点是由这样一种必然性证实了，即把瞬间归于物理运动，归于变化，由此瞬间的连续构成了成点状断裂的序列；正是这些首尾相接的断裂，让我们在时间整体里把时间想象为瞬间以及瞬间之间的间隔的非限定连续。在即刻和新近之间的时域里，通过点和间隔进行的时间表象与物理运动之间的一致，为瞬间提供与鲜活的当下相等的权利。这样使得我们不得不让一种不能被表象、而只是间接地借助于隐喻的近似而被涉及到的时间，与一种通过点和线被表象的时间面对面。第一种被经验为围绕-偏离鲜活当下的东西，我们已经说过这种当下既是过渡又是本源；第二种是表象为"现在"的连续。我们把第一种时间称为是现象学的，第二种时间则是宇宙学的。这是由于第一种时间是通过自我反思达到的，第二种是通过客观观察得到的。心理时间——如果我们还敢于这么说的话——是与世界时间对立的。这种分裂在思辨上是不可逾越的，这一点通过以下方式得到了证实：我们忘了指出，当下的经验，作为中转、作为过渡，是一种把我们投入到事物的力量里的被动经验，就像我们在烦恼、衰老……中感觉到的当下那样。正是这种事物的力量，我们却只能将之想象为时间的外在过程。这个过程因为光与影、白天与黑夜、季节与年代而变得有节奏。正是时间，需要通过它才能进行计算，而且需要计算的也是它。这是时钟上（*lire l'heure*）的时间。总之，这是 *memento mori*（记住死亡）的时间。这样，由线条和它的点及其间隔表象的物理时间，通过被动经验，烙印在了鲜活的时间上：它的表象就是作为意外、纯粹事件、涌现、惊喜、伤口、慌乱的当下。经验的当下在其意外时刻不愿承担世界时间的疤痕，它只能通过由当下串起来的直线这样一个象征得以表象。这是我们每天所做的，【294】当我们——由于保留（rétention）和预示（protention）——把所有过去的时刻想象为准当下（quasi-présent）时。而正是在瞬间连成的直线上，我们以某种方式扎满着各种准当下。这些准当下的过去与将来的视域在互相掩盖中重新组成流动的整体。但是这个流动整体只有以线性时间为媒介才是可以想象的，而在线性时间上一个瞬间只是一个点而已。反过来，物理时间从来不是单独可想象的，这是在这个意义上说的，即我们形成的时间表象意味着：在察觉重合、记录有规律的连续、整理时间序列的同时，我们拥有一颗区别瞬间与计数间隔的心灵，一种制造综合的理解力。正是通过这些多元的方式，世界时间指向经验时间，然而经验时间只有在世界时间中进行客体化才能得以表象。

　　所以，我们把在具有保留和预示功能的鲜活当下与来自运动的点状断裂的瞬间之间的两极性视为在思辨上不可逾越的。如果这两种看法互相指向对方,那么它们既不能让一方归于另一方,也不能被添加到一个整体里;如果只是站在其中的一个角度上,那就是遗忘另一个角度。在这个意义上,时间现象学也有这样一个效果,即它在从自身的分析出发发现作为瞬间的当下的另一面时也揭示了它自己的局限。这样,现在(maintenant)的身上就有两种意义:鲜活当下的现在(它的意外[incidence]辩证地与刚刚的将来之即刻和刚刚的过去之新近连结在一起)和任意的现在(它产生于变化的连续中任意的切面)。

　　现在是时候来说说实践如何与这种思辨的矛盾联系在一起了,而且就算实践没有给这个矛盾带来相同思辨层次上的解决方法,至少它为这个矛盾带来了行动(faire)上的反驳。行动以非表象的方式制造了鲜活当下与任意瞬间之间的综合。主动性概念就是回应对当下和瞬间之间进行实践综合的这个要求。

II

　　【295】为了在行动的秩序里制造没有当下的时间和有当下的时间之间的相交,我介绍一些关于在个人和集体的主动性可以凸显的基础上构建第三时间的先行观点。第三时间在历法的发明中有对其优先的表述,我们所说的历法时间就建立在第三时间之上。确实,历法产生于宇宙时间(在天体的运动上得以标明)与日常生活的或者节庆生活的运行(在生命和社会的节奏上得以标明)之间的结合。它把劳作与日期,把节庆与季节和年份调合在一起。它把共同体及其风俗与宇宙秩序融合在一起。但是如何做到这些的呢?

　　有三个特点是所有的历法共有的:

首先——而且这个特点直接与我们相关——,对被视为创始性的事件的选择开辟了一个新的纪元,简而言之,就算不是时间的开端,至少也是在时间里的开端(耶稣或者释迦摩尼的诞生、穆圣逃亡、某统治者的登基,甚至世界的建立);这个零起点规定了某个轴心时刻,从此刻出发所有的事件都能被注明日期。

然后,对比于这个轴心时刻,就有可能在两个方向上经历时间:从过去到当下以及从当下到过去;我们自己的生活以及我们的共同体的生活都是这样的事件的组成部分,即我们的视线(vision)向下或者向上沿着游走的事件。

最后,各种测量单位汇编在一起用于命名宇宙现象循环之间的恒定间隔。正是天文学使得可以规定这些间隔(天:两次日出或者两次日落之间的间隔;年:由太阳的一次完整公转和季节界定的间隔;月:太阳和月亮两次会合之间的间隔)。

我们对时间的两种视角在第三时间里很好地被结合在一起了。在第三时间里我们轻而易举就能辨认物理和现象学这两个组成部分。

【296】从物理的方面来看,存在这样一种预先假设,即时间是均匀的、无限的、线性的、可任意分割的连续,而且因此它是由缺乏当下含义的任意瞬间组成的。相反地,对轴心时间的参照则属于现象学。对于过去的人来说,轴心时间是与任意瞬间完全不同的东西,它是鲜活的今天,根据它才有了明天和昨天。这鲜活的今天是新的事件,人们认为它中断了前面的时代而开启了不同于整个先前的一个过程。从这轴心时间出发,也即从真正的历史当下出发,时间确实可以在两个方向上被经历。至于第三时间——产生于任意瞬间和鲜活当下之间的结合——,它在标注日期的现象里找到了它最显著的表达。确实,它属于使得任意瞬间和准当

下(也就是说虚拟的今天,通过想象我们可以设身处于这虚拟的今天里)协调一致的日期概念。而且,日期把时间里的某个位置授予所有可能的事件,它根据的就是这些事件与轴心时刻的距离;通过日期,总是有可能使得关系到过去的和可能将来的事件的主观处境与宇宙时间里的客观位置对应起来。最后,通过标注日期,我们可以使自己在历史的辽阔里占据一个位置,这是一个在过往人类的和过往事情的无限连续中指定给我们的位置。这样,一切都建立在轴心时刻之上,即在时间计算的零起点之上。的确,这是第一次混合:一方面,所有的瞬间对于轴心时刻来说都是具有同样权利的候选者。另一方面,在日历上抽取的某一天本身并不能指明它是过去、当下还是未来;同样的日期可以表示将来的事件,例如在合约的条款里,或者可以表示过去的事件,例如在编年史里;为了产生当下,至少需要有人说话;那么,当下就是通过事件和表述事件的话语之间的一致而被赋予意义;为了从历法时间(它作为所有可能日期的系统)出发连结经验时间和它的当下,【297】需要经过话语现时发生(l'instance de discours)的当下;这就是为什么某个完整的清楚的日期既不能被说成是将来的也不能被说成是过去的,如果我们忽略了宣布这个日期的表述日期。

这就是历法时间的中间位置;它把经验时间宇宙化了,它也把宇宙时间人性化了;而且由此就在日历的轴心时刻上使得关注的当下与任意的瞬间相一致。

那么,通过这些预备性观点,我们就有了所有为介绍主动性概念而需要的东西。*Initium*,就是开端;历法的轴心时刻是开端的第一种模式,这是在这个意义上说的,即这个轴心时刻是通过一个如此重要的事件得以规定的,以至于它被视为为事物提供了一个新的运行过程。

III

　　我将要依次考察主动性,首先在个体层面上,然后在集体层面上。

　　在个体的层面,开端(commencer)的经验是最意味深长的经验之一:如果我们的出生只是对于其他人来说的一个开端(commencement),即公民身份的一个日期,那么,又恰恰是与这个日期相比较,我们标注了我们的所有开端。这些开端便由被动性和我们无法捉摸的晦暗标记着。活着,就是已经出生在一种我们并没有选择过的条件里,在我们设身的处境里,在宇宙的某个角落里。在那里我们可以感受到被抛弃、迷失和失落。然而,就是在这个基底之上我们才可以开始,也就是说,可以为事物提供一个新的运行过程,就像决定历法时间的轴心时刻的事件。

　　在个体层面上,主动性的可理解性的条件是什么呢?

　　我要考虑的所有条件描述了主动性作为行动(faire)范畴的特征,而不是作为观看(voir)范畴的特征。开端依靠动词而得到言说。由此,当下概念(présent)避免了在场(présence)(这是在这个词准视觉的意义上说的)的影响。【298】也许是因为投向过去的目光,在我们受到已发生事情的效应影响的基础之上,使得回顾得到了承认,从而也就承认了看见的东西(vue)、视觉(vision),我们同样倾向于以视觉、观看(spection)的方式思考当下。应该要果断地颠覆观看与行动之间的优先秩序,而且要把开端(commencement)看成开始的行为(acte de commencer)。这并不是发生的事情,而是我们使得发生的事情。我将要研究的是分别属于四个不同而又互相交错的问题的四个特征。

　　站在最靠近胡塞尔和海德格尔的现象学的地方来看,我首先通过梅洛-庞蒂要参考的是"我能"(je peux)这个范畴。这个范畴有助于呈现世界秩序与经验过程之间最原始的介质,也就是,通过某种方式归属于物理和心理、宇宙和主体这两种状态的身体自身。鲜活当下与任意瞬间之间的结合在实践上产生于主动性中。主动性的场地就是肉身。在这个意义上,身体自身是我的能力和我的非能力紧密结合的整体;从肉身各种可能组成的这个系统出发,世界展开为由反抗的或者顺从的可用性、许可和障碍构成的整体。在这里,环境概念是与能力和非能力的概念连结在一起,就像围绕在我的行动力量周围的东西,这种东西为实践我的能力提供了障碍的或者可实践方式的对等物。

　　对同一问题的第二个研究角度是在英语语言哲学里我们所谓的行动理论。整个学科产生于——我们可以称之为——行动语义学,也就是说,概念网络的研究。在这个概念网络里,我们把人类行动的秩序分成环节连接在一起:筹划、意向、动机、环境、想要的或者不想要的结果,等等。然而,在这种概念的星罗棋布里,我们已经有了所谓的基础行动,即无需预先做其他事情我们就知道或者能够实施的行动。在我们知道通过我们的能力就能顺便做的事情与由于……我们使得发生的事情之间的行动二元分化对于接下来的分析是最重要的;【299】"使得发生"不是某个观察对象;作为我们行动的施动者,我们使某种严格来说我们看不见的事情发生。这在决定论的争论里是本质的,而且它让我们可以重述以前关于开端的悖论。我们观察事情进展的态度与我们介入世界中的态度并不相同。我们不能同时既是观察者又是施动者。由此推出:我们只能思考封闭的系统、部分的决定论,而不能把它们外推到整个世界,否则,只会把我们自己(作为有能力制造事件、使事件发生的施动者)排除在外。换句话说,如果世界是这种情况的整体,那么行动不会让自己包括在这个整体之内。再换句话说,行动造成了(le faire *fait*)这样一件事情,即现实不是可以整合为一的。

第三个研究角度就是*系统理论的*。它已经在刚刚被谈到的东西里有所预示。我们已经建立系统状态和系统转变的模式,这些系统包含了具有选言肢和岔道的树状图式,而这些树状图式又标明了介入的凹陷位置。

这样,冯·赖特把系统界定为一种状态空间,一种初始状态,一定数量的发展阶段以及从一个阶段向另一个阶段过渡中的选言肢整体。介入(intervention)——这个概念相当于在动态系统理论里的主动性概念——就在于把能做(pouvoir-faire)(其施动者拥有直接理解力)与一个系统的内部条件性关系连结在一起。在这里关键概念是系统之封闭(clôture du système)的概念:系统之封闭并不是绝对给定的,而总是相对于能做某事的施动者的各种介入而言。行动可以实现一个显著的封闭类型,这是由于,施动者在做某件事情的同时,他学会了把封闭系统与它的环境隔离开,而且发现了内在于这个系统的各种发展可能性。这就是施动者在从被他隔离的初始状态出发使系统处于运动中的同时学会的东西。【300】这种“使处于运动中”(mettre en mouvement)构建了让施动者的能力之一与系统资源相交的介入。由于“使处于运动中”这个概念,行动概念和因果关系概念交汇在一起。冯·赖特补充说:在因果关系和行动之间的赛跑中,后者总是赢者;但是行动在因果关系之网络里可以完全得到理解,这却是一种自相矛盾。而且,如果我们怀疑我们自由的能做(pouvoir-faire),这是因为我们把我们已经观察到的有规律的程序外推到了世界整体。我们忘记了,那些因果关系只是相对于世界历史片断而言的,而正是这些片断具有封闭系统的特征。然而,通过制造系统的初始状态而使系统处于运动中的能力是系统得以封闭的条件。行动通过这种方式就被蕴含在对因果关系的发现中。这样,说明因果关系就落在能做信念的背后,而永远都不能赶上它。

在结束个体层面的分析之前,我还要加入第四个完全伦理的特征。这一特征为我就集体层面的各种政治蕴含而进行的相似反思做了准备。提出主动性就等于提出责任。我们至少要简短地指出,主动性和责任是如何通过语言或者更准确地说是通过某些语言行为、各种表述(énonciation, speech-acts)而变成间接的。由此这不是一种做作的迂回,而是一种合法的媒介;一方面,通过各种规则、规范、评估以及总的来说通过把行动放入意义领域里的象征秩序,人的行动被紧密相连。所以,应该要从合理行动的角度,即从经过语言的行动的角度考量主动性。另一方面,从表述层面上来考量,语言就是一种行动:我们说话的同时也在做某事。这是我们所谓的非词语行为。所有的语言行为,从它们的非词语力量角度来考量,它们都通过默示的真挚约定(正是由于这种真挚约定我确实为我所说的东西赋予了意义)使它们的言说者投身进去。简单的确认(constatation)就是某种使投身:我相信我所说的是真的,而且我把我的信任传给他人,以便他可以分享这种信任。【301】但是,如果所有的语言行为都使它们的言说者投身,那么这从某个类别的行为①来看是最真实的,即那些委托性的行为(les commissifs),通过它们我进

---

① 在法语语义语言学中,将表述行为的动词(verbe performatif)分为五类:断言性的(assertif),比如想、说、告知等等;直接性的(directifs),比如问、警告、恳求等等;宣告性的(déclaratif),比如宣告、规定、认可等等;委托性的(commissif),比如允诺、保证、拒绝等等;表达性的(expressif),比如祝贺、原谅、赞美等等。——译者注

行自我委托。诺言就是委托的一个范例。在许诺的同时,我有意地把自己置于做某事的责任里。在这里,投身具有与我相连的言语的重要价值。那么,我可以说:整个主动性就是一种行动的意向,而且因此也是使投身到行动中,所以也就是,我悄悄地向我自己以及心照不宣地向他人做出的诺言,因为他人就算不是这个许诺的受益者,至少也是它的证人。我认为,诺言就是主动性的伦理。这种伦理的核心是遵守我的诺言的诺言。这样,对给定言语的忠诚就变成了一种保证,保证开端会有后续,保证主动性确实将会揭开事物新的运行过程。

这就是分析主动性所经历的四个阶段:第一个阶段,我能(潜在性、力量、能力);第二个阶段,我做(我的存在就是我的行为);第三个阶段,我介入(我把我的行为列入世界的运行过程中:当下与瞬间协调一致);第四个阶段,我遵守我的诺言(我继续行动,我坚持,我持续[*dure*])。

IV

最后,我想要在集体的、社会的、共同体的层面上来谈谈主动性,并且通过这一角度我想要提出历史当下的问题,也就是相较于前人的和后继者的当下而言的当代人的当下。

什么是历史的当下呢? 如果不把这种历史的当下放在克泽莱克①所谓的期望视域(horizon d'attente) 和经验空间(espace

---

① 克泽莱克(Reinhart Koselleck, 1923–2006),德国哲学家,其研究领域非常广泛,涉及历史认识论,语言学和历史的人类学基础等等,其主要著作为《批判与危机》(*Kritik und Krise*)、《历史的根本概念》(*Geschichtliche Grundbegriffe*)、《过去的未来:历史时间的语义学》(*Vergangene Zukunft. Zur Semantik geschichtlicher Zeiten*) 等等。——译者注

d'expérience)之间的相交上,那是不可能谈论历史的当下的。

在我看来,就历史时间的诠释学来说,对这些表达法的选择是明智的而且特别清楚的。确实,为什么要谈论经验空间,而不是过去在当下里的持续——尽管这些概念之间具有亲缘关系——呢?【302】一方面,德语词 *Erfahrung*(经验)具有一个很大的使用范围:它涉及到私人经验或者由世代传承或者当前惯例承接的经验,它总是与一种被超越了的异己性有关,也就是与一种已经成为习惯(*habitus*)的知识有关。另一方面。空间这个词展现了根据多元的路线进行经历的可能性,尤其是在层状结构(这个结构使得积累起来的过去幸免于简单的编年学)里进行的聚集和形成层次的可能性。

至于期望视域这一表达法,它也是最好的选择。一方面,期望这个词足够宽泛,它涵括了希望和害怕、愿望和意志、操心、理性算计(le cacul rationnel)、好奇,简而言之,针对将来的所有私人或者公共的情感意志等显示。相对于将来而言的期望作为经验被列在当下中;这就是被当下化的未来(le futur-rendu-présent),它指向还没有到来的将来。如果,另一方面,在这里我谈论的是视域而不是空间,这是为了指出伴随着期望而来的展开和超越的力量。由此得以强调的是在经验的空间与期望的视野之间缺乏对称。聚集和展开之间的对立使我们看到:经验倾向于融合,而期望则倾向于分裂各种前景。在这个意义上说,期望不会让自己派生于经验:经验的空间从来就不足以规定期望的视域。反过来,经验不多的人不会有任何惊喜。他不能期盼其他的东西。这样,经验空间和期望视域可以比互相极端地对立做得更好,它们可以互为条件。与此同时,历史当下的意义就产生于期望视域与经验空间之间不停的变动。

　　首先就期望视域的展开来说,从启蒙哲学中,我们得出了一种对历史当下的新感知,即历史当下是作为由期望提前提取到的东西。有三个主题标明了这种新感知:首先,相信当前的时代面向将来开启了一个从未有过的新前景:【303】现代的诞生在德语里用 18 世纪后半叶的术语 *Neuzeit*① 来表示,而比它早一个世纪是新时期(*die neue Zeit*, le temps nouveau)。然后,相信朝向更好的改变正在加速:加速这个主题饱含着世世代代的希望,而且增加他们对落后、幸存、反抗的焦急:期限在缩短,而且政治的目标就在于缩小这些期限。最后,相信人类越来越有能力去创造(faire)他们的历史。通过这三种方式,历史当下就由一种在质量上和在数量上与未来不同的关系规定了。

　　当然,关于进步意识形态的这三种"老生常谈"在实际历史的打击下吃了些苦头;我们不像祖先那么信心十足地认为在不远的未来会有积极而自由的新进步;自从阿多诺②和霍克海默③重新

---

① 德语里的 die Neuzeit(现代)是个专有名词,由 neu(新的) 和 die Zeit(时间)两个词构成,但是 Zeit 是阴性,所以按照德语语法,这两个字分开用时应写作 die neue Zeit。一般来说现代开始于大约 1453 或者 1492 年,伴随的事件有君士坦丁堡的沦陷(1453)、美洲新大陆发现(1492)和路德宗教改革(1517),根据有的历史学家,现代结束于法国大革命。那么所谓的新时期(neue Zeit)并不同于现代(Neuzeit),但这两个术语都意味着它们所指时代的创新。——译者注

② 阿多诺(Theodor W. Adorno, 1903-1969),德国哲学家、社会学家和音乐(学)家,法兰克福学派的主要代表之一,其主要著作有《克尔凯郭尔:美学的构造》(*Kierkegaard. Konstruktion des Ästhetischen*)、《启蒙辩证法:哲学片断》(*Dialektik der Aufklärung: Philosophische Fragmente*,与霍克海默合著)、《否定的辩证法》(*Negative Dialektik*)等等。——译者注

③ 霍克海默(Max Horkheimer, 1895-1975),德国哲学家和社会学家,法兰克福学派的主要代表之一,其主要著作除了前面提到的与阿多诺合著的《启蒙辩证法》之外,还有《工具理性的批判》(*Zur Kritik der instrumentellen Vernunft*)、《社会哲学研究》(*Sozialphilosophische Studien: Aufsätze, Reden und Vorträge 1930 - 1972*)等等。——译者注

诠释了现代理性(rationalité moderne),我们可以自问是否理性的
突飞猛进在朝着工具理性而非交流理性的方向进行。而至于走
向进步的步骤,我们根本就不相信,虽然我们可以合理地谈论多
个历史的转变。虽然把我们与最好时代分开的期限在缩短,但是
太多新近发生的灾难或者正在进行的混乱使得我们对这种进步
概念充满了怀疑。克泽莱克自己强调说:现代的特征不仅仅表现
在经验空间的收缩(经验空间的收缩会产生的效果是:随着过去
越来越得到完成,它看起来总是越来越远),而且也表现在经验空
间和期望视域之间增大的差距。难道我们没有看见这样一项任
务——即实现我们要协调人性的梦想——退缩到越来越远和不
确定的将来里了吗?当期望视域延伸的速度比我们前进的速度
更快时,这项任务——它对于我们的先辈来说在描绘道路的同时
也规定了运行步骤——变成了乌托邦,或者更准确地说是架空历
史(uchronie)。然而,当期望不再能够固定在一个由可感受到的
各个阶段标明的确定将来时,当下自身处于两种崩溃的撕裂中,
【304】即被超越的过去的崩溃和末尾(它不会激起任何可指定的
“倒数第二”的东西)的崩溃。这样在自身进行分裂的当下在“危
机”中得以映照出来,这也许是我们的当下的主要意义之一。

关于现代性的这三种老套路,无疑是第三种在我们眼里是最
容易受到攻击的,而且就这些点来说,它也是最危险的。首先,由
于负效果(它来自对我们的投入进行了最好和最相称的筹划),历
史理论和行动理论从来就不能协调一致。发生的事情总是与我
们所期望的不同;而且期望自身也会通过远远不能预料的方式发
生改变。这样,在建立公民社会和法制国家的意义上,就不能确
定自由是唯一的希望,甚至大部分人的主要期望。但是,掌控历
史这个主题的易受攻击性尤其表现在这个主题被要求的层面上,

也就是人类被看作是他自己历史的唯一施动者的层面。在赋予人类自己发生(se produire)的力量的同时,这个要求的发起人忘记了影响大型历史主体(les grands corps historiques)而且也至少一样影响个体命运的限制:除了行动所产生的非意愿结果之外,行动只能在不是它们制造的环境里自己发生。这样,掌控历史这个主题建立在对历史思想的另一面的根本误解之上,也就是这样一个事实,即我们被历史影响着,而且我们通过我们制造的历史自己影响自己。准确来说,正是历史行动与一种被接收的而不是被制造的过去之间的关联,保存着期望视域和经验空间之间的辩证关系。

虽然在很长一段时期里,期望视域的概念和经验空间的概念都投入在这些"老生常谈"和老套路里,但是对这些"老生常谈"和老套路的怀疑没有必要转变成对这些范畴的有效性本身的怀疑。我把它们视为历史思想的真正先验范畴。这些老生常谈可以改变,期望的视域和经验的空间的范畴来自于比这些老套路更高的等级。【305】这些范畴所许可的投入的可变性本身又见证了它们元历史(méta-historique)的地位。这对于影响历史时间化(la temporalisation de l'histoire)的各种变化来说是一些可靠的指标。这样,期望视域与经验空间之间的区别只能在它改变之时才被注意到。所以,如果启蒙时期的思想在这些范畴的阐述里占据了优先位置,这是因为期待视域与经验空间之间的变动经受了如此激烈的意识觉醒,以至于它可以作为这些范畴的启示者,而正是在这些范畴下这种变动才是可以被思考的。

这些观点具有某种政治蕴含:如果我们同意:没有历史不是由施动和经受的人的各种经验和各种期望构成的,那么这意味着:期望视域和经验空间之间的张力必须被保存以便历史还存在。可是如何保存呢？

一方面,应该要抵制纯粹乌托邦式的期望的诱惑:这些期望只能使行动气馁;因为,由于它们在正在进行的经验里缺乏根基,它们并不能明确指出一条被引向理想(它们把理想建立在"别处")的可实践的道路。这些期望必须是确定的,所以是有限的和相对节制的,如果它们必须可以引起负责任的投身。是的,应该要阻止期望的视域消失在远方;应该要通过对各种中间性的筹划在行动的可及范围内进行分期实现而让期望的视域靠近当下。实际上,根据我所提倡的后黑格尔的康德风格,这第一个要求把我们重新从黑格尔引到了康德。就像康德,我坚持认为:整个期望对整个人类来说必须是希望;只有当人类是历史时,人类才是一个种类;反之亦然,为了有历史,整个人类必须无论以集体还是个体的名义都是历史主体。当然,下面这件事情是不能确定的,即今天我们可以纯粹而简单地把这个共同的任务等同于建立一个"以普遍方式支配权利的公民社会"。种种社会权利已经出现,只是它的名目还在不断地加长。【306】而且尤其是,如果普遍历史的实现被与特殊集团或者少数统治集团的霸权相混淆,那么就需要个体权利出来不断抵消与普遍历史概念本身相连的各种压制威胁。反过来,以各种形式出现的酷刑、暴政、压制的现代历史告诉我们:如果不同时实现法制国家,那么无论社会权利,还是刚刚被认识到的个体权利都不会与权利这个名字相配。正是在这种法制国家里,所有的个体和所有的非国家集体才是权利的最终主体。在这个意义上,前面界定的任务,即康德提出的难以群体化的人际关系强迫人类去解决的任务,今天仍然没有被超越。因为它甚至还没有被达到,同时它也没有消失在视线之外,没有迷失或者被玩世不恭地嘲笑。

另一方面,应该要抵制经验空间的缩小。为此,应该要反对这样一种趋势,即只从已完成的、不可改变的、已经过去的角度考量过去。应该要重新打开过去,在过去的身上重新点燃那些未完成的、被阻止的,甚至被扼杀的潜在可能性。简而言之,与这样一条陈规相反——即它希望将来在各个方面都是开放而偶然的,过去在单一意义上则是封闭的和必然的——,应该要让我们的期望更加确定而让我们的经验更加不确定。的确,这是同一任务的两个方面;因为只有确定的期望才可以在过去的基础上拥有追溯既往的效果,即把过去揭示为活的传统。

作为总结,请允许我介绍处于期望视域与经验空间之间的第三个术语,它在集体的、社会的、政治的层面上相当于主动性:尼采在《不合时宜的沉思》里的第二篇作品"历史学对于生活的利与弊"中赋予了这个术语一个名字;这个名字,就是:当下的力量。

尼采所敢于构想的,正是活的当下引起的中断,就算这种中断不是相对于整个过去的影响,至少也是相对于过去透过历史编纂学本身在我们身上实施的震慑,由于历史编纂学为了过去而完成并且担保对过去的抽象。

【307】为什么这样的一种反思是不合时宜的呢? 首先,因为它牺牲了书本知识而优先生活;然后,因为它动摇了纯粹历史学的文化监管地位。当历史的过去成为无法承受的重荷时,那就需要懂得反历史,也就是忘记。有时书写出来的历史会损害正在进行着的历史。当"名胜古迹式的"历史学和"古董商"式的历史学阻碍了"批判"的历史学去实践它必要的毁坏时,这个严厉的评判在纯粹历史的文化泛滥或者过度的时代也许有它充分的辩护理由。如果名胜古迹式的历史学是一个伟大的流派,古董商式的历史学也是一个值得尊敬的流派,那么我们还需要一种批判的历史

学,它自称是不公正的、残酷的,野蛮的。面对尼采的这些矛盾,我们不要急于大惊小怪。抨击的声音必须被聆听:"只有更强的力量,他说,才有权利评判;懦弱只能忍受。"而且他接着说道:"仅仅是由于当下的至高力量,你们才有权利诠释过去。"这样,唯有今天的伟大可以看到既往的伟大:都是平等的！最终,正是从当下的力量里才产生了重塑时间的力量。因为,在这种言论的粗暴之外,应该要听到一种更低沉的声音:它赞美在当下的力量里包含着希望的奔放——充满希望的追求(*hoffendes Streben*)。

这就是当下的力量——相当于在历史层面上的主动性:正是它为我们未来的伦理和政治目标提供了一种激活被传承下来的过去里各种未完成的潜在可能性的力量。

意识形态、乌托邦与政治

黑格尔与胡塞尔论主体间性

【311】我的目的并不是要从至上的角度外在地比较两项都包含着现象学这个名称的研究。这个至上的角度并不存在。我也没有雄心要在它们的整体范围里考量这两种现象学——黑格尔的现象学和胡塞尔的现象学。我要集中精力考察他们研究的一个区域,在那里相遇应该是很有意义的:《精神现象学》里的"精神"那一章和胡塞尔的《笛卡尔式的沉思》里的第五沉思。我选择这个范围以便提出一个精确的问题:胡塞尔的现象学是否成功避开了精神这个概念,准确来说是精神模态(modalité du *Geist*)(它在《百科全书》里被称为"客观精神")呢? 在用主体间性(intersubjectivité)这个概念——这种意识模态(modalité de conscience)不求助于比意识更高级的实体,比如共同的、集体的、历史的精神——替代它(客观精神)时,胡塞尔的现象学是否成功达到了这个替换? 所以,与其说针对黑格尔,问题更是针对胡塞尔。但是,如果没有黑格尔,这个问题也不会被提出。这个问题假定了黑格尔由于缺乏某种模式而留下了一个任务:即解决他所遭遇的相同难题,但是无需这种哲学所特有的资源,也就是无需精神

辩证法。

　　人们可能会反对说,黑格尔与胡塞尔之间的相遇就没有发生,它只是发生在一个词上,即现象学这个词本身。这是一个完全站得住脚的假设:确实,哲学的词语具有如此广泛的多义性,以至于完全可以合法地假定被两个不同的哲学家使用的两个术语只是简单的同音异义而已。【312】如果真是这样,我们的研究会是完全徒劳的。我想要证明的是,事情根本就不是这样的。当致力于精神研究的第五章涉及到了意识元素里(*dans l'élément de la conscience*)的精神时,问题是现实的。为了界定这种估量的意义,我们要追问是什么东西把精神现象学的特征描述为现象学。

I. 黑格尔在意识元素里的精神

　　对作品(指《精神现象学》)整体的介绍明确指出,精神现象学已经是科学,却是意识经验的科学。意识就这样被界定为经验的场地(le milieu de l'expérience)。当然,经过题为"理性"(Raison)的部分之后,路线不再是个人意识的,而是历史经验的历程。在这个意义上说,"精神"(*Geist*)这一章的哲学既不再是"关于"意识的哲学,也不是"关于"自身意识的哲学,就像在第四章里①那样,甚至也不是就像在第五章里那样"关于"理性的哲学,而是"关于"精神的哲学。这样,对精神的参照在于指出,黑格尔的现象学在其整体上并不是"关于"意识的现象学。虽然如此,通过精神对意识进行的超越并不像是他要取消与胡塞尔的现象学的所有可能相遇,因为,甚至在《精神现象学》的最后三个组成部分里(文化的理论,宗教的理论,绝对知识的理论),现象学和系统之间的区

---

① 《精神现象学》第四章的标题就是"自身意识"。——译者注

别一直都存在,著名的前言所谈论的显现(*Darstellung*),即真实(le vrai)通过其自身进行的展示,透过整部作品,只是重复意识本身经历的道路。这次邂逅发生的地点是"经验"(*Erfahrung*),也就是说,各种模态的总合——正是在这些模态里意识发现了真理。【313】因此,现象学确实就是对所有程度的人类经验的概述:在经验里人类依次是物中之物,生者之中的生者,他是理解世界而且对它产生影响的理性存在者(être rationnel),他是社会的和精神的生命,也是宗教的存在。正是在这个意义上,现象学,并不是关于意识的现象学,而是在意识元素里的现象学。

因此,这里我们力图要勾勒的问题并不是没有意义的:两种现象学之间的对立势必要比两个作品之间的强烈对立可能对这个问题所假定的东西更加微妙。因为,一方面,我希望在第二部分里指明的是,如果《笛卡尔式的沉思》中第五沉思是关于意识的现象学,那么,正是现象学上升到了客观精神的问题,所以客观精神问题通过主体间性的迂回产生了精神哲学,或者它的等同物。另一方面,《精神现象学》里第六章的确为我们提供了关于精神的现象学,但是它只是在意识这个场地(milieu)内的现象学。这样,关系就是在上升为精神现象学的意识现象学——胡塞尔——与仍然是在意识里的现象学的精神现象学——黑格尔——之间互相交错的关系。

题为"精神"的第六章超越了意识现象学,这是最明显不过的。它仍然是意识里的现象学,这却是不太明显的。所以我们要从最明显的走向最不明显的。

Geist 这个术语指出某种既不是"意识",也不是"自身意识",甚至也不是"理性"所能说出的东西。在第六章的导论里,谈论的是,精神是具体的伦理有效性:"当理性对它是整个现实这件事的

确定性提升到真理的层次时,理性就是精神,而且它自己意识到它自己就像意识到它的世界,而意识到它的世界就像意识到它自己。"这明显是反对康德以及他在《实践理性批判》里完全流于形式的概念。【314】所以,我们不再是在普遍道德观念的秩序里,而是在它(普遍道德)在行动、运作和制度里的具体现实化的程序里。"意识到自己就像意识到自己的世界"这个表达法证明的是,当个体在兼具实体性和自反性的制度里发现了被实现的意义时,他就找到了他的含义。意识只有当它进入到文化、习俗、制度、历史的世界意识时才成为普遍的。精神是伦理的有效性。与这种有效性、这种实现相比较,所有先前的阶段只是些空想而已,包括了自身意识和理性。在理性的情况里,这种声明尤为令人惊讶,因为在阅读前一章时我们还可以有这样一种信念,即理性已经构建为首要总体(la première totalisation),虽然确实它是部分的,却是有效的。但是根据黑格尔,我们还停留在意识的种种形态(figures de la conscience)中,而意识的形态并没有与世界的形态(figures du monde)相一致,也就是说,并没有与共同文化和共同历史的自觉发展相一致。个人的伦理还不是一种文化生命。黑格尔用下面的句子表述了这个观点:"精神是这种类型的意识,它不仅仅具有理性,而且它就是理性。"

也许我们开始觉察到那种并不能进入胡塞尔式的现象学——虽然这种现象学通过主体间性的方法延伸到了历史共同体的构建——的东西,以及那种因而铭刻在 Geist 这个词本身里的东西。黑格尔两次着重强调,精神是以消除意向性的方式进入"真理国度"的入口。我们不再与伸向他者的意识发生关系;所有的异己性都被超越了;不再追求任何的超验。正是通过精神,与他者分离的意识的统治时代就此结束了。

　　这一点是如此重要以至于在《百科全书》里不再把整个过程称为现象学，现象学只是它众多环节中的一个。客观精神的哲学将在现象学之外。而且，只有主观精神的哲学这一环节被称为现象学，这一环节处于，【315】一方面，人类学的各种规定以及，另一方面，理性心理学（psychologie rationnelle）之间，在这个环节上意识指向一个它所不是的他者，意识在它面前以及在它之外拥有这个他者。

　　现象学空间的这种缩小是《百科全书》的特点，它在《精神现象学》里已经得到预示，而且准确来说就在我们提到的第六章里。它的题目"*Geist*"以及整部作品——准确来说它名叫《精神现象学》——都象征着这种现象学空间的缩小。如果我们认为：精神不指向一个它所缺乏的他者，而是精神整体上对于它自己来说是完整的，它内在于它的各种规定性，而且同时也使得这些规定性互为内在，那么，呈现精神哲学与意识哲学之间的区别并不是过度简化。精神就是超越但又保留着其先前阶段的东西。由于被构建为多种形态，精神可以停留在每一个形态里，但是又可以使自己流畅地穿梭在这些形态之间，因为它不断地超越每一个形态的简单既定物。它通过分化——通过判断-分化（*Urteil*）——发展，却是为了延续它自己，为了与自己汇合起来，为了与自己连成一体。它从最抽象走向最具体，从结构上的最贫穷走向规定性上的最丰富。这样，它调合了事实和意义，而且终结了理性（rationalité）与存在之间的分离。这就是我所说的意向性的消除。任何意义都不再指向别处，就像在苦恼意识（la conscience malheureuse）（但是，在广义上说，所有的意识都是苦恼意识）中。

　　在我看来，这就是黑格尔的精神。那么下面我们还会追问，是否无论怎样胡塞尔的现象学都可以与之（黑格尔的精神）并列或者取代它。但是,也许需要改变问题而去追问:胡塞尔的现象学应该要与黑格尔的精神并列吗?应该要取代它吗?这是大胆的问题,应该把这个问题留到最后。但是我想要首先考量一下我们刚刚就精神给出的描述的对等物。

我们说过,黑格尔的现象学并不是一种关于意识的现象学,而是一种在意识元素里的现象学。【316】这是在怎样的意义上说的呢?准确来说,第六章只是《精神现象学》的一个环节,因为精神在那里还没有与它自己等同,而且因此还保留着意向性因素,它关涉到痛苦、分离、斗争或者从自己到自己的距离。正是由此,黑格尔的问题,刚才看起来似乎完全不属于胡塞尔的范围,却以某种方式重新属于这个范围了。那种使得与胡塞尔的相遇有意义的东西是,在《精神现象学》第六章里精神的这种现象学特征被标明在两个方面:在第六章与接下来关于宗教和绝对知识的章节之间的外部关系里,和在精神发展自身的各种阶段之间的内在关系里。

关于第一点,只有在宗教和绝对知识的领域里精神才同时既是意识又是自身意识。在这里我们就不深入探讨现象学的这两个最后高潮;但是要把它们保留在我们思考的背景里以便理解在精神里对意识的超越还只是由空缺、距离标注着。但这是反对黑格尔的诠释的,因为黑格尔想要在第六章的末尾了结现象学。

关于第二点,精神理论一直是一种现象学描述,因为精神只有在最后的时刻,在这个顶峰——黑格尔称之为“对自身确定无疑的精神”(l'esprit certain de lui-même)——才与它自己等同。这样,“对自身确定无疑的精神”被构建成为诠释学因素,我想要说的是——就先于它(精神)的所有模态而言——构建成为意义的准则、真理的尺度。同时,种种先前的发展呈现为是有缺陷的,而且仍然仅仅是意识而还不是精神。确实,在还未达到这个顶峰时,还是一种被描述的现象学处境。在这个处境里意识寻求它的意义,而且首先在异化处境里与它的意义分离。诚然,整个现象学是在其最后阶段的影响下得以发展;但是这个最后阶段在各种撕裂(即意识的撕裂)中得到了预测。【317】关于这一点,我们在第六章里会读到什么呢? 首先,随着希腊城邦的灭亡,美好的伦理整体(totalité éthique)也消失了。伴随着悲剧,苦恼意识重新出现,虽然是在另一个层次上。我们都知道黑格尔在法兰克福时期的那句话:"命运,就是对自己本身的意识,却像对敌人的意识。"在罗马帝国和基督教时期随着抽象人的诞生,关涉到的还是意识。而且这种意识在它的对面拥有主人的命运时,它是一种撕裂了的意识。确实,法律上的人和基督教的心灵在世界主人的对面之外都是不可想象的。这就是为什么第六章的核心是这样一个时刻:即客观伦理(Sittlichkeit)的真理转身回到它自身而产生了精神,而精神又异于它自己;这一刻,文化世界与异化相一致。文化上的进入是一个对抽象隔离的人进行剥夺的行为。培养自己并不是通过身体增长进行的成长,而是搬迁到自己之外,与自己对立,只有透过撕裂和分离才重新找到自己。在这里应该会令人想起那些关于意识与权力、财富以及话语的宏大对抗的漂亮章节,就算这种对抗是狂妄自大的、阿谀奉承的或者卑躬屈膝的。也许应该要在于信仰和知识之间被拆分和被分离的意识的迷宫里领会黑格尔,以便保证意识为了在对自身的确定性里与自己结合而必须穿越的这种距离。重申一次,正是这种距离使精神辩证法成为现象学。而且这种距离会一直提醒着我们直到倒数第二阶段。令人惊讶的而且在某些方面也是令人害怕的是发现,为了达到根本经验(l'expérience cardinale)(正是这种经验以回溯的方式统治着整个发展)的门口,应该要通过抽象自由的失败进入到恐怖的历史经验(l'expérience historique de la Terreur)里。这种自由只认识它自己,它与对自身确定无疑的精神非常相似,但是它只是一种拒绝制度过程的抽象意志;这时它在它自己的绝对抽离里发现它是致命的,【318】因为它没有媒介,没有原则,它是纯粹的否定性。当自由并不投入到实证性中时,自由和死亡之间的等同这样就是在自身确定性之前的最后表达。当黑格尔直接把德国哲学的绝对命令(l'impératif catégorique)和法国大革命的恐怖连接在一起时,我们当然可以质疑他的公正性;但是,通过这种跨越行为,他指出了一种不通过媒介而获得的自由的地位,以及一种自称无需制度的自由和一种自称无需内容和制度性筹划的命令所共有的意识的不幸。正如芬德烈①在他的《黑格尔》②里写道:"黑格尔在绝对命令的肯定公正(l'impartialité positive)里看见了断头台上否定性的而且致命的公正性的简单转换。"

所以如果意识被精神超越了,那么精神只有经过意识的折磨和狭道才能变得对它自己确定。这条狭小的通道就是现象学本身。与胡塞尔现象学的相交就这样产生了。也许不应该期待在这种可能的相遇里会有任何协调。但至少它提供了相遇的场地。因为精神之历史所展开的意识无论如何都不是先验的意识,不是高于历史的先天之见。因为现象学是历史的现象学,经历了整个

---

① 芬德烈(J. N. Findlay, 1903–1987),南非哲学家,主要执教于英国和美国,胡塞尔《逻辑研究》的英译者,其主要著作除了本文提到的《黑格尔》,还有《迈农的客体理论》(*Meinong's Theory of Objects*)、《价值与意向》(*Values and Intentions*)、《语言、心灵与价值》(*Language, Mind and Value*)、《洞穴的超越》(*The Transcendence of the Cave*)等等。——译者注

② 芬德烈,《黑格尔》(*Hegel, a Reexamination*),伦敦,艾伦和昂温(Allen and Unwin)出版社,1957年。

过程的意识本身被精神置于历史前景中。这种在康德那里以审判员自居的东西这次就诞生在剥离的痛苦中。

II. 胡塞尔的主体间性反对黑格尔的精神

现在我们把《精神现象学》当作要去完成的哲学使命的标尺；那么胡塞尔的主体间性理论能够替代黑格尔的精神理论吗？

【319】为了开始回答这个问题，我想要建立三个以渐进的秩序连接在一起的论据。

1. 第一个论据在于对胡塞尔所谓的构建(*constitution*)具有一个准确的看法，而且这种构建也许可以取代黑格尔的辩证进程。"在"我的自我里以及"从"我的自我"出发"——而我的自我本身被归结为我自己的归属范围——而进行的这种著名的构建，在我看来与几乎妄想狂的投射完全无关；它是由解释(*explicitation*)工作组成的。我把德语词 *Auslegung* 译为 explicitation(解释)，我们要强调指出的是，这个词也可以译为 *exégèse*(注释)。我认为，只有胡塞尔的构建(在解释的意义上来理解)可以与黑格尔的精神(它自己则是在意识元素里被领会的)进行比较。那么，这就是相交的地方。

在否定的形式里，我的第一个论据只是力求排除笛卡尔式第五沉思的文本不仅仅产生而且挑起和保持的某些误解。确实"构建"这个词让人相信某种不为所知的至上能力，相信某种不为所知的意义掌控。这种意义掌控正是卡瓦耶斯①在《科学理论》里

----

① 卡瓦耶斯(Jean Cavaillès, 1903–1944)，法国哲学家和数学家，二战中在法国北部被枪杀，他自称是斯宾诺莎主义者，相信世界的必然性，其主要著作有《公理方法和形式主义》(*Méthode axiomatique et formalisme*)、《论抽象集合理论的形成》(*Remarques sur la formation de la théorie abstraite des ensembles*)、《逻辑和科学理论》(*Sur la logique et la théorie de la science*)等等。——译者注

揭露的,就像某个主体在他透彻的目光里掌握和制造了意义的整体。我一点也不否认,胡塞尔本人建立的现象学的唯心主义诠释给这样一种主观唯心主义提供了一个可靠保证,而这样的一种主观唯心主义也是现象学不妙的趋势。就我自己来说,在海德格尔、马塞尔①、伽达默尔的影响下,我在不断地远离这种主观唯心主义。我觉得,胡塞尔自己为走出主观唯心主义的迷幻循环而给出了两个支点。

首先,他不断求助于他所说的——在所有的具体构建实践中——客体的先验解决思路。这一点,是苏希-塔格②夫人③在她关于胡塞尔的研究中极力坚持的。【320】总是从给定的假设同一性这一点出发,构建的工作在这一点之后得以展开。因此,构建工作不是从白板出发的,这无论如何都不是一种创造。正是唯有从已经构建出来的客体出发,我们才能以回溯的方式、在事后展开意义的各个层次,展开综合的各个阶层,才能使得在主动综合背后的被动综合得以显现,等等。那么我们进入到一种逆向追问(un questionnement à rebours)(重拾德里达对 *Rückfrage* 的翻译)里,而这种逆向追问是一项无尽的工作,虽然它就在观看中心

---

① 马塞尔(Gabriel Marcel, 1889-1973),法国哲学家、剧作家、文学评论家和音乐学家,存在主义神学的代表,其著述颇丰,哲学方面的主要作品有《存在与客观性》(*Existence et objectivité*)、《形而上学之日记》(*Journal métaphysique*)、《是与有》(*Être et avoir*)、《存在之秘密》(*Le Mystère de l'être*)等等。——译者注

② 苏希-塔格(D. Souche-Dagues),法国当代哲学家,黑格尔和胡塞尔的研究者,主要著作除了本文中提到的《意向性在胡塞尔现象学里的发展》之外,还有《黑格尔的逻辑与政治》(*Logique et politique hégéliennes*)、《黑格尔主义与二元论:关于现象的思考》(*Hégélianisme et dualisme: réflexions sur le phénomène*)、《黑格尔研究:无限与辩证法》(*Recherches hégéliennes: infini et dialectique*)、《关于海德格尔思想里的逻各斯》(*Du Logos chez Heidegger*)等等。——译者注

③ 苏希-塔格,《意向性在胡塞尔现象学里的发展》(*Le Développement de l'intentionnalité dans la phénoménologie husserlienne*),海牙,尼霍夫出版社,1972 年。

（dans un milieu de vision）里运行，因为这个观看中心从未阻止分析。

第二点是他者的构建并不免于这个游戏规则，这一点有利于构建的非唯心主义诠释。事实上他者的构建通过唯我论的论据而得到运行，而唯我论论据在胡塞尔那里起的作用与邪恶精灵的论据在笛卡尔那里起的作用相似。如果这样来理解，那么唯我论的论据构建了一个夸张的假设，显示出一种只是属于我的经验（这种经验自身本应被还原到特性的范围，在其中不仅仅人类共同体而且连自然共同体都缺席）会还原为怎样的意义匮乏。在这个意义上，这个论据已经是反康德的了。对于康德来说，客体的客观性只需要统觉的唯一整体作为支撑，所以，它只需要"我思"，"我思"可以伴随我的所有表象；在胡塞尔那里，通过第二次还原——通过在还原里的还原——，把"我思"引向了一种唯我论，就像需要整个主体间的网络来承载世界，而不是承载一个简单而且唯一的"我思"。求助于唯我论（唯我论自身又与还原中的还原连结在一起）的作用，因而就是要使得它与奠基任务的不一致得以显现。无论是从一直以来被我们理解为所有人所共有的属性的角度来看，还是就一直以来被我们理解为人类共同体的东西来说，确实缺少一种互相联系的意识。也就是说，其他主体就在我面前，他们有能力进入主体之间的相互关系，而不仅仅是进入主体与客体之间不对称的关系，也即在唯有我才是的主体和作为所有剩余事物的客体之间的不对称关系。【321】因此，唯我论使得那种呈现为自然而然的东西变得迷惑不解了，这种自然而然的东西也就是，存在其他人，存在一种共同的属性和一个人类共同体。它把那种首先是事实的东西转变为任务。

这样，这个规则，即任何构建性分析如果没有客体的引导性思路都是不可能的,它不仅仅对物之构建(*Dingkonstitution*)有效,而且对他者的构建也有效。

如果构建的结果没有以目的论的方式支配着构建运动,意义工作甚至无法开始。这个程序在根本上并没有不同于黑格尔的程序。伊波利特①曾说起他对意义目的论的看法,他指出这样一种方法,即在黑格尔那里共同意识的结果以回顾的方式支配着欲望、意识斗争等等所有阶段。同样,在胡塞尔的主体间性情况里,关涉到把走向另一个自我(即它是我们已经在自然态度和日常语言里理解的另一个自我)的方向视为解决思路。我们已经明白:其他人在场和缺席的方式不同于物的方式;他们面向我;他们对于他们自己就是经验主体;我们都共有一个唯一而且相同的世界,而无需它(这个世界)与各种意识一样多元;最后我们都一起投入到文化客体中,而文化客体对于相同共同体里的每一个成员都有效,就像各种被赋予了精神谓词的对象。但是,那种自然而然的东西被转变为难解之谜了。这样,先验哲学建立在自然态度之上,而这种自然态度就是其(先验哲学)意义之资源和其疑难之温泉。我们知道或者坚信知道:有其他人。现在则需要理解怎样有其他人。

现在呈现出论据的积极方面:如果构建不是一种意义创造,如果它把它自己的终结视为其展开的先验引导,那么它真正的认识论地位就是解释(*explicitation*,*Auslegung*)的地位。【322】应该要承认,现象学的这个方面根本没有被评论者们所强调。当诠释

---

① 伊波利特(Jean Hyppolite,1907-1968),法国哲学家,当年也旁听了科耶夫在法国高等研究实践学院开设的关于黑格尔的课程,《精神现象学》的法文译者,而且他的课程影响不少学生,有福柯(Foucault)、巴迪欧(Badiou)等等,他的代表作为《黑格尔的精神现象学的成因和结构》(*Genèse et structure de la phénoménologie de l'esprit de Hegel*)。——译者注

学思想家们在帮助我摆脱胡塞尔的唯心主义时,也引起了我自己对这一点的关注。解释,就是展开一种经验的意义潜在可能。胡塞尔明确地称之为客体之外在视域和内在视域。我的看法与这种观点很接近:即这种解释应该而且可以在比胡塞尔接受它和实践它更加辩证的意义上来思考,如果我们对否定经验和主动性(经验承受主动性是为了使得各种矛盾①富有生产性)投以更加敏锐的关注。反过来,我也倾向于认为,否定并没有系统地占据整个经验的场域,而只是解释最富于戏剧性的模态。在这个意义上说,解释包裹着辩证法。无论解释和辩证法之间的关系是否是这样,我们无需重新陷入主观唯心主义就可以理解这样一个论点:即现象学就是对自我的解释(*Auslegung de l'ego*),这根据的是《笛卡尔式的沉思》中第四沉思末尾的要求:"所有对存在的错误诠释都来源于天真地无视那些规定着存在意义的视域和那些与明示意向性之澄明相关的问题。如果这些视域得到释放和领会,由此可以推出一种普遍现象学,即通过自我本身对自我进行具体而明见的解释。更准确地说,首先是对自我本身的解释——在这个术语的狭义上来说——,以系统的方式呈现自我(ego)本身如何把自己构建为从它自己本质上来说的自在存在;其次是对自我本身的解释——在这个词的广义上来说——,呈现了自我如何在其自身上构建'其他人'、'客观性'以及,一般来说,对于自我——无论是在我或者非我身上的自我——而言一切具有存在价值的东西。②"

---

① 《什么是辩证法!》(*What Is Dialectical*),"The Lindley Lectures"丛书,劳伦斯市,堪萨斯大学(University of Kansas)出版社,1976年,第173-189页。

② 《笛卡尔式的沉思》,《胡塞尔全集》第一卷(*Cartesianische Meditationen*, *Husserliana I*),海牙,尼霍夫出版社,1950年,第118页,1. 12-25;法文版,《笛卡尔式的沉思》,巴黎,维翰出版社,第72页。

【323】所以，我们远非掌握了这个过程，而正是它（这个过程）引导着我们，而且它是无止境的："这种明见性意味着（……）对沉思的我进行无限的解释工作（……）——对我的运行和我的客体的构建所进行的解释——融合为在无限延续的普遍'沉思'的框架内所进行的各种特殊'沉思'所形成的连贯整体。①"这就是意义的工作：我并没有打开它的钥匙，而且更恰当地说，正是它把我构建为我。

2. 我的第二个论据针对的是在自我之间的关系里类比（analogie）的作用。在我看来，正是这个原则可以取代黑格尔的精神。它意味着，他我（*alter ego*）就是另一个像我的自我，而且这种类比是最后和无可逾越的构建原则。视域（关于视域在第一个论据里就谈论过了）的解释风格，在本质上就在于在《笛卡尔式的沉思》第五沉思里对类比的这种作用的阐述。在这一点上，"第五沉思"可以通过那些关于主体间性的未发表作品得以阐明，这些未发表著作整理为三卷本由肯恩（Iso Kern）编辑出版了。但是在自我和他我之间假定的类比必须完全与整个所谓的类比法推理区别开来，后者是一种比例性论证：A 之于 B 相当于 C 之于 D。被应用于认识他者的这种所谓的论证可以这样表述：您所感受到的东西之于我所看到的那个行为，相当于，我所感受到的东西之于与您的行为相似的这个行为。但是这个论证预设了我们可以在一个相同的层面上对经历到的表现与观察到的表现进行比较。胡塞尔自己在他的这些未发表作品里揭示并且批判了这种论证的诡辩色彩。无需费力去指明，我并不像我认识他者的表现那样从外界认识我。而且，当我诠释一个他人行为时我根本就不会想到我。这种诠释不仅仅是直接的而且也是回返的，这是在这个意义

---

① 《笛卡尔式的沉思》，前揭，第 119 页，1. 28-34；法文版，第 73 页。

上说的,【324】即我理解我自己的出发点是在他者的经验里直接被辨识的思想、感觉和行动。胡塞尔毫不含糊地接受了这个批判。而且这样,对类比法推理的批判就是在现象学上使用类比原则的条件本身。错就错在相信:在类比法推理意义上说的类比批判意味着拒绝所有形式的类比。正好相反,类比在先验和非论证意义上的使用,准确来说就建立在把他者的知觉当作一种直接知觉来描述的基础之上。正是借由在情绪的表现里对情绪的直接阅读,应该要通过解释删除在直接知觉里进行的悄无声息的类比。这种知觉诠释或者这种诠释性的知觉(perception interprétante)确实并不局限于领会一个最复杂的客体,或者是一个更加精致的事物,而是另一个主体,也就是说,一个像我一样的主体。这个"像……一样"就包含了我们所寻找的类比。所有对这个问题的知觉性解决方法,远非要取消类比,而是预设它,心照不宣地与它发生关联。重点就是:他者被理解为就他自己而言的主体,而且这个通过他自己得到的他者状况与我自己的生活经验并不处于逻辑连续中。所有的事物严格来说都可以还原为对我而言的显象(apparence)。然而,他者是对他自己而言的显现,而且这是不被知觉到的。他者,在本质上,不属于我的经验范围。1914 年的未发表作品(由肯恩编辑, 第一卷)呈现了:事物的诠释性知觉和行为的诠释性知觉之间的对称由胡塞尔在这个语境里所说的现前化的"共同状况"(*Mitsetzung*," co-position" présentifiante)打破了。通过这种现前化的"共同状况",我赋予另一个主体以其表现的外在显象。同时,我提出———一并提出——两个主体。主体的这种双重性就是类比的关键点。在日常明见性里隐藏的不解之谜,正是在他我这个表达法里的自我重复(réduplication de l'ego)。而正是这种重复要求让类比重新运作。

　　如果我们追随的是想象这条思路而不是知觉的思路，我们会遇到相同的核心难题；【325】您在我身上看到和听到的想法，可以由想象来支撑，即我可以处于您所在的位置，而且由此我所看到的和听到的就像您看到的和听到的。通过想象移情到您所处的那儿，这种移情确实在直接阅读他者生活经验的生动表征（signe）中扮演了重要的辅助角色。在这一点上，虚构文学可以是一种比亲近地接触真实人更加丰富的研究他人心理生活的源泉。但是准确来说，正是这种虚构运作通过反差揭示了在他者的状况里的独特东西，因为通过想象进行的移情总是推测的、悬置的，以及总之就整个存在状况来说是中立的。想象我处于您的位置，准确来说就是不在那儿。另外这种想象应该是处于某种状况中的，也就是说与想象相反的东西，即一种现实中的中立。

　　这样，胡塞尔式类比的意义以常规的方式得以限定。它（胡塞尔的类比）就是对日常表达"像我一样"中的"像……一样"的说明。您像我一样思考、感受、行动。这个"像……一样"并不具备推理中论证的逻辑含义。它并不意味着自己的经验对他者经验有任何时间上的先前性。它意味着，自我的首要意义必须首先在 主 体 身 上 被 构 建，然 后 被 移 情 和 被 变 成 隐 喻——因 为 *Übertragung*（移情）①就意味着隐喻——，这是由于自我的含义从来就既不能构建一个共同的类别，也不能构建一种根本的扩散。

　　这种特定关系不会存在，如果不回到经院哲学家们在评注亚里士多德《范畴》专论时在存在（l'être）的首要原始意义——也就是说就他们而言的实体（substance）——与范畴系列之间觉察到的关系。他们认为，存在既不是单义的，即当存在是一个属概念

---

① 　*Übertragung*，在法语原版上写作"Uebertragung"，应为"*Übertragung*"，法语可译为"transfert"，即"移情"。——译者注

而各种范畴则是它的种概念时存在之所是;存在也不是歧义的,即当"存在"这个词的各种含义都只是同音异义时存在之所是。同样的,自我的含义既不是单义的,因为并没有作为类的自我,也不是歧义的,因为我可以言说他我。它是类似的。【326】自我这个概念,凭借唯我论的夸张假设在其初始含义里得以构建,它通过类比从我被移情到你,这样,第二人称就意味着另一个第一人称。所以类比不是一种推理,而是各种知觉的、想象的、文化的经验的先验性。这种先验性既支配着司法上的推理也支配着对一个被视为责任人的施动者的行动所进行的道德追究。这不是一种经验推理,而是一种先验原则。它意味着:所有和我一起、在我之前、在我之后的其他人都是像我一样的我。像我一样,他们可以把他们的经验归于他们自己。所有其他人同样地就是一些"我",在这个意义上说,类比的功能,作为先验原则,就是保存了"我"之含义的平等。前面说到过:所有和我一起、在我之前、在我之后的其他人,我指的是——按照舒茨①的说法,类比原则不仅仅适用于我的当代人,而且延伸到我的先辈和我的后继者,这依据的是同代性与上升的和下降的连续之间的各种复杂关系,而这些关系易于互相形成时间上的流动。甚至当我把其影响延伸至其他人时,我却没能直接认识到的是这个原则显示了它整个非经验的力量。我所认识的人和我所不认识的人都是像我一样的我。人都是我的相似物,甚至当他不是我的邻近者时,而特别当他是我的远离者时。(这一点列维纳斯说得比我好。)于是,类比根据其构建性要求进行运作:第三和第二人称也是第一人称,而且这样也都是类似物。

---

① 参看舒茨,《社会世界的意义建构》(*Der sinnhafte Aufbau der sozialen Welt*),维也纳,施普林格出版社,1932 年;《作品集》(*Collected Papers*)。

3. 第三个论据:胡塞尔的现象学取决于它这样的一种能力,即,为了支持黑格尔以精神的名义所描述的所有文化和历史的建构,它只需假定自我的类比,【327】因而现象学的抱负在于只假设主体间的互相关联性,而从不假设一种作为补充性实体的精神。刚刚就解释和类比所指出的东西在这里找到了其优先应用场域:如果在类比中他者的构建是一种先验,那么当这种先验打开一个经验描述可通达的现实和经验的场域时,它就发挥作用了。如果简单来说,在把各种高级共同体和一种马克斯·韦伯式的理解社会学——准确来说马克斯·韦伯明确避免了黑格尔的精神——结合在一起时,我们就理解了《笛卡尔式的沉思》第五沉思末尾处所谈到的高级共同体。鉴于理解社会学为这个空的先验提供了经验充实(remplissement empirique),应该要把胡塞尔和马克斯·韦伯放在一起来思考。不然,《笛卡尔式的沉思》第五沉思的最后章节并不足以与丰沛的黑格尔式分析相比较。在这些简洁的章节里,50-58节,胡塞尔只限于建立描画理解社会学的先天网络的三个点。

——在自己身上进行对他人的构建是可逆的;这是互相作用的,互相关联的。我必须能够把我作为他者中的一个他者来感知。我自己就是一个他我。

——社会存在建立在共同自然的构建之上。我必须能够把由我构建的自然和由他者构建的自然视为数目上是一个。世界就不会像它被频繁知觉那样频繁地增殖。这就是胡塞尔为这样一个问题作出的尤其重要的贡献,即证明:自然事物的经验交流是由文化客体的经验交流预先假定的。

——这最后的"使……处于共同体中",它又分作不同等级,直到构建"不同程度的精神客观性"(§58)。这种等级化标志着为黑格尔风格的辩证组合而留下的空席。"来自高级秩序的各种人物"在峰会上互相区别，这里高级秩序是指诸如国家，以及其他在时间上恒久持续的机构。【328】胡塞尔可以借由他们来谈论通过不同文化关联、传统进行识别的文化世界。值得注意的是，在这个高级程度上，重复发生着从自身到他人的关系，这些关系归属于完全第一次的他者构建。这些分析预示了《危机》中的分析，其中包括了最后这部伟大的作品中特有的生活世界概念："在解释中这种系统性进展旨在于具体的整体里发现世界的先验意义。在这个具体整体里它（先验意义）就是我们所有人共同的生活世界"，生活世界是就我们所有人而言的。所以，如果在胡塞尔那里有一个社会学的论点，那就是自我的类比必须贯穿于低级共同体和高级共同体，而无需求助于一种与自我间的互相关系不同的实体。这就是胡塞尔对黑格尔的回答，如果我们可以这么说的话。

　　但是，这个回答得以完整的条件是，我们在马克斯·韦伯那里也可以读到这个回答，因为在胡塞尔提出的先验条件和马克斯·韦伯引出的内容分析之间存在一种相互关联。胡塞尔自己是不能与黑格尔相比较的。我们只能追问胡塞尔和韦伯所构建的整体，追问它是否成功地避免黑格尔的精神。因此，我的第三个论据在于指出，《笛卡尔式的沉思》第五沉思并不是通过它自身来构建对文化生活的描述。它甚至没有提供一种社会科学的认识论。这种认识论是要在马克斯·韦伯的《经济与社会》里的第一部分论述中去寻找。应该要详细呈现这些论述是怎样和《笛卡尔式的沉思》第五沉思连接在一起的，而且又是怎样覆盖了由这次思考的最后章节勾勒出来的整个场域的。

　　此时，对黑格尔挑战的回击就完成了。

　　马克斯·韦伯首先提出，人类的行动有别于简单行为，由于它可以通过理解的方式被其施动者诠释,所以是通过指定的、既定的含义或者相反的方式进行诠释①。

【329】与意义问题不相干的(*Sinnfremd*)所有处理——诸如洪水泛滥或者疾病——都会被排除在理解社会学领域之外。这是第一个门槛。个体是意义的承载者。这句话指出了理解社会学在方法论上的个人主义特征。虽然人们可以或者必须在国家、权力、权威的基础上言说,但是除了个体性就没有别的基底了。这种方法论上的个人主义构建了理解社会学反黑格尔的最初始决定。如果一种制度并不被共同体的成员看作各种动机(是动机为行动提供意义)的出路,它就不再为理解社会学所接受。它类似于自然灾难(在马克斯·韦伯那里,可以与意义不相干的所有例子都属于这种类型)。

在马克斯·韦伯那里,关于 social(社会,社会的)的第二个定义从根本上说建立在胡塞尔的基础之上:不仅仅对个体有意义,而且指向他者的全部行动都接受理解社会学的审判②。只有自行车运动员之间相撞(这个例子来自马克斯·韦伯)这一类型的偶然相遇被排除在"定向"这个词的所有意义变换之外。指向他者的举止当然可以不同于一种对话关系。重点是,个体的举止以这样那样的方式考虑到了另一个施动者的举止,而且这样就进入了

① "社会学(……)是一门这样的科学,即,在诠释社会行动的同时,它开始理解社会行动,以便通过这种方法达到对社会行动的进行过程及其各种结果进行因果关系的说明。当行动的个体把一种主观含义与他联系在一起时,行为指的是人类的所有行为。被这样理解的行动可以要么被外在化,要么是完全内在的或者主观的;它可以要么以积极的方式介入到一种处境里,要么故意克制自己不去介入,要么被动接受了处境",《经济与社会》,巴黎,普隆出版社,1971 年,"基础概念",§I。
② "行动是社会的,这是在这种程度上来说的:由于含义通过行动个体(或者所有的行动个体)被与行动连结在一起,含义考虑到了其他个体的行为,而且通过这种方法在其进行过程中被影响了"(同上)。

行动的复数模态。在相互行动这个领域,只有一小部分是个人化的;【330】把信放在邮局,这是依靠一个我肯定从来就不认识的职员的行为。在这一点上,我–你的关系并不是一个范例,而是一种极端的情况。对于他者而言的定向也覆盖了各种类型的协调:在社会角色、惯例、威望、合作和竞争、斗争和暴力之间。正是通过这种十分分化的方式,指向他者的关系构建了第二个门槛。我们会注意到,在这个层次上,"social"这个说法以形容词的名义被引入到行动概念,而不是以实体词的名义。社会性的第一特点就是行动的特征,行动是施动个体根据他们可以理解的动机所采取的行动。马克斯·韦伯坚持认为,正是根据由司法语言保持的一种幻觉,我们才授予集体主体以权利和责任义务,是这些权利和责任义务把集体主体定性为道德人。正是在这里,我看到了胡塞尔现象学的明确风格第二次应用于这种要避免所有集体实体的意愿里。甚至国家也只不过是一个共同行动(co-action),即和……一起行动(Zusammenhandeln)。而且马克斯·韦伯坚持认为,理解社会学的任务就是,把客观性之显象(l'apparence de l'objectivité)还原为人互相进行的活动。这里的人指的是,有能力修正其动机并且根据典型动机来衡量它的施动者。典型的动机关系有:目的–理性的(zweck-rational)动机关系(比如市场上的购买者),传统的动机关系(比如忠于充满着回忆的共同体),情感的动机关系(比如道德革新或者政治革命的积极分子或者狂热拥护者)。这些典型动机关系使得可以在它们与可理解的动机关系(而且情感动机关系也还是可理解的动机关系)相比较所呈现的差距的基础上理解那些实际行为。正是这种动机关系把个体定性为社会行动的施动者。

马克斯·韦伯给行动下的第三个定义构成了对黑格尔正中

要害的反击①。【331】它对应于被授予给制度的客观性之显象并且力求把它还原为某个行动过程的可预见性。正是这个行动过程的这种或然性特征,我们把它物化在一种可分离的实体里。这种向或然性的求助是决定性的,因为它力求要把存在幻象排除在持续存在的实体之外。它通过一种向或然性的还原来克服物化。某些关系,由于它们在统计上的规律性,就像物体一样运行;从我的角度来看,我会用另一种词汇来说:它们像书面文本一样运行——书面文本,相对于它的作者和作者的意向,已经获得了它的自主性。当然人们一直需要处于把这个行动文本返还给其责任人的状态中,但是它就社会施动者来说的自主性似乎暗示了各种社会关系本身具有区别而且独立的现实存在。这就是为什么社会学家可以满足于这种"天真",而且把他对某个集体实体的假设建立在支配着经验上得到确认的那些规律性的法则之上。但是,批判的社会学认识论,由于它被提升到了对这种基础社会学的胡塞尔式的先验反思,它必须解决这种前批判(précritique)的天真。最后必须要预设的东西就是,可指定给某些社会合作者的某个行动过程,所以也就是通过回返对传统的热情以及在最好的情况下通过某种理性策略(stratégie rationnelle),按照人们想要的那样被典型化的某一动机过程。谈论组织——可以是国家——,就是谈论行动的某种或然性:"一个国家不复存在,如果或然性不

---

① "社会关系这个术语用于界定施动者群体的行为,这是在这种程度上说的,即每一个人的行动,通过它有意义的内容,都考虑到了其他施动者的行动,并且发现受到其他施动者行动的影响。这样,社会关系就完全地而且唯一地由或然性(probabilité)的存在组成。而或然性就是指,某种社会发展(它在某种显然是可理解的意义上)将要发生"(同上,§III)。"比如,当或然性消失时,一个国家——在适合社会学的意义上来说——就不再存在,而以有意义的方式被定向的某些社会行动的形式将取代它的位置"(同上)。

复存在【332】——或然性指的是通过有效的方式被定向的某种行动将要发生(……)或然性的程度构建了社会关系存在的程度。只有一条准则,即某种制度存在或者不复存在。"在这一点上,马克斯·韦伯揭示了机体论隐喻(métaphores organicistes)的陷阱;对于他来说,它们(机体论隐喻)至多只有启发性的价值:它们使得可以识别和界定所要描述的现实;陷阱就是把对有机整体的描述当作可以替代诠释理解的说明:"因为在这个意义上(也就是说能有所理解的意义上)我们并不理解有机组织里细胞的行为。"

　　这种对集体实体进行去实体化的系统做法被马克斯·韦伯在《经济与社会》①定义性和介绍性的那一大章之后以最坚定的方式加以延续。对于我来说,这种做法就构成了对胡塞尔在《笛卡尔式的沉思》第五沉思最后章节里的设想的实现。而且在胡塞尔关于主体间性的那些先验概念与马克斯·韦伯关于理解社会学的那些理想型之间的结合反过来又构成了胡塞尔现象学对黑格尔现象学的完整回答。在这次结合中,胡塞尔提供了作为先验的自我类比原则(这种先验支配着理解社会学遍历的所有关系),而且通过这个(自我类比)原则,他还提供了这样一种根本信念,即人们总是只能找到主体间的关系而非社会之物(des choses sociales)。换句话说,胡塞尔提供了在《笛卡尔式的沉思》第五沉思里建立的先天形式风格。【333】在这次会合中,马克斯·韦伯所提供的东西就是在理想型的框架里填写的经验

---

① 应该要考察秩序、共同体、联合、权威、权力之间的各种关系。这样"权力就只是信任的或然性(每一个成员在要求和合法诉求的有效性里都将拥有)"。永远都只能在信任中,在建立在秩序合法性之上的表象(représentation, Vorstellung)中,这种秩序才得以建立。并不是秩序构成我们,而是我们制造了秩序。只是当我们的动机通过这种或然主义被从我们身上拿掉时,它们(动机)才像真实事物一样重新落在了我们头上。

内容。

在最后，我们可以试着回答推动这次探寻的问题。

主体间性现象学可以替代精神现象学吗？我所给出的微妙答案是这样的。关于为思考所提供的内容，无疑在黑格尔那里比胡塞尔和韦伯合起来都要多。黑格尔独特的天才不断地引发我们思考——甚至反对他——，这种天才就在于以一种史无前例的广度运用了显现（*Darstellung*），即把我们的历史经验展现在它（历史经验）所有的维度上：社会的，政治的，文化的，精神的。然而，就在这个视角广度的秩序里，马克斯·韦伯有时也是优于黑格尔的，在经济领域是肯定的，在政治秩序里也是很有可能的，在宗教的比较历史方面是确定的。所以，黑格尔在内容秩序上的优势并不是压倒性的。

在我看来，黑格尔的第二个优势在于，利用否定性这个词异常的多义性（而辨识这个词，就是已经开始对黑格尔指定给否定性的雅克师傅角色①进行某种否定）对某种策略（我们可以称之为生产性的矛盾）的系统使用。在这一点上，胡塞尔的 *Auslegung*（解释）从黑格尔否定性的使用和语境的丰富来看似乎可能是一副蹩脚的样子。但是这第二个优势并不是没有抵偿物。我们可以自问否定性是否永远都是解释的必经之路。维持否定性的立场不是以多义性的过度使用为代价吗？多义性的过度使用试图掩盖辩证法这个含糊概念的不连贯，而正是为反对这种不连贯，英语分析哲学挑起了一场无情的战斗。否定工作也许只是解释的诸多策略之一。虽然我们只想到现代决断理论和游戏理论。

---

① 雅克师傅（Maître Jacques）是莫里哀《吝啬鬼》剧中一个角色，此角色一人集双重身份，他既是厨师又是阿巴贡（即剧中的吝啬鬼）的马车夫；所以当主人跟他说话时，他总是问主人是与厨师说还是与马车夫说。——译者注

在这个意义上，*Auslegung*（解释）这个术语保留了与采取辩证法模式的分析非常不同的分析可能性。【334】在为 *Auslegung*（解释）提供与自我类比相同的广度时，胡塞尔保存了主体间关系之相互性的各个形态的最大的可能性变化。

　　但是在我看来，胡塞尔对黑格尔的关键优势在于，他毫不妥协地拒绝实体化各种集体实体，以及他总是想要把它们（集体实体）还原到一个相互作用的网络的强烈愿望。这种拒绝和愿望具有一种关键而重大的意义。我觉得，主体间性对黑格尔客观精神的替代保存了人类行动的最低准则，也就是人类的行动可以通过施动者（他们有能力把他们的行动归于他们自己）的筹划、意向和动机得以区分。一旦人们抛弃这些最低准则，他们便会开始重新去实体化社会的和政治的实体，把权力提升到天上去，而且在国家面前瑟瑟发抖。当观察者而且还有历史的行动者任凭自己被系统地扭曲了的各种交流形式迷惑时——这是用哈贝马斯的表达法来说的——，这种批判因素（instance critique）获得了它全部的生命力。这样被物化的社会关系如此地模拟物的秩序，以至于一切都力求要使集团、阶级、民族和国家实体化。而自我类比则是站在相反的立场。它意味着，人类关系遭到了如此的物化——这准确来说是界定了历史的不幸和痛苦，而不是它的初始构建。如果自我类比是所有主体间关系的先验，那么任务就是要在理论上区分以及在实践上承认人类的相似性，我在所有关系里与我的当代人、我的前辈和我的后继者的相似。正是由此，胡塞尔的主体间性可以被提升到批判因素的层次，这个层次是连黑格尔的精神也必须服从的。

科学与意识形态

纪念安杰里克(Angélique)博士

【335】在《尼各马可伦理学》的序言里我读到了这些："如果我们可以给出我们所处理的主题本性所包含的明晰，我们也就充分完成了我们的任务。这就是说，确实我们不必在所有的讨论里不加区别地去寻找同样的精确，如同我们在各种技艺制作中所要求的。美好的事物和公正的事物——它们都是政治学的目标，却引起诸多分歧，诸多不确定性，以至于可以认为它们只是由于信念而存在而非本性如此(……)所以，在处理同样的主题和从同样原则出发时，我们必须满足于以一种粗略而且近似的方式呈现真理(……)自此，我们所发表的各种不同的看法应该在这样的态度里被接纳，因为一个有教养的人的做法是，只有在主题本性允许的程度上才能去寻找适合每一种事物的精确(……)所以，受过恰当教育的人可以在既定领域里正确地进行评判，然而，在一个排除了所有特殊性的学科里，好的评判者是受过一般教化的人……"(1094b 11-1095a 2)。

为什么我引用这一段文字呢？一点也不是为了开场白和导言的方便，而是为了推理（raisonnement）之学本身。确实我打算证明：如果我们坚持亚里士多德关于科学性层次的多样性的论点，意识形态的现象可能可以受到一种相对积极的评价。亚里士多德确实为我们指出了好几件事情：【336】政治学与变化无常和不稳定的事物打交道；在这里推理的出发点是这样的事情，即它们一般来说是真的，但是并不总是真的；在这门学科上是有教养的人而不是专家在评判；所以应该要满足于以粗略和近似的方法（或者根据另一种翻译，"大致而且概括地"）来呈现真理；最后，事情之所以是这样，因为问题本质上是实践的。

这段文字在我们研究的开始具有提醒的作用。它确实可以防止我们掉进意识形态这个主题给我们设下的多种多样的陷阱。这些陷阱来自两类，而对它们（两类陷阱）的区分将引出我的报告非常关键的头两个部分。

首先关涉到的是对现象的初始定义。而且这里就已经有了好几个陷阱。第一个陷阱是把关于社会阶级的分析看作是自然而然的事情。今天在我们看来这是自然的，因为马克思主义关于意识形态问题的印记是如此的深，尽管是拿破仑第一个把这个词变成一种争论武器（我们将会明白，这一点也许不应该彻底被忘记）。在游戏伊始就采用关于社会阶级的分析，就是同时把自己关闭在赞成或者反对马克思主义的贫乏论争里。然而，今天我们所需要的是，一种针对一些人向另一些人所进行的恐吓活动的自由思想，一种应该具有敢于与马克思相遇但又既不遵循他也不反对他的胆量和能力的思想。我认为，梅洛-庞蒂在某些地方谈论的就是一种非马克思主义的思想。这正是我试图去实践的。但是，为了避开第一个陷阱，就需要避开第二个陷阱，即从一开始就通过意识形态不仅针对一个阶级而且是针对一个统治阶级而言的辩护功能来定义意识形态。我觉得，为了考察一个更广泛的现象，即社会融合的现象，应该要避免受到统治问题带来的迷惑。统治是社会融合的一个维度，但不是它唯一和本质的条件。可是，如果我们相信意识形态确实就是一种统治功能，【337】那么这就是说我们不加批评地也承认，意识形态就是一个在本质上负面的现象，是错误和谎言的表兄，幻想的亲兄；在关于这个主题的当代文学里，我们甚至不再审查这样一种已经完全成为自然的观点，即认为意识形态是一种错误的表象，它的功能就是掩盖个体对一个团体、一个阶级、一个传统的归属，而团体、阶级和传统为了它们的利益又不承认这种归属。自此，如果我们既不愿回避关于谋求私利的和无意识的扭曲这样一个问题，又不愿将之看作是既成的，那么，我觉得，应该要解开意识形态理论和怀疑策略之间的联系，所冒的危险就是要通过描述和分析指明为什么意识形态现象引起怀疑的回击。

但是这种掺在意识形态现象的初始定义中的对既成观点的第一次问题化是与针对意识形态理论自身的认识论地位的第二次问题化联系在一起的。我的论题，意识形态与真理，更准确来说关涉到这第二条追问路线。在这第二条路线上也有一系列的陷阱等着我们。首先，人们过快地认可，怀疑者自身是置身于他所揭示的缺点之外的；意识形态，这是我的对手的思想；这是他者的思想。他不知道这事，但是我知道。然而，问题就是要知道是否存在这样一种关于行动的观点，即行动有能力摆脱嵌在实践里的认识的意识形态条件。这个企图又与另一个企图连接在一起：人们认为，不仅仅存在一个非意识形态的领域，而且这个领域就是科学的领域，这个企图类似于欧几里德(Euclide)对几何学的企图,以及伽利略和牛顿对物理学和天文学的企图。值得注意的是,这种企图在最爱利亚式(éléate)的马克思主义者那里尤其活跃,准确来说,这种企图正是亚里士多德在伦理和政治学上对他那个时代的柏拉图主义者进行责难的,而且他将之与方法的多元化以及精确程度和真理程度的多元化相对立起来。然而,我们还有为这种多元化进行辩护的新理由,【338】这些理由系于对理解历史的完全历史性条件所进行的整个现代反思。这个简单的觉察,它预示着整个发展过程,它让我们看到:科学和意识形态之间的关系本质依赖于这样一种意义,即我们可以在实践学和政治学中为科学这个概念给出的意义,这完全就像它依赖于另一种意义,即我们为意识形态本身给出的意义。

这两条讨论路线将会汇集于一个问题上,这个问题可以说就是信心的问题;这将是我第三部分的内容。如果没有科学能够摆脱实践知识的意识形态条件,难道就应该纯粹而简单地取消科学与意识形态之间的对立吗?

尽管有利于这个方向的理由很充分,我还是会试图拯救这种对立,但是同时不再在抉择和分裂的关系里提出它(这种对立)。为此我将尝试着为意识形态批判这个概念提供一种更加节制的意义——我想要说是少一点断然和少一点自负——,与之同时把它放到诠释的框架里。这种诠释自己知道自己在历史上的位置,但是它也努力把间隔因素尽可能多地引入到我们为了重新诠释我们的文化遗产不断重复进行的工作里。

这就是本文的视域:在我看来,只有对科学与意识形态之间的亲密关系的探索,是与真理的程度兼容的。亚里士多德对我们说过,在实践和政治的事物里追求这种真理的程度是被允许的。

I. 意识形态现象准则的研究

　　我尝试描述意识形态现象所处的那个层次,因此并不首先是关于社会阶级和统治阶级的分析。我打算把与这个分析相对应的意识形态概念作为到达目标,【339】而不是作为出发点。这将是我与马克思主义"相遇"的方式。

　　我将之分成三个阶段。

　　韦伯对社会行动和社会关系概念的分析为我提供了出发点。对于马克斯·韦伯来说,当人的行为对于个体施动者是有意义时以及当一个人的行为是根据另一个人的行为而被定向时,就有了社会行动。社会关系的概念在行动含义和互相定向的双重现象里添加了含义系统的稳定性和可预见性的概念。那么,正是在这个层次上,即行动具有赋予意义、互相被定向和被融合在社会里的特征,意识形态现象展现在它的整个独特性里。它因一个社会集团而被与这样一种必然性联系在一起,即它扮演它自己的形象(image)、它表象它自己——在这个词戏剧的意义上来说——,自己投入游戏和演出。这就是我要由此出发的第一个特点。

　　为什么是这样的? 在这一点上,雅克·埃吕尔①,在一篇强烈震撼我而且启发我的文章②里,把历史共同体与创立它(历史共同

---

① 雅克·埃吕尔(Jacques Ellul, 1912-1994),法国法律史教授、新教神学家和社会学家,他对科技有独到的思考,其主要著作有《法律的神学根基》(*Le fondement théologique du droit*)、《科技还是世纪的关键》(*La technique ou l'enjeu du siècle*)、《制度史》(*Histoire des institutions*)等等。——译者注

② 埃吕尔,"意识形态的媒介作用"(Le rôle médiateur de l'idéologie),发表在 E. Castelli(编辑)出版的《去神话化与意识形态》(*Démythisation et Idéologie*),巴黎,奥比耶出版社,1973 年,第 335-354 页。

体)的奠基行为之间所保持的关系视为是初始的:美国人权法案、
法国大革命、十月革命,等等。意识形态就是把社会记忆和必然
会重复发生的事件分离开来的间隔功能;它的作用不仅仅是在父
辈奠基者的圈子之外传播信念,以便使它成为整个集团的信条;
而且它也要使初始能量超越动荡时期永远延续下去。形象和诠
释介入的正是这种分隔(écart),它是所有的事后处境都具备的特
点;诠释透过表象自身以回溯方式把它(分隔)塑造成形。总是在
这种诠释里,奠基行为可以被重复和被重新现时化。也许,如果
没有与它(社会集团)自身发生的事件有这种间接关系,也就不会
有社会集团。【340】这就是为什么意识形态现象开始得很早:因
为共识,而且还有协议和理性化(rationalisation),肯定是通过记忆
进行驯化而开始的。在这个时候,意识形态为了成为辩护者而不
再是动员者;或者更准确地说,它继续是动员者的条件是成为辩
护者。

　　由此,就有了第一层次上的意识形态的第二个特点:它的能
动性(dynamisme);它属于我们可以称为社会动机理论的东西;它
之于社会实践相当于动机之于个体筹划:动机既是进行辩护的又
是进行驱动的。意识形态以同样的方式进行论证;它由这样一种
意愿推动着,即要证明信奉它(意识形态)的集团有理由成为此集
团所是。但是不要太快地以此为由反对意识形态:它的媒介作用
是不可替代的;即当意识形态既是辩护又是筹划时,它总是不止
于映像(reflet)。意识形态的这种"生成性"(génératif)的特征在
第二等级的奠基能力里得到了呈现,而这种第二等级的奠基能力
是意识形态在事业化和制度化方面上要运用的,同时事业化和制
度化又从意识形态身上接受到了信仰,即相信被制定的行动的公
正性和必然性。

　　但是意识形态怎样才能保存它的能动性呢？这里就提出了第三个特点：所有的意识形态就是简化的和图式的（schématique）。它是一种框架（grille），一种编码，以便扮演一种不仅是集团的而且是历史的，最终，就是世界的整体看法。意识形态的这种编码特征内在于它的辩护功能；它的转变能力可以被保存的条件是：它所承载的那些观念变成了公论（opinion），思想为了提高其社会效率而失去了严谨，好像意识形态独自就不仅仅能成为对奠基行为的记忆的媒介而且可以成为思想系统本身的媒介；正是这样，一切都可以是意识形态的：伦理、宗教、哲学。"从思想系统向信仰系统的演变"，埃吕尔说，是意识形态的现象。把一个集团从它自身得到的形象进行理想化只是这种图式化的必然结果。【341】确实是透过理想化的形象，一个集团想象着它自己的存在，而且正是这个形象，反过来，又巩固了诠释编码；我们可以通过以下方式看到这一点，即一旦奠基性事件第一次被庆祝，仪式化和刻板化现象就会出现；一套词汇已然诞生，而且和它一起诞生的还有一种"正确命名"的秩序：这就是主义（ismes）的统治。意识形态尤其是主义统治：自由主义、社会主义。对思辨思想自身来说，也许，只有通过在这种话语层次上的同化才会有主义：唯灵论（spiritualisme）、唯物主义……

　　第三个特点让我们可以觉察到后面将要被我称为意识形态的舆论性（doxique）的东西：意识形态的认识论层次，就是公论的层次，古希腊人的舆论（doxa）层次。或者，如果您更愿意使用弗洛伊德的术语，那么就是理性化（rationalisation）的阶段。这就是为什么它往往表现为箴言、口号等各种简练的格式。这也是为什么没有什么比意识形态更接近修辞格式的——一种或然但又使人信服的艺术。这种对比意味着：社会团结肯定可以得到保证的条件是,与所考察集团的中间文化层次相应的舆论最佳状态没有被超越。但是,重申一次,无需急于揭露欺骗和病态:这种模式论,这种理想化,这种修辞都是为观念具有社会效率而付出的代价。

通过第四个特点,通常依附在意识形态上的负面和贬义的特征开始变得明显。然而这个特点在它自身上并不是毁坏名声的。它取决于这样一种东西,即意识形态的诠释编码就是某种人们在其中居住和思考的东西,而不是一种人们在对面提出的一个概念。

如果使用另一种语言来说,我会说,意识形态是操作性的而不是主题性的。它在我们的背后运作而不是我们把它看作在我们眼前的一个主题。是在它的基础上我们进行思考,而不是我们思考它。掩盖和扭曲的可能性【342】——这从马克思以来就依附在与我们自己在社会里的状况相反的形象之观念上——,就根源于此。但是,对于一个个体甚或一个集团,也许不可能明确表达一切,使一切都成为主题,把一切都作为思考对象提出。正是这种不可能性——在批判全面反思(réflexion *totale*)概念时我将会再回来详尽地提到它——导致了意识形态在本质上是一种非批判因素(instance non critique)。确实看起来我们的文化编码的不透明就是制造社会信息的条件。

第五个特点复杂化和加剧了意识形态这种非自反和非透明的地位。我想到惯性和迟缓,它们似乎都可以描述意识形态现象的特征。这个特点似乎正好是意识形态特有的时间特征。这就意味着,只有从典型(它本身就出自社会经验积淀)出发新事物才能被接受。正是在这儿,掩盖功能可以插入进来。它(掩盖功能)尤其在由集团切实经历但是无法被主导图式(schéma)同化的现实方面运作。所有的集团都会对社会边缘呈现正统舆论(ortho-doxie)性、不宽容性。也许不可能存在任何彻底多元化、完全包容的社会。总有在某些地方是不可忍受的。在不可忍受(intolérable)基础之上就有了不宽容(intolérance)。当新生事物严重威胁到集团判明其方向和确定其位置的可能性时,不可忍受就产生了。这个特点看起来与意识形态的第一功能(即扩展奠基行为的冲击范围)背道而驰。

但是,准确来说,这种初始能量的威力也是有限的;它遵守衰退法则。

意识形态同时既是衰退的结果又是对衰退的抵制。这个矛盾就包含在意识形态的第一功能里,即通过"表象"的方式使得初始奠基行为永远延续下去。这就是为什么意识形态同时既是对真实的诠释又是对可能的阻塞。所有的诠释都产生于有限的场域里;但是,相对于属于事件的初始冲动的各种诠释可能性,意识形态则会引起场域的缩小。【343】正是在这个意义上我们可以谈论意识形态的封闭,甚至意识形态的盲目。但是,甚至当这个现象变得病态时,它还是保留了来自其初始功能的某种东西。觉醒只能透过意识形态编码的形式得以实现,否则是不可能的;这样,意识形态又被依附于它的不可避免的图式化所影响;在意识形态自身受到影响的同时,它也得到了积淀,于是事情和处境也改变了。正是这个矛盾把我们引向了被如此强调的掩盖功能的门槛上。

在这儿我们的分析触及到了意识形态的第二个概念。我觉得,当融合的一般功能(我们此前已经考察过了)和统治的特殊功能(它与社会组织的等级特征联系在一起)之间发生相遇时,掩盖功能完全占了优势。

　　我坚持把对意识形态第二个概念的分析放在前一个分析之后,以便到达这个概念而不是从它出发。为了理解面对权威(autorité)问题此现象(意识形态现象)的硬化,确实应该要先理解意识形态的第一个功能。意识形态诠释而且尤其是辩护的东西,就是与权威、与权威系统的关系。为了说明这个现象,我还将参照马克斯·韦伯关于权威和统治很为人熟知的分析。他发现,所有的权威都寻求让自己合法化,而且各个政治系统根据它们的合法化类型而互相区别。如果说所有想要合法的企图都与这种合法性里的个体信仰相关,看起来,在由权威表达的企图和与之相应的信仰之间的关系在本质上却是不对称的。我会认为,来自权威的企图总是要多于走向权威的信仰。如果由此我们明白了:合法化企图相对于信仰的施与是过度的,那么这里我们可以看到一个不可还原的剩余价值现象。也许这种剩余价值是真正的剩余价值:所有的权威要求的比我们的信仰所可以承载——承载是在提供和承担(apporter et supporter)双重意义上说的——的要多。正是在这里意识形态表现为剩余价值的中继站(relais de la plus-value),【344】而且同时,也表现为统治的辩护系统。

　　当权威现象本身与集团的构建并存时,意识形态的第二概念紧密地与前一个概念叠盖在一起。一个集团的奠基行为——它在意识形态中得以表象——在其本质上是政治的;正如埃里克·威尔①不断教导的,历史共同体只有在让自己有能力做决断时才

————————————

① 埃里克·威尔(Eric Weil,1904-1977),德裔法国哲学家,他的博士论文由卡西尔(Ernst Cassirer)指导,主题是关于彭波那齐(Pomponazzi)。1933年他离开德国来到法国,也旁听了科耶夫关于黑格尔的课程。其主要著作有《黑格尔与国家》(Hegel et l'Etat)、《哲学的逻辑》(Logique de la Philosophie)》、《政治哲学》(Philosophie Politique)、《道德哲学》(Philosophie Morale)、《康德的问题》(Problèmes Kantiens)等等。——译者注

变成一种政治现实;由此就诞生了统治现象。这就是为什么意识形态-掩盖与意识形态-融合的所有其他特点互相影响;特别是与依附于意识形态的媒介功能的不透明特征互相影响。我们从马克斯·韦伯那儿得知,没有完全透明的合法化;如果所有的权威没有被归结为享有特殊声望的形式,权威现象在本质上就是不透明的;我们在它身上期望,但我们没有期望它本身。最后,没有任何现象如同权威现象和统治现象这样完全地认可意识形态的惯性特征。就我这方面来说,我总是为我通常所说的政治(le politique)①之停滞感到惊奇和担心;每一种权力都模仿和重复前面的权力:所有的王子都想成为凯撒,所有的凯撒都想成为亚历山大,所有的亚历山大都想把东方的君主希腊化。

所以正是当意识形态的媒介作用遇到统治现象时,意识形态的扭曲和掩盖的特征就凸显出来了。但是,当集团的融合从来就不能完全归结为权威和统治的现象时,我们已经为意识形态的媒介作用所添加的所有特点也都不适合掩盖功能,然而人们还是太经常把意识形态归结为掩盖功能。

那么我们现在来到了意识形态第三个概念,完全马克思主义的概念。我想要证明的是,如果我们把它与前两个概念结合在一起,那么它会获得整个立体感。它又带来了什么新的东西呢? 基本上是这样一个观点,即由于颠倒而引起扭曲和变形:【345】"而

---

① 法语中 politique(政治)一词作名词时,同时可以是阴性和阳性,但是意思也会互相区别,比如法国政治哲学家高歇(Marcel Gauchet)就坚持区分政治的这两种不同含义。下面我引用他在一次哲学杂志(Philomag)的访谈中对 la politique 和 le politique 之间的区别做出的说明:"la politique 是个新近产生的东西,它指的是围绕着通过代表而获得的权力(这种权力在我们的社会是合法的权力:它来自公民的选择)的各种活动。(……)le politique,是完全不同的东西。它是使得社会可以凝聚为一体的东西。它一直以来都存在。它的功能是引起人类社会的存在,因为,不同于动物界,人类社会不是一种自然存在。(……)"——译者注

且，如果在所有意识形态里，"马克思写道，"在我们看来，人以及人与人之间的关系所放的位置是头在底下，就像在暗箱(*camera obscura*)①里，这个现象来自他们的历史生活过程，完全就像物体在视网膜上的倒立起因于它的直接物理生活过程。"这会儿我并没有考虑这一表述的隐喻特征，在第二部分(*致力于阐述关于意识形态的知识的条件*)我还会回到这一点。在这里我感兴趣的是新的描述内容。关键的事情就是：意识形态同时通过它的功能和它的内容得到界定。如果有颠倒发生，那么是因为人类的某种生产在本质上就是颠倒。对于马克思(在这一点上他继承了费尔巴哈[Feuerbach])来说，这个功能就是宗教，宗教并不是意识形态的一个例子，它尤其就是意识形态。确实正是它引起天与地之间的颠倒，而且使人踩着头行走。马克思尝试从这个模式出发思考的是，这是一个一般的过程，通过这个过程，真实活动、真实生活的过程不再是可以被人们所说的、所想象的、所表象的东西替代的基础。意识形态就是这样一种误认，它使我们把图像当作真实，把映像当作原本。

　　正如我们所看到的，这种描述被包含在对这些生产所进行的谱系学式批判中，正是生产从真实发展为想象，而批判反过来又引起了颠倒之颠倒。所以这种描述不是单纯的：它把费尔巴哈所进行的这样一种还原看作是毋庸置疑的，即把整个德国唯心主义和整个哲学都还原为宗教，而且又将宗教还原为颠倒的映像。马克思并没有简单重复费尔巴哈，因为他在概念上的还原里还加入了实践上的还原。而这种实践上的还原目的就在于要动摇意识形态的基础。

　　在这个层次上，我的问题是要领会由这种谱系学(后面我们

----

① 照相机的暗箱原理是小孔成像。——译者注

会从这种谱系学的科学性企图这个角度来追问这种谱系学)所呈现的描述可能性。首先我觉得,马克思带来的是对意识形态概念的详细界定(spécification),【346】它假定了上面分析过的其他两个意识形态的概念。如果意识形态不具备混合在最基础的社会关系里的媒介作用,就像它的象征构建——在莫斯和列维-斯特劳斯所给出的意义上说的——,那么在实际上那些幻觉、空想、幻象怎样具有某种历史效应(efficacité historique)的呢? 这就禁止去谈论前意识形态或者非意识形态的真实活动。而且,我们也难以明白下面这个问题:如果统治和意识形态之间的关系并没有比社会阶级分析更加原始,而且可能可以比它更加持久,那么一种颠倒现实的表象如何为统治阶级的利益服务呢? 马克思带来的新东西,在这个象征性构建的先决基础上,脱离了一般的社会关系和特殊的权威关系。并且,他所添加的东西是,认为意识形态的辩护功能优先运用于来自社会阶级分化和阶级斗争的统治关系中。正是这样,我们要感激他提供了这样一个专门的主题,即与一个阶级的统治地位相关的意识形态运作。但是,我还是想要说,他的这种独特贡献完全得到承认的条件是,我们把他的分析从一种根本狭隘里释放出来。但是这种根本狭隘可以得到修正的条件是,我们明确把马克思的概念和更加全面的概念(正是在更加全面的概念上,马克思的概念得以凸显)联系在一起。马克思的概念的根本局限性不在于它与统治阶级概念的联系,而是在于他的界定是通过特殊内容(即宗教)而进行的,而不是通过它的功能。这个局限是费尔巴哈的遗产,正如他在论费尔巴哈的第四个论点里①所证明的。然而马克思的这个论点潜在地延伸得比它在资本主义第一阶段中的宗教应用要远得多。这种应用,在我看

① 详见马克思的《关于费尔巴哈的提纲》,一共有 11 点。——译者注

来——实际上——还是十分有根据的,尽管宗教在另一种经验和话语的范围里构建它的真正意义,但是马克思的论点可以合法地应用于具有相同功能的整个思想系统里;这是霍克海默、阿多诺、马尔库塞(Marcuse)、哈贝马斯和法兰克福学派的这些人已经很清楚地看到了的东西。科学和技术,它们也是,【347】在某一个历史阶段,可以扮演意识形态的角色。所以,意识形态的功能应该可以脱离意识形态的内容。宗教适合这种功能,即颠倒天与地的关系,这就意味着它已经不再是宗教了,也就是说不再把圣经(Parole)融入世界中,而是被颠倒的生活图像(*image inversée de la vie*)。不过它只是马克思所揭露的意识形态。但是,同样的事情可以发生在科学和技术的身上,而且无疑发生了,自从它们在它们对科学性的企图后面掩盖了它们对高级资本主义的军工联合系统的辩护功能。

正是这样,马克思的准则和意识形态的其他准则之间的结合可以释放出对这种准则本身的批判潜能,而且必要时还可以使它转身反对马克思主义的各种意识形态使用——这是我下面要考察的。

但是,这些次要后果不应该让我们忘记支配我们第一部分内容的根本论点,也就是,意识形态是一个社会存在无法超越的现象,因为社会现实在各种图像和表象里,一直以来都有一种对社会关系的象征构建,而且包含着对社会关系的诠释。

与之同时,我们的第二个问题也以其非常尖锐的方式出现了:关于意识形态的论述在认识论上的地位是什么呢? 如果从一个非意识形态的地方出发才有可能科学地谈论意识形态,那这样一个地方存在吗?

II. 社会科学与意识形态

目前关于意识形态的所有争论都源于隐含地或者明确地背弃了亚里士多德的一个前提,即各种科学里的论证都具有粗略性和图式性。这些科学被亚里士多德统称为政治,而现代人则陆续称之为道德科学(*Moral Sciences*),精神科学(*Geisteswissenschaften*),人文科学(sciences humaines),社会科学(sciences sociales),社会批判学(sciences sociales critiques),直到法兰克福学派的意识形态批判。【348】然而,在当代讨论里使我震惊的,并不仅仅是——这一点并没有如此强烈地震惊我——人们就意识形态所说的东西,而是想要从一个被称为科学的非意识形态的地方去谈论这件事的企图。自此,所有关于意识形态的东西都被那种被假定为科学而且人们将之与意识形态对立起来的东西所支配着。在我看来,在科学-意识形态的二元对立里,这两个概念都必须一起得到质疑。如果意识形态为了只是保留它以错误意识蒙骗人的作用而失去它的媒介作用,那么这就意味着人们已经把它与科学捆绑在一起,而科学本身又是被它的非意识形态身份规定着。可是这样的一种科学存在吗?

根据我们是否在实证主义的意义上使用"科学"这个词,我把本部分的讨论分成两个阶段。

我们由实证主义的意义开始。在这里我的论点是:唯有这个意义有可能为科学-意识形态的对立提供一个清楚而明确的意义,但是不幸的是,社会科学,至少是在讨论所处的整体理论层次上,并没有满足科学性的实证准则。确实正是由于是实证的,伽利略的数学物理学才能永远地删改伽利略之前的物理学的冲力说(*impetus*)，而且开普勒、哥白尼和牛顿的天文学才能终结托勒密天文学的运行。整个社会理论会与意识形态处于同样的关系里，如果它可以和这些实证科学一样满足相同的准则。然而，整个社会理论在认识论上的强弱就是要看它揭示意识形态的力度。确实，在任何地方社会理论都不能达到科学性的位置——正是科学性允许它(社会理论)以不容置疑的方式使用认识论上的断裂(coupure épistémologique)这个术语，为的是标明它与意识形态的距离。正如莫里斯·拉格①(那篇题为"科学-意识形态关系的滥用"②的引人注目的论文的作者)所写的，只有"那些理智的结果"可以被视为科学的东西，【349】"它们同时既允许对甚至不可理解的现象(在表面层次上人们无法阐明它们)提供一个满意说明，而且也成功抵制人们系统而又严格地在其正面(即在波普尔的非证伪意义上说的证实)进行证伪的企图"(第202页)。重点不是对这两个准则分开的阐述，而是它们结合在一起的运作。一个理论可以有效地被清楚说明，但是却很少被证伪的严格试验所支持。然而，确实是在这两条准则上的一致仍然而且也许永远都为社会科学里的全部理论所缺乏。我们拥有的，要么是统一但没有被证实的理论，要么部分被证实的理论(就像在人口学里以及一般来说在以数学和统计学为基础的所有理论环节里)，但因为相同的理由它们又放弃了融合为一体的雄心。正是一般来说那些维护

---

① 莫里斯·拉格(M. Lagueux, 1940-)，加拿大哲学家和经济学家，其博士论文题为《梅洛-庞蒂和哲学家使命》(*Merleau-Ponty et la tâche du philosophe*)，指导教授为利科。主要著作有《经济中的理性和解释》(*Rationality and Explanation in Economics*)等等。——译者注

② 莫里斯·拉格，"科学-意识形态关系的滥用"(L'usage abusif du rapport science-idéologie)，收录在《文化与语言》(*Culture et Langage*)一书中，属于魁北克手册(Cahier du Québec)丛书，蒙特利尔，Hurtubise 出版社，1972年，第197-230页。

一致但是实际上不太要求证实和证伪的理论的拥护者,他们以最大的狂妄来揭示他们对手的意识形态。我想要尽力呈现这些太容易掉进去的陷阱中的几个。

通常的论据是认为意识形态是一种忽略其真实动机的表面话语。这个论据还会变得更加惊人,当人们把这些真实动机的无意识性与公开或者正式动机的有意识性对立起来时。然而,重点是要看到,提出真实——就算它是无意识的——,这就其本身来说也不是科学性的保证。从虚幻到真实,从有意识到无意识的层面改变,肯定就其本身就有一种巨大的说明性潜力。但是,正是这种说明性潜力自身构建了一个认识论上的真正陷阱;层面改变确实一下子就提供了理智秩序上的巨大满足。这种满足促使我们相信:无意识场域的打开和在这个场域里说明性话语的转移构建了【350】——通过它们自身而且在本质上——科学性的运作。

在这种认识论上的天真里,我们被这样一种信念所支撑着,即在把说明从有意识的理性化层面转移到无意识的现实层面时,我们已经把主观性因素归结到说明里了。而且,确实,如果我们把阿尔都塞(Althusser)的马克思主义与马克斯·韦伯的社会学相比较,我们会看到通过社会施动者的主观动机进行的说明被针对各种结构整体而进行的思量替代了,而在这些结构整体中主体性已经被消除了。但是,消除历史施动者方面的主体性,根本不能保证创造科学的社会学家自身进入到了无主体的话语里。正是在这里,出现了我所谓的认识论陷阱。通过语义学上的混淆——这可是真正的诡辩——,通过结构而不是通过主体性所进行的说明被视为不被任何特殊主体所把持的话语。同时在证实和证伪秩序里的警惕性逐渐被减弱了。这个陷阱就像最后在理性化秩序里得到的满足却起着对于证实要求来说只是障碍和面具的作用一样令人生畏。准确来说这就是被理论揭示为意识形态的东西:屏蔽了真实的理性化。

为了掩盖这种状况在认识论上的不足,各种各样的策略被使用:我只列举两个。

一方面,人们在加强形式装备(l'appareil formel)中寻求对经验证实的不足加以弥补。但是这里还是一种以牺牲证实论准则为代价加强说明性准则的方式。而且,我倾向于认为,去神秘化的思想由于被抛置于形式主义层面,它就像马克思的思想,失去了它最好的王牌。难道他对同时代经济思想的主要指责不正是要归结为设想各种"去掉了所有真正的内容密度的模式①"?

【351】另一方面,人们在多个关键学科的互相加强中寻求对每一个学科认识论上的不足加以弥补;正是这样我们看到了意识形态的社会理论和精神分析之间一种交织。这种交织表现为交错排列——在那里人们假定:在一个学科里被提出但是很难证实的东西可以在另一个学科里得到更好的证实。在我看来,这种交织在非实证主义角度(我会后面提到)上显得如此有趣和重要,而它的效果从此前提出的说明和证伪准则来看却又是如此负面。我甚至想要说,人们在一个方面得到的东西会在另一个方面失去。

确实,为互相加强两种理论的说明能力而付出的代价是,成比例地减低事实描述中的"精确性和可决断性②",而事实本来可以在对立的假设之间作裁定。

从讨论的第一阶段可以得出,为了揭示所判定的意识形态状况,社会理论远没有掌握这样一种权威,这种权威性曾让天文学

---

① 莫里斯·拉格,"科学—意识形态关系的滥用",第219页。
② 同上,第217页。

完全可以摆脱占星学或者允许化学完全摆脱炼金术。

　　但是讨论并不是这样就结束了;确实我们可以反对前面的论证:它向社会理论强加了并不适合社会理论的准则,而且它自己也一直困于社会科学的实证主义观念之中。关于这一点我是很赞同的。我打算为社会理论寻找其他的科学性准则,这些准则不同于附属于证伪检验的说明能力。但是,这就需要清楚认识我们所做的事情。因为放弃实证主义的准则事实上会导致放弃对科学和意识形态之间的关系进行抉择的观念。我们不能同时赌两桌并且两桌都赢;我们不能为了给社会理论概念提供一种可接受的意义而放弃了实证主义的科学模式,【352】可是同时还能保留这个模式的好处以便在科学和意识形态之间建立一种真正认识论上的断裂。不幸的是,这却太经常地发生在关于意识形态的当代话语里。

　　所以就让我们来探索一下第二条路吧,同时为第三部分保留这样一个要去弄清楚的问题,即一旦我们超越了社会理论的实证主义准则,在科学和意识形态之间会显露出怎样的新关系呢?

　　在科学与意识形态的关系里,我们为"科学"这个词提供的第二种词义是批判。这个命名与左倾黑格尔主义者①的要求相一致。左倾黑格尔主义者在修改康德的批判概念的同时也要求一种真正批判的批判。而且马克思,甚至在今天我们认为在1847年发生的认识论上的断裂之后的那个阶段里,毫不犹豫地给了《资本论》一个副标题:"政治经济学批判"。

---

① 左倾黑格尔主义者(les hégéliens de gauche),又被称为青年黑格尔主义者(Jeunes hégéliens),相对于右倾黑格尔主义者。他们是19世纪中期德国的一个哲学流派,发起人为大卫·斯特劳斯(David Strauss),其代表人物还有尼采、马克思等等。他们批评黑格尔系统的宗教性和保守性,但是同时又保留其系统的革命性。——译者注

　　这时,提出的问题就是:被视为批判的社会理论,根据它自己的意识形态准则,可以达到一种完全无意识形态的位置吗?

　　我看到了三个难题,其中的第三个难题尤其引起我的关注,因为为科学–意识形态的辩证关系提供一个可接受的地位的可能性就依靠对它(第三个难题)的解决。

　　我看到的第一个难题是:在赋予批判以战斗科学(science combattante)的地位的同时,如何避免把它投入到被对手揭示为几乎病态的现象中?当我谈论战斗科学时,我特别想到了列宁对马克思的诠释。这种诠释又鲜活地被阿尔都塞重新用在他关于《列宁和哲学》的论文里。阿尔都塞在那里同时支持两个论点:一方面,马克思主义代表了思想史上第三次彻底断裂,第一次是欧几里德的几何学诞生,第二次是伽利略的数学物理学的诞生;以同样的方式,马克思开创对被称为历史学的新大陆的探索。就算如此。【353】历史学作为知识和对自身的知识还应该有其他的祖先。但是这并没有制造难题。而是同时出现的企图令人难以理解:即想要在这种科学和资产阶级科学之间提出列宁所谓的党派阵线,而且这样也就想要设想一种党派(在这个词的严格意义上说的)科学。这里就埋下了危险,即马克思主义科学根据它自己的准则变成了意识形态。在这一点上,马克思主义的后来命运证实了各种最灰暗的担忧。这样,社会阶级的分析(若只是举个例子,特别是那种认为在根本上只存在两个阶级的论点,在成为极其丰富的研究性假设之后,变成了一个教条),阻止以一个新的视角去看待先进工业社会里新的社会层理现象或者在社会主义社会里的阶级(在这个词的新意义上来说)形成,而更不用说那些难以适合于社会阶级分析的民族主义现象。

　　比这种对真实视而不见更加严重的是,通过一个党派对这种主义进行的正式化引起了另一个可怕的意识形态化现象:宗教被指责为统治阶级的权力进行辩护,与此相同,就共产党(作为工人阶级的先锋)的权力来说以及就党内的领导集团的权力来说,马克思主义也是作为辩护系统而运行的。这种辩护功能从统治集团的权力来看说明了马克思主义的僵化提供了现代最为震惊的意识形态例子。这里的矛盾就是,马克思之后的马克思主义是对他自己的意识形态概念(即作为与真实之关系的第二重表述以及作为对这种关系的掩盖)最杰出的例证说明。正是在这一刻,重新回想起是拿破仑使得意识形态和意识形态学家这些体面的术语变成了论战和嘲讽的代名词,这也许并不是没有意义。

这些严厉的意见并不意味着马克思主义是错的。正好相反它们意味着,马克思主义的批判功能得到释放和展现的条件是:【354】对马克思思想的运用完全脱离权力、权威以及正统性观点的执行;把他的分析置于这样一种考验中,即直接将之应用于现代经济,就像马克思将之应用于19世纪中期的经济那样;最后马克思主义重新成为如同其他的研究工具的一种;简而言之,即马克思的《资本论》如同尼采的《查拉斯图特拉如是说》——它的作者说它是"一本不为任何人而又为每个人写的书"。

第二个难题关涉到这样一些障碍,它们对立于以非意识形态方式对意识形态的形成进行说明。我坚持相信——根据先前一个被搁置的说明——在马克思主义的概念化中黑格尔和费尔巴哈的概念发挥了中介作用。诚然,马克思是对费尔巴哈批判的补充,但是一旦他谈论意识形态,他仍然停留在他的范围之内。首先应该要把整个德国哲学视为对宗教的评论而宗教又被视为天地关系的颠倒,以便批判反过来可以显现为颠倒之颠倒。然而,令人震惊的是,马克思极难通过不同于隐喻的方式来思考这种关系:视网膜里图像(image rétinienne)倒立的隐喻,头与脚以及地与天的隐喻,映像与回声的隐喻,升华(在这个词化学意义上来说,也就是指,在乙醚的剩余物里固体的挥发)的隐喻,固定在云上的隐喻……正如萨拉·考夫曼①在其随笔集②——这本书深深受到德里达的影响——中注意到的,这些隐喻仍然是在镜子图像的网络里和对立的系统(理论-实践、真实-想象、光亮-昏暗)里获取的,它们证明了意识形态概念作为颠倒之颠倒的形而上学归属。那么我们可以说在认识论上的断裂之后意识形态就不再从意识形态上被思考了吗? 在这一点上,《资本论》里关于对商品的崇拜的章节没有留下任何的希望;【355】当劳动变成商品时,劳动产品的价值关系披上了虚幻外衣。这件虚幻外衣一直都是一个谜,这个谜远不能说明宗教幻想,但它至少以类比的形式建立在宗教幻想的基础之上。最后,宗教——意识形态之母——提供了比类比更多的东西,它一直都是商品本身的"秘密"。正如萨拉·考夫曼所说的,商品崇拜不是"真实关系的映像,而是已经被改造过、被魔法化的世界的映像。这是映像之映像,幻影之幻影③"。这种失败,即无法通过非隐喻的方式思考幻想生产从反面呈现了——我们就在颠倒之颠倒中! ——亚里士多德如此着重强调的困难,即思考柏拉图思想中的分有(participation)。他认为分有只是隐喻

---

① 萨拉·考夫曼(Sarah Kofman, 1934-1994),法国哲学家和随笔作家(另外,就其身份来说,她还是犹太-女人,这两种身份都在其思考中留下了深深的印迹),她也是尼采和弗洛伊德专家,其博士论文由德勒兹指导,题为《尼采与隐喻》(*Nietzsche et la métaphore*),其主要著作除了本文中提到的两部作品之外,还有《艺术的童年:弗洛伊德美学阐释》(*L'Enfance de l'art. Une interprétation de l'esthétique freudienne*)、《艺术的忧郁》(*La Mélancolie de l'art*)等等。——译者注

② 萨拉·考夫曼,《暗箱:关于意识形态》(*Camera obscura. De l'idéologie*),巴黎,伽利略(Galilée)出版社,1973 年,第 25 页。

③ 萨拉·考夫曼,《暗箱:关于意识形态》,前揭,第 25 页。

和空洞的说法。在马克思这里,分有以相反的方向运行,并不是从理念到它的影子,而是从事物到它的映像。但这是同样的难题。

失败的理由可以通过我们的第一个分析得到澄清。如果确实社会集团从它自身给出的各种形象是直接归属于构建社会关系的诠释,换句话说,如果社会关系本身就是象征性的,那么试图从某种先前东西(如果它是真实、真实的活动、真实生活的过程,那么附带着就会存在映像和回声)中派生出各种图像,这是绝对徒劳的。在这里,一种关于意识形态的非意识形态话语根据的是这样一种不可能性,即无法达到先于象征化的社会现实。这个困难使我坚信这一观点:我们不能从颠倒现象出发去说明意识形态,而是应该要把它视为对一个更加根本的现象(这个现象在于在社会关系的象征构建之后对社会关系进行表象)所进行的详细界定。乔装(travestissement)是象征化的第二个阶段。在我看来,为说清楚社会现实而进行的全部尝试的失败都来源于此,【356】仿佛社会现实首先应该是透明的,然后才是被遮掩的,而且我们应该可以在社会现实最初的透明里,在还未达到理想化的映像之前领会社会现实。对我来说,在马克思思想里更加丰富的东西,就是如下一个观点,透明并不是一开始时在我们身后,而是于也许永远也不会终止的历史进程结束之时在我们面前。但是,应该要有勇气推断出:科学与意识形态的分离本身就是一个有局限的看法,是内在的区别工作带来的局限,而且目前我们并没有掌握一个关于意识形态之成因的非意识形态概念。

然而还没有说到最根本的困难呢;它在于这样一种不可能性,即无法实践一种绝对彻底的批判。确实,一种彻底的批判意识应该来自全面的反思。

　　请允许我细致地发展一下这个论据。这个论据只针对那些企图要构建为全面理论的社会科学工作,但是它却影响了所有企图进行全面化的社会理论,包括马克思主义在内。

　　为了建立我的论据,请允许我考察一下说明的两种模式,让·拉德里尔①在转载在《意义的环节连结》(*Articulation du sens*)②里的那篇方法论上很重要的文章中对这两种模式进行了区别,而且我们很容易在对马克思主义本身的当代诠释的两种基本类型里看到这两种模式的运作。我想要证明的是,全面反思这个先决条件在两种模式里都不可避免。"我们可以提出两种说明模式",拉德里尔说,"通过筹划(projets)进行说明和通过系统(systemes)进行说明"(第 42 页)。我们先考察一下第一种模式。属于这种模式的显然有马克斯·韦伯的理解社会学,但是也有葛兰西(Gramsci)、卢卡奇(Lukàcs)、布洛赫(Ernst Bloch)、戈德曼(Goldmann)的马克思主义。然而,这个模式使得马克斯·韦伯所要求的"价值判断的中立"(neutralité axiologique)立场变得极为困难③。【357】通过筹划进行的说明必然是一种理论家自己投身于其中的说明,所以它要求他呈现他自己的处境以及与其情况相关

①　让·拉德里尔(J. Ladrière, 1921-2007),比利时哲学家和逻辑学家,生前执教于天主教鲁汶大学,其主要著作有《形式主义的内在局限性》(*Les limitations internes des formalismes. Étude sur la signification du théorème de Gödel et des théorèmes apparentés dans la théorie des fondements des mathématiques*)、《科学、世界和信仰》(*La science, le monde et la foi*)等等。——译者注

②　让·拉德里尔,"科学上的符号和概念"(Signes et concepts en science),见《意义的环节连结》,"宗教学图书馆"丛书,与奥比耶联合出版,1970 年,第 40-50 页;巴黎,雄鹿出版社,再版,1984 年。

③　马克斯·韦伯,"在社会学和经济学里价值判断中立的意义"(Le sens de la neutralité axiologique dans les sciences sociologiques et économiques),收录在《关于科学理论的论文集》(*Essais sur la théorie de la science*),法文版,巴黎,普隆出版社,1965 年,第 399-478 页。

的他自己的筹划。正是在这里，全面反思的先决条件暗含地介入了。

　　难道说明的第二种模式幸免了这种可能的先决条件？初看起来好像可以做到：由于不打算通过筹划来说明行动，人们也无需完全澄清筹划的属性，所以也无需进行全面反思。但是，如果说明自称是全面的，理论家通过其诠释工具所蕴含的东西在这样一种说明里同样是不可避免的。正如拉德里尔在他的论文里接着呈现的，系统理论的关键点，在于建立一种与系统演变相关的理论的必要性。然而，"在这项工作中"，他注意到，"人们将被引向要么效法于与物理或者生物系统有关的理论（比如利用控制论模式），要么以哲学特征（而且因此是非科学性的）的理论为基础，比如以辩证法类型的哲学为基础"（第42页）。然而，在这条路上如同在另一条路上，完整的要求对应于全面反思的要求。这里心照不宣地包含着这样一种哲学，"根据这种哲学，实际上每一时刻都存在全面性视角，而且根据这种哲学，这个视角可以在适当的话语里得到清楚解释和描述。再次，"拉德里尔总结道，"我们被迫求助于另一种类型的话语"（第43页）。

　　这样通过系统进行的说明并没有比通过筹划进行的说明更加得到认可。只有当心照不宣地假定我们可以进行全面反思时，通过筹划进行的说明才能让历史摆脱所有意识形态条件。通过系统进行的说明也假定了——虽然是以另一种方式【358】——理论家可以达到一个被界定为有能力表述全面性的视角。这就是在另一个假设里等同于全面反思的东西。

　　这就是社会理论不能完全地脱离意识形态条件的根本原因，它既不能进行全面反思也不能达到那个可以表述全面性的视角。正是这种全面性可以让它（社会理论）幸免于意识形态的媒介，然而社会集团的所有其他成员都服从于意识形态的媒介。

III. 科学与意识形态的辩证关系

在导言里被我称为"信心问题"的问题从今以后以如下方式提出来：我们可以拿科学与意识形态的对立——很难设想，而且也许是不可设想的——怎么办呢？

那么仅仅只要简单地放弃它吗？我承认，在思考这个令人头痛的问题时我曾经常常几乎想到要放弃它了。但是我又不相信这种想法，如果我不想失去张力（这种张力既不能归结为完全静止不动的二元对立，也不能归结为类型之间几近崩溃的混乱）带来的好处。

但是，在一种可能隐藏巨大的治疗价值的尝试中，也许有必要首先接近非区别的点。无论如何这是我从对那本已经很陈旧而且被无根据地遗忘的书的重读中得到的成果，至少这本书是关于这一块领域的，此书由曼海姆（Karl Mannheim）用德语写于1929 年，而且题名为《意识形态与乌托邦》（Ideologie und Utopie）①。这本书的优点不仅在于从意识形态指控的回返特征的发现中得出各种结论，而且在于始终承担着意识形态的侵越（这种侵越是指意识形态对任何一个试图把意识形态批判应用于其他领域的人自身的立场造成的侵越）反过来给与的打击。

曼海姆把这样一个发现归于马克思主义，【359】即意识形态并不是一个在心理学上的可说明清楚的局部错误，而是可以指定给一个集团、一个阶级、一个民族的思想结构。但是接着他指责马克思主义止步于半路上，而且没有把不信任和怀疑的方法应用

---

① 《意识形态与乌托邦》，波恩，科恩出版社，1929 年。

在它自己(马克思主义)身上。然而,根据曼海姆,他不再属于马克思主义,马克思主义由于文化和精神的统一体的根本分裂现象(它使得话语之间产生了战争)不再进行连锁反应。但是当人们从有限的怀疑过渡到普遍化的怀疑时会发生什么呢? 曼海姆回答道:我们已经从战斗科学过渡到了和平科学——即由特勒尔奇①、马克斯·韦伯、马克斯·舍勒建立的认知社会学(sociologie de la connaissance)。曾是无产阶级的武器的东西变成了一种试图澄清所有思想的社会条件规定的研究方法。

这就是曼海姆如何普遍化意识形态这个概念的。对于他来说,各种意识形态在本质上都根据它们与社会现实的非一致和非叠合得以规定。它们只有通过次要特征才能区别于乌托邦。意识形态更准确来说是被领导阶级公开主张的,可是那些非优势的阶级则主张废除它们。而乌托邦更准确来说由上升阶级支持着;意识形态往后看而乌托邦则往前看。意识形态勉强适应它们所辩护和所掩盖的现实;而乌托邦从正面攻击现实而且使之爆炸。乌托邦与意识形态之间这些对立当然是重要的,但是它们从来就不像我们在马克思自己那里看到的那样是决定性的和全面的。马克思把空想社会主义列在意识形态幻想里。而且,只有最后的历史才能裁决一种乌托邦是否是它所期望的那样子,也就是,一种可以改变历史进程的新视点。但是乌托邦与意识形态之间的对立尤其不可能成为一种彻底对立;二者都凸显在与现实概念(现实概念只有在实际实践中才显现出来)非叠合(推后或者提

---

① 特勒尔奇(Ernst Trœltsch, 1865-1923),德国哲学家、新教神学家和社会学家,德国历史主义的代表人物,在宗教历史学和社会学上立场接近马克斯·韦伯,主要著作有《基督教的绝对性和宗教的历史》(*Die Absolutheit des Christentums und die Religionsgeschichte*)、《历史主义及其问题》(*Der Historismus und seine Probleme*)等等。——译者注

前)的共同基底上。行动可能的条件是,【360】这样一种差距并没有使得人们恒定地适应于不停流动的现实变得不可能。

我们把这个普遍化的意识形态概念视为研究性假设,另外,这个概念又很复杂地与乌托邦概念联结在一起。乌托邦有时是意识形态种类中的一种,有时又是一种相反的类型。

我的问题———一个纠结的问题———就是:理论家在普遍化的意识形态理论里谈论的是哪一个领域呢? 确实应该承认,这个领域不存在。它更不可能存在于有限意识形态的理论里———对于这种理论来说在意识形态里只有他者。但这一次学者知道自己也被收入意识形态之中。在这一点上,曼海姆通过他无限的理智诚实与他自己所进行的斗争就是一个例证。因为曼海姆知道,韦伯的企图———即建立一种价值自由(wertfrei)、在价值判断上中立的社会学———是一个诱惑。它只是一个阶段,虽然这个阶段是必然的:"需要的东西就是,"他写道,"这样一种连续措施,即认识到所有的视角对于某一种情况都是特殊的,而且通过分析研究这种特殊性是由什么构建的。为了使研究变得清晰和得到进展,对各种暗含的形而上学先决条件(正是它们使得认识成为可能)进行清楚明确的承认,将比对这些先决条件的存在进行口头否定效果更好,口头否定属于通过旁门左道对这些先决条件进行偷偷摸摸的重新引进。"(第80页)但是如果我们停留于此,那么我们会深深陷入相对主义和历史主义,而且研究本身也会就此夭折:因为,曼海姆注意到,没有先决条件的人也提不出问题;提不出问题的人也不能提出假设,于是什么也找不到。在这里,有一点对于理论家和对于社会本身都是一样的,即意识形态是与事情的真实过程不相一致的差距。但是意识形态的灭亡会引起最为贫瘠的明晰(la plus stérile des lucidités):因为一个没有意识形态和乌托邦的社会集团也就没有筹划，没有与它自己的距离，没有自身表象。这会是一个没有整体筹划的社会，它被投入到这样一段历史中，即它在完全均等因而也就毫无意义的事件中变得破碎不堪。

　　但是，当我们知道一切都互相关联时，那么如何提出先决条件呢？【361】如何作出一个既不是投机行为的、不是逻辑力量在作祟的也不是纯粹信仰主义的运动的决定呢？

　　我已经说过，曼海姆以一股典范的思考勇气与这个难题作斗争。他不顾一切地试图把关系主义（relationnisme）与相对主义（relativisme）区别开来。但是以什么代价呢？以一个不可能的要求为代价：把所有的局部意识形态重新置于一个全面视域中，这个全面视域为它们（局部意识形态）指定了一种相对的含义（signification relative）；而且这样，就从纯粹旁观者的非评价观念过渡到了评价观念，而正是这种评价观念冒险指出某种意识形态是恰当的，某种意识形态不是恰当的。在这里我们被引向对全面知识的不可能追求中："给现代人提供一种从全面历史进程进行审查的视域，"（第69页）他说道。这样，一种羞涩的黑格尔主义把关系主义与相对主义区别开来了；"这是这样的一种使命，即透过规范、形式、制度的改变去发现一个应该由我们自己去理解其整体和其含义的系统，"（第82页）曼海姆说。而且在更远一点，他接着说道："在历史复合体的全面性中去发现每一个基本组成部分的角色、含义、意义"（第83页）。"正是通过这种类型的对历史的社会学研究方法，我们得以认识我们自己"（第83页）。

　　这就是要付出的代价，为的是研究者可以避免怀疑主义和犬儒主义，而且可以评价当下并进而敢于说：某些观念在某种给定的处境里是有效的，而某些其他的观念则对明晰和变化造成了障碍。但是，为了支配这种适合于给定情况的准则，思想家应该先要完成其科学。确实,为了衡量对现实的各种扭曲,应该要知道全面的社会现实。然而,正是只有在进程接近尾声时,真实的意义本身才得以规定:"试着逃脱意识形态和乌托邦的扭曲,归根结底就是要投入到对真实的寻找中"(第87页)。我们重新处于一种恶性循环中,就像在马克思的思想里。他说过,真实,人们一开始就将之与意识形态的空想对立起来,但它只有到最后才得以认识,实际上就是意识形态已经瓦解之时。这里也是,一切都是循环的:"唯有完全意识到整个视角的有限范围的人才是在寻求理解整体的路上,"(第93页)曼海姆说道。【362】但是,反过来也同样有约束力:"一种全面的看法同时蕴含着对特殊视角的局限性的同化和超越"(第94页)。

这样曼海姆在把历史主义从局部历史主义引向整体历史主义的同时,也置身于通过历史主义自身的超越来战胜历史主义的无限使命中。从这个方面来看,曼海姆同时对知识分子阶层(intelligentsia)的社会问题感兴趣不是没有意义的。因为各种视角的综合假定了这样的一种社会承载者:他不可能是中间阶级,而是一个相对而言的无阶级,而且在社会秩序里无法稳固建立的阶层。这就是阿尔弗雷德·韦伯(Alfred Weber)所说的相对无牵绊的知识分子阶层,即自由浮动的知识分子阶层(*freischwebende Intelligenz*)。这样意识形态理论本身就建立在一种"完全从社会学角度得以阐明的精神"(第175页)之乌托邦的基础之上。

确实应该承认全面综合的任务是不可能的。

难道我们就这样被重新引向全面反思的批判而没有得到任何思想进步吗?在各种全面视角的意识形态条件下,我们只会溃败地离开这场令人精疲力尽的战争吗?我们必须放弃关于意识形态的所有真理判断吗?我不相信。

　　我说过,我把曼海姆的立场视为翻转点,从这个翻转点可以发现可行的解决之道。

　　在我看来,解决方法的各种条件就包含在具有诠释特征的话语里,而这种话语则建立在具有历史特征的理解条件之上。通过对关于意识形态的知识的可能性条件进行长久的讨论迂回之后,我在这里重新返回到一个在其他地方做过的分析①。于是,一下子我又设身于在伽达默尔引导下的海德格尔式的反思中,【363】为的是追问前理解的核心现象。前理解的本体论结构先于而且支配着社会科学遇到的所有纯粹认识论上的难题,这些难题被冠名以前判断(préjugé)、意识形态、诠释循环。这些认识论上的困难——另外,它们互不相同,而且不能互相还原——具有相同的起源。它们取决于一个存在者的结构本身,而这个存在者从来就不处于一个有能力把他自己和他的条件规定整体分隔开来的主体的统治状况中。在本文中,我不想给自己这样的一种论述便利,即这种论述一上来就站在前理解本体论的立场,以便从高处去评判意识形态理论的各种窘迫。我更愿意走一条漫长又艰难的认识论式的反思之路,这条路涉及到关于意识形态的知识的可能性条件,而且一般来说就是涉及到在社会科学里说明性话语的有效条件。由于对不同意识形态所进行的全面反思或者全面认识的设想流于失败,于是我试着从内部去重新找到另一种话语类型——即另一种诠释历史理解的方式——的必然性。

　　在这里,我将不会重新分析这另一种类型的话语。作为总结,我仅限于提出几个可以为科学-意识形态这个对子提供一种可接受的意义的命题。

　　第一个命题:所有关于我们在社会中、在一个社会阶级里、在

——————————

①　参看本书中接下来的那篇论文《诠释学与意识形态批判》。

一种文化传统里、在一段历史中所处的状况的客观化知识都后于一种我们永远都不能彻底反思的归属关系。在所有的批判间隔（distance critique）之前，我们就已经归属于一段历史，一个阶级，一个民族，一种文化，一种或者一些传统了。在承受着这种先于我们而且支撑着我们的归属时，我们也承受着意识形态的第一个作用，即我们将之描述为形象、自身表象的媒介功能；通过意识形态的融合功能，我们也参与了意识形态的其他功能，即辩护功能和扭曲功能。但是我们现在知道了，前理解的本体论条件排斥会使我们进入非意识形态知识的有利条件的全面反思。【364】

　　第二个命题：如果客观化知识与归属关系相比较总是次要的，那么它还是可以在一种相对的独立中得到构建。确实，构建它的批判阶段，按照归属于历史性关系的间隔因素，在根本上是可能的。海德格尔自己并没有解释这个论题，但是他在以下的论述中标明了它的凹陷位置："理解所特有的循环（……）在其身上隐藏着最为本源的认识的真正可能性；我们可以正确领会它的条件是，解释（Auslegung）规定着其最初、永远和最后的任务：即不被任意强加关于它的先决的知识和看法，以及通过任意的扭曲观点和流行观念对它进行的预测，而是要通过发展根据事情本身而进行的预测来保证科学性论题①。"这就是起初被提出来的这样一种必然性，即把批判因素包括在回溯到前理解结构本身的运动里。正是这种前理解结构构建了我们，而且也是我们之所是。这样，前理解和前判断之间的关键区别通过前理解的诠释学本身得到了规定。正是伽达默尔把这个论题——海德格尔只是勾勒了一下它，而且他对其研究的极端性的担忧本身也许遏制了这个论题的发展——带往了稍远一点的地方，但是也没有为它提供它该有

---

①　马丁·海德格尔，《存在与时间》，法文版，第187页。

的广度。但在我看来,无论如何伽达默尔还是发现和清楚地界定了关于间隔的主要问题:间隔不仅仅是时间距离,就像在对过去的文本和遗迹进行诠释,而且也是积极的拉开距离(la mise à distance);只有在距离和拉开距离的条件下才能理解,这一点归属于暴露于历史效应中的意识(conscience exposée à l'efficace de l'histoire)之条件。从我这方面来说,我试着在相同的方向上把它发展到更远的地方。在我看来,文本媒介具有一种无可比拟的典范价值。理解一种言说(un dire),【365】首先就是要反对把它视为一种被说出来的东西(le dit),要把它收录在与它的作者分开的文本里;拉开距离内在地归属于所有阅读。阅读只有在距离中并且通过距离才能靠近文本之物。在我看来,这种文本诠释——这是我从我的方面尝试去思考的东西——,包含着对于正确接受意识形态批判来说非常可贵的启示。因为拉开距离就是——正如曼海姆在普遍化马克思时向我们展示的——,与自己拉开距离,从自己到自己本身的间隔。正是这样,意识形态批判可以而且也必须在关于自己本身的理解工作中被担负。这一工作有机地蕴含着对主体幻想的批判。所以,这就是我的第二个命题:被辩证地与归属相对立的间隔就是意识形态批判的可能性条件,这并没有发生在诠释之外或者与诠释对立,而是在诠释当中。

第三个命题:如果意识形态批判可以部分地摆脱扎根于前理解里的初始条件,因此如果它可以作为知识得以形成,这样它进入了让·拉德里尔所指出的走向理论的甬道,那么这种知识不能成为全面的;它只能是局部的、零碎的、隔离的知识;它的非完整性建立在诠释学最初而不可逾越的条件上——正是这个条件使得间隔本身就是归属的一个阶段。对这个绝对不能克服的条件的遗忘就是所有不可克服的困窘本身的根源。这些困窘都依附在意识形态对意识形态知识的回返性上。在这里,意识形态理论受到了非完整性和非全面化在认识论上的约束,这种约束在理解的条件本身中有它的诠释学原因。

正是这样,从我的角度来说,我同意哈贝马斯的论点,即所有知识一直以来都是由一种旨趣支撑着,而且意识形态的批判理论自身也是由一种旨趣支撑着,那种为了摆脱束缚的旨趣,也就是说为了没有界限和没有羁绊的交流。但是,确实应该看到,这种旨趣就像意识形态或者乌托邦一样运行着。【366】而我们不知道是这二者中哪一个,因为唯有最终的历史将在贫瘠的不相容和创造性的不相容之间作出区别。不仅仅要记住:支撑着意识形态批判的旨趣不加区别的意识形态或者乌托邦特征,而且也更要记住:这种旨趣被有机地与这个理论另外描述的其他旨趣联系在一起:支配物质的旨趣和操纵事情和人的旨趣(即由文化遗产的理解承载着的历史交流的旨趣);所以摆脱束缚的旨趣从来就不会在旨趣系统里引起一种全面的断裂,即不会造成可以把认识论上的全面断裂引入到知识层次的断裂。

所以,这就是我的第三个命题:由特殊旨趣支撑着的意识形态批判从来都不会切断它与支撑着它的归属根基的联系。遗忘这种最初的关联,就是陷入对被提升为绝对知识等级的批判理论的空想里。

我的第四个也是最后一个命题是简单的去本体论(simple déontologie)。它关系到对意识形态批判的正确使用。从这整个的思考可以得出:意识形态批判是一项这样的任务,即它需要不断开始,但是原则上我们又无法完成它。知识总是正在挣脱意识形态,而意识形态总是诠释的框架和编码,由此我们并不是无束缚无牵连的知识分子,而一直都由黑格尔所谓的"伦理实体"

（substance éthique）——即客观伦理（*Sittlichkeit*）——支撑着。我把我的最后一个命题称为去本体论：因为今天对于我们来说最为必要的事情就是放弃批判的傲慢自大，而且耐心地进行那项总是失败的工作：即与我们的历史实体拉开距离和重述我们的历史实体。

诠释学与意识形态批判

【367】我们在这个题目下提到的论争远远地超越了就社会科学的根基而展开的讨论的限度。它涉及到我将称为哲学的基础举动的东西。难道这个举动不就是承认在有限的状态下整个人类理解所遵从的历史条件吗？或者，这个举动，说到底，不就是挑战的举动、批判的举动吗？它无止境地被重复，而且无止境地反对"错误的意识"（fausse conscience），反对人类交流的各种扭曲。正是在这些扭曲背后统治和暴力的持续实践得到了掩盖。这就是这个论争在哲学上的重要性。论争似乎首先在所谓的精神科学的认识论层面上得以形成。这个重要性看起来则是在抉择的关系中得以表述的：或者诠释意识或者批判意识。然而真是这样吗？难道不是这种抉择本身就必须被责难吗？但是一种为意识形态批判平反的诠释学——我想说的是它呈现了在其自身要求的基础上进行意识形态批判的必然性——是可能的吗？我们猜测这种重要性是值得关注的。但是我们不会一上来就在这样一般的关系里和在这样野心勃勃的态度中去冒这个险；我们更愿意把一个有优势来介绍这个以抉择形式出现的问题的当代讨论看

作参考轴心。如果抉择最后必须被超越,这将至少不是因为忽视了要去克服的难题。

　　抉择的两个主角:在诠释学方面,是汉斯·格奥尔格·伽达默尔,在批判方面,是尤尔根·哈贝马斯。【368】今天他们论争的档案资料已经公开了;它部分被转载在《诠释学与意识形态批判》(*Hermeneutik und Ideologiekritik*)这本小册子上,由苏尔坎普(Suhrkamp)出版于 1971 年①。正是从这个档案资料里我将抽取出关于这次把诠释学和意识形态的批判理论对立起来的冲突的核心内容。我将把这两种哲学对传统的评估作为讨论的试金石;意识形态理论的怀疑研究方式对应于诠释学对传统的肯定评价。这种怀疑的研究方式只想看到在暴力没有得到承认的运作的影响

---

① 以下是这次论争的纪事大概。1965 年,伽达默尔的《真理与方法》(法文版, *Vérité et Méthode*)第二版发行,第一版出版于 1960 年。这个版本包含了一个回答第一组批判的前言。哈贝马斯于 1967 年在他的《人文科学的逻辑》(*Logique des sciences humaines*)里发起了第一次攻击,攻击直指《真理与方法》里我们要专门讨论的那个部分,也就是为前判断、权威和传统所进行的平反(réhabilitation),以及关于“效果历史意识”(conscience historique efficiente)的著名理论。同年伽达默尔在《短论集》第一卷里收录了 1965 年做的一个题为“诠释问题的普遍性”(L'universalité du problème herméneutique)的讲座,人们可以在 1970 年的《哲学档案》(*Archives de philosophie*)里找到它的法文版(第 3-17 页),以及另一篇论文“修辞学、诠释学与意识形态批判”(Rhétorique, herméneutique et critique des idéologoies),也在 1971 年的《哲学档案》里被翻译成法文(第 207-230 页)。哈贝马斯在一篇很长的论文——“诠释学普遍性的诉求”(*Revendication d'universalité de l'herméneutique*),收录在为向伽达默尔致敬而出版的书(Festschrift)中,题为《诠释学和辩证法》(*Herméneutique et dialectique*)第一卷,1970 年——里做出了回应。但是我们要考量的是哈贝马斯的主要作品,题为《认识与旨趣》(*Erkenntnis und Interesse*)(出版于 1968 年;法文版,巴黎,伽利玛出版社,1976 年);在附录里收录一篇关于原则和方法的重要报告,这篇报告发表于 1965 年,题为“前景”(Perspectives)。他关于意识形态的当前形式的观点包含在《作为意识形态的技术与科学》(*La Technique et la Science comme idéologie*)(法文版,巴黎,伽利玛出版社,1973 年)一书中,1968 献给马尔库塞七十岁的生日。

下交流被系统性地扭曲的表达。选择这块试金石有助于立即呈现针对诠释学的"普遍性诉求"的交锋。如果，确实，意识形态批判具有某种旨趣，那么这是由于它是一门非诠释学的学科。这门学科在诠释科学或者诠释哲学的能力范围之外，而且它标明了后者的根本界限。

【369】在本文的第一部分我仅限于介绍这个档案资料的组成部分；我将会把它置于一种简单的抉择关系里：要么诠释学，要么意识形态批判。我将把第二部分留给更加个人性的反思。这个反思围绕以下两个问题来展开：

在什么条件下一种诠释哲学可以在其自身上阐明意识形态批判的合法请求？这是以它的普遍性诉求和对其纲领以及筹划做足够深入的改编为代价吗？

在什么条件下意识形态批判是可能的？它可以最终避开诠释学的先决条件吗？

我坚持认为没有任何的合并意图也没有任何学说大杂烩论会主导这个讨论。我想要说——另外是通过伽达默尔——，这两种理论谈论着不同的领域，但是每一种理论都可以承认另一种理论的普遍性诉求，这需要通过这样一种方式，即一方的位置被包含在另一方的结构里。

I. 抉择

1. 伽达默尔：关于传统的诠释学

我们可以直面哈贝马斯自从他的《社会科学的逻辑》起就开始攻击的要点(*Brennpunk*)，也就是历史意识的观念和以激励的形式为三个互相关联的概念——前判断、权威和传统(préjugé, autorité et tradition）——所进行的平反。确实,这篇文章绝非次要的、辅助的或者边缘性的。它直接与核心经验联系在一起或者,正如我刚刚说过的,与这种诠释学的发言和提出普遍性诉求的领域联系在一起。随着现代意识的发展,这种经验是由异化间隔（Verfremdung）构建的坏榜样经验。异化间隔远远不止于一种感觉或者一种心情,【370】它是支撑各种人文科学的客观导向的本体论先决条件。这些科学的方法论必然就意味着拉开距离,而拉开距离反过来又是以破坏初发的归属（Zugehörigkeit）关系为前提,没有归属关系也就不会与本质上的历史（historique）有关联了。异化间隔与归属经验之间的这种争议被伽达默尔在三个领域加以研究,而诠释经验就散布在这三个领域之间:美学领域,历史领域,语言领域。在美学领域,被领会到的经验是这样一种东西,即它总是先于判断的批判活动而且使之成为可能,康德从这种判断的批判活动研究出了题为趣味判断的理论。在历史领域,正是先于我的传统所承载的意识,使得历史方法论的所有实践在各种人文和社会科学层次上成为可能。最后,在语言领域——它以某种方式横贯了前面两个领域——,对由话语创造者大声说出的事物的共同归属先于语言的所有工具性还原和想要通过客观技术统治我们文化中的各种文本结构的所有企图,而且使它们成为可能。这样,唯一的相同的一个论点贯穿了《真理与方法》的三个部分。如果我们的讨论局限于第二个部分,那么它已经被建立在——而且以某种方式已经运行——在美学里,与此同时,它只有在语言经验里（在语言经验里美学意识和历史意识都被提升到了话语）才能得以完成。历史意识的理论这样就构成了整个作品的小宇宙和大讨论的小模型。

　　但是,在诠释哲学宣告其目标范围的同时,它也宣告了其出发点的位置。伽达默尔开始阐述的地方是由为解决精神科学的根基问题所进行的各种尝试的历史决定的：首先在浪漫主义那里，然后在狄尔泰那里，最后在海德格尔的本体论之基础上。伽达默尔自己往往是承认这一点的，甚至当他证实诠释维度的普遍性时；【371】这种普遍性不是抽象的；对于每一个研究者来说它都围绕着主要问题，围绕着优先经验："我自己的尝试，"他在《修辞学、诠释学与意识形态批判》的开头写道，"依附于狄尔泰对浪漫主义遗产的重新接纳，由于他把精神科学的理论当作主题，同时把这种理论建立在一种新的更加宽广的根基上；艺术经验，通过它特有的同时代性的成功经验，确实在精神科学里对历史间隔施以了有力反击①。"因此，诠释学确实有一个先于和超越所有科学的目标，即"与世界相关的行为的普遍语言特征"（同上，第 208页）所见证的目标；然而这种目标的普遍性却是它扎根的原始经验的有限性的对等物。因此，承认初始经验发生的局部——与对普遍性的要求同时——这件事之被强调，对于与意识形态批判的支持者所进行的论争来说并不是无关重要的。事实上，不采用这样的历史意识，而是采用在阅读经验里文本注释和诠释的理论，这是同样合适的，就像在相同的传统——施莱尔马赫的诠释学——基础上这也应该是可能的；由于选择这个稍微有点不同的出发点——正如我自己在本文的第二部分里打算要做的那样——，我们打算要为间隔、异化的问题提供一种比伽达默尔的评估更加正面的含义。所以，伽达默尔精确地把关于"为文本之存在"（*Sein zum Texte*）的思考视为不那么重要的东西而排除，这根本就不是无关重要的。他似乎是把这种思考归结为对翻译问

---

① "修辞学、诠释学与意识形态批判"，法译文发表在《哲学档案》里，1971 年，第 207
－208 页。

题的思考,但是翻译以与世界有关的人类行为的语言特征为模式
而得以建立。但是正是这种思考——就我这方面,【372】我将会
在本研究的第二部分对其作阐述——,我希望可以从中找到一种
这样的思考方向,即它与伽达默尔对传统问题的思考相比较少一
些顺从,而且由此甚至对意识形态批判抱有更加欢迎的态度。

由于更愿意把历史意识和精神科学的可能性条件问题当作
思考的中心轴线,伽达默尔不可避免把诠释哲学引向为前判断进
行平反与对传统和权威进行辩护,而且把这种诠释哲学置于一个
与整个意识形态批判相冲突的位置上。与此同时,这个冲突本
身——尽管这是一个现代词汇——,又被带向它关于浪漫主义精
神和启蒙精神之间的斗争的最为古老和最为当代的表达中,而且
它在整个必经的历程中——从作为起始点的浪漫主义出发,经过
狄尔泰的精神科学的认识论阶段,而且遭受了海德格尔的本体论
转移——必须接受同样冲突的重复形式。换句话说,由于接受了
历史意识的优先经验,伽达默尔也就接受了他不可避免地必须重
复的某一段哲学历程。

确实,正是在浪漫主义和启蒙哲学之间的斗争中,我们自己
的问题得以构建,而且这两种根本的哲学态度之间的对立也开始
成型了:一方面是启蒙以及它与前判断的斗争,另一方面是浪漫
主义和它对过去的怀念。问题就是要弄清楚:在法兰克福学派的
意识形态批判和伽达默尔的诠释学之间产生的现代冲突与这场
论争相比较是否标志某种进步。

就伽达默尔来说,他所宣告的目的是无需置疑的:就是莫要
重蹈浪漫主义的覆辙。《真理与方法》的第二部分——在关于"暴
露于历史效果中的意识"(la conscience exposée aux effets de
l'histoire)(我正是打算这样翻译,也就是说评注著名的概念

Wirkungsgeschichtliches Bewusstsein）的理论中到达了顶峰——的详细阐述包含了针对浪漫主义哲学的激烈批判，【373】他批判浪漫主义只是进行了从赞成到反对或者更准确地说从反对到赞成的颠倒，而没有成功转移问题本身和改变论争的场地。前判断，确实，是启蒙时代的一个范畴，这个范畴尤其具有双重形式：仓促（判断下得太快）和成见（遵从惯例和权威）。前判断就是为了开始思考、为了敢于思考——根据著名的格言 *sapere aude*①——为了进入成年、进入到成熟（*Mündigkeit*）而应该要摆脱的东西。为了重新找到"前判断"这个词（它基本上变成了无根据判断、错误判断的同义词）较少单纯否定的含义，以及为了恢复拉丁语 *prae-judicium* 在早于启蒙时代的司法传统上还可以拥有的双重性，应该要重新质疑把理性和前判断对立起来的哲学的先决条件。然而，这些先决条件就是批判哲学的先决条件本身；确实，正是对于一种判断哲学来说——而且批判哲学就是判断哲学——，前判断是主要的否定范畴。所以必须被质疑的东西，就是在从世界角度来看判断在人类行为中的优先地位。但是，唯有这样一种哲学可以建立法庭上的判断，即这种哲学使得客观性变成认识的尺度，而客观性的模式又由科学提供。判断和前判断只有在来自笛卡尔的那种哲学里才是主要的范畴，是笛卡尔使得方法意识成为我们与存在和与所有的存在者之间的关系的关键。所以，应该要在这种判断哲学下，在主体和客体的问题下去挖掘以便成功为前判断平反，而为前判断平反并不是对启蒙精神的简单否定。

　　正是在这里，浪漫主义哲学被证实既是问题的首次基奠又是根本的失败。是首次基奠，因为浪漫主义哲学敢于否认"启蒙哲

---

① 这是康德在《何为启蒙？》一文中借用贺拉斯的话，"sapere aude"拉丁语，字面的意思是"敢于去认识"，在康德那里引申为"敢于利用自己的理智"。——译者注

学对前判断施加的坏名声"（这是《真理与方法》第 256 页和后面的部分的题目;法文版,第 109 页）;是根本的失败,因为它只是颠倒了答案而没有颠倒问题;浪漫主义事实上把它的论争引到了由对手界定的场地【374】,也就是在诠释中传统和权威的角色;正是在这块相同的场地上,在相同的问题基础上,人们赞扬的是故事（*muthos*）而不是逻各斯（*logos*）,人们对旧事物进行辩护而牺牲新事物,赞成历史上的基督教民族而反对现代国家,赞成亲如手足的共同体而反对司法的社会主义,赞成奇妙的无意识而反对贫瘠的意识,赞成神秘的过去而反对理性乌托邦的未来,赞同诗意的想象力而反对冰冷的推论化（ratiocination）。这样,浪漫主义就把它的命运和所有呈现为复辟的东西连结在一起。

　　这就是历史意识的诠释学不愿意重蹈的覆辙。重申一次,问题是要弄清楚:伽达默尔的诠释学是否真正超越了诠释学的浪漫主义出发点,而且他的主张——即"人的存在在他首先处于传统中这个事实里发现了他的有限性"（260;114①）——是否避免了颠倒的游戏。在这个游戏里,面对整个批判哲学的抱负,他看到了遭围困的哲学浪漫主义。

　　伽达默尔认为,正是在海德格尔的哲学以后,前判断问题可以作为——准确来说——问题而获得新生。这一点上,该问题的纯粹狄尔泰阶段根本就不是决定性的。恰恰相反,正是由于狄尔泰,我们才这样一种错觉:存在两种客观性,两种方法论,两种认识论,自然科学的认识论和精神科学的认识论。这就是为什么——尽管伽达默尔的思想受教于狄尔泰——他还是毫不犹豫地写道:"狄尔泰并不知道去摆脱传统的认识理论"（216;115）;他的出发点确实还停留在自身意识,对自身意识本身的掌握;通过

---

① 参照法文版,《真理与方法》。

他,主体性还是最后的指涉。经验(*Erlebnis*)的统治,就是我所是之初始状态的统治。在这个意义上,根本的东西就是内在性(intériorité,*Innesein*),对自身产生意识。所以正是反对着狄尔泰,【375】同反对不断涌现的启蒙哲学一样,伽达默尔宣称:"看,这就是为什么是个体的前判断,胜过他的判断,构建了其存在的历史(*geschichtliche*)现实"(261;115)。因此,为前判断、权威和传统的平反将被引向反对主体性和内在性的统治,也就是说反对自反性的各种原则。这种反自反性的论争甚至将有助于为一会儿我们要说到的辩护提供要返回到前批判(précritique)立场的表面现象。为了这种辩护是挑战的(provocant)——为了避免说是挑衅的(provocateur)——,他坚持历史维度对自反因素的克服。历史先于我,而且早于我的反思。在我归属于我之前我就归属于历史了。然而,这一点,狄尔泰是无法理解的,因为他的革命仍然是认识论方面的,而且因为他的自反原则战胜了历史意识。

尽管如此,我们还是可以追问:难道反对狄尔泰的激烈表达方式不是具有与反对浪漫主义相同的含义吗? 难道对狄尔泰的忠诚——比指向他的批判更加深厚——不是说明了:正是历史和历史性的问题,而不是文本和注释的问题,继续提供我会将之称为——在与伽达默尔自己的某些表述相近的意义上说——诠释学的首要经验(l'expérience *princeps*)吗? 可是,可能正是在这个层次上应该追问伽达默尔的诠释学,也就是说在这个他对狄尔泰的忠诚比他的批判更加有意义的层次上。我们把这个问题留给第二部分,而且我们继续沿着这个问题从浪漫主义批判和狄尔泰的认识论到纯粹海德格尔的阶段的运动往前走。

重新建立人类的历史维度,所要求的东西要比一个简单的方法论改革多得多——我们都明白:也比"精神科学"的概念面对自然科学的要求而进行完全方法论上的合法化多得多。唯有使认识理论服从于本体论的这样一种根本颠覆才能呈现 *Vorstruktur des Verstehen*——理解的前结构（或者预先结构）——的真正意义。【376】这种理解的前结构是为前判断平反的条件。

　　大家都对《存在与时间》里关于理解的章节（第31节）记忆犹新。在这个章节里，海德格尔在积累所有展示前缀 vor（Vor-haben，Vor-sicht，Vor-griff）的表达法的同时，他把"精神科学"的诠释循环建立在一个预先结构上——这个预先结构归属于我们在存在中存在这一状况本身（la position même de notre être dans l'être）。伽达默尔说得好："海德格尔的诠释思考重点不在于证明这里有一个循环，而是证明这个循环具有一种积极的本体论意义"（251；104）。但是，值得注意的是，伽达默尔并不仅仅指向第31节，这一节仍然属于"此在的基本分析"；而且也指向第63节，这一节明确地把诠释问题转移到了本质上的时间性问题。这不再只是关涉到此在的"此"，而且关涉到他的整体能在（*Ganzseinskönnen*），而这种整体能在在操心的三种时间性绽出里得到了证实。伽达默尔确实有理由追问："我们将可以追问这样一个事实为精神科学的诠释学带来的后果，即海德格尔在根本上是从此在的时间性里引出理解的循环结构"（同上）。但是海德格尔自己并没有去提出这些问题。这些问题也许将以一种出乎意料的方式把我们引向人们曾想要通过完全认识论上或者方法论上的关注去删改的那个关键性主题上。如果我们继续追随这种极端化运动——它不仅经由狄尔泰到了海德格尔，而且，在《存在与时间》的内部本身，经由第31节到了63节，也就是说，从准备性分析到全面性问题——，那么看起来优先经验（如果我们还可以这么说）不再是历史学家的历史，而是存在意义的问题在西方形而上学里的历史本身。于是看起来,诠释学的处境——追问在这种处境里得以展开——通过以下方式被标明了,即预先结构——我们从它开始追问存在——是由形而上学的历史提供的。【377】正是它处于前判断的位置。在后面我们将会追问是否海德格尔就这种传统建立的关键关系最初并不是要进行对前判断的某种平反,而是要对前判断进行批判。正是在这儿,海德格尔把根本性的移位强加给了前判断问题;前判断——Vormeinung——成了预先结构的组成部分(我们可以阅读《存在与时间》的第 150 页;法文版第 187 页)。在这儿,文本注释的例子不只是一个特殊情况;这是一种显影剂——在这个词的摄影意义上来看。海德格尔确实可以把语文学诠释称为"派生模式"(152;189),但它仍是试金石。正是在这里,这样一种必然才被觉察到,即必然从恶性循环——语文学诠释在恶性循环里运转着,只要它是在与精确科学的模式类似的科学性模式基础上得到理解——回溯到我们所是的存在本身的预先结构的良性循环。

　　但是海德格尔并不对从预先结构——我们的存在的构成性东西——返回到诠释循环完全方法论上的各个方面的运动感兴趣。这确实很遗憾,因为正是在这个返回过程中诠释学有可能遇到批判,而且特别是意识形态批判。这就是为什么我们自己对海德格尔和伽达默尔的质疑将从这个返回过程所提出的难题出发。在这个返回过程中,唯有这样一个观点是合法的,即语文学诠释是一种"根本理解的派生模式"。只要我们没有尝试去进行这种派生,我们也就还没有证明预先结构自身是根本的。因为没有什么东西是根本的,只要没有某种不同的东西从中派生出来。

　　正是在这个三角根基上——浪漫主义、狄尔泰、海德格尔——,应该要重新评估伽达默尔对这个问题的特有贡献。在这一点上,他的文本就像隐迹纸本(palimpseste),在其中我们总是可以辨认出——在厚度上和在透明度上———一层是浪漫主义,一层是狄尔泰以及一层是海德格尔,【378】而且因此我们可以在每一层次上进行阅读。反过来,每一层都映照在伽达默尔现在以他自己的名义所说的东西上。正如他的对手们清楚看到的,伽达默尔自己的贡献首先关涉到他在可以说纯粹现象学层次上在前判断、传统和权威之间建立的联系;然后,在 *Wirkungsgeschichtliches Be-wusstsein*——我把它翻译成"暴露于历史效果中的意识"(conscience exposée aux effets de l'histoire)或者"历史效应的意识"(conscience de l'efficace historique)(法多①说:"嵌在历史生成中的意识"[conscience insérée dans le devenir histoire])——这个概念的基础上对这种联系链(séquence)进行了本体论诠释;最后,认识论的结果,在《短论集》(*Kleine Schriften*)里他将之称为元批判(méta-critique)的结果,也就是说一种对前判断——因此就是意识形态——的完全批判是不可能的,如果它缺乏这样一个零点,正是从这个零点开始它才得以生成。

我们逐一分析这三点:前判断、传统和权威的现象学,暴露于历史效果中的意识的本体论,批判之批判。

伽达默尔同时开始为前判断、传统和权威平反,这并不是没有刺激源(pointe provocation)的。分析是"现象学的",因为它试图从这三个现象中引出一个可能被启蒙哲学的负面评价掩盖的本质。前判断——如果从它开始——并没有与毫无预设的理性完全对立;它是理解的组成部分,这个组成部分与人的存在在历史上的有限性联系在一起;认为所有前判断都是毫无根据的,这

---

① 法多(Jean Marie Fataud, 1923–1969),生前任教于萨尔布吕肯文学院,曾是杂志《哲学档案》(*Archives de Philosophie*)撰稿人。——译者注

是错误的;在司法意义上,存在一些最后可以有根据或者没有根据的预先判决,甚至一些"合法的前判断"。在这一点上,如果仓促的前判断比较难以平反,那么成见的前判断具有一种不存在于从完全批判的立场引导出来的分析中的深层含义。确实,反对前判断的前判断来源于一种扎根得更深的反对权威的前判断——人们太急于将权威等同于统治和暴力。权威概念把我们引向了与意识形态批判论争的核心处。【379】我们也不会忘记这个概念也处于马克斯·韦伯的政治社会学的核心处:国家,尤其是这样一个机构,它建立在如下信仰的基础上,相信其权威的合法性,而且相信它有正当合法性最后使用暴力。可是,对于伽达默尔来说,这个分析自从启蒙时代以来就存在一个毛病,这是由于统治、权威和暴力之间的混淆不清。正是在这里,本质的分析就出现了。对于启蒙运动来说,权威的对等物必然地就是盲目服从:"然而,权威在其本质上与这没有任何瓜葛。的确,权威首先回归到一些人身上。只是人的权威并不建立在理性之服从与放弃的行为基础之上,而建立在接受和承认(reconnaissance)的行为基础之上。通过这种行为我们认识到而且承认(connaître et reconnaître):他者在判断和统觉上要高于我们,他的判断胜过我们,他的判断优于我们的判断。同样地,确实,权威不是让与的而是获得的,它必然而且必须由任何想要它的人所获取。它建立在考量的基础之上,因此也就建立在理性自身的行为基础上。理性,由于意识到它的各种限度,因而赋予其他人一种更加宽大的统觉。权威就这样在它真正的意义里得到了理解,这样的权威与对某种给定秩序的盲目服从没有任何关系。确信无疑的是,权威与服从没有任何直接关系;它建立在承认的基础上"(《真理与方法》,264;118)。

　　所以,关键概念就是替代了服从概念的承认(reconnaître,
Anerkennung)概念。但是,这个概念——我们顺便觉察到——意
味着某个关键性阶段:"对权威的承认",他在后面一点说到,"总
是被与这样的观点联系在一起的,即权威所说的东西既不是任意
的,也不是非理性(irrationel)的,而是可以在它的原则里被接受
的;教育者、高层、专家所诉求的权威之本质就在于此"(同上)。
得益于这个关键性阶段,并不是不可能把权威现象学和意识形态
批判互相联结在一起。

　　但是,伽达默尔最后强调的并不是事情的这一方面。【380】
抛开他早期的批判不管,伽达默尔在联合权威和传统时回到的是
德国浪漫主义的主题上。拥有权威的是传统。当他发展到这个
等式时,伽达默尔以浪漫主义者的身份来说:"有这样一种权威形
式,浪漫主义以一种特别的热情来维护它:它就是传统;所有被传
承的传统和习俗认可的东西都拥有一种不知其名的权威,而且我
们在历史上的有限存在由接受到的事物的这种权威规定着,这种
权威——不仅仅是有根据的东西——对我们的行动方式和我们
的行为施加了一种强大(Gewalt)的影响。所有的教育都建立在其
上(……)[习俗和传统]在完全的自由中被接收,却根本没有在完
全的辨别自由中被创造或者在它们的有效性中被建立。准确来
说,正是这种东西,我们称之为传统:它是它们的有效性的根基。
而且实际上,我们对启蒙哲学进行修正,归功于浪漫主义。这种
修正指的是,重新建立传统在理性根基之外保存的权利,以及它
对我们的习性(disposition)和行为发挥的决定性的作用。正是从
传统这种必不可缺性的角度来看,古代伦理学建立了从伦理走向
政治的通道,即良好立法的艺术;我们可以说,这就是使古人的伦
理学优于现代人的道德哲学的地方。相对而言,现代启蒙哲学是

抽象的和革命性的"（265；119-120）。（我们已经注意到 Gewalt 这个词是如何在文本里、伴随着 Autorität[权威]的轨迹而滑动，以及 Herrschaft[统治]这个词又是如何在 Herrschaft von Tradition[传统统治]的表述中滑动的。）

　　当然，伽达默尔深知不要重蹈浪漫主义和启蒙哲学之间没有出路的论争的覆辙。应该要感谢他已经尝试使权威和理性互相靠近，而不是把它们对立起来。权威从它为自由判断的成熟所做的贡献中得出了它的真正意义："接收权威"，因此也就是将它置于怀疑和批判的审查之中。更加根本的是，权威与理性之间的联系在于此，即"传统一直都是自由和历史本身的要素"（265；120）。【381】人们无法注意到这一点，如果人们把文化遗产的"保存"（préservation/Bewahrung）和自然现实的简单保存混淆起来。传统要求被领会、被承担和被维持。由此，它就是理性行为："保存并不来自一种比动荡和革新更不自由的行动"（266；121）。

　　但是人们会觉察到，伽达默尔使用 Vernunft（理性：raison）这个词，而不是 Verstand（知性：entendement）；在这个基础上就有可能与哈贝马斯和阿佩尔进行对话了，后两者也认真捍卫与规划式知性（l'entendement planificateur）不同的理性概念，他们认为规划式知性被纯粹技术性的筹划控制着。交流性行动（理性之运作）与工具性行动（技术知性之运作）之间的区别（这种区别对法兰克福学派弥足珍贵），只有求助于传统——至少是鲜活的文化传统，它与政治化和制度化的传统相对立——才能得到支持，这一点不能不加以考虑。同样，埃里克·威尔在技术理性（rationnel de la technologie）和政治合理性之间所进行的区别也在于此；在埃里克·威尔那里也是如此，如果没有革新精神和传统精神之间的对话，这种合理性是行不通的。

对——前判断、权威、传统——这个关系链的完全"本体论"的诠释，以某种方式凝结在 *Wirkungsgeschichte* 或者 *Wirkungsgeschichtliches Bewusstsein*（字面意思是：效果历史意识[conscience de l'histoire des effets]）这个范畴上，这个范畴标志着伽达默尔对"精神科学"的基奠反思的最高点。

这个范畴不再属于方法论和历史研究（*Forschung historique*），而是属于对这种方法论的反思意识。这是一个对历史觉悟（la prise de conscience de l'histoire）的范畴。后面我们会看到，哈贝马斯的某些概念——诸如无限交流的范导性理念（l'idée régulatrice de communication illimitée）——就处于与社会科学上理解自己的相同纬度上。所以，以最大的明晰性来分析效果历史意识这个概念，这是重要的。大致上，我们可以这么认为，即这是向历史及其行动敞开的意识，【382】但是就其方式来说，我们不能在我们身上把这个行动具体化出来，因为这个效应就是它的意义——作为历史现象——的组成部分。在《短论集》第一卷的第158页我们可以读到："由此我首先想要说的是，我们无法把我们与历史生成（devenir historique）隔离开来，无法在我们和它之间拉开距离，以便过去成为我们的客体（……）我们总是置身于历史中（……）我想说的是，我们的意识是由真实的历史生成规定着的，所以它没有可以置身于过去的对面这样一种自由。另一方面我想要说的是，这关涉到要不断重新去注意在我们身上这样起作用的行动，所以，所有我们要将之化作经验的过去都会限制我们去完全地承载它，阻碍我们以某种方式担负它的真理。"

但是，相对于这一点（即意识在作为意识而诞生之前就受到了规定）来说，我们还是可以分析意识之归属和依赖这一庞大而又整体性的事实。这种纯粹来自于而且融于觉悟的行动，通过以下方式,在哲学的语言的思想之层次上得到了表述。

在我看来,四个主题构成了效应历史意识(conscience de l'histoire de l'efficace)这个范畴。

首先,这个概念必须与历史距离(*distance historique*)这个概念组合在一起而且形成张力。历史距离是伽达默尔在我们读过的那一节的前一节建立的,而且正是研究(*Forschung*)把它变成了方法论条件。距离是一个事实;拉开距离就是方法论上的一个行为。效果历史或者效应历史(l'histoire des effets ou de l'efficace),准确来说就是在历史距离条件下运行的历史。这是遥远的切近(la proximité du lointain)。由此,这是伽达默尔所反对的幻觉,即,当我们随着亲密性的消失而与任意性决裂时,"距离"终止了我们与过去的串谋,而且同时创造了一种与自然科学的客观性相似的处境。反对这种幻觉,应该要重建过去的"异己性"的矛盾。效能历史,就是在距离中产生的效应。

第二个论题内在于历史效应这个概念:并不存在这样一个飞越(*survol*),它使得可以掌控对这些效果的整体观看;【383】在有限性和绝对知识之间,需要作选择;效能历史这个概念只在有限性的本体论中发挥作用。它扮演着与海德格尔本体论里的"被抛的筹划"(projet jeté)和"处境"(situation)概念相同的角色。历史存在者就是那个永远也不能进入到自身知识里的人。如果真有相应的黑格尔概念,那不会是知识(*Wissen*, savoir)概念,而是实体(*Substanz*)概念。只要需要说到那个通过辩证法走向话语的不可控制的基底,黑格尔就会使用这个概念。但是那么,为了还它清白,应该要把《精神现象学》的过程提升,而不是把它下降到绝对知识。

第三个论题对前一个论题做了一些修改:如果不存在这样的

飞跃,那也就不存在绝对限制我们的处境。在有处境的地方,就有视域。这样的视域可以缩小或者扩大。正如关于我们存在的视觉循环所证实的那样,景色在近处、远处和敞开之间分成等级。在历史理解中也是如此:在把视域与设身处于他人的视角里的方法原则等同起来时,人们曾经相信可以与视域这个概念了清关系;视域,那么就是他人的视域;人们认为这样就已经让历史向科学的客观性看齐了;在遗忘自己的视角中采纳他人的视角,难道这不是客观性? 然而,没有比这种似是而非的同化更加具有破坏性的了:因为这样被看作是绝对客体的文本被剥夺了它向我们就某事物讲述某东西的要求。而这个要求只能通过对这一事物的先行共通理解的概念得到支持。没有比这种客观的拉开距离更加破坏历史活动的意义本身的了。这种客观的拉开距离同时悬置了视角之间的张力以及传统想要传承关于存在者(ce qui est)的一种真实言语(une parole vraie)的要求。

　　如果我们要重建各种视角之间的辩证法以及他人的视角与自己的视角之间的张力,我们就来到了最高的概念——我们的第四个论题——视域融合(fusion des horizons)的概念。这是一个产生于双重拒绝的辩证概念:拒绝客观主义——对于客观主义来说,对他者的客观化产生在对自己的遗忘里;【384】拒绝绝对知识——对于绝对知识来说,普遍历史可以在唯一的视域得到表达。可是我们既不在封闭的视域里存在,也不是在唯一的视域里存在。没有封闭的视域,因为人们可以设身置于另一种视角和另一种文化。断言他者是不可通达的,这会是鲁滨逊式的冒险。也不会有唯一的视域,因为他者的视域与自己的视域之间的张力是不可超越的。伽达默尔似乎一度同意这样一种观点,即唯一的视域涵括了所有的视角,就像在莱布尼兹的单子论里说的那样

（288；145）。这看起来是为了反对尼采的极端多元主义,这种极端多元主义会走向不可沟通性,而且破坏这样一个对逻各斯哲学本身是根本的观点,即"在事情上进行共通理解"。这就是,当历史理解要求一种"在事情上的共通理解"——所以也就是要求一种唯一的交流逻各斯——时,为什么伽达默尔的立场更加接近黑格尔;但是他的立场只是与黑格尔的立场相切而已,因为他从海德格尔那里接受的有限性本体论禁止他把这种唯一的视域变成一种知识。视域这个词本身标明了对知识概念的最后抵触,在这里视域融合会受到欢迎。由于反差,一个视点凸显在其他(*Abhebung*)视点的基底上,反差标志着诠释学和整个黑格尔主义之间的差别。

从视域融合这个不可超越的概念中,前判断理论获得了它最固有的特征:前判断,就是当下的视域,是切近在它向遥远敞开中的有限性。从自己与他者的这种关系中,前判断概念获得了它最后的辩证元素:正是当我设身置于他者的处境时,我带着我当下的视域——我的各种前判断——呈现了我自己。只有在他者与自己的张力中,在过去的文本和读者的视点之间,前判断变得在历史上是有效的和构建性的。

历史效能(efficience historique)这个本体论概念在认识论上的各种蕴含是显而易见的。【385】它们关系到"精神科学"中的研究的地位。伽达默尔想要最后达到的正是这一点。研究(*Forschung*)——inquiry——,科学研究,无法逃脱那些活着而且创造历史的人的历史意识。历史知识并不能摆脱历史条件。这就是为什么一种不受前判断影响的科学筹划是不可能的。正是从呼唤它的传统出发,历史学向过去提出有意义的问题,跟进有意义的研究,得出有意义的成果。对赋予意义(*Bedeutung*)这个词的坚持是无需怀疑的:历史学作为科学——在研究的起初犹如在研究的结尾——可以从它与它所接受和承认的传统的关系中获得它的各种含义。在传统行动和历史调查之间,形成了一个任何批判意识都不能将之分开的协定,否则只会使得研究本身变得不合情理。所以,历史学家的历史因此只能把历史(Geschichte)里的生活本身提升到一个更高等级的意识:"现代历史的研究本身不仅仅是研究、调查,而是对传统的传承"(268;123)。人类与过去的联系先于和包裹着对过去事实完全客观的处理。现在要去弄清楚的问题是,没有界限和没有限制的交流理想——哈贝马斯将之与传统这个概念相对立——是否逃脱了伽达默尔的论据,即认为历史学是一种完善的知识这个观点是不可想象的,而且同样,认为历史是一个自在的客体这样的观点也是如此。

尽管确实这个论据的作用是反对把意识形态批判当作最高法庭,但是诠释学最后则企图以批判之批判或者元批判自居。

为什么是元批判呢? 在这个术语里关系到伽达默尔在《短论集》里所谓的"诠释问题的普遍性"。我看到了针对这个普遍性概念的三种含义:首先是这样一种要求,即诠释学具有与科学相同的范围;确实普遍性首先是一种由科学提出的诉求;【386】它关系到我们的知识和我们的能力。诠释学的要求覆盖与科学研究相同的领域,同时把自己建立在先于而且包裹着科学的知识和能力的世界经验里。这种普遍性的诉求建立在与批判相同的场地上。批判,它也是,直指对由科学形成的知识和能力进行认识的可能性条件。所以,这种第一普遍性来自诠释学的使命本身:"建立把客体世界(客体是通过其手段被变成可自由处置的,而且它们服从于我们的专断,而这样的世界我们称之为技术世界)与我们存在的根本法则(这些法则摆脱了我们的专断,我们的责任不是创造这些法则,而是尊重它们)结合在一起的各种联系"("诠释学问题的普遍性",《短论集》第一卷,第 110 页,法语翻译,《哲学档案》[*Archives de philosophie*],第 33 期,1970 年,第 4 页)。要让被科学置于我们的专断之中的事物逃避我们的专断,这就是元批判的首要使命。

但是,人们会说这种普遍性还是一种仿效。在伽达默尔看来,诠释学拥有一种特有的普遍性,这种普遍性我们只有在某些到处都是优先的经验的基础上才能以矛盾的方式达到。确实,迫于要成为一种方法论(*Methodik*),诠释学只能在非常具体的领域的基础上,所以只能在它总是应该去区域化的区域性诠释学的基础上,把它的要求提升到普遍性上。正是在这种去区域化的努力中,它也许会遇到一种抵制,这种抵制取决于标志性经验的本性本身,而它是在标志性的经验之上得以凸显出来。这些经验,确实,尤其是指异化间隔(*Verfremdung*)的、异化的经验。正如我们说过的,这些经验就存在于审美意识、历史意识或者语言意识中。这种反对方法论上的间隔的斗争同时又使得诠释学变成了批判之批判;它需要不停地重新往山上搬运西西弗的石头,需要不停地修复被方法论损坏了的本体论。但是,同时,批判之批判促使接受一个在"批判"看来很可疑的论点:【387】那就是有一种"共识"(*consensus*)已经存在,正是它建立了审美关系、历史关系和语言关系的可能性。面对曾把诠释学界定为避免误解(*Missverständnis*)之艺术的施莱尔马赫,伽达默尔反驳道:"难道实际上不是所有的误解都后于某种像支撑着误解的'一致'那样的东西吗?"

有关先行共通理解(*tragendes Einverständnis*)的这个观点绝对是根本性的;认为先行的共通理解包含着误解本身,这种说法尤其是元批判的论题。这就把我们同时引向了伽达默尔关于普遍性的第三个概念。使得可以对诠释学进行去区域化的普遍元素，就是语言本身。支撑着我们的一致，是在对话中达到的共通理解；这并不一定就是平静的面对面，而是在其绝对意义上说的问-答关系："这确实是初始的诠释现象，也就是，不存在一种不能作为问题的答案而被理解的可能性论点，而且这就是它（这个论点）被理解的方式"（同上，第107页，法语翻译，第12页）。这就是为什么整个诠释学在语言性（*Sprachlichkeit*）或者"语言维度"的概念里达到了顶峰，但是在这里语言（langage）应该指的不是语言系统（langue），而是对被说出来的东西的采集，对最有意义的信息的概括——这些信息不仅由日常语言承载着，而且也由使我们成为我们之所是的所有杰出语言承载着。

当我们追问是否"我们所是的对话"确实就是允许对诠释学进行去区域化的普遍元素，或者是否它（对话）没有构建一种过于特别的经验——这种经验不仅包含着会搞错人类交流的真正事实处境的可能性，而且包含着对一种没有羁绊和边界的交流保有希望的可能性——，我们就正在靠近哈贝马斯的批判。

2. 哈贝马斯：意识形态批判

【388】现在我想要介绍一下这场论争的第二个主角。为了讨论的清楚，这场论争被化为简单的二人对打。

我将把他的意识形态批判——作为与传统诠释学相对的一种抉择——分成四个连续的部分。

1）伽达默尔从哲学浪漫主义那里借用了前判断概念，这个概念通过海德格尔的前理解概念得到重新诠释。而哈贝马斯则发展了旨趣这一概念，这个概念来自马克思哲学，通过卢卡奇和法兰克福学派(霍克海默、阿多诺、马尔库塞、阿佩尔,等等)而得到了重新诠释。

2)伽达默尔以精神科学为理论根据,精神科学被理解为在历史当下里对文化传统的重新诠释。而哈贝马斯则求助于社会批判科学,社会批判科学直接反对制度的物化。

3)伽达默尔把误解视为理解的内在障碍,而哈贝马斯,在暴力的掩盖效果会对交流进行系统性扭曲的意义上,发展了意识形态理论。

4)最后,伽达默尔把诠释学的任务建立在"我们所是的对话"的本体论上,而哈贝马斯提出没有界限和限制的交流的范导性理想(*idéal régulateur*),这个范导性理想远没有先于我们,而是从未来出发引导着我们。

以澄清事情为目标,我有意通过非常概要性的方式来呈现抉择。可是,如果这两个看起来对立的立场没有包含一种相交的区域,论争也会没什么意思。这个相交区域,在我看来,将会成为我在第二个部分要阐述的诠释学新阶段的出发基础。但是我们先要重新思考所有这些不相一致的路线。

1.旨趣(*intérêt*),我从这个概念开始,而且我极端地将之与前判断以及前理解概念对立起来。【389】它促使我们要对哈贝马斯与马克思主义的关系进行简要阐述,这种关系与伽达默尔同浪漫主义哲学的关系相当类似。哈贝马斯的马克思主义——可以这么说吧,和阿尔都塞的马克思主义没有什么共同之处——把一种确实很特别的马克思主义引向了一种很不相同的意识形态理论。在出版于1968年的《认识与旨趣》一书中,马克思主义被重新放在了知识考古学里面。这种知识考古学不同于福柯的知识考古学,它并不力求得出任何主体都既不构建也不操纵的非连续性结构,而是正好相反,力求描述相同问题的连续历史,描述在日益膨胀的客观主义和实证主义中受到损坏的反思之历史。这本书想要重新建立"现代实证主义的前史",而且,因此也就是批判功能之解体的历史学,人们可以将这个目标称为是卫道的:"找回丢失的反思经验"(前言)。马克思主义——被重新置于对反思的寻求和遗忘的历史学中——只能显现为一个非常暧昧的现象。一方面,它归属于批判性反思的历史学;它处于从康德开始经由费希特和黑格尔而走出的这条路线的终点。我没有时间来展示哈贝马斯如何看待反思任务的这一系列极端化过程:穿过康德的主体、黑格尔的现象学意识、费希特的生产主体、马克思在生产活动里达到的人与自然的综合。从批判问题出发提出马克思主义的谱系,这种简单方式本身也是很有启发性的;把马克思主义视为通达客体之客观性的可能性条件问题的新解决之道,认为"在唯物主义里劳动具有综合的功能",这些做法都是选择了对马克思主义进行一种完全"批判"的阅读——"批判"这个词是在康德和后康德意义上说的;这就是为什么,哈贝马斯认为,在马克思那里政治经济学的批判取代了逻辑在唯心主义里的位置。

这样,马克思主义被重新置于反思之批判功能的历史学中。【390】当生产者占据了先验主体和黑格尔的精神的位置时,它不能不以元批判的最高姿态出现,也不能不作为遗忘反思的历史学以及实证主义和客观主义的发展中的一个阶段。对生产者的赞美导致了以牺牲其他人为代价而把一个行动的范畴即工具行动实体化。

为了理解这种自称内在于马克思主义的批判,需要引进旨趣这个概念。在这里,我想在回到《认识与旨趣》之前先谈谈书中附录的一篇 1965 年完成的文章。

旨趣这个概念反对理论主体要超越欲望范围的整个企图；哈贝马斯在柏拉图、康德、黑格尔和胡塞尔的工作中都看到这个企图；准确来说，这就是批判哲学的任务，即揭示潜伏在认识活动里的旨趣。这个概念，我们已经猜到，虽然它不同于伽达默尔的前判断和传统概念，但是它具有某种相似——这种相似会在后面指明。现在假定，它使得第一次可以在所谓无关旨趣之认识（connaissance désintéressée）的意义上引入意识形态概念，用于以理性化（理性化是在很接近弗洛伊德的意义上说的）的形式掩盖旨趣。

若是要通过哈贝马斯来衡量马克思的批判，理解下面这一点是至关重要的，即存在着各种旨趣，或者更准确地说，旨趣的领域是多元的。哈贝马斯区别了三种基本旨趣，每一种都支配着一个研究领域、调查领域，因而也就支配着一组科学。

首先就有技术旨趣，或者工具旨趣（intérêt instrumental），它支配着各种"经验分析科学"；它支配这些科学，这是在这样的意义上说的，即具有经验特征的可能表述之含义就在于它们的技术可开发性：属于经验科学的各种事实是由我们的经验在工具行动的行为主义系统里所受到的先天组编构建的。这个论点——接近杜威（Dewey）和皮尔士（Peirce）的实用主义——，对于后面理解这样一种游戏至关重要，即哈贝马斯在马尔库塞之后将之视为现代意识形态的【391】科学和技术本身的游戏。这种意识形态最新的可能性就取决于经验认识和技术旨趣之间的这种关联性。哈贝马斯更加明确地将这种关联性定义为"被应用于客观化程序中的技术控制里的认识旨趣"。

但是还有第二个旨趣领域，它不再是技术的，而是实践的——这个词是在康德意义上来说的。在其他作品里，哈贝马斯把交流行动与工具行动对立起来，这其实是一回事。实践领域，就是人与人之间交流的领域。他把"历史诠释学"的领域与之对应起来。在这个领域产生的命题之含义并不来自于可能的预见和技术的可开发性，而是来自意义的理解。这种理解通过对在日常语言里互相交换信息的诠释渠道而形成，通过对以传统的方式传承下来的文本进行诠释的手段而形成，最后还有赖于对把社会角色制度化的规范所进行的内在化。显然正是在这里，我们最接近伽达默尔而最远离马克思。最接近伽达默尔，因为在交流行动的这个层次上，理解服从于诠释者的前理解条件，而且这种前理解是在传统含义（传统含义融入对全部新现象之领会）的基础上形成的。当伽达默尔把过去那儿的诠释与这儿今天的"应用"（Anwendung）联系在一起时，哈贝马斯在实践上对诠释学的强调在根本上与伽达默尔没有什么区别。最接近伽达默尔时，我们也就最远离马克思。确实，正是从两个旨趣层次——技术旨趣和实践旨趣（intérêt pratique）——之间的区别，从两个行动层次——工具行动和交流行动——之间的区别，从两个科学层次——经验分析科学（science empirico-analytique）和历史诠释科学（science historico-herméneutique）——之间的的区别，产生了对马克思主义的内在批判（这里我又回到了刚才被我放在一边的《认识与旨趣》）。

【392】批判自称是内在性的，这是由于哈贝马斯在马克思那里看到了他自己对旨趣、行动和科学在两种类型之间的区别的雏形。他尤其在"生产力"和"生产关系"之间的著名区别里看到了这一点——这两者（生产力和生产关系）规定了生产活动得以运行的制度形式。确实马克思主义以力量和形式之间的不一致为基础。而生产活动只会产生唯一的自动生产的人性，即人唯一的"生成性本质"：生产主体以敌对阶级进行划分是根源于生产关系。在这里哈贝马斯看到了他自己所进行的区别的开始，由于统

治和暴力的各种现象,在意识形态里对这些力量关系的掩盖以及自由的政治活动都发生在生产关系的领域,而不是生产力的领域。因此,应该要意识到工具行动和交流行动这两个领域之间的区别,以便阐明马克思分析过的这些现象本身:敌对阶级、统治、掩盖、自由。但是,准确来说,这就是马克思主义——在从他自己的思考工作中所获得的理解里——无法做到的事情。由于把力量和关系置于同一个生产概念下,它(马克思主义)就不允许自己真正地区分这两种旨趣,因而也不允许区分行动的各种层次和科学的各个领域。正是由此,它明确地属于实证主义的历史学,属于忘记反思的历史学,同时也隐蔽地属于对影响交流的各种物化有所意识的历史学。

2. 但是我们还没有说到第三种旨趣,哈贝马斯将之称为为了解放之旨趣。他把第三类科学——即社会批判科学(les sciences socials critique)——与之联系在一起。

在这里我们触及到了与伽达默尔不相一致的最重要的源头。当伽达默尔把"精神科学"看作初始参照时,哈贝马斯则求助于"社会批判科学"。这个初始选择带来了很大影响。【393】因为"精神科学"接近伽达默尔所谓的人文科学(humaniora, les humanités);基本上这是有关文化,以及在历史当下中重新提出文化遗产的科学;所以在本质上这是有关传统的科学,当然传统就是今时此地通过其蕴含被重新创造和诠释的传统,但同时也是被延续的传统。伽达默尔的诠释学最初把它的命运正是与这些科学连接在一起。它们可以包含批判因素,但是它们在本质上倾向于反对对审美的、历史的和语言的意识进行异化间隔。正是由此,它们不允许把批判因素置于对权威、对被重新诠释的传统本身所进行的承认之上;相对于总是先于和涵盖着批判因素的前理解的各种形态来说,批判因素只能作为服从于有限性意识和依赖性意识的元素得以发展。

在社会批判科学中却完全不是这样的。它们在构建上就是批判性的。它们不仅不同于关于社会运作的经验分析科学,也不同于前面描述过的而且被置于实践旨趣中的历史诠释科学。社会批判科学给自己的任务是:在社会经验科学可观察到的规律性下,鉴别出被意识形态地冻结了的依赖性关系的各种形式,以及只能以批判的方式进行转化的各种物化。因此,正是解放之旨趣规定着批判的研究方式。这个旨趣,哈贝马斯也称之为自行反思。它为批判性的提议提供了参照框架:自行反思,他在 1965 的概述中说道,可以解放依赖于实体化权力的主体。正如我们所看到的,这种旨趣就是那种激励对过去进行批判的哲学的旨趣。它共同属于哲学和社会批判科学。这是自立(*Selbständigkeit*)、自律和独立之旨趣。但是本体论把它隐藏在一种已经完成的现实里,一种支撑着我们的存在里。这种旨趣只有在批判因素里才能发挥作用。【394】批判因素在认识活动里揭示了正在实现的旨趣,它呈现了理论主体对来自制度性限制的各种经验条件的依赖,而且它把对这些限制形式的承认引向解放。

这样批判因素就置身于诠释意识之上,因为它自认为是这样一种活动,即"解除"并非来自自然的而是来自制度的限制。这样就有了一条沟壑把诠释筹划(它把被接受的传统置于判断之上)与批判筹划(它则把反思置于制度化的限制之上)分隔开来。

3. 这样我们逐渐被引向第三个不一致的点,它是我们论争的对象本身。我这样来陈述它:意识形态概念在社会批判科学里所处的位置相当于误会和误解在关于传统的诠释学里所处的位置。正是施莱尔马赫,在伽达默尔之前,把诠释学和误解联系在一起。

有诠释学的地方就有误解。可是，有诠释，是因为有信心和信任，即先于和包裹误解的理解拥有以对话的模式通过问与答的运动把误解重新归入到理解里的东西。误解——如果我们可以这么说——是与理解同质的，是与它属于相同的种类；这就是为什么理解并不求助于说明性方法，后者是从"方法主义"的过度要求方面来看的。

而意识形态概念则完全不是这样的。是什么产生了这种区别呢？在这里，哈贝马斯经常求助于精神分析与意识形态理论之间的相似。这种相似以下面的准则为基础：

第一点：在法兰克福学派那里，在非常广泛的意义上我们还是可以说是在马克思主义的阵线上，扭曲通常是与某种权威实施的镇压行动有关，因此也是与暴力有关。弗洛伊德意义上的"审查"（censure）在这里是一个关键性概念，【395】因为这个概念起源于政治学，经过精神分析学之后又回到了社会批判科学的领域。意识形态和暴力之间的关联是至关重要的，因为它把一些虽然没有在诠释学中缺席但是也没有被诠释学强调到的维度引进了反思领域，这些维度就是劳动和权力。我们认为，在广泛的马克思主义意义上来说，正是由于人类的劳动，一个阶级对另一个阶级的统治现象才得以表现，而且通过我们下面要说到的某种方法，意识形态呈现了这些统治现象。用哈贝马斯的话来说，统治现象产生于交流性行动的领域。正是在这里，语言从交流能力层面来看在它的运作条件中被扭曲了。这就是为什么处于语言性理想状态（l'idéalité de la *Sprachlichkeit*）中的诠释学发现它的界限存在于一个这样的现象中：这个现象影响语言本身只是因为这三个维度——劳动、权力和语言——之间的关系是歪曲的。

第二点：因为语言的种种扭曲并不来自语言的使用本身，而是来自它与劳动和权力的关系,这些扭曲对于共同体的成员是不可辨识的。这种不可辨识性是意识形态现象特有的。为了把它变成现象学,还需要求助于一些精神分析式的概念:幻觉(*illusion*)作为与错误的区别,投射(*projection*)作为对错误超验的构建,理性化(*rationalisation*)作为根据理性辩护的表面现象对动机进行事后的重新安排。为了在社会批判科学领域可以谈论相同的东西,与简单误解相反,哈贝马斯说的则是"虚假交流"或者"被系统地扭曲了的理解"。

　　第三点:如果不可辨识性是无法通过直接对话的方式而克服的,那么解除意识形态必须求助于说明性方法,而不再是简单的理解方法。这些方法与理论工具(appareil theorique)有关。【396】我们并不能从任何诠释学中派生出理论工具,诠释学只是在艺术层面上延伸了日常话语在对话中的自发诠释。在这里,精神分析学再一次提供了一个良好的模式:这个范例在《认识与旨趣》的第三部分里以及在一篇题为《诠释学的普遍性诉求》(La revendication d'universalité de l'herméneutique)的论文(收录在《诠释学与意识形态批判》[*Hermeneutik und Ideologiekritik*]一书中,第120页,下同)里得到了详尽的阐述。

　　在这里,哈贝马斯采用了洛伦茨①提出的对精神分析的诠释,即把精神分析诠释为语言分析(*Sprachanalyse*)。根据这种分析,意义的"理解"是通过对一种"原始场景"(scène primitive)的"重

---

① 　洛伦茨(Alfred Lorenzer, 1922-2002),德国心理分析学家和社会学家,他的人类学中融合了心理学、生物学和社会学三个维度。其主要著作有《对心理分析学上的象征概念的批判》(*Kritik des psychoanalytischen Symbolbegriffs*)、《唯物主义的社会化理论的创立》(*Zur Begründung einer materialistischen Sozialisationstheorie*)、《论心理分析学的对象或者:语言与互动》(*Über den Gegenstand der Psychoanalyse oder: Sprache und Interaktion*),等等。——译者注

新建造”而形成的。这个“原始场景”与其他两个“场景”相关：
“症状”秩序的“场景”和“移情”处境的人工“场景”。当然，精神
分析只是停留在理解领域，这种理解是一种在病人处于清醒的状
态中得以完成的理解。在这个意义上，哈贝马斯将之称为深层诠
释学（*Tiefenhermeneutik*，herméneutique des profondeurs）；但是这种
意义理解要求绕弯经过对“去象征化”过程的“重新建造”，而精神
分析学则是在相反的方向通过“再象征化”的方法经历了这种“重
新建造”。所以，精神分析学并不是完全外在于诠释学的，因为人
们还是可以通过去象征化和再象征化的方式来表述它。准确来
说，由于与“原始场景”的重新构建密不可分的说明性力量，它构
建了一种有限的经验。换句话说，若是要“理解”症状的什么
（quoi），就需要说明它的为什么（pourquoi）。正是在这个说明性
阶段中，理论工具发挥作用了。理论工具安排了说明和重新建造
的各种可能性条件：地形学概念（concepts topiques）（三个因素和
三种角色），经济学概念（防卫机制、首要和其次的抑制、分化），生
成性的概念（各个突出阶段和连续的象征性组织）。特别关系到
那三个因素自我—本我—超我（*moi-ça-sur-moi*），哈贝马斯认为，
它们——以对话形式展开的分析过程为中介——与交流领域联
系在一起。通过这种中介，病人被重新引向对他自己的反思。这
种心理玄学（métapsychologie），【397】哈贝马斯总结说，“只能作为
元诠释学而被建立”（同上，第149页）。

　　应该通过某种方式把说明性和元诠释学的图式从精神分析
搬移到意识形态的层面上，但是可惜的是，关于这种方式，哈贝马
斯什么也没有对我们说。我想应该可以这么认为，交流的各种扭
曲，它们与统治和暴力的社会现象联系在一起，它们也构建去象
征化的种种现象。有时，哈贝马斯以一种很独到的方式谈论“外

交流"（excommunication），这是想到维特根斯坦对公共语言和私人语言的区别。另外还应该要呈现在怎样的意义上对这些现象的理解要求一种重新构建，在这种重新构建中人们将会重新发现"场景式"理解的某些特征，其实就是三重"场景"（当前的、初始的和移情的）的某些特征。但无论如何，应该要呈现理解如何要求说明阶段，犹如意义只有当非意义的源头得到说明时才被理解。最后，应该要呈现这种说明如何使得与弗洛伊德的地形学或者经济学①相似的理论工具发生作用，这种理论工具的主要概念既不能借用日常语言框架里的对话经验，也不能借用被嫁接在对话语的直接理解之上的文本注释。

这些就是意识形态概念的主要特点：暴力在话语中的影响，掩盖（其解决方法脱离了意识），求助于原因说明的必然性。通过这三个特点，意识形态现象为诠释学构建了一种有限经验。当诠释学只求发展一种自然能力时，我们则需要一种元诠释学以便形成交流能力的变形理论。批判是这种关于交流能力的理论，这种能力包含着理解艺术、战胜误解的各种技术和关于扭曲的说明科学。

4. 我想在结束对哈贝马斯思想有点太过简要的介绍之前，【398】简单谈谈使他的思想和伽达默尔的思想分开的也许最深层的分歧。

对于哈贝马斯来说，伽达默尔的诠释学的主要缺憾是把诠释学本体化了；由此他明白了伽达默尔对共通理解和一致的坚持，就像先于我们的共识是某种构成性的东西，某种在存在中给定的

① 弗洛伊德的地形学有两个模式，第一个模式将意识分为无意识、前意识和意识三个层次，第二个模式将自我分为本我、超我和自我三个层次。其经济学是指每一个系统所固有的能量投注的经济学。——译者注

东西。难道伽达默尔不是说理解与其是意志存在（Bewusstsein），不如是存在（Sein）吗？难道他没有和诗人谈论"我们所是的对话"吗？难道他不是把语言性看作是本体论上的构建，就像我们在其中活动的场地吗？而且更深层地来说，难道他不是把理解的诠释学根植于一种有限性的本体论吗？哈贝马斯只能对他看来是一种罕见经验的本体论实体的东西产生怀疑，这种罕见的经验指的是在我们最独到的谈话中支撑着对话的共通理解先于我们的经验。但是我们不能教条化这种经验，而且将之变成交流行动的模式和范式。阻止我们做这件事的东西，准确来说就是意识形态的现象。如果意识形态只是理解内部的一个障碍，一种唯有问与答的活动才能瓦解的误解，那么我们可以这么说，即"有误解的地方，就有先行共通理解"。

通过预先的方式思考关于传统的诠释学通过承载的传统所思考的东西，这属于一种意识形态批判。换句话说，意识形态批判意味着，被关于传统的诠释学视为存在于理解源头处的东西被看作是在我们前方的范导性理念。正是在这里，我们所谓的第三种旨趣出现了，它推动认识，它就是解放之旨趣。社会批判科学激励的正是这种旨趣，这我们已经看到了。所以也是它为在精神分析和意识形态批判中被涉及到的所有含义提供了参照框架。自行反思是与解放之旨趣紧密相关的概念。这就是为什么我们不能把自行反思建立在先行共识的基础之上。【399】在此之前就存在的东西，正是被摧毁的交流。如果没有假定一种根本不存在的传统间的分歧，如果没有把过去实体化——过去也是错误意识滋生的场所——，最后如果也没有把语言本体化——语言一直都只是被扭曲的"交流能力"——，我们不能与伽达默尔谈论支撑着理解的共通理解。

　　所以,应该把整个意识形态批判置于范导性理念的框架下。这个范导性理念就是没有边界和限制的交流理念。在这里,康德的语气是显而易见的。范导性理念是存在(être),但更是必须存在(devoir-être),是对理念的回忆,但更是预期。正是这个理念为整个精神分析学的和社会学的批判提供了意义;因为只有相对于再象征化的筹划而言才有去象征化,只有在终结暴力的革命前景里才有这样的筹划。关于传统的诠释学尽力指明权威的本质,是为了把它和对优越的承认重新连接在一起,在这里,解放之旨趣重新回到了《关于费尔巴哈的提纲》的第九个论点:"哲学家们已经诠释了世界;现在问题就在于要改变它(世界)。"这样,一种非暴力的末世论构建了意识形态批判最后的哲学前景。这种末世论接近布洛赫的末世论,它取代了语言共通理解(entente langagière)的本体论在关于传统的诠释学中所占据的位置。

II. 批判诠释学

1. 对诠释学的批判性反思

　　现在我想要从我自己的考虑出发来思考每一个设想的先决条件以及着手解决那些从导论开始就提出的问题。我们说过,这些问题关系到最根本哲学举动的含义。诠释学的举动是承认历史条件的基本举动,而整个人类理解在有限性的制约下服从这些历史条件。【400】意识形态批判举动则是一种以对抗人类交流之扭曲为荣的行为。通过第一种举动,我融入到我知道的自己所归属的历史生成中。通过第二种举动,我把言语自由的理念(本质上就是政治自由的理念,它由无界限的而且无约束的交流这个极限理念引导着)与当前人类交流的虚假状态对立起来。

我的目的并不是要把关于传统的诠释学和意识形态批判合并到一个可以涵括它们的高级系统里。自一开始我就说过，它们每一方都谈论不同的领域。而且确实如此。但是可以要求每一方承认另一方，不是作为不相干的而且完全敌对的立场，而是以自己的方式提出了合法诉求。

正是在这种态度里我重新回到在导论里介绍的两个问题。

在怎样的条件下一种诠释哲学才可以在其自身上阐明意识形态批判的诉求呢？要以怎样的代价去重新提出和改变它的纲领呢？

在怎样的条件下意识形态批判是可能的？分析到最后，它可以避免诠释学的先决条件吗？

第一个问题牵涉到诠释学阐明一般批判因素的能力。怎么才能有诠释学上的批判呢？

首先，我发觉，承认批判因素是一个诠释学不断重复但是又不断失败的空想。确实，从海德格尔开始，诠释学就已经整个投入了回溯到根基的运动中，回溯到根基的运动是从一个关于"精神科学"的可能性条件的认识论问题走到了理解的本体论结构。那么人们会追问回溯之路是否可能。然而正是在这个回溯之路上，这样一种主张可以得到证明和证实，即历史注释学批判（critique exégético-historique）的问题是一些"派生"的问题，而在注释学意义上说的诠释循环被"建立"在根本本体论层面上的理解之先行结构的基础上。【401】

但是，就结构上的原因来说，本体论上的诠释学似乎无法展开这个回溯问题。在海德格尔本身那里，问题在提出时就被放弃了。在《存在与时间》里我们读到："理解特有的循环（……）在它自身上包含着最初认识进行的真正可能性。只有解释（*Auslegune*

= interprétation）将这样一件事情当作它第一、永远而且最后的任务，即不要把任何向来就有（*Einfälle*）的想法或者流俗（*Volkbe-griffe*）观念强加在关于它的先行具有、先行视见和先行掌握上，而是要通过发展根据事情本身得来的先行掌握而确保其科学性论题，这样人们才能正确领会认识的可能性条件"（第153页，法文版，第190页）。所以，这就是在原则上提出的在根据事情本身而来的先行掌握与从向来就有的想法和流俗观念而来的先行掌握之间的区别；这两个概念（即向来就有的想法和流俗观念）以"仓促"和"偏见"的形式都与前判断具有一种显而易见的亲缘关系。但是，由于人们马上又宣称"所有历史认识在本体论上的先决条件在本质上都超越了精确科学所特有的严格性观念"（同上），而且人们回避了历史科学本身所特有的严格性问题，那么怎样才能走得更远呢？想要把循环根植于比整个认识论更加深层的地方，这样的考虑妨碍了在本体论之后重复认识论问题。

是否这就是说在海德格尔那里没有任何与认识论批判阶段相对应的阐述呢？不是的，但是这种阐述是在别的地方进行的。从此在的分析（理解和诠释理论都还是属于这一分析）过渡到时间性和全面性理论（对理解的第二次思考则属于这一理论）（第63节），所有的批判努力似乎都用在解构形而上学的工作上了；我们明白这是为什么：一旦诠释学成为存在的诠释学——存在意义的诠释学——，【402】存在意义问题所特有的预先结构已经由形而上学的历史给出了。形而上学的历史正好取代前判断的位置。从此，存在的诠释学就展开了它与古希腊和中世纪的实体、与笛卡尔和康德的我思相争论的所有批判策略。与西方形而上学传统的对抗替代了对前判断的批判。换句话说，在海德格尔的视线里，唯一可以被视为揭蔽活动的组成部分的内在批判，这就是解构形而上学。当我们可以觉察到形而上学的剩余物甚至还在所谓的实证主义或者经验主义的科学中运作时，那么就只能间接地重新承担一种完全认识论上的批判。但是这种对来自于形而上学的前判断的批判并不能替代与人文科学、与它们的方法论以及与它们在认识论上的先决条件的真正对抗。换句话说，确实是这种对极端性的窘迫考虑阻碍了进行从普通诠释学向各种区域诠释学——语文学、历史学、深层心理学，等等——的回溯之路。

　　至于伽达默尔，他完全领会从根本性到派生性的这种"下降式辩证法"的迫切，这一点是毋庸置疑的。他这样说道："我们将来可以追问如下事情给精神科学的诠释学带来的各种后果，即在根本上海德格尔是从此在的时间性中派生出理解的循环结构"（《真理与方法》，第 250 页；103 页）。这就是那些对我确实很重要的"后果"。因为正是在这种派生运动中前理解和前判断之间的区分产生了问题，而且批判的问题重新突然出现在理解的核心处。因此，伽达默尔在谈论我们文化里的文本时，不断坚持这样一个观点，即这些文本是因它们本身而饱含意义的，有一种面向我们的"文本之物"。但是怎样才能让"文本之物"说话，又没有对抗混合着前理解和前判断的批判问题呢？【403】

　　可是我觉得，伽达默尔的诠释学受阻而未能彻底走到这条路上，不仅仅因为他像海德格尔那样，把所有的思考努力都投入到了根基问题的极端化中；而且因为诠释学经验本身阻碍了他在承认整个批判因素的路上继续前进。

　　正是首要经验决定着这种诠释学提出其普遍性诉求的地方，而首要经验就包含着对"异化间隔"（*Verfremdung*）的反驳，然而正是"异化间隔"支配着人文科学客观化的态度。自此，所有的工作都带着二元对立的特征，这种特征甚至被标记在题目上：《真理与方法》。在这个标题上二选一的抉择占了二者结合在一起的上风。在我看来,正是这种抉择和二元对立的初始状况阻碍了去真正地承认批判因素,所以也就阻碍了去公平对待意识形态批判,批评因素的现代和后马克思主义的表述。

　　我自己的追问就来自这个观察。我自问下面这件事是否合适,即转移诠释学问题产生的初始地点,重新提出诠释学的基础问题,这样归属经验和异化间隔之间的某种辩证关系就成了动力本身,也就是诠释学的内在生命力的关键点。

　　认为要转移诠释学问题产生的初始地点,这是我从诠释学问题的历史本身上得到的启示。在这整个历史里,重心不断地返回到注释学、语文学,也就是说,返回到与传统的关系上,而传统又建立在作为媒介的文本、档案、遗迹(它的地位与文本的地位相似)上。施莱尔马赫是新约的注释者和柏拉图的翻译者。至于狄尔泰,他看到了:在通过文字进行固定的现象或者更加一般地说在记录的现象里,诠释(*Auslegung*)相对于对他者的直接理解(*Verstehung*)具有的特殊性。【404】

　　在这样重新回到文本、注释学和语文学的问题时,我们看起来首先限制了诠释学视域的目标、范围和角度。但是,由于整个普遍性的诉求从某个地方被释放出来了,我们可以这么期盼,即诠释学和注释学之间的关联的修复反过来又会呈现某些普遍性特点,这些特点不是要真的反驳伽达默尔的诠释学,而是在决定性的意义中调整伽达默尔的诠释学以便找到与意识形态批判的论争的解决之道本身。

　　下面我要粗略地阐述的四个主题,构建了针对关于传统的诠释学的一种批判性补充。

　　a)这种诠释学在间隔中逐渐看到本体论的衰退,而这种间隔又呈现为文本存在的积极组成部分。这种间隔固有地属于诠释，不是作为诠释的反面而是作为诠释的条件。间隔元素被蕴含在通过文字进行的固定中，而且也蕴含在话语传递的秩序里的所有相似现象中。文字确实根本不能归结为话语的物质固定；后者是一个更加根本的现象的条件，也就是文本独立的现象。这种独立是三重的：就作者意向来说；就文本产生的文化处境和各种社会学上的条件状况来说；最后就初始的接受者来说。文本所含的意思不再与作者想说的东西一致；字面含义和心理含义有着不同的命运。独立的第一种模式已经蕴含着"文本之物"逃脱作者所设的意向视域的可能性，以及文本世界使作者世界显露的可能性。但是，虽然符合精神分析条件的东西也符合社会学条件；而那种就要摆脱作者的东西却不一定就要在社会学秩序里进行相同的运作。艺术作品、【405】文学作品和简单作品的特性是，超越它们自己在心理社会学上的各种产生条件，而且这样就开启无限的阅读延续，阅读本身就建立在总是不同的社会文化背景里。简而言之，作品的特性就是从社会学和心理学的角度进行自行去语境（se décontextualiser），而且还可以通过别的方式进行自行重建语境（se recontextualiser）；这就是阅读行为所做的事情。由此得出，文本媒介不能被当作对话境况的延伸。确实，在对话里话语的面对面由会谈本身提前给定了；而通过文字，初始的接受者被超越。在初始接受者之外，作品自己创造了一种会见，这种会见可以潜在地触及任何一个会阅读的人。

在这种解放里，我们可以看到在诠释中承认批判因素的最根本条件；因为在这里间隔归属于媒介本身。

这些发现在某种意义上只是延伸了伽达默尔自己所说的两个观点：一方面，是关于"时间距离"（关于这一点我们前面已经看

到它是"暴露于历史效应中的意识"的组成部分），而另一方面，是
关于文字性（*Schriftlichkeit*）。在伽达默尔看来，文字性为语言性
增添了一些新的特点。但是，这个分析在延伸伽达默尔的分析的
同时，它又转移了一点点它的重点。因为文字所建立的间隔已经
在话语（discours）自身上出现了，话语蕴含着说出来的东西与言
说（*dit et dire*）之间的间隔。黑格尔在《精神现象学》开头的著名
分析可作为根据：言说（dire）转瞬即逝，但是被说出来的东西持
留。从这一点看，文字在话语的构成中并不代表任何彻底革命，
而只是完成了它最深层的愿望而已。

　　b）如果诠释学一定要能够从它自己的前提出发阐明批判因
素，那么它必须满足第二个条件。它必须克服从狄尔泰那里继承
而来的"说明"与"理解"之间致命的二元对立。正如我们所知，这
种二元对立来自这样一个信念，【406】即整个说明性态度都借用
于自然科学的方法论，而且非法地被延展到了精神科学。符号学
模式在文本理论范围里的出现使我们相信：并不是所有的说明都
是自然主义的或者因果关系的。特别被应用于叙事理论的符号
学模式是借用于语言领域，它从比句子还小的单位扩展到比句子
还大的单位（诗歌、叙事等）。那个应该适合话语的范畴在这里已
经不再是文字范畴，而是作品范畴，也就是属于实践、劳动的范
畴。话语的特性是，它可以以带有结构和形式的作品的方式加以
生产。另外，写作（écriture），即话语如同作品一样的生产，引起了
客体化。而正是得益于客体化，阅读在总是新的存在条件里得以
进行。但是，不同于对话里的简单话语（对话进入的是问与答的
自发运动），话语作为作品则"开始"于需要描述和说明的结构里，
而正是描述和说明使"理解"进行变成间接的。在这里我们的处
境和哈贝马斯描述的相似：重新构造是通往理解的必经之路；但

是这种处境不是精神分析学特有的,而且也不是哈贝马斯用"深层诠释学"这个术语所界定的东西特有的;这个条件是一般作品的条件。所以,如果有一种诠释学——而且我相信它是反对想要只局限于说明阶段的结构主义——,那么它并不是在与结构性说明相反的方向得以构建,而是透过它(结构性说明)的媒介作用得以构建。把首先作为结构呈现的东西提升为话语,这确实就是理解的任务。可是,应该要在客体化的道路上走得尽可能远,直到这样的程度,即在企图从"物"(是物面向文本谈论关于文本的事情)出发"理解"文本之前,结构分析发现了文本的深层语义学。文本之物并不是对文本的自然阅读所揭示的东西,而是以文本的形式布置为媒介呈现出来的东西。【407】如果确实如此,真理和方法并不能构建成一种二选一的抉择,而是一个辩证过程。

c)通过第三种方式,文本诠释学转向意识形态批判。在我看来,纯粹诠释学的阶段就是这样的阶段,即追问突破文本的封闭,而走向伽达默尔自己所谓的"文本之物",也就是由它自己打开的世界。这一阶段可以被称之为指涉(référence)的阶段,以纪念弗雷格在意义和指涉之间所做的区别①。作品的意义就是它的内在组织,它的指涉就是存在方式,即在文本面前展开的在世。

顺带着我还发觉,与浪漫主义诠释学的最关键决裂就在这儿;它(纯粹诠释学的阶段)寻求的不是隐藏在文本后面的意向,而是在它面前展开的世界。而文本开启一个现实空间的能力,在其原则本身,包含着一种反对一切给定的现实的意愿,而且由此

① 我们都知道弗雷格出版于1892年的著作 *Über Sinn und Bedeutung*,中译本题为《含义与指涉》,但是法译本题为 *Sens et dénotation*。在此书中,弗雷格对 Sinn 和 Bedeutung 进行了区别:前者是一个字标记其对象的方式,而后者则是在一个字上被标记的对象。我们在这里没有把 Sinn(法语中的 sens)译为"含义",而是译成了"意义",这是为了与 signification(含义)这个术语相区别。——译者注

也就是包含着批判现实的可能性。这种颠覆性的力量在诗歌话语里是最活跃的。这种话语的策略在整体上就在于在两个阶段之间平衡：中止日常语言的指涉和打开第二层次的指涉。第二层次的指涉是我们前面通过作品世界——作品打开的世界——而界定的东西的另一个名字。在诗歌中，虚构就是重新描述的必经之路；或者，像亚里士多德在《诗学》里说的，故事（muthos）和"神话"（fable）的创造是模仿（mimèsis）和创造性模仿的必经之路。

　　而且在这里，我们展开了一个由伽达默尔本人概述过的论题，他特别在论述游戏的那些美妙篇章里谈到了这个论题。但是，在把关于虚构和重新描述的关系的思考发展到极端时，我们引入了一个关于传统的诠释学会将之抛到其界线范围之外的关键性论题。但是这个论题已经被暗含在海德格尔关于理解的分析里了。我们还记得，海德格尔把"对我最固有的可能进行投射"这个概念与理解连结在一起。这就意味着，由文本开启的世界的存在方式是可能的方式或者更应该说是能在（pouvoir-être）的方式。【408】想象的颠覆性力量就在于此。诗歌指涉的矛盾准确来说在于：只有当话语被提升为虚构时，现实才被重新描述。

　　能在的诠释学的特性是，转向意识形态批判。它构建了意识形态批判最根本的可能性。间隔同时就记录在指涉的中心：在把存在看作是能在时，诗歌话语与日常现实拉开了距离。

　　d）通过最后一种方式，文本诠释学标明了意识形态批判的位置。这最后一点是关于主体性在诠释中的地位。如果诠释学的首要关注确实不是要去发现隐藏在文本背后的意向，而是要展开在它面前的世界，那么真正的自身理解就是这样的，即按照海德格尔和伽达默尔的愿望，它受到了"文本之物"的引导。世界与文本的关系取代了主体性与作者的关系；同时，读者的主体性问题也同样被转移了。理解并不是自身投射到文本里,而是暴露在文本前。诠释展开的正是在把世界命题化为己有的过程中接受到的一个更加宽广的自己。简而言之,正是文本之物为读者提供了主体性的维度;那么理解就不再是一种以主体为线索的构建。如果我们把这个说法发展到极端,应该要说,那么读者的主体性和文本展开的世界本身一样是被搁置的、不被实现的(irréalisée)和被着重强调的。换句话说,如果虚构是文本指涉的根本维度,它也一样是读者主体性的根本维度。在阅读的同时,我没有实现自我(je m'irréalise)。阅读把我带入了自我的想象性变异中。世界在游戏中变形,也是自我在游戏中变形。

在"自我的想象性变异"的这个观点中我看到了对批判主体幻觉来说最根本的可能性。【409】这个关联在关于传统的诠释学里可能还处于被掩盖的状态中,或者没有得到详细阐述。关于传统的诠释学可能过早引进化为己有(Aneignung)概念,而化为己有这个概念的首要任务就是反对异化间隔。但是,如果与自己本身的间隔并不是一种要制止的毛病,而是在文本面前理解自己本身的可能性条件,化为己有就是对间隔的辩证补充。这样意识形态批判就可以在理解自己的概念里得到承认,理解自己有机地蕴含着对主体幻觉(illusion)的批判。与自己本身的间隔要求:对由文本打开的世界命题进行化为己有要经过对自身的去己有化(désappropriation)。这样对错误意识的批判可以成为诠释学组成部分,而且可以把元诠释的维度赋予意识形态批判。哈贝马斯就把这个维度指定给了意识形态批判。

2. 关于批判的诠释学反思

现在我想要对意识形态批判进行的反思与前面一个反思是

对称的,前一个反思考察的是意识形态批判的普遍性诉求。我从
这个反思所期望的,根本不是它使意识形态批判返回到诠释学的
怀抱,而是它证实了伽达默尔的目标,即两种"普遍性",诠释学的
普遍性和意识形态批判的普遍性,是互相渗透的。我们也可以在
哈贝马斯的语境里呈现这个问题,即在怎样的条件下批判可以看
作是元诠释学?

我建议遵循这样的论点秩序,也就是我已经用来简洁地介绍
哈贝马斯的思想的秩序。

1. 我要从旨趣理论开始。这个理论是意识形态批判、先验现
象学批判和实证主义批判的依据。我们可以追问是什么东西使
得下面这一系列的论点成为可能的:【410】整个研究都是由旨趣
支配的,是旨趣为它研究领域的意义提供了先决参照框架;旨趣
有三种(而不是一种、两种或者四种):技术旨趣、实践旨趣和解放
旨趣;这些旨趣都扎根于人类的固有历史里,但是它们又标志着
人类的出现超越了自然,而且它们在劳动、权力和语言的领域得
以形成;在对自己的反思中,认识与旨趣集于一体;认识与旨趣的
统一在这样一种辩证关系上得到了证实,即它发觉了压制对话的
历史痕迹,而且重新建造已经被压制了的东西。

这些"论点"需要经验描述吗?不,因为那样我们会重新掉进
经验分析科学的桎梏里。关于这一点我们已经说过,它们(经验
分析科学)属于旨趣的范畴,属于第一类被命名的旨趣。在"理
论"这个词的既定意义上来说,比如在精神分析学上,也就是说在
使得可以重新构造初始场景的各种说明性假设所形成的网络的
意义上来说,这些论点是一种理论吗?不是,因为那样的话,这些
论点就会像所有理论一样变成区域性的,而且还只会被一种旨趣
所辩护,也许是解放旨趣;另外这种辩护还会是循环的。

从此,难道不应该承认:在认识的根源上发现各种旨趣,旨趣之间的等级化和它们与劳动-权力-语言这三连环的关系属于一种与海德格尔的此在分析——尤其是与他关于"操心"(souci)的诠释学——具有亲缘关系的哲学人类学的范围? 如果是这样,这些旨趣既不是可观察的,也不像弗洛伊德的自我、超我和本我是一些理论实体,而是"生存论的"(existentiaux)。当它们同时既是"最近的"又是"掩盖得最深的",而且为了辨认出它们应该要为它们去蔽时,对它们进行的分析就属于诠释学。

如果我们愿意,我们确实可以把这种旨趣的生存论分析称为元诠释学,如果我们承认诠释学主要就是话语的诠释学,甚至语言性生活的唯心主义。但是我们已经看到根本不是这样的。【411】前理解的诠释学在根本上是关于有限性的诠释学。这就是为什么我确实通常这么认为,即意识形态批判以一个不同于诠释学的地方为基础而提出了它的诉求,这个地方也就是劳动-权力-语言这个系列互相交结在一起的地方。可是这两个诉求相交于一个共同的地方:即关于有限性的诠释学,它先天地保证了前判断概念和意识形态概念之间的关联性。

2. 现在我想要重新考察一下哈贝马斯在社会批判科学和解放旨趣之间建立的协定。我们已经极力把社会批判科学的优先性与历史诠释科学的优先性对立起来,历史诠释科学倾向于承认传统的权威,而不是进行反对压制的革命行动。

在这里,诠释学向意识形态批判提出的问题是:为了推动第三类科学,是否可以给解放旨趣指定一个与就推动历史诠释科学的旨趣而提出的地位一样分明的地位呢? 这个区别相当教条地得到了确认,就像为了在解放旨趣和伦理旨趣之间挖一道鸿沟。然而,哈贝马斯本身的具体分析又揭穿了这种教条的目的。下面这个分析尤为精彩:精神分析学描述和说明的各种扭曲在哈贝马斯提出它们的元诠释学层次上被诠释为交流能力的各种扭曲。这一切都表明:也就是在这个层次上,产生了属于意识形态批判范围的各种扭曲。我们都还记得哈贝马斯如何在工具行动和交流行动之间的辩证关系的基础上重新诠释马克思主义。正是在交流行动的中心,人类关系的制度化遭受了使得交流的主角无法辨识它的物化。这样,所有的扭曲,无论是精神分析学发现的各种扭曲,还是意识形态批判揭露的各种扭曲,都是人类交流能力的扭曲。【412】

那么我们可以把解放旨趣看作是一种分明的旨趣吗?好像不可以,如果我们另外考虑到:这种旨趣积极地被看作一种纯粹动机,而不再否定地从它所反对的物化基础上被看待,它的内容就只是无限制和无界限的交流理想。确实解放旨趣会是抽象而苍白的,如果它并没有包含在历史诠释科学运行的层面本身上,也就是说在交流行动的层面上。但是,如果确实如此,那么对各种扭曲的批判就可以与交流经验本身分开吗?它(交流经验)一旦开始了,就是真实的,也就是范例了。那么关于传统的诠释学的任务就是:提醒意识形态批判这样一件事情,即正是在对文化遗产的创造性再诠释的基础上,人类才能投射其解放和预设一种无限制和无界限的交流。如果我们没有任何交流经验——尽管这种经验被如此简化和残缺——,我们还能为全人类和在社会关系制度化的各个层次上期待它吗?就我自己来说,我觉得,批判从来就既不是首要的也不是最不重要的。我们只能以共识(con-sensus)——我们不能简单地凭空预设这种共识——的名义通过范导性理念去批判各种扭曲,如果这种范导性理念不能被举例说明。可以对交流理想进行举例说明的地方之一,准确来说就是我们在诠释从过去获得的作品时克服文化距离的能力。不能重新诠释他的过去的人也许也不能具体投射他的解放旨趣。

　　3. 我就来到了关于传统的诠释学与意识形态批判之间不相一致的第三点。它关系到可以把简单的误解与病理上或是意识形态上的扭曲分离开来的裂口。这里我就不再重提前面已经讲过的那些论证，而且这些论证都趋于减小误解与扭曲之间的区别。【413】深层诠释学还是一种诠释学，就算我们称之为元诠释学。我更想要着重强调一下意识形态理论的以下方面，即与精神分析学和意识形态理论之间的相似没有什么关系的方面。哈贝马斯工作中有相当一部分并不是针对被抽象理解的意识形态理论，而是当代各种意识形态。然而，当意识形态理论是在当代批判的框架里具体地得到了发展时，它就具有这样的特征，这些特征要求我们具体地——而不再是完全理论地——在被重新诠释过的传统的框架里去比较解放旨趣和交流旨趣。

　　那么，对于哈贝马斯来说，当代占主导地位的意识形态是哪一种呢？他的回答接近马尔库塞和雅克·埃吕尔的回答：就是科学技术的意识形态。在这里我就不赘述哈贝马斯的论证了，这些论证关系到对发达资本主义和发达工业社会的整个诠释。我直接切入在我的意义上来说的要点，即意识形态理论强制性地被重新置入诠释学领域。按照哈贝马斯，现代工业社会已经用一种科学和技术的意识形态替代了被用于维护权力的传统合法化和基础信仰。确实，现代国家不再是力求代表压迫阶级利益的国家，而是力求排除工业系统的机能障碍的国家。通过掩盖它的机制来维护剩余价值，自此这也不再是意识形态的首要合法功能，就像马克思描述的自由资本主义时期，这只是因为剩余价值不再是生产力的主要来源，而且将它（剩余价值）私有化不再是系统的主要特点。系统的主要特点是被编入计算机里的理性（rationalité）本身的生产力。那么需要合法化的东西，是系统本身的维护和增长。这就是准确来说建立在意识形态上的科技设备的作用，【414】也就是说要合法化工业系统运作所必需的统治关系和不平等关系，尽管这些关系以各种愉悦的方式被掩盖在对系统的满意中。所以现代意识形态显然不同于马克思所描述的意识形态，后者只是对自由资本主义短时期有效，所以在时间上没有任何普遍性。另外也没有前资产阶级的意识形态（l'idéologie prébourgeoise），而且资产阶级意识形态明确与掩盖在自由劳动合同的合法制度下所进行的统治是关联在一起的。

对被接纳的现代意识形态的这种描述，它在旨趣关系里又意味着什么呢？那么，这意味着：工具行动的次系统已经不再是一个次系统，而且它的范畴已经蔓延到了交流行动的范围。马克斯·韦伯谈论的著名"理性化"就在于此：不仅仅理性征服了工具行动的新领域，而且它使交流行动服从于它。马克斯·韦伯曾以术语"去魔法化"（désenchantement）和"去神圣化"（dédivinisation）描述这个现象。哈贝马斯将之描述为遗忘和丢失了工具行动层面（也就是劳动的层面）与交流行动层面之间的区别。交流行动的层面也是达成一致规范的层面（celui des normes consenties）、象征交换的层面、个性结构的层面（structures de personnalité）、合理决断的各种程序的层面。在现代资本主义系统里——它在这里确实与简单工业系统没什么区别——，古希腊关于"活得好"（bien vivre）的古老问题为了所操纵的系统的运行而被废除了。与交流连结在一起的各种实践问题——特别是那种要把重大政治方向的选择服从于公共讨论和民主决定的愿望——并没有消失。它们还在，但是被压制了。准确来说，是因为它们的取消不是自动的,而且合法化的需求仍然没有满足,总是需要有一种意识形态使得保证系统运行的权威合法化。技术和科学今天承担的就是这样的意识形态功能。

但是,这时诠释学家对当代意识形态的批判家提出的问题却是这样的:【415】我们承认今天的意识形态在于掩盖交流行动的规范秩序与行政系统的条件状况之间的区别,所以也就是在于在工具行动的结构里瓦解通过语言被间接化的相互作用领域,可是为了解放旨趣不再只是一个虔诚的愿望,除了让它体现在交流行动本身的复苏里,还能怎样呢? 而且,除了对文化遗产进行创造性的重新利用,还能在什么基础上具体实现交流行动的复苏呢?

4. 在政治责任感的觉醒和交流行动之传统资源的重获生机之间不可避免的切近,促使我在结束之时要简单谈论一下在诠释学意识与批判意识之间出现的第四个而且是最妙的一个区别。我们已经说过,前者(诠释学意识)走向共通理解,走向先于我们的——而且是在这个意义上说它才存在的——共识;后者(批判意识)则预设自由的未来,它的范导性理念不是一个存在物,而是一个理想,即没有界限和没有约束的交流理想。

通过这个明显的二元对立,我们开始了这个最激烈但可能也是最徒劳的论争。

因为到最后,诠释家会说:如果不是有这样一个被您自己称之为无处(non-lieu)之地,即先验主体的无处,当您呼吁对此进行自行反思(*Selbstreflexion*)时您从哪儿说起呢? 您所谈论的确实就是来自传统的基底。这种传统也许与伽达默尔所说的传统不同;也许准确来说这就是启蒙运动的传统,而伽达默尔所说的传统则是浪漫主义的传统。但是这确实还是传统,解放之传统,而不是回忆的传统。批判也是一种传统。我甚至会认为它深入到了最难以忘怀的传统,解放行为的传统,出埃及和耶稣复活的传统。如果从人类身上抹掉了出埃及的记忆、耶稣复活的记忆,也许再也不会有解放旨趣、对自由的预设……

【416】如果确实如此,那么再也没有什么比在先行共通理解的本体论和自由的末世论之间建立所谓的二律背反更加骗人的了。在别处我们遇到过这些假二律背反:就像需要在回忆与希望之间做出选择!用神学的语言来说,就是:若是没有过去的解放行为所谱写的宣叙调,末世论什么也不是。

在概述传统回忆和自由预设之间的辩证关系时,我根本不想取消诠释学和意识形态批评之间的区别。再重申一次,它们每一方都有优先的地方以及——如果我可以说的话——不同的区域性偏向:这里,有一种对文化遗产的关注,也许可以更加明确来说,它是以文本理论为轴心;那里,有一种关于制度和各种统治现象的理论,它以对物化和异化的分析为轴心。由于双方都总是需要进行区域化以便保证它们的普遍性诉求具有具体特征,它们的区别必须被保留以反对一切思想混沌。不过,哲学反思的任务,就是要让重新诠释从过去获得的文化遗产的旨趣和以未来主义方式投射被解放的人性的旨趣免于伪对立的侵袭。

当这两种旨趣互相彻底分裂之时,诠释学与批判,它们本身也只是……意识形态而已!

意识形态与乌托邦：社会想象物的两种表述

【417】本文的目标就是把两种根本现象关联起来,这两种现象在以下的存在方式里发挥了决定性的作用,即通过这种存在方式我们处于历史中,并且把我们面向未来的期望、我们从过去继承的传统以及我们在当下采取的主动性连结在一起。非常值得注意的是,正是通过想象的方法——不仅仅是个体的想象也是集体的想象——,我们开始这次认识。但是,在我看来,这个有趣研究的对象是这样一个事实,即这种社会或者文化想象不是单一的而是双重的。它时而以意识形态的形式运行,时而以乌托邦的形式运行。这里有一个值得引起许多人(教育家、政治学家、社会学家或者人种学家,以及当然还有哲学家)注意的谜团。通过这种双重想象物,我们会触及到这种想象物在本质上充满冲突的结构。

然而确实应该承认,所有要把意识形态与乌托邦放在一起来思考而且进行理解的尝试都会遇到很多的难题。首先,互相分开的这两极常常都是在饱受争议而且经常贬义的意义上被理解,这样的意义阻碍我们去理解集体想象物的社会功能。但是第一个难题映照着另一个难题。如果在争议的意义上使用这两个术语是如此的容易，那么，甚至对那些只关注简单描述的社会学家，每一个术语都呈现了肯定的一面和否定的一面，或者，【418】如果您更愿意说成是，建构的功能和解构的功能。让我们走得更远一点。对于一种浮于表层的研究来说，每一种功能几乎病态那一面是最早浮出表面。这样，我们往往满足于把意识形态界定为扭曲和掩盖的过程。通过扭曲和掩盖我们向我们自己隐瞒，比如说我们的阶级立场，或者更一般来说，我们向我们所参与的各种共同体的归属方式。那么，意识形态就完全简单被看作与社会谎言相似，或者更严重的，被看作与这样一种幻想相似，即利用我们的社会地位所包含的所有特权和不公正来保护这种社会地位。但是反过来，我们又往往指责乌托邦只是对现实的逃避，是一种应用于政治的科幻小说。一旦乌托邦似乎没有对它应该要朝着它自己指出的方向上迈出的第一步，或者，一般来说，对所有构建行动逻辑的东西，表现出任何关注，我们就会揭露乌托邦筹划几乎像几何图形一样的刻板性，而且抛弃这种刻板性。这时，乌托邦就只是一种梦想行动的方法，而不愿去反思它要融入当前处境的可能性条件。

　　我提出的分析在于整理社会想象物的这两种模态各自区别而加以承认的含义和功能，然后把一个的层次与另一个的层次对比起来，最后在对两者都最根本的层次上寻找一种更加深层的关联性。所以，我要着手的是一个多层次的分析，这个分析每次都会把我们从最表面的层次引向最深层的层次。我力求在意识形态和乌托邦的对比分析中保持相同的结构，以便为对它们深层的关联性进行反思做好准备。

I. 意识形态

【419】我打算在意识形态概念上考察与它的三个深层面相关的三种同样都是合法的使用。

意识形态作为扭曲-异化。"意识形态"这个词被青年马克思在 1843−1844 年经济政治学手稿时期的作品，特别是在《德意志意识形态》(*L'Idéologie allemande*)里广泛使用，我就要从这个词在这个时期的使用出发。顺便值得一提的是，我发现这个词本身被一些德高望重、自称是观念学家(idéologue)①的哲学家借用，在法国，他们是孔狄亚克(Condillac)的继承者。对于他们而言，意识形态是对人类精神形成的观念所进行的分析。正是拿破仑指责这些善意的观念学家是对社会秩序的威胁，而且是他建立了这个词贬损的含义。也许在对意识形态的每一次揭发里都隐藏着某个拿破仑，但是这是一个我们在后面会再次碰到的问题。非常值得注意的是：正是通过隐喻的手段，青年马克思试图使人明白他所理解的意识形态。他运用了图像在暗箱里倒置——这是摄影的出发点——的隐喻。从此，第一个指定给意识形态的功能就是制造与现实相反的图像。这个隐喻意味着什么呢？我们发现它在马克思那里同时有精确的运用和一般化的使用。精确的运用来自费尔巴哈。那就是把宗教看作是对现实的扭曲-异化。在《基督教的本质》(*Essence du christianisme*)里，费尔巴哈宣称：在宗教中，属于人类主体的属性(他称之为谓语)被投射到了想象的神

---

① idéologue，在中文里又被称为"空想家"，比如社会主义空想家。但是这里鉴于作者本身从本源对意识形态和乌托邦进行的积极理解，我们对这个字作一种比较中立的译法，即遵照字面意思的译法，将之译为"观念学家"。——译者注

圣主体上,因而人类主体的神圣属性变成了神圣主体的人类属性。马克思在这个倒置中看到了具有意识形态特征的所有倒置模式。在这个意义上,费尔巴哈的宗教批判构建了通过暗箱里倒置图像的隐喻进行诠释的模范样本和范式。【420】那么,在这种对费尔巴哈的复述里,真正属于马克思主义的是,马克思在生活表象和现实生活(他称之为实践)之间建立了一种联系。这样我们就从"意识形态"这个词的有限意义过渡到了一般意义。根据这种意义,首先存在一种人类的现实生活:这就是他们的实践;然后,在他们的想象里有一种对这种生活的映像,这就是意识形态。这样,意识形态就成了一种一般方法,通过这种方法,现实生活的过程,即实践,被人类自己制造的想象表象篡改了。我们立马就明白了革命使命是如何依附在意识形态理论上的。如果意识形态是现实生活的扭曲形象、颠倒、异化,那么就牵涉到要踩着头行走的人重新正过身来——黑格尔就是第一个这么做的人——而且使那些观念从想象之天下降到实践之地。在这里整体上来说我们支持历史唯物主义的第一个定义,这个定义没有任何要覆盖全部事物的企图,但它唯一的企图就是把表象世界和现实生活的世界(实践)连结在一起。在马克思哲学发展的第一阶段,意识形态还没有与科学对立,因为所提到的这种科学只会在《资本论》中存在。只是后来,当马克思哲学被构建成为学说实体时,主要存在于德国社会民主制里的马克思的后续者们身上,意识形态才完全与科学对立起来,而不再是单纯与实践对立,就像在早期的马克思那里。我们知道滑动是如何形成的:如果我们承认马克思哲学就是关于社会经济过程的真正科学,那么确实人类实践通过马克思哲学获得了科学地位,它与想象性表象相对立。在这种想象性表象中所有关于社会和政治生活的观念都陷入了困境。

　　从这里开始,我的问题就不是要反驳马克思哲学的首要概念——意识形态,而是要在与社会现实和实践本身的更加根本而且特别是更加构成性的功能的比较中,确定这个概念的位置。

　　为什么我们不能坚持意识形态这个首要概念呢?【421】倒置的隐喻反过来又隐藏了这个说明的严重缺陷。如果我们承认,现实生活——实践——合法地而且事实上也是先于意识和它的种种表象,那么我们就无法理解现实生活如何能够制造它自己的图像,而且更何况,还是倒置的图像呢。我们理解这件事的条件是,我们觉察到在行动结构本身里就有一种可以被扭曲的象征性媒介。换句话说,如果行动不是已经由想象构成了,我们也无法明白假图像如何能够产生于现实。我们知道正统马克思主义者是如何陷入意识-映像(conscience reflet)的概念不能自拔的,这种意识-映像概念只是重复了倒置图像的旧隐喻。因此,需要理解在怎样的意义上想象和实践过程本身可以拥有相同的外延。

　　这样,我们就被引到了第二个层次。在这个层次上意识形态看起来与其说是寄生虫和伪造者,还不如说是辩护者。马克思本身非常接近这个意义,因为他宣称这样的观点,即统治阶级的各种观念通过使自己被视为普遍观念而成为统治观念。这样,特殊阶级的特殊利益自身就成了普遍利益。在这里马克思触及了比倒置和掩盖这一简单概念更有趣的现象,也就是依附在统治现象自身上的辩护企图。这个问题远远超越了社会阶级的问题。主要由极权现象的经验,我们已经得知:统治现象,特别是当它以恐惧为基础得以建立时,就是一种比阶级现象和阶级斗争现象更加广泛以及更加令人生畏的现象。所有的统治都想要为自己辩护,而且它通过求助于可以被视为普遍的概念而为自己辩护,也就是说对我们所有人都有效的概念。然而,存在一种符合这种要求的语言功能;这就是修辞,它是虚假普遍观念的供应者。统治和修辞之间的联系长久以来就被认识到了。柏拉图无疑是第一个强调的:如果不求助于诡辩家也就没有专制。如果说服活动没有派给公共诡辩家,粗暴的力量是不会成功的。【422】正是为了探索统治和修辞之间的关系,求助于文化社会学是有用的。文化社会学证明,如果没有规范、规则和整个社会象征系统(社会象征系统反过来又需要公共话语的修辞),任何社会都不会运行。公共话语怎样达到它的说服目标呢? 通过不断地使用辞格和比喻,诸如隐喻、讽刺、模棱两可、矛盾、夸张。正如我们在列举中看到的,这些就是与文学批评和古希腊罗马的古代修辞接近的所有修辞格。如果不求助于这种公共话语的修辞、这些辞格和这些比喻,我们可能不能想象这样一个社会,它既不投射,也不为自己提供从它自身而来的表象。这里,没有任何的缺陷,更没有什么罪恶,但有与行动、与被马克思称为实践的这种行动结合在一起的话语的正常运作。所以,什么时候我们可以说,这种公共话语的修辞变成了一种意识形态呢? 在我看来,当它被用来服务权力的合法化过程时。应该要看到,在所有的诡计和所有扭曲之前,先有一种运作,它当然充满了陷阱,却是不可避免的和必然的。在本世纪的开始,马克斯·韦伯在《经济与社会》里就证明了,所有发达的社会集团都会必然地达到这样一个阶段,即在统治者和被统治者之间产生了区别,而且这种不平衡的关系不可避免地需要说服的修辞,这可能只是为了限制力量在秩序的强制中使用。在这个意义上,整个社会的约束系统都建立在一种旨在合法化权力诉求的意识形态运作的基础之上。这不仅仅对于马克斯·韦伯所称的享有特殊威信的权力是不符合的,而且甚至对于建立在传统基础上的权力也不符合,但是对于被描述为行政国家的现代国家是符合

的。为什么是这样的呢？因为对权力系统的合法化的要求总是
超过了我们在自然合法性里对这个权力系统产生的信任度。这
里有一个要填补的差距，一种所有权威都需要从它的服从者那里
强夺的信仰剩余价值。【423】当我说剩余价值时，我当然暗示了
马克思只用于资本和劳动之间的关系——所以只是用于生产领
域——的概念，而在我看来，这个概念可以更普遍地应用于所有
的统治关系。有权力的地方，就有对合法的诉求。而且有对合法
的诉求的地方，就有以说服为目的向公共话语修辞发出的求助。

这个现象在我看来就构建了意识形态现象的第二层次。我
用合法化概念来描述它，而不是像在第一层次里用掩盖这个概念
来描述。我再次强调这个现象的本性。我们可以怀疑这个现象，
而且应该要一直怀疑它；但是我们不能回避它；所有的权威系统
都包含着对合法的要求，这个要求超越了它的成员可以通过信仰
的方式所能给与的。关于这一点，讨论那些从霍布斯到卢梭的社
会契约理论会很有趣：每一种理论暗含着在历史——这个历史此
外还是虚构的——的某一给定时期发生的这样一个跳跃，即在这
个跳跃中通过一种剥夺，人们从战争的状态过渡到了国民和平。
正是这个跳跃，没有任何社会契约理论对它进行说明：它确实意
味着权威的诞生和合法化过程的开始。这就是为什么我们没有
任何方法可以通达社会契约的零起点，也就是一种社会秩序以某
种人们可以为它命名的方式诞生的时刻。我们只知道从前面的
权威系统衍生出来的权威系统，而从来没有亲眼看见权威现象的
诞生。

但是，如果我们不是产生权威现象的源泉，那么我们就能明
白它是建立在哪些更加深层的基础上的。而且正是在这儿，意识
形态现象的第三个更加深入的层次出现了。在我看来，它的功能

就是融合的功能,这个功能比前面的合法化功能更加根本,更不用说异化功能了。为了使大家理解这里涉及到的东西,我将从意识形态的一个特殊使用出发,【424】在那里它的融合功能是显而易见的。这关系到各种纪念仪式。由于纪念仪式,随便哪一个共同体都以某种方式重新呈现那些被共同体视为是它自己的身份的缔造者的事件。所以,这就关系到社会记忆的象征结构。我们不知道,如果没有与这些起始事件的关系,是否还会有社会。这些起始事件事后呈现为共同体自己的起源。我想到了这些现象,诸如北美自由宣言,或者法国大革命时的攻占巴士底狱,或者共产主义俄国的十月革命。在所有这些情况里,正是在纪念事件的时候,给定的某个共同体在起始事件中保持了与它自己的根源的关系。那么在这里意识形态起了什么作用呢? 是通过传播信念,这些起始事件对于社会记忆是构成性的,透过社会记忆,从而对共同体的身份本身也是构成性的。如果我们每一个人都已经与我们关于我们自己可以叙述的历史是同一的,那么对于整个社会也是如此,但是区别在于:我们需要与这样一些事件同一,即这些事件不再是任何人的直接记忆,而且它们曾经只是限于奠基祖辈们这个团体的记忆而已。那么这就是意识形态功能,即用作集体记忆的中继站,以便奠基事件的起始价值成为整个集团的信仰目标。由此得出,奠基行为本身只有通过事后不断地改造的诠释方式才能被重新体验和重新呈现,而且奠基事件本身以意识形态的形式在集体意识上得到了表象。集团将起始事件——也就是奠基事件——的含义与某些事件连接在一起,如果不与这些事件发生某种间接关系,也许也不会有社会集团——无论事关一个阶级还是一个民族。透过意识形态的表象,在纪念和起始事件之间建立的关系的这种优先范例很容易得到普及。整个集团可以持久,我指的是，可以立得住，获得一种稳定和持续性，这得益于它为自己提供一个关于它自己的稳定的和可持续的形象。【425】这个稳定而又可持续的形象表现了意识形态现象的最深层次。

但是我们马上就看出了，这个我们以倒退的方式而达到的基础层次是如何只有透过其他两个层次才能持续。换句话说，融合功能延伸到合法化的功能里，而合法化功能又延伸到掩盖功能里。关于这一点，我再说明一下。我们还是从我们刚刚的例子出发，即共同体对那些被它看作其存在之奠基者的事件进行纪念活动的例子。一直保持对起源的虔诚是困难的；习俗化、仪式化和图式化很早就和信仰结合在一起，这样有助于进行一种记忆驯化。这就像意识形态要保持它的动力就只能通过变成权威的辩护者，是权威使得共同体在世界舞台上可以表现为巨型个体。我们看到这一点是由于纪念活动如此容易就转变为刻板的论证：通过这种刻板的论证我们肯定了，我们像我们所是那样存在就好了。如果我们考察一下以通常怎样粗略的简化方式和以通常怎样狂妄的图式化方式融合过程延伸到合法化过程的，那么意识形态会继续变质。逐渐，意识形态——无论是从统治集团生存的方式来看，还是从它在世界历史中的地位来看——变成了虚假而又蛮横的阅读框架。在成为世界景象的同时，意识形态也变成了可以诠释世上各种事件的万能编码。渐渐地，辩护功能污染了伦理、宗教乃至科学。我们都看到这样一个疯狂论断，它由马克思之后的马克思主义者们创立而且被列宁接受了，它认为应该存在资产阶级的科学和无产阶级的科学，资产阶级的艺术和无产阶级的艺术。这种污染没有放过任何社会现象。哈贝马斯在他最著

名的著作之一①中展示了,我们给出的现实之科学和技术表象的
意识形态特征。【426】科学和技术表象是意识形态,是在这个意
义上说的:即有一种唯一的功能——操纵功能和功利主义标
准——替代了所有其他功能:诸如交流、伦理评价、形而上学和宗
教的思考。我们的整个思想系统感到被转变为一种远离批判的
集体信仰。意识形态的这种变质不应该使我们看不见意识形态
在其根本意义上拥有的积极的、建设性的和有益的功能。重申一
次,一个集团总是透过它自己的观点、它自己的被理想化的形象
而想象它自己的存在;而且正是这种形象反过来又巩固了它的身
份。在对意识形态现象最批判和最贬义的分析中一直都真的东
西是:被理想化的形象不能不引起精神分析语言上所谓的理性化
以及与整个庆祝密切相关的仪式化。把话语变成武器(通常是致
命的)的格言、口号以及简洁用语对公共话语的修辞进行了补充。

所以,应该要能够在两种方向上经历各个层次等级,而且以
同样的力道支持下面两个观点:一个认为幻想不是最根本的现
象,而是合法化过程的腐化,而合法化过程又扎根于意识形态的
融合功能;而另外一个则正好相反,即所有的理想化都不可避免
地被转变为扭曲、掩盖、谎言。

II. 乌托邦

前面关于意识形态的分析如何引起关于乌托邦的相似分析
呢? 根本的原因就在于我们在意识形态那里看到的三个功能都
有一个共同特点,即构建一种对现实生活的诠释。这就是青年马

---

① 哈贝马斯,《作为"意识形态"的技术和科学》(*La Technique et la science comme
"idéologie"*)(法译本,巴黎,伽利玛出版社,1973 年)。

克思已经完全觉察到的。【427】但是这种巩固现实的功能并不一定就是骗人的：它是内在于合法化功能的，而且更是内在于融合功能的。我们已经说过了，集团通过意识形态才相信它自己的身份。这样，意识形态在它的三个形式里巩固、增强、保存，而且在这个意义上，保留着本质上的社会集团。而乌托邦的功能就是把想象投射到现实以外的其他地方（也就是无处）。这就是"乌托邦"这个词的第一层意义：一个是他处的地方，一个无处的他处。为了不仅仅强调乌托邦空间上的外在性（他处），也强调它在时间上的外在性（他时），在这儿应该要谈论的不仅仅是乌托邦也是架空历史（uchronie）①。

为了使大家了解乌托邦对于意识形态的补充性功能，应该要浏览一下乌托邦相似的三个含义，但是这次按照相反的顺序，从低处开始走向高处。确实，要证明乌托邦在其根本意义上是根本意义上的意识形态的必要补充，这不是件太难的事情。如果意识形态保存和保留现实，那么乌托邦则在本质上质疑现实。在这个意义上说，乌托邦是对一个感到被现存秩序压制的集团的所有潜在性的表达。乌托邦是为了思考社会"存在的其他方式"而进行的想象活动。乌托邦的历史告诉我们社会生活的任何领域都不能避免乌托邦：它梦想另一种方式的家庭存在，梦想以另一种方式占有物质和消费财富，梦想以另一种方式组织政治生活，梦想以另一种方式过宗教生活。自此，应该不要感到惊奇：各种乌托邦不停在制造互相对立的筹划；因为它们的共同点就是从内部侵蚀以各种形式存在的社会秩序。然而，秩序必然有几个对立面。

---

① uchronie 的词形构造如同 utopie，在 chronos（时间）和 topos（地方）的前面加上了否定前缀 u-，表示不存在的时间和地方。uchronis 在文学类型上也被称为架空历史小说。——译者注

这样,关于家庭,大家就会发现式样多元的乌托邦:从修道士禁欲(la continence monacale)的假设直到大家庭(promiscuité)的假设、共同体(communauté)的假设以及性狂欢(l'orgie sexuelle)的假设。在纯粹经济的层面,【428】从对最严厉的禁欲主义的赞美直到对奢侈和嘉年华的消费的赞美,各种乌托邦变化不同。无政府主义的梦想和对被几何式设计的和被严厉强制的社会秩序的设想都是对政治本身的争论。在宗教层面上,乌托邦摇摆于无神论和庆祝的愉悦之间,以及新基督教的梦想和原始神圣的梦想之间。人们不能通过其内容来界定乌托邦,而且乌托邦在它们之间的比较是如此令人失望,这些都是不足为奇的。乌托邦现象的统一体并不来自它的内容而是它的功能,它的功能总是在于提出交替性社会。正是通过这种提议,乌托邦构建了对意识形态的融合功能最为极端的反驳。乌托邦的"他处"、"存在的其他方式"完全对应于意识形态(指在其根源上理解的意识形态)宣称的"以这种方式存在而不是以其他方式存在"。

如果我们现在考察一下乌托邦的第二个层次,我们可以确认意识形态和乌托邦之间在严格意义上说的相似。如果意识形态的首要功能的确就是对权威的合法化,那么也应该可以预料到乌托邦——所有的乌托邦——在权力运行的相同层面赌上了它的命运。乌托邦在我们刚刚提到的社会生活的每个方面上所质疑的东西,最后就是行使权力的方式:家族和家庭内部的权力、经济和社会的权力、政治权力、文化和宗教的权力。关于这一点,我们可以说,乌托邦构建了如此多的关于权力的想象性变异。另外,曼海姆在他的著名作品《意识形态与乌托邦》①里正是这样界定乌托邦的:在想象物与现实之间的差距对这种现实的稳定性和持

①　曼海姆,《意识形态与乌托邦》,前揭。

续性构成了威胁。曼海姆提出的乌托邦类型学完全满足这一准则。与其启动托马斯·莫尔——乌托邦这个词的发明者——的乌托邦现象,【429】与其从布洛赫出发,曼海姆更愿意从托马斯·闵采尔①出发。对他来说,后者是革命的神学家。在托马斯·莫尔那里,确实,乌托邦只是一种文学现象,最终也只是一种风格训练。在托马斯·闵采尔那里,乌托邦代表了在这里和现在实现所有梦想的主要诉求,这些梦想是想象穿过犹太教和基督教在关于历史终点的各种表象里积累起来的。乌托邦想要成为实现了的末世学。所有被基督教布道推迟到历史终点的东西,闵采尔想要在历史中间——今天——实现它。所有使我们在历史意识上把期望、回忆和主动性对立起来的区别,都消散在一种不妥协的要求里。这种要求使上帝从天上降到地上,把历史终点提前到历史中间。

　　但是,我们理解而且——为什么不呢——我们赞赏乌托邦的极端主义,与此同时,我们也看到了它的缺陷。就在乌托邦产生权力的时候,它也预示着未来的专制——这些专制很有可能比它想要推倒的专制更糟糕。这种狼狈的矛盾依附在曼海姆所称的乌托邦心理的根本缺陷上,也就是对支撑点缺乏实践和政治特征的反思,乌托邦可以在所处的现实里、在其体制里以及在我所谓的一个时代可供信仰之物里找到这些支撑点。伴随着疯狂而且很可能血腥的话语引起的所有危险,乌托邦使我们在他处进行了一个跳跃。与现实之监狱不同的另一个监狱在以图式为中心的想象物里得以构成,这些图式——相比较于现实限制中缺乏思想——对思想更加限制。因此,不足为奇的是:乌托邦心理伴随

---

① 托马斯·闵采尔(Thomas Münzer, 1489 或 1450-1525),德国 15 世纪农民战争的巡回教士和宗教领袖之一,宗教改革的先导者之一。——译者注

着对行动逻辑的轻蔑以及一种无法确定第一步的根本无能。这第一步是从存在的现实出发朝着要实现乌托邦的方向应该迈出的。正是这样，乌托邦的第二个层次引向了第三个层次，在那里乌托邦的病理学被证实与意识形态的病理学相反。【430】意识形态的病态在于它与幻想、掩盖和谎言的结合，而乌托邦的病态则在于相反的疯狂。意识形态巩固了青年马克思所谓的现实生活——实践，而乌托邦为了完美主义的而最终是不可实现的图式使得现实本身消失殆尽。一种关于整体或者虚无的疯狂逻辑替代了行动的逻辑。行动逻辑总是知道可期望的与可实现的不一致，而且行动会引起不可避免的矛盾，比如，对于我们现代社会来说，在正义的要求与平等的要求之间的矛盾。于是，乌托邦的逻辑变成了一种关于整体或者虚无的逻辑，它使一些人逃避在写作中，使另一些人封闭在对失乐园的思念中，使另一些人不加区别地进行谋杀。但是我并不想要停留在乌托邦否定的这一面，而是相反，我想要重新找到乌托邦隐藏在它自己的夸张面目之下的自由功能。想象无处(non-lieu)，就是让一个可能的场域保持开放。或者，为了保留我们在关于历史意义的思考中采用的术语，乌托邦阻碍了与现实领域融合在一起的期待视域。它保持了希望与传统之间的差距。

我们刚刚陆续为乌托邦和意识形态所进行的双重反思系列促使我们去思考在社会想象物里意识形态和乌托邦之间的必然交织。这就像这种想象物建立在融合功能和颠覆功能之间的张力之上。由此，社会想象物在根本上并没有不同于我们从个人想象中认识到的东西：时而它是填补存在物之缺席的图像，时而它通过虚构取代了这种缺席。这样，康德就能在再生产性的想象力和生产性的想象力之间的交替上建立先验想象力概念。意识形态和乌托邦是再生产想象力和生产想象力的形态。【431】这就像社会想象物只能透过乌托邦实践它的离心功能,而通过意识形态这一方法实践它重复现实的功能。但是这还不是全部。这就像我们只能透过其病态形式达到社会想象物。这些病态形式是卢卡奇在马克思主义立场上所称的错误意识的正反两面。看起来,我们只有在与错误意识的这两个形态的批判关系中才能拥有想象的创造力。如果这个建议是对的,在这里我们达到了意识形态和乌托邦互相补充的顶点,但是这不再仅仅因为它们的相似,而是因为它们的互相交换。确实,我们似乎总是在争议的根本功能里和在向一个极端他处(un ailleurs radical)投射的功能里需要乌托邦,以便引向对意识形态同样极端的批判。但是这种互相作用是真实的。一切就像——为了治愈疯狂的乌托邦,疯狂中的它一直处于要沉没的危险中——应该要呼唤意识形态的健全功能,呼唤它可以为一个历史共同体提供相当于我们所谓的叙述身份的东西。我就止步于社会想象物的矛盾处于最膨胀的时刻:为了可以梦想一个他处,应该要通过对我们出身的传统不断更新的诠释去获得某种如同叙述身份的东西;但是,另一方面,意识形态——这种身份就隐藏在其中——求助于一种可以从无处出发审视自己而不发牢骚的意识①。

---

① 在讨论中永远都不应该忘记乌托邦和意识形态一直是有争议的概念,而且因此很难以一种完全描述性的方式使用它们。如果通过曼海姆我们可以这么认为,即,精神状态是乌托邦的,当它缺乏与事情状态的叠合时。正是在事情状态里精神状态才得以产生。需要马上补充说的是,现象显现于完全对立的各种色调中,因为乌托邦被无权力的集团诉求或者是被乌托邦所威胁的集团宣告要废除。所有——对于给定秩序的代表来说——同时被看作是对这个秩序有威胁的东西以及在随便哪个秩序里不可实现的东西最终都是乌托邦的。

伦理与政治

【433】为了避免问题的道德化研究角度,也为了不要预先断定伦理与政治之间的优先秩序,我建议我们从相交(intersection)的角度来谈,而不是伦理与政治之间的从属关系角度来谈。在这里我看到两个互相偏离的焦点,每一个点都提出了一个本源性问题,而且创造了一个共同部分,准确来说这个共同部分是由它们的相交创造的。第二个发现:我想要讨论的不仅仅是关于两个圆的相交——伦理的和政治的,而是关于三个圆的相交:经济(l'économique)、政治(le politique)和伦理(l'éthique)①。如果我这样开始,这是因为我从经济与伦理之间的比较中期待找到一种详细说明政治的方法,以便使它接下来更好地与伦理进行对比。因为正是由于政治揭示了那些它所特有的、不可归结为经济现象的问题和困难,它与伦理的各种关系自身就是本源的,而且也是同

---

① 这里需要解释的是, le politique 与 la politique(详见本书第 344 页注释 1)、l'économique 与 l'économie 以及 l'éthique 与 la morale 的区别。la politique、l'économie、la morale 指的是社会生活中政治、经济和道德三个具体的、现实的、专门的领域,而 le politique、l'économique、l'éthique 指从更加广泛、更加根本的意义上来说的政治、经济和伦理。——译者注

样尖锐的。这就是为什么我提出以下插图,它通过两两相交和三者相交的共同区域让三个圆相交在一起①。

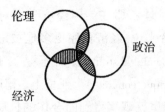

伦理　　　政治　　　经济

I. 政治,在与伦理相比较之前,必须首先
在与经济和社会的比较中得到界定

【434】如果有可能把某种东西界定为政治理性(rationalité politique),就像我将要在后面尝试展示的,那么这种政治理性应该要与经济社会理性(rationalité économico-sociale)对立起来。这里我以汉娜·阿伦特②和埃里克·威尔(Eric Weil)的研究结果为依据,前者是《人的境况》③一书的作者,而后者是两部主要作品的作者:《道德哲学》(La Philosophie morale),《政治哲学》(La Philosophie politique)④。这两个作者都有一个共同观点:经济-社会的领域在本质上是建立在这样的基础上的:与自然进行有组织的

---

① 对比和相交的区域由斜线标注着。

② 汉娜·阿伦特(Hannah Arendt, 1906—1975),德裔美国哲学家,研究领域主要是政治学、极权主义和现代性,其主要著作有《极权主义的起源》(The Origins of Totalitarianism)、《人的境况》(The Human Condition)等等。——译者注

③ 汉娜·阿伦特,《人的境况》(La Condition de l'homme moderne), G. Fradier 译,巴黎,卡尔曼—莱维出版社,1961 年;1983 年再版,添加了利科的前言。同时也参照杂志《精神》(Esprit)关于汉娜·阿伦特的特别期号,1980 年 6 月,1985 年 6 月再版。

④ 埃里克·威尔,《道德哲学》,巴黎,维翰出版社,1961 年(最近一版是 1981 年);《政治哲学》,巴黎,维翰出版社,1956(最近一版是 1984 年)。关于威尔的《政治哲学》,参照利科在《精神》上发表的文章,1957 年 10 月,第 412 页(编者注)

斗争,在方法论上对劳动的组织和对生产、循环和消费之间关系的理性化。由此,我们的这两个作者都忠于那个从亚里士多德发展到黑格尔中间经过了那些英国经济学家对经济的定义。对于所有的经典作者来说,经济秩序更多地被定义为抽象的社会机制(mécanisme sociale abstraite),而不是具体的历史共同体(communauté historique concrète)。亚里士多德还把经济描述为人们可以在一个家庭里就观察得到的合作的扩展。汉娜·阿伦特试着根据经济(économique)这个词的希腊语词根保留经济学(économie)和"家庭"(maison)之间的这种关系。我则更愿意追随黑格尔,他把经济定义为需求的机制,而且因此也就像一个"外在的国家"(État extérieur),同时通过这个形容词①强调了与具体的历史共同体按照习俗和惯例所进行的内在融合的区别。在我看来,保留黑格尔的提议是有用的,【435】而且根据埃里克·威尔,保留社会(société)这个术语对于经济机制是有用的,以及保留共同体(communauté)这个术语对由习俗和惯例的历史所标注的交换是有用的。

　　从某种意义上来说,当一个民族国家(nation)②的经济生活通过国家(les États)所做的各种决定而被纳入到政治中时,经济社

---

① 在法语中économique具有名词和形容词两种形态,当它是名词时,指的是广义上的经济,所有经济现象的总称;当它是形容词时,指的是与经济相关的。——译者注

② 在法语中,État与nation这两个术语都指的是国家,但是不同意义上的国家。前者是从司法秩序上说的,它以主权和政治管理制度的形式存在,比如加入联合国的是作为État的国家;而后者则是从身份认同的秩序上说的,指的是一种归属于某一个群体的感觉,另外狭义上nation是指民族。所以在政治学上还有一个概念是État-nation,即建立在民族基础上的国家,如爱尔兰。在这里为特别区分这两个术语,我们将État译为"国家",而nation则译作"民族国家",虽有些牵强,只为权宜之计。——译者注

会层面是一种抽象。我并不否认我的图式所明确预见到的经济与政治之间的相交。但是应该着重指出,我们所谓的抽象准确来说就是描绘经济社会秩序的特征的东西。它确实是抽象的;而且它的抽象还由于它从国际市场的构建和劳动方式的全球化中获得的日益增长的自主性而得到加强。在谈论这些的同时,我不想贬低经济理性(rationalité économique)的价值。我甚至完全同意马克思的这一观点——在这一点上埃里克·威尔也遵循马克思——:劳动的理性组织(organisation rationnelle)曾经以及如今在某种程度上仍然是个体走向理性的重要教育者;它确实构建了一种强加给个体任意性的守则。来自技术的、经济计算的、社会机制的人是在普遍的意义上生活着而且通过这种普遍理性(rationalité universelle)理解自己的第一人。

认同这一点对于正确定义政治以及特别是国家都是尤为重要的,因为某种现代性是伴随历史共同体的经济社会部分的扩张而出现的。我们可以肯定,有现代国家的地方,就有根据人类有条理地对抗自然的斗争而组织的劳动社会。现代社会就是这样的社会,即对于它而言与自然进行的斗争——这种斗争首先依赖计算和效率——将成为新的宗教,如果宗教与世俗之间的区别没有被纯粹而简单地取消。一个完全通过经济学而被定义的社会准确来说会是一个完全世俗的社会。

为了使大家了解凭借什么东西政治与经济互相区别,我们来考察一下使政治成为经济的一个简单变量的相反假设。这个假设就算在马克思自身没有达成,至少在后来的马克思主义那里达到了。【436】在我看来,马克思主义的重大缺陷是,由于它如此高估了生产方式在社会演变中的作用,而没有赋予政治一种真正清晰的终极目标和一种特别的病理学。众所周知,对于正统马克思主义来说,政治异化只能反映经济异化。公共生活的全部魔法只能来自于剩余价值,而剩余价值本身又被诠释为在纯粹利益的前景里所进行的劳动剥削。如果人们可以证明这种剥削是与生产工具的私有化联系在一起的,那么打算消除起源于生产工具的私有化以及说到底通过榨取剩余价值进行劳动剥削的经济异化,这对任何政体都是有效的。这种由政治向经济的还原就是马克思主义思想家们对权力实践提出的专门问题反应冷淡的原因。权力实践提出的专门问题正是我们在后面会谈到的纯粹政治问题。

　　马克思以及马克思主义者在人民斗争中只看到了就经济自由主义来说的简单而又虚伪的一面,对于欧洲和世界其他地方而言,这成为一场令人害怕的悲剧。这些人民斗争达成了政治自由主义,正如 19 世纪在盎格鲁-撒克逊国家可以观察到的。从这种经济自由主义和政治自由主义的等同里,产生了悲剧性的错误,即认为对经济自由主义的消灭就要付出在历史斗争(这种历史斗争可以追溯到意大利的城市共同体、弗朗德勒地区[Flandres]和德国为了自决[autodétermination]进行的斗争)中失去纯粹政治上的好处的代价。我在马克思–列宁主义——不管马克思本人对此事作何想法——里看到了在这两种自由主义之间进行悲剧性等同的幕后推手。我说悲剧性等同,因为它已经以一种政治上的真正马基雅维利主义为结果,这是在这样的程度上说的,即缺乏独立的政治反思为所有的政治(包括极权)试验留下了自由空间。【437】这种悲剧性等同开始的地方是,对专制的求助通过对生产工具私有化的废除得到了辩护,生产工具的私有化被看作现代异化的唯一准则。

　　正是在经济自由主义和政治自由主义之间的灾难性混淆这一背景里,我想要进行接下来的反思,这种反思的对象准确来说是致力于政治相对于经济和社会领域而言的特殊性。由此，伦理和政治之间的对比也会相应地变得容易。

　　而且作为过渡，我打算坚持埃里克·威尔所说的现代人的不满足："在现代社会，"他写道，"个体本质上是不满足的。"为什么呢？至少两个原因。首先，因为只能以经济的方式得到界定的社会本质上就是一个斗争、竞争的社会，在这样的社会里个体被排斥在劳动成果之外，在这样的社会里各个阶层和集团互相对抗而没有裁判。理性社会（société rationnelle）引起的不公平感，面对社会被分成各个集团、阶层和阶级，使得被推向社会机器的个体处于孤立和不安全中。总之，劳动，在这样的经济社会层次上，似乎技术上是理性的，而在人性上是荒诞的。另一方面，在劳动的现代社会，个体没有得到满足甚至还被撕裂了，因为在简单对抗自然和对高效计算的赞美中他没有发现意义。这是如此的真切以至于——至少是在发达工业社会——意义越来越需要在工作之外去寻找，而劳动变成了一种获得空闲的简单方式，而空闲反过来又在劳动的技术模式上得到安排。简而言之，在发达社会，劳动已不再是黑格尔和马克思在它身上看到的理性的重要教育者。

　　正是这种双重不满足产生了向历史共同体的鲜活传统的求助，求助于准确来说有组织的劳动在世界范围内建立的联合试图要减小、摧毁和废除的历史财富。【438】由此出现了奇怪的矛盾（在这个矛盾中发达社会今天处于封闭的状态）：一方面，为了幸存下去，现代的民族国家必须进入科技的竞争；但是同时，它们又陷入了由科技进行的毁坏自己的行动中，科技已经变得高于这些社会的伦理政治核心。发达工业社会的人，被置于经济和政治的十字路口，饱受工业化的逻辑和属于民族政治经验的旧理性（vieille rationalité）之间矛盾带来的痛苦。正是为了逃避这种矛盾才

会有这么多的人,年轻的和年长的,退回到私人生活,在幸福的
"私有化"里寻求幸存。另外,对私人领地的极度保护在所有的发
达工业社会——无论是在东方社会还是在西方社会——都得到
了遵守。

　　恢复了政治特有的价值,这对于我们最后对其与伦理相交的
反思是至关重要的。如果政治在经济科技面前有强调自主性这
样一个主要诉求,那么这就是诉求理性行动(action rationnelle)的
意义,诉求来自鲜活道德和伦理意向的不可分离的意义,就像我
们在后面要说到的。我顺带提一下术语上的区别——它确实表
达了我的意图的本质。我将会把技术理性(rationnel)和合理(rai-
sonnable)区分开来,而且我认为社会生活的科技经济面只能满足
理性(le rationnel)的要求。这就是为什么人不能满足于此;这就
是为什么人要在对界定本质上的政治(le politique)的具体普遍里
寻找合理。

II. 政治与国家

　　政治主要是通过国家在历史共同体生活中所占据的核心作
用而得到界定。那么条件是要在更广的范围里界定国家。我将
参照埃里克·威尔来进行这项工作,他写道:"国家是对一个历史
共同体的组织;由于组成了国家,【439】共同体有能力做出决
定①。"我会强调这个定义的每一个用词,而首先要着重指出的是
历史共同体(communauté historique)这个表达法。谈论历史共同
体,就是把我们置于纯粹形式上的道德之外,就算我们并不离
开——正如我们在后面会看到的——伦理意向的基础。确实是

---

① 埃里克·威尔,《政治哲学》,第31个命题,第131页。

通过风俗习惯的内容,通过接受的规范和各种象征主义,共同体的叙述和象征身份认同一直延续着。通过历史共同体或者民族这样的表达法,我们从形式层面转移到了内容层面。

现在,被组织成为国家的历史共同体指的是什么呢?组织(organisation)这个术语,应该指的是在制度、功能、社会角色、活动领域的多样性里产生的联结,这种联结把历史共同体变成了一个有机整体。准确来说正是这种组织和联结使得人类行动变成了合理行动。重申一次,我们超越了纯粹形式上的道德;因为在这里,理性(rationalité)不限于个体在其原则上与他自己的一致,它想要成为集体实践的理性。政治哲学的任务就这样通过在政治生活里对历史上的合理行动的载体进行关注而得到界定。用埃里克·威尔的话来说就是:个体的合理自由如何产生于他的政治融入呢? 或者:自由的政治过程如何能成为一个合理的过程? 这个过程,我们可以简而概之:这就是从个体到公民的过程。从我这方面来说,我往往把哲学定义为对公民性的反思。在这个意义上埃里克·威尔说道:"世界组织的目标就是合理个体在自由而特殊的国家内部获得满足"(同上,第 240 页)。

现在,就出现了下面这个问题:应该要在怎样的意义上认为是国家组织了共同体? 上面提到的定义使得国家成了构建历史共同体的决定性部件。【440】这个定义排除了国家是一个骗人的把戏,就像霍布斯想要的那样。它也排除了把自己归结为一种简单的专制,就像所有的国家都是——事实上或者潜在地——包含着镇压和压制的专制。虽然确实所有的国家都在暴力上有其根源,暴力在每一个国家身上都留下了伤痕,正如我们在后面会看到的,但不是暴力而是国家的目的论在界定国家,也就是帮助历史共同体制造它的历史。正是由此,国家才是决断的核心。至于这个决断的目标,我们可以用一句话概括之:历史共同体的存活和持续的存在;这就需要反对所有的外部和内部的威胁。

从这种存活意愿出发,分析分为两个方向,这两个方向界定了政治哲学两种不同的风格,根据人们强调形式还是力量。各种理性主义哲学,就像所有 18 世纪的理性主义哲学,也像汉娜·阿伦特和埃里克·威尔的哲学,更愿意着重强调形式而不是力量。马克思主义者和极权主义的思想家们则强调力量。我们马上就会说,对力量的反思直接引向权力现象所构建的难题,而对形式的反思——更适合国家的具体理性功能(fonction rationnelle)——则引向强调法治国家的特有的立宪方面。法治国家指的是提出在法律面前人人平等的真正条件和保障的国家。当我们考察伦理和政治相交的时候,我们还会回到这一点。现在我们仅限于着重指出司法上的形式主义——另外也就是完全合法的形式主义——,着重于形式而不是力量的理性主义哲学更愿意强调这种司法上的形式主义。所以,着重强调的是公共职能的独立、国家通过廉正的行政系统进行服务、审判的独立、议会的控制以及特别是通过讨论自由地对所有人进行教育。【441】所有这些准则都构成了国家的合理方面:正是法治国家,它的政府遵守着某些限制其专制的合法原则。

如果我们只是追随这条思考线路,那么国家的合理功能最后就要调合两种理性(rationalité):科技经济理性(le rationnel techno-économique)和由习俗历史累积的合理性(le raisonnable accumulé par l'histoire des moeur)。于是国家就是理性(le rationnel)和历史演变(l'historique)、效能(l'efficace)和正义(le juste)的综合。它的优点就是慎重(prudence),这是在古希腊和中世纪慎重德性的意义上来说的。由此我们指的是,它的优点在于,在力求独立和延续的同时,把效能计算(calcul efficace)的准则和为共同体提供了特殊有机体之特性的鲜活传统的准则结合在一起。我们还可以认为,这种理性——通过学校、大学、文化、媒体等等——把教育者的使命授予了现代国家。但是,确实应该承认,认为国家只是教育者的观念是一个有局限的观念,是一个范导性概念(idée régulatrice),还没有任何经验描述与之相对应。尽管如此,却正是在具有教育功能的国家(État éducateur)观念里,哲学家在追问合理的历史行动(action historique sensée)的条件时,由此提炼出来的合理核心(le noyau raisonnable)才得到概括。

但是,问题还有另一面:国家作为力量。德国伟大的社会学家马克斯·韦伯没有忘记把力量这个组成部分归入到他对国家的定义里,但是这个定义是以法治国家为中心。对他来说,如果人们没有把合法暴力的专利并入国家的功能,那么国家就不能得到界定。我毫不迟疑地认为,政治的矛盾准确来说就取决于在国家的定义里形式和力量之间的对抗。确实我往往也赞成,权力概念并不能归结为暴力概念。赋予国家合法暴力的优先权,这并不是要通过暴力来定义国家,而是通过权力——无论暴力与权力在历史上的亲缘关系是怎样的。

但是亲缘关系并没有替代合法化。所有现代国家都起源于统一疆土者的暴力;正是传统社会里的相同暴力教育了现代劳动中的人类。【442】所以,最合理的国家,即法治国家也背着制造历史的专制者们最初暴力的伤疤。在这个意义上,专制和国家形式本身一直是同质的。政治形式主义不必替代道德形式主义。人们也不能否认隐藏在社会力量在国家机器中不平等的表象里的暴力。无疑正是在这里,保留着马克思的部分真理:我们不认识不为当时的统治阶级提供利益和优先的国家。由此产生了期望颠覆统治关系里的各种角色的革命暴力的意图,这种意图就包含在马克思主义的核心处。可是,我们又陷入了与司法形式主义的错误——即它对历史上的暴力功能忽视不见——相反的错误里:只从暴力对国家定义最后会导致不承认从 12 到 18 世纪取得的政治自由胜利的伟大,以及法国大革命的主要意义,那么甚至,法国大革命也只是一场资产阶级的革命而已。马克思忽视这样一个事实,就是统治阶级服务于整体;在这个意义上说,没有一个国家仅仅是阶级国家,而且没有一个国家在某种程度上不代表整体的利益。当然,这种利益到处可见;虽然如此,更靠近法治国家的国家是——根据黑格尔的话本身来说——有产者和无产者的国家。把一个国家说成是资产阶级的,这事实上说的是两件事而不是单独一件事:这是阶级国家(État de classes),但也是公民国家(État de citoyen)。进入到权力的同时,一个集团也就进入了具体的普遍而且超越了作为特殊集团的自己,这样就实现了普遍功能和统治地位之间脆弱的一致。这无疑说明了潜在的暴力继续影响着所有人与权力的关系。政治生活不可避免地还是被标记为了征服、看守、重新获得权力而进行的斗争;它就是为了政治统治而进行的斗争。

最后,一直残留的暴力继续损害最接近法治国家理想的国家,因为所有国家都是特殊的、个体的、经验的。如果说科技经济结构本质上是世界性的,【443】那么政治共同体本质上则是特殊的和有区别的,对其身份的保存是它的一部分功能。事实上,不存在世界性的国家——更准确地说,没有世界性的法治国家。这对于我们就留下一个问题要去弄清楚:主权向一种国际性诉求的逐渐转变,是否有可能把归属于国家定义的合法暴力的专制转移到它身上来。像现代劳动组织被世界化那样使非暴力世界化,这对于我们还是一个理想——实现这个理想长久以来都不是我们能力范围以内的事情。国家——我想说的是被国家具体化的政治诉求——会是合理的，如果——正如康德相信的那样——战争的荒谬性有一天会在世界性的权威上引起一种转变，这种转变与已经在个体国家层次上建立国内和平的转变是相同的。在这个主题上，埃里克·威尔表达了他的怀疑主义："暴力曾是而且还是历史的动因"（同上，第 281 页）；但是"对于政治来说，朝向非暴力的进步决定了历史的方向"（同上，第 233）。我们无法更好地表述在国家界定中存在的双重性，它对国家的形式特征和它的力量特征进行了同等的考量。

对于我们来说，这种双重性已经成为核时代的焦虑来源。超民族国家的政治诉求也会有合法暴力的垄断，但是它的存在今天变成了每一个历史共同体幸存的条件，尤其变成了政治问题——正如我们已经看到的。向这个等级的提升是对我们前面谈论的慎重品质的新表述。我们把对科技经济的理性与由习俗历史积累的合理性进行组合的艺术称之为慎重。这样我们就界定了国家的内在慎重。走向普遍化非暴力的过程代表了慎重品质的外在面。这种普遍化的而且以某种方式制度化的非暴力毫无疑问是现代政治生活的主要乌托邦。在核威胁的时代，单个自由国家的存在本身取决于人类的物理幸存。【444】于是一种令人惊讶的优先性颠倒摆在政治思考面前：世界性的国家已经变成了作为非暴力教育者的国家的幸存手段。但是我们知道，这个乌托邦只是一个乌托邦，因为我们不知道什么才可能是迈向这种主权转变的第一步，所有的国家必须无一例外而且同时出让主权；然而这个决断再次被置于国家的慎重里，国家一直都是历史舞台上的巨大暴力个体。

III. 伦理和政治的相交

前面的反思是在形式道德之外进行的;却没有在伦理范围之外;而是相反,包含在法治国家概念里的理性探索和理性诺言,延展出实现要求(l'exigence de réalisation),这种要求又被包含在我们可以在最基本的伦理意向层面上从自由给出的定义本身中①。这里政治在为伦理提供一个实践领域的同时延展了伦理。它还延展了伦理意向的第二构成性要求,即多方承认(reconnaissance mutuelle)的要求——这个要求使我认为:你的自由等于我的自由。然而,政治伦理(l'éthique du politique)只在于自由空间的创造。最后,作为共同体的组织,国家为在我们看来在伦理意向里构建的中立第三者提供了司法形式,也就是规则。在这个意义上,法治国家就是伦理意向在政治范围内的实现。它意味着:公民法则界定和协调各种角色(负债方[débiteur]、共同利益关系人[conjoint]、债权方,等等)以及在它们之间建立联系,【445】这样,相同角色的所有个体都被实在法(droit positif)平等加以对待;当然,法律面前人人平等还不是机会平等,条件平等。在这里,我们的思考有点乌托邦式,国家乌托邦可以说是按需分配。至少法律面前的人人平等代表了一个关键的开始,即司法平等的开始,也就是说制度的行为(un comportement des institutions)的开始,在那里当它的责任被分担给一个角色的任意个体时,它没有袒护任何人。

从我这方面来说,我毫不迟疑地不仅仅为向政府所要求的慎

---

① 这里暗示了另一个关于伦理意向的研究,在那里逐渐得到强调的是对第一人称自由的肯定,来自第二人称的承认要求(la requête de reconnaissance),以及由中立的第三者或者机构形成的媒介。参看,"伦理,在道德法则之前"(Avant la loi morale, l'éthique),见《环球百科全书》,1984 年。

重,而且为在民主中公民的投身提供伦理含义。我毫不犹豫地通过伦理来思考从目的论被考量的民主。在这一点上,我要提出民主的双重意义:首先是就冲突这个概念来说,接着是就权力的概念来说。就冲突概念来说,一个国家并不打算要消灭冲突,而是创造方式允许冲突得到表达而且保持冲突是可协商的,那么它就是民主的。在这个意义上,法治国家就是可以有组织地进行自由讨论的国家。正是就这个自由讨论的理想来说,政党的多元化得到辩护。至少,对于发达工业社会来说,政党多元化就是最适合解决冲突的工具。为了这种自由讨论是可行的,还应该不忽视这一点,即政治话语不是一种科学(这一点正好与科学社会主义的企图相反),至多就是公平的观点。因此,在这个定义里要强调的是:自由公共舆论在其表述中得以形成。至于就权力而言对民主的定义,我认为,民主就是一种制度,在其中要保证绝大数公民参与决断。所以这是一个在其中国民和统治者之间的距离得到减少的制度。康德将之定义为乌托邦,当他在绝对命令的框架里发现"目的王国"(règne des fins)这个概念时,也就是说【446】在这个王国里每个人既是统治者又是国民。同样,黑格尔把最理性的国家(l'Etat le plus rationnel)界定为这样的国家,即在其中每个人都得到全体人的承认。至于参与决断,我通常把用分散权力来制衡权力本身的必然性放在与卢梭传统相比更加靠近孟德斯鸠传统的路线上。在他关于现代国家的观点里,孟德斯鸠就是这样分开立法、行政和司法的。在使司法独立成为民主政治受到最少争议的原则之一的同时,我们至少保留了其中的一个方面。

　　在没有说明政治必然地让伦理的哪一部分处于它自己的范围之外之前,我不想结束关于伦理和政治之间相交的思考。为了保留这最后的讨论,我只是说到了范围之间的相交而没有说到重合。首先,我们发觉,政治共同体的伦理基础局限于价值——关乎价值的是共识——,而且还把这些价值本身的辩护、动机、深层根源置于问题之外。正是这些价值本身构成了共识的对象。然而,在大多数发达工业国家已变得多元化的社会里,价值的根源一直是多元而又互相对抗的。这样,欧洲的民主——若是只谈论它们——是中世纪基督教民族、文艺复兴、宗教改革和启蒙运动的遗产,而且它们是统治着 19 世纪的意识形态的要么民族主义者的、要么社会主义者的理想。由此可以得出,国家只能建立在一些并不牢固的汇合的基础之上;在奠基传统之间的共识越是一致,它的基础也就越是宽广和牢固。但是,国家会遭受——直到在建立国家的共识里——从根源上被切断的价值的抽象性的毁坏;只有每个人把为这些共同价值辩护的深层动机悬置起来,社会和平才有可能;这时这些价值就像被剪下来插在花盆的花。这就说明了这些所提到的价值被意识形态化的倾向。在这里我们再次看到了与政治话语的修辞特征联系在一起的所有诟病,【447】这种修辞在为那些重大原则带来一种死气沉沉的刻板的同时,也把对这些重大原则的乞灵搞得污秽不堪。

　　也许更加严重的是,在我们超级多元化的社会里,当政治自愿乞求于道德时,现代国家就遭受了伦理信念的崩溃。这样人们看到了那些不牢固的建筑建立在从文化上看埋着地雷的土地上。当人们一心想要道德化政治时,我特别考虑到诸如法国这样的国家的情况。在法国,哲学反思和文学创作一样都迷恋于那些非伦理的问题,虽然它们不是反伦理的。而且,就算信念的基础一直是牢固的,但是,由于它(法国)容忍相反的信仰产生的合法关注,在进入政治领域时它会失去在深层激励它的东西。最后,我想要强调一下另一种危险,它与前一种相反,但是也许它是前一种的补充。在众多的当代社会中,我们目击了从宗教向政治的转移。我们要求政治改变生活。这种通过所谓的世俗宗教(religion séculière)进行传播的危险可能是不可避免的。所有的共同体都需要某种公民神圣,标志着公民神圣的是纪念、节日、旗帜的展开以及伴随着这些现象的整个崇敬热情。应该要承认,我们在下面这一点上并不是很清楚:到底怎样才能激活和激励拥护共同理想而没有一点世俗宗教呢? 可是,基督徒和非基督徒恰巧都有互相排斥的道理以及互相参照的共同需要,这种现象也是存在的。

　　我就止步于下面这个疑惑点,它开启了一个广阔的讨论空间。我想要以借用马克斯·韦伯在关于"以政治为使命"(La politique comme vocation)的讲座上提出的忠告作为总结。第一次世界大战刚刚结束后他与年轻的和平主义者交谈,他向他们承认:政治必然把伦理折断成两半:一方面,有一种信念道德(une morale de conviction),我们可以定义为最好的品质(l'excellence du préférable);和一种责任道德,可定义为在给定的历史背景里的可实现性和——韦伯补充说道——暴力的适度使用。【448】正是因为信念道德和责任道德并不能完全结合在一起,伦理和政治构成了两个不同的领域,虽然它们互相相交。

　　大家会原谅我强调伦理与政治的相交要远远多于把伦理领域和政治领域的各自核心分离开来的距离。在我看来,在我们这个时代,忽视伦理和政治相交的危险要远远大于把它们混淆起来的危险。犬儒主义往往沉浸于在表面上以无辜的方式承认把道德唯心主义与政治现实主义分开的鸿沟。相反地,正是这样一种考虑,即为既合理又负责的公民的投身赋予一种意义,它要求我们既要关注伦理和政治的相交又要关注它们不可避免的区别。

原文出处

　　"论诠释"：法语版部分来自一篇发表在《当代法国哲学》(*Philosophie in France Today*)（剑桥大学出版社，1983 年，A. Montefiore 主编）上的文章。这个版本也被重新收录在《哲学百科全书》(*L'encyclopédie philosophique*)，巴黎，法国大学出版社，1987 年，A. Jacob 主编。

　　"现象学与诠释学"：最初发表在由 E. W. Orth 编辑的《现象学研究》(*Phänomenologische Forschungen*)第一卷，弗雷堡，Karl Alber 出版社，1975 年，第 31–71 页。

　　"诠释学的任务"：最初发表在 F.Bovon 和 G. Rouiller 编辑的《注释学：方法问题与阅读训练》(*Exegesis. Problèmes de méthode et exercices de lecture*)，纳沙泰尔，Delachaux et Niestlé 出版社，1975 年，第 179–200 页。

　　"间隔的诠释学功能"：同上，第 201–215 页。

　　"哲学诠释学与圣经诠释学"：同上，第 216–228 页。

　　"什么是文本？说明与理解"：最初发表由 R. Bubner 等人编辑的《诠释学与辩证法》(*Hermeneutik und Dialektik*)，图宾根，J. C.

B. Mohr（Paul Siebeek）出版社，1970 年，第 181-200 页。

"说明与理解：文本理论、行动理论和历史理论之间值得注意的一些关联"：最初发表于《鲁汶哲学杂志》(*Revue philosophique de Louvain*)，第 LXXV 期，1977 年 2 月刊，第 126-147 页。

"文本的模式：被视为文本的合理行动"：最初以英语发表于《社会调查》(*Social Research*)，38/3 (1971)，第 529-562 页，题为"The Model of the Text：Meaningful Action Considered as a Text"。

"在话语中和在行动中的想象"：最初发表于《知识、行动、希望：理性的界限》(*Savor，Faire，Espérer. Les limites de la raison*)，布鲁塞尔，圣路易大学出版社，1976 年，第 207-228 页。

"实践理性"：最初发表于 T. Geraets 编辑的《当代理性》(*Rationalité aujourd'hui*)，渥太华大学出版社，1979 年，第 225-241 页。

"主动性"：最初发表于《迷宫：伦理学的历程》(*Labyrinthe: parcours éthiques*)，布鲁塞尔，圣路易大学出版社，1986 年；R. Celis 主编。

"黑格尔与胡塞尔论主体间性"：发表于《行动之语义学》(*La Sémantique de l'action*)，国家科学研究中心（CNRS），1977 年和普瓦捷大学《关于黑格尔和马克思的研究与资料中心刊物》。

"科学与意识形态"：最初发表于《鲁汶哲学杂志》，第 LXXIL 期，1974 年 5 月刊，第 326-358 页。

"诠释学与意识形态批判"：最初发表于 E.Castelli 编辑的《去神话化与意识形态》(*Démythisation et Idéologie*)，巴黎，奥比耶-蒙田出版社，1973 年，第 25-64 页。

"意识形态与乌托邦：社会想象物的两种表述"：最初发表于《哲学交流》(*Philosophical Exchange*)，纽约，1976 年，第 2 期，题为

"Ideology and Utopia"；法文版重新收录在《CPO 手册》(*Cahiers du CPO* [*Centre protestant de l'Ouest*, 79370, Celle-sur-Belle]) ,第 49 -50 期,1983 年 12 月。

　　"伦理与政治":最初发表于《CPO 手册》;后又再发表于《精神》,1985 年 5 月。

人名译名对照表

Adorno, Théodor W. 阿多诺

Althusser, Louis 阿尔都塞

Angélique 安杰里克

Anscombe, Elizabeth 安斯康姆

Antigone 安提戈涅

Apel, Karl-Otto 阿佩尔

Arendt, Hannah 汉娜·阿伦特

Aristote 亚里士多德

Aron , Raymond 雷蒙·阿隆

Augustin 奥古斯丁

Austin, John Langshaw 奥斯汀

Bachelard, Gaston 加斯东·巴什拉

Barthes, Roland 罗兰·巴特

Beardslee, William A. 比尔德斯利

Benjamin, Walter 本雅明

Benveniste, Émile 本维尼斯特

Bergson, Henri 柏格森

Biemel, Walter 华尔特·毕莫勒

Bloch, Ernst 布洛赫

Boèce 波伊斯

Boehm, Rudolf 鲁道夫·伯埃姆

Bremond, Claude 布雷蒙

Brentano, Franz 布伦塔诺

Brutus 布鲁图

Bultmann, Rudolf 布尔特曼

Cassirer, Ernst 卡西尔

Cavaillès, Jean 卡瓦耶

Cavell, Stanley 卡维尔

Celan, Paul 策兰

César 凯撒

Collingwood, Robin George 柯林伍德

Condillac 孔狄亚克

Dagognet, François 达高涅

Danto, Arthur 丹托

Derrida, Jacques 德里达

Desroche, Henri 德罗西

Decartes, René 笛卡尔

Droysen, Johann Gustav 德罗伊森

Mussner, Franz 穆斯奈尔

Nabert, Jean 让·纳博尔
Napoléon 拿破仑
Nietzsche 尼采

Oedipe 俄狄浦斯

Peirce, Charles Sanders 皮尔士
Perelman, Chaïm 佩尔雷
Philonenko, Alexis 阿莱克斯·菲罗
　南科
Platon 柏拉图
Polynice 波吕尼刻斯
Popper, Karl 波普尔
Propp, Vladimir 普洛普

Rickert, Heinrich 李凯尔特
Ritter, John 里特
Ryle, Gilbert 赖尔

Saussure, Ferdinand de 索绪尔
Scheler, Max 舍勒
Schleiermacher, Friedrich 施莱尔马

赫

Sartre, Jean-Paul 萨特
Schutz, Alfred 舒茨
Searle, John Rogers 塞尔
Simmel, Georg 齐默尔
Socrate 苏格拉底
Souche-Dagues, Denise 苏希-塔格

Taylor, Charles 查尔斯·泰勒
Troeltsch, Ernst 特勒尔奇
Waelhens, Alphonse de 阿方斯·
　德·瓦埃灵斯
Weber, Alfred 阿尔弗雷德·韦伯
Weber, Max 马克斯·韦伯
Weil, Eric 埃里克·威尔
Wilder, Amos Niven 怀尔德
Wimsatt, William Kurtz 威姆萨特
Winch, Peter 温奇
Wittgenstein, Ludwig 维特根斯坦
Van Camp, Henri 范·康
Von Wrignt, Georg Henrik 冯·赖特
Von Humboldt, Wilhelm 冯·洪堡
Von Rad, Gerhard 冯·拉德
Von Ranke, Leopold 冯·兰克

术语译名对照表

achronique 无时性

acosmisme 非世界论

acte 行为

acte de raconter 叙述行为

action 行动

action communicative 交流行动

action instrumentale 工具行动

action sensée 合理行动

altérité 异己性

antécédence 先行性

aperception(Auffassung)统觉

appartenance（Zugehörigkeit）归属

application（ Anwendung, applicatio）
   应用

appropriation （ Aneignung， Zueign-
   ung）化为己有

apprésentation 共现

arc herméneutique 诠释学之虹

assimilation prédicative 述谓同化

Auflärung 澄清，启蒙运动

aura 灵晕

autofondation 自行奠基

autorité（Autorität）权威

censure 审查

cercle herméneutique 诠释循环

chair 肉身

champ d'expérience 经验场域

champ narratif 叙述场域

chose du texte 文本之物

clairière lumineuse 林中空地

clôture du système 系统封闭

conceptualité 概念性

configuration 塑形

communauté 共同体

communauté historique 历史共同体

comprendre（Verstehen）理解

compréhension de soi 自身理解，理解
   自己或者自身

conscience de l'histoire des effets（Wir-
   kungsgeschichtliches Bewu-sstsein）
   效果历史意识

conscience exposée à l'efficace histo-rique 暴露于历史效应中的意识

conscience malheureuse 苦恼意识

consensus 共识

constitution 构建

constitution de la chose(Dingkonstitu-tion)物之构建

couplage (Paarung)结对

Dasein 此在

désirabilité 可欲求性

dicibilité 可说性

dire (Sagen)言说

le dit 被说出来的东西

désappropriation 去己有化

devenir-texte 成为一文本

discours 话语

distanciation 间隔

distanciation aliénante, Verfremdung 异化间隔

dysfonction 机能障碍

dynamisme sémantique 语义能动性

efficace de l'histoire, efficience histo-rique (Wirkangsgeschicht) 历史效应

ego 自我, alter ego 他我

égologie 自我论

eidos 本质

énoncé métaphorique 隐喻表述

énoncé naratif 叙事表述

énoncé poétique 诗歌表述

entropie 熵

épochè 悬置

espace d'expérience 经验空间

esprit objectif 客观精神

esquisse (Abschattungen) 映射

l'entente préalable (tragendes Ein-verständnis)先决共通理解

État de classes 阶级国家

État de droit 法治国家

État du citoyen 公民国家

l'éthique 伦理

l'éthique du politique 政治伦理

être-au-monde (In-der-Welt-Sein) 在世

l'être-comme 作为…存在

événement 事件

évidence 明见性

excellence(arétè)品质

expérience 经验

expérience empirique 经历的经验

expliquer (erklären)说明

explicitation (Auslegung) 解释

exégèse 注释

fiction 虚构

figure de style 修辞格

finitude 有限性

fonction narrative 叙述功能

fondation 奠基

for its own sake 因其自身缘故

fusion des horizons (Horizontver-schmelzung) 视域融合

herméneutique 诠释学 interprétation 诠释

herméneutique des profondeurs (Tiefenhermeneutik）深层诠释学

historiographie 历史编纂学

heuzistique 启发

horizon 视域

horizon d'attente 期望视域

hubris 过度反思

humaniora, les humanités 人文科学

idéal régulateur 范导性理想

idéologie 意识形态

image 图像，形象，意象

image poétique 诗歌意象

imagination 想象

imagination productive 生产性想象

imagination reproductive 再生产性想象

imiter（mimèsis）模仿

immanence 内在性

imminence 即刻

initiative 主动性

innovation sémantique 语义革新

instance critique 批判因素

instance de discours 话语即时发生

instant 瞬间

intelligibilité 可理解性

intentionalité 意向性

intérêt 旨趣

intérêt instrumental 工具性旨趣

intérêt pour l'émancipation 解放之旨趣

intérêt pratique 实践旨趣

intérêt technologique 技术旨趣

interprétation, interpréter（deuten）诠释

intervention（intervenir）介入

intersubjectivité 主体间性

intrigue 情节 mise-en-intrigue 情节发生

intropathie（Einfühlung）同理心

irrationalisme 非理性主义

jeu de raconter 叙述游戏

katharsis 净化

langue 语言系统或者语言

langue naurelle 自然语言

langue bien faite 完善的人工语言

langage 语言

langage figuré 形象语言

logos 逻各斯

mécompréhension（Missverständnis）误解

méta-critique 元批判

méta-herméneutique 元诠释学

méta-historique 元历史

métaphore 隐喻

métapsychologie 心理玄学

métonymie 换喻

mise à distance 拉开距离

monde de l'oeuvre 作品世界

monde de la vie（Lebenswelt）生活世界

moralité 道德观念

Moralität 道德意识

muthos 故事

nation 民族国家

noème 意识对象 noèmatique 意向相关项的

noèse 意识行为 noétique 意向活动的

parole 言语

pratique imaginativs 想象实践

perspectivisme 视角论

pertinence sémantique 语义恰当

phénoménologie 现象学

philosophie réflexive 反思哲学

pouvoir-être 能在

pouvoir-faire 能做

précritique 前批判

précompréhension 前理解

préjugé (Vormeinung) 前判断

prédication 述谓结构

prédicat 谓语

le présent 当下

présentification 现前化

prudence (phronèsis) 慎重

décision (proairèsis) 决断

prosodie 韵律学

profil 面向

raison 理性，理由

raison d'agir 行动理由

raison pratique 实践理性

raison spéculative 思辨理性

raisonnable 合理的

raisonnement pratique 实践推理

rationalisation 理性化

rationalité 理性

rationalité économique 经济理性

rationalité politique 政治理性

rationnalité scientifico-technique 科学技术理性

rationalisme 理性主义

rationnel 理性的或者理性

réalité 现实

réalité empirique 经历的现实

récence 新近

récit 叙事

reconnaître (Anerkennung) 承认或者认可

réduction 还原

référence 指涉,指涉物,指涉对象

réflexion totale 全面反思

règne des fins 目的王国

réminiscence 回忆

remplissement (Erfüllung) 充实

remplissement complet 完全充实

remplissement empirique 经验充实

représentation (Vorstellung) 表象

représentation singulière 个别表象

représentation spécifique 种类表象

retentissement 回荡

rules of thumb 拇指律

savoir (Wissen) 知识

schéma 图式

Schriftlichkeit 文字性

science de l'esprit 精神科学

science empirico-analytique 经验分析科学

science historico-herméneutique 历史诠释科学

sciences sociale critique 社会批判科
学
self-confirmability 自我可确认性
sens 意义
signification 含义,赋予意义,
signifiance 意蕴
site natif (Sitz-im-Leben) 初始环境
situation 处境或者现身处境
Sittlichkeit 客观伦理
Spachlichkeit 语言性
sociologie compréhensive 理解社会学
split reference 破裂指涉
synecdoque 提喻
substance (Substanz) 实体

technologie (Kunstlehre) 技术学

temporalisation 时间化
tense-logic 时态逻辑
textualité 文本性
topique 地形学
tradition 传统
transcendance 超验
transcendantal 先验或者先验的
transfert (Ubertragung) 移情

variation imaginaire, variation imagi-
native 想象性变异
vertu 德性

uchronie 架空历史
utopie 乌托邦

后　记

　　一次经验的发生甚至在某种程度上圆满结束总是得益于一些值得感怀的机缘。首先，感谢我的老师吴琼先生，多年前的一次合作机会让我学习和看到了翻译是怎样的事情。华东师范大学出版社六点分社的前任编辑欧雪琴女士和孙敏女士，以及现任编辑高建红女士和外审曹伟嘉先生为本次翻译提供了很多帮助，特别是后两位更是提出了许多中肯而富有建设性的修改意见，在此我向他们谨表衷心的感谢。此外，诚挚的谢意也献给友人Christine、王琰，她们为本书翻译提供了莫大的语言支持。最后，感谢我的家人，是他们一直以来的帮助和鼓励才让我在这条路上多了一份坚持和坚定。

　　由于能力和学识所限，尽管竭尽所能，疏漏甚至谬误恐怕仍是在所难免，敬希学人不吝赐教。

夏小燕

2014 年 12 月

图书在版编目(CIP)数据

从文本到行动／(法)利科著;夏小燕译.
--上海:华东师范大学出版社,2015.6

ISBN 978-7-5675-2190-2

Ⅰ.①从… Ⅱ.①利…②夏… Ⅲ.①阐释学-文集 Ⅳ.①B089.2-53

中国版本图书馆 CIP 数据核字(2014)第 126138 号

华东师范大学出版社六点分社

企划人 倪为国

从文本到行动

著　　者	(法)保罗·利科
译　　者	夏小燕
审读编辑	曹伟嘉
责任编辑	高建红
封面设计	吴元瑛
出版发行	华东师范大学出版社
社　　址	上海市中山北路 3663 号　邮编　200062
网　　址	www.ecnupress.com.cn
电　　话	021-60821666　行政传真　021-62572105
客服电话	021-62865537
门市(邮购)电话	021-62869887
地　　址	上海市中山北路 3663 号华东师范大学校内先锋路口
网　　店	http://hdsdcbs.tmall.com
印 刷 者	上海盛隆印务有限公司
开　　本	890×1240　1/32
印　　张	15.75
字　　数	315 千字
版　　次	2015 年 6 月第 1 版
印　　次	2022 年 7 月第 2 次
书　　号	ISBN978-7-5675-2190-2/B.860
定　　价	128.00 元
出 版 人	王 焰

(如发现本版图书有印订质量问题,请寄回本社客服中心调换或电话 021-62865537 联系)